本书的研究内容受以下项目资助：
海南省南海名家青年项目（2019-2024年）
中央级公益性科研院所基本科研业务费专项《自贸港建设背景下海南重要热带作物 （橡胶树、槟榔树、椰子树）全产业链发展策略研究》（批准号：1630022022004）
海南省自然科学基金青年项目《海南省橡胶价格收入保险的政策效应研究》（批准号：720QN353）
海南省哲学社会科学规划课题《全面实施乡村振兴战略背景下海南省橡胶种植户家庭可持续生计发展研究》（批准号:721QN339）
海南省自然科学基金面上项目《海南省农业绿色发展评价及影响因素研究》（批准号：722MS140）
海南省自然科学基金高层次人才项目《海南省天然橡胶主产区的“资源诅咒”：过程、结果与应对》（批准号：2019RC325）
海南省社科规划课题《自由贸易港建设背景下港产城融合发展机制研究》（批准号：HNSK(ZC)21-113）
中央级公益性科研院所基本科研业务费专项《我国天然橡胶有效供给的风险评估与应对机制研究》（批准号：1630022022022）
中央级公益性科研院所基本科研业务费专项《中国天然橡胶贸易网络结构、贸易效率与策略选择》（批准号：1630022020014）
中央级公益性科研院所基本科研业务费专项《天然橡胶主产国小胶农扶持政策比较与启示》（批准号：1630022019003）
农业农村部农垦局历年财政资助项目和政府购买服务项目
中国工程科技发展战略海南研究院咨询项目《海南省天然橡胶发展战略研究》（批准号：HN-19-XZ-04）

天然橡胶产业支持与保护政策研究

刘锐金◎主　编
何长辉　伍薇　杨琳　刘东◎副主编

Research on the Support and Protection Policy System of Natural Rubber Industry in China

中国经济出版社
CHINA ECONOMIC PUBLISHING HOUSE
北　京

图书在版编目（CIP）数据

天然橡胶产业支持与保护政策研究 / 刘锐金主编
. --北京：中国经济出版社，2024. 6
ISBN 978-7-5136-7764-6

Ⅰ. ①天… Ⅱ. ①刘… Ⅲ. ①天然橡胶-橡胶工业-产业发展-研究-中国 Ⅳ. ①F426. 74

中国国家版本馆 CIP 数据核字（2024）第 093175 号

责任编辑 赵静宜
责任印制 马小宾
封面设计 久品轩

出版发行 中国经济出版社
印 刷 者 北京艾普海德印刷有限公司
经 销 者 各地新华书店
开　　本 710mm×1000mm 1/16
印　　张 22
字　　数 394 千字
版　　次 2024 年 6 月第 1 版
印　　次 2024 年 6 月第 1 次
定　　价 138. 00 元
广告经营许可证 京西工商广字第 8179 号

中国经济出版社 **网址** http://epc. sinopec. com/epc/ **社址** 北京市东城区安定门外大街 58 号 **邮编** 100011
本版图书如存在印装质量问题，请与本社销售中心联系调换（联系电话：010-57512564）

前 言
PREFACE

天然橡胶拥有独特的拉伸诱导结晶特性，可与金属完美黏合，成为综合性能最优的弹性体材料，在航空航天、武器装备、交通运输、矿产开采等领域具有不可替代的作用。在2020年欧盟对原材料的评估报告中，天然橡胶的经济重要性仅次于金属钨、铬。作为战略物资的天然橡胶，曾在新中国成立初期被禁运，难以从国际市场购买到，后来才有了中国和斯里兰卡之间的“米胶”协议，同时推动我国发展橡胶种植业。在国家领导人的直接关心和支持下，经过几代人的努力，成功在北纬18~24度大面积种植橡胶树。这是天然橡胶产业发展史上的创举，2022年我国橡胶实有种植面积居全球第四位，天然橡胶产量居全球第五位。由于我国植胶区地处热带北缘，橡胶树易受到寒害、风害等自然灾害侵袭，加之天然橡胶价格波动剧烈，亟待以适当方式给予适当支持。习近平总书记2022年4月在海南省考察时指出要完善天然橡胶产业扶持政策，2023年中央一号文件明确提出，要完善天然橡胶扶持政策。本书集成了作者团队多年研究成果，致力于构建天然橡胶产业支持与保护政策体系。

第一篇从全国层面分析农业支持政策，掌握针对不同作物的主要政策实施效果以及WTO规则约束，为构建天然橡胶产业支持政策体系提供参考。首先，尝试阐明完善国内农业支持政策的必要性、现行农业支持政策框架、政策制定过程，提出政策设计理念。其次，以水稻和小麦最低收购价政策为对象，运用中国家庭跟踪调查中的农村住户数据，评估此政策对保障种植户基本收益、物质投入的影响。此政策很好地实现了稳定基本收益但又不扭曲要素投入的政策目标，但其与市场价格稳定紧密相关，有证据证明了玉米收储政策的失败，该政策在WTO规则下仍存在争议。再次，运用省级面板数据和断点回归方法，探索了棉花、油菜籽、玉米临时收储政策对生产的影响，不同作物间的差异大，政策退出对油菜籽的影响尤其明显。最后，探索农业直接补贴对水稻、小麦、玉米种植户物质投入、农村居民收入及其流动的影响，此项补贴在一定程度上阻碍了家庭收入向上流动。

第二篇着眼于设计天然橡胶产业支持政策，提出框架体系。首先，论述划定、建设和管护好天然橡胶生产保护区的必要性和路径，指出稳定国内产业对天然橡胶供给安全具有根本性作用，但必须提高对关键领域的保障能力；其次，分析了国内天然橡胶产业现行的支持政策，地力保护、价格风险保障、基础设施等方面政策缺失或覆盖面小，与棉花、糖料蔗等作物有较大的差距；再次，梳理泰国、马来西亚和印度等天然橡胶主产国产业支持政策，对种苗供应、胶园更新、价格风险应对、延伸产业链等环节具有一定的借鉴意义；复次，在厘清橡胶种植户政策偏好的基础上，明晰产业支持的政策目标和主客体，进而匹配政策工具，以及基于大数据技术的监管体系；最后，分别就科技创新、边境保护政策进行论述，产业问题背后往往存在着科技问题，推动高质量发展、保障关键领域用胶需求，核心是完善创新链，另外关税对国内产业的保护作用依然存在，海南自贸港应当谨慎放开天然橡胶的边境保护，先立后破、不立不破。

第三篇针对具体政策提出对策建议，为政策落地实施提供支持。首先是胶园建设方面，橡胶树如同人的生产力，老龄胶园需更新，但其投入大且须经历7~8年的非生产期，国外主产国均给予支持。此外，还需配套基础设施，作者团队针对政策支持提出了具体建议，经过各方努力，主要针对胶园更新的良种良法补助已于2022年开始实施（农办垦〔2022〕5号），并在2023年对机械化割胶作业给予支持，但支持胶园基础设施的中央预算内投资项目仍未在民营胶园实施。其次是农业保险保费补贴，橡胶树物化成本保险早已是中央险种，但除了广东农垦和海南农垦外，其他胶园参保率低，在海南实施的价格（收入）保险很好地达到了预期目标。本篇重点论述了天然橡胶收入保险的必要性、可行性以及配套条件，并给出了一个收入保险方案，包含橡胶树完全成本保险和天然橡胶收入保险的综合保险，2024年将正式在海南和云南实施（财金〔2023〕107号），这对橡胶产业是一个重大利好。最后是针对海南省天然橡胶全产业链发展，提出了思路目标、重点任务和保障措施，主体被采纳，2023年海南省政府出台《海南省天然橡胶产业高质量发展行动方案》（琼府办〔2023〕25号），统一了思想，明晰了下一步发展举措。

第四篇针对海南省天然橡胶开展系统研究。2023年海南省委书记将“持续深化海南农垦改革、推进农垦高质量发展”作为主题教育专题调研课题，分设了5个小组，其中橡胶产业调研小组设立了种植现状、种质资源、胶园更新、采收装备、林下经济、产品品质、合成橡胶替代、下游产业、生产成本与补贴政策、国际贸易与定价机制、税收政策等11个专题。本篇汇集了作者团队对11个专题的研究成果，较为完整地呈现了海南省天然橡胶产业发展面临的现状、问题及对策。当前，生产潜力下降、比较效益低下、品质不稳定、产业链短是关键挑战，下一步需要增强综合生产能力，采用多种方式延伸产业，实施创新驱动战略，完善全链条的扶持政策。

本书集成了作者团队近年来的成果，团队在研究过程中得到了多方的帮助，农业农村部农垦局，海南省农业农村厅、发展改革委、财政厅、科技厅，云南省农垦局，广东省农垦总局等部门，海南省白沙黎族自治县、儋州市和云南省西双版纳傣族自治州勐腊县、景洪市等植胶市县产业主管部门，广东、海南和云南农垦集团及下属企业，青岛双星集团、三橡股份等企业，以及中国热带农业科学院橡胶研究所、农产品加工研究所的领导和专家，为研究团队贡献了众多思路和见解，在此表示感谢，当然，文责自负，希望各方继续为作者团队提供支持。本书提及的海胶集团均指海南天然橡胶产业集团股份有限公司。

本书是作者团队集体团结协作的成果，第一篇主体来自刘锐金在中国社会科学院研究生院农村发展系的博士学位论文，刘锐金主笔撰写第5、8、9、10、11、12、21章，并指导和参与其他各章的撰写工作；何长辉主笔第15、16、17、18章，伍薇主笔第20、22章，刘东主笔第6、19章，杨琳、伍薇共同主笔第24章，何长辉、刘锐金、刘东共同主笔第23章，何长辉、刘锐金共同主笔第13章，刘锐金、刘东、杨琳共同主笔第25章，杨琳、伍薇、何长辉共同主笔第7章，第14章由所有作者共同撰写，团队成员莫业勇、申丹艳、林子情、邱苏晗、占达儒等也参与个别章节的研究工作。

2024年1月22日

目　录
CONTENTS

第一篇
国内农业支持政策及评价

第一篇

国内农业支持政策及评价

天然橡胶属于典型的植物内生物合成产物，既是工业原料、战略物资和战略资源，也是重要农产品。完善国内天然橡胶产业支持保护政策，最为重要的是全面纳入现有国家农业支持与保护政策体系内。本篇重点任务是理顺国家农业支持政策体系，并对主要政策工具进行评价，探讨政策实施、退出对农户及产业的影响，以及政策运行所需的必要条件。

第 1 章

国内农业支持与保护政策

不管从理论维度，还是从历史和现实的维度看，对农业、农村、农民（“三农”）的支持都是有必要的，特别是人口大国，还涉及复杂的国际权力竞争。能够确保粮食自给自足的国家，往往在国家间竞争中保持一定的优势[①]，保障国家粮食安全是一个永恒课题。“三农”发展所面临的形势在不断变化，经济增速换挡，进入高质量发展阶段，城镇化率逐年提高，城乡一体化进程加快；经济结构调整优化，第一产业在地区生产总值中的占比逐年下降，新的现代生产要素不断涌现；增长方式从要素驱动、投资驱动转向创新驱动，对各类经营主体的知识运用能力提出了更高的要求；社会主要矛盾发生变化，需要更好地推动人的全面发展。在这些新的形势下，农业支持保护制度需要与时俱进。

2004 年是我国构建农业支持保护制度的关键年份，粮食收购市场继续深化改革，实施稻谷最低收购价政策，之后启动小麦最低收购价政策，以及玉米等重要农产品的临时收储政策，农业补贴政策体系逐步完善。为了更好地适应国内国际新形势，2014 年起逐步取消临时收储政策，试点或实行目标价格补贴制度、生产者补贴政策，加快农业保险发展。总的来说，21 世纪以来我国构建并逐步完善的农业支持政策体系，在保障国家粮食安全、提高和稳定农民收入、改善农业生产条件、促进经营主体多元化发展等方面发挥了重要的作用，但随之而来的问题也很多，如市场扭曲程度强、执行成本高、补贴效率低，迫切需要深入研究并加快改革农业支持保护政策，为国家粮食安全保障和重要农产品有效供给提供支持，同时要有利于农业竞争力提升与农村和农民发展，服务于乡村振兴战略。

国外经验也表明，农业支持保护政策对粮食安全和农产品有效供给具有重要影响。自 1995 年世界贸易组织（WTO）成立以来，世界多数国家和地区对本国农业支持保护政策进行了改革，旨在减小甚至消除生产和贸易扭曲，WTO 成立前常用的价格支持手段和刺激生产的补贴政策越来越少用到，支持

① ［美］汉斯・摩根索．国家间政治：权力斗争与和平［M］．肯尼斯・汤普森，戴维・克林顿，修订，徐昕，郝望，李保平，译．北京：北京大学出版社，2006：150.

政策措施发生了较大变化。WTO 成员特别是美国，对我国农业支持保护政策提出疑问，指出我国水稻、小麦、玉米等特定农产品的国内支持水平远远超过承诺水平（WT/DS511）。目前，我国农业支持政策集中于农业生产发展与流通，对各地农业差异化发展的考虑虽然有所加强，但仍然不足；对农户家庭人力资本积累的重视不够，对经营主体虽出台了相关支持政策，但支持力度小，关注当期利益多。继续完善改革农业支持保护制度已经成为共识，但关于具体怎么改革还存在一定的争论。

2019 年中央一号文件指出，“按照适应世贸组织规则、保护农民利益、支持农业发展的原则，抓紧研究制定完善农业支持保护政策的意见”。农业支持保护政策是国内政治和经济考量、国际责任承担等的综合结果，既要符合历史沿革的传承、国内政治经济社会发展目标以及主体的政策偏好，又要考虑与以 WTO 为主的国际规则相适应。现行农业支持政策在保障粮食安全、促进农业发展等方面发挥了重要作用，但随着国内国际形势的变化，特别是适应 WTO 规则和农业经营主体激励结构方面，部分农业支持政策面临的挑战不断增多，有必要继续对其进行较为全面的梳理和评价，提出新的制度改革方向。

1.1 相关概念界定

农业是安天下、稳民心的战略产业①，要加大对农业的支持力度，完善强农惠农富农政策，加快发展现代农业，确保国家粮食和重要农产品有效供给②。伴随经济发展，从向农业征税转向为农业提供支持是普遍的规律，我国同样经历了从农业支持工业到工业反哺农业的过程（马晓河等，2005）。农业支持制度是国内支持农业发展、农民增收等的机制和政策集合，包括农业投入保障机制、农业补贴补偿政策、农业可持续发展政策、支农资金管理制度等。2019 年 11 月 26 日，中央全面深化改革委员会第十一次会议审议通过了《关于完善农业支持保护制度的意见》，正在努力通过改革，逐步构建更符合国情、覆盖全面、指向明确、重点突出、措施配套、操作简便的农业支持保护制度，着力提高政策精准性、稳定性和实效性。总体而言，农业支持保护制度是采用一类政策工具作为手段服务一定目标，如图 1-1 所示。从外延的

① 胡锦涛．关于工农城乡关系的两个趋向（二〇〇四年九月十九日、二〇〇六年二月十四日）［A］//胡锦涛文选（第二卷）［M］．北京：人民出版社，2016：247.

② 习近平．经济增长必须是实实在在和没有水分的增长（2012 年 11 月 30 日）［A］//习近平谈治国理政［M］．北京：外文出版社，2014：111-112.

角度看，农业支持可算作政府涉农预算支出，在此认知下，本书还探索了涉农预算支出结构优化。

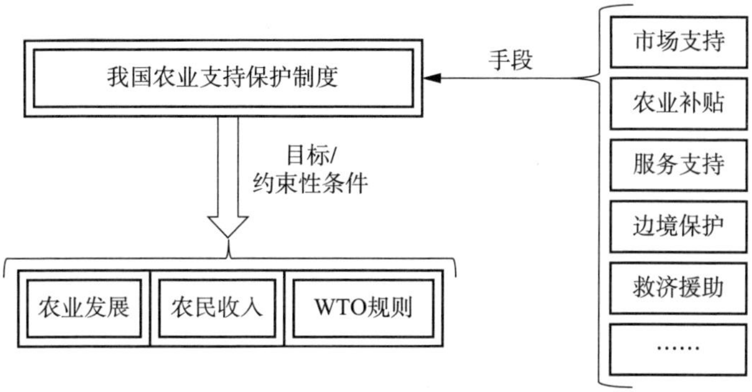

图 1-1　我国农业支持保护制度的目标与实现手段

市场支持是通过直接干预市场价格来实现目标的政策工具，如我国的稻谷、小麦最低收购价政策，玉米等作物的临时收储政策。由政府设定某一个价格，当市场价格低于设定价格时，或者说政策被触发时，按照应收尽收或其他原则进行托市收购，主要目标是保障生产者的基本收益①，稳定预期、稳定生产、保证效益。经济合作与发展组织（OECD，以下简称经合组织）将市场价格支持定义为造成特定农产品国内价格与边境价格差异的政策②。本书所涉及的最低收购价政策、临时收储政策均指由中央政府实施的政策，不考虑由产区地方政府所启动的收储政策。

农业补贴是农业支持保护政策的重要组成部分，形式多样，目标各异，是政府对农业生产、流通和贸易等进行的转移支付。农业补贴政策一般都有明确的标的，如为鼓励出口而设置的农产品出口补贴，由于对国际贸易具有较强的扭曲作用，成为农业谈判的核心问题（程国强、刘合光，2006）；农机购置补贴对象是特定的农机具，购买者通过正规市场渠道购买农机，再凭相关票据申请补贴，审核完成后补贴款打入购买者账户；农业保险保费补贴针对的是特定农业保险产品购买者，但不是先购后补，而是由购买者按补贴后的价格直接购买。有一类补贴是直接补贴到农户账户，不需要补贴对象有特

① 2020 年中央一号文件指出："调整完善稻谷、小麦最低收购价政策，稳定农民基本收益。"本书的政策评估就是要分析最低收购价和临时收储政策对保障政策执行区农户基本收益的作用。

② Market Price Support（MPS）：The annual monetary value of gross transfers from consumers and taxpayers to agricultural producers arising from policy measures that create a gap between domestic market prices and border prices of a specific agricultural commodity，measured at the farm gate level.

定的购买行为，如种粮直补、良种补贴①和农资综合补贴以及整合后的耕地地力保护补贴，给予补贴的主要依据是耕地面积，核定面积和补贴标准后，直接打入农户账户；棉花目标价格补贴的主要依据是当年度价格、产量等，核定后亦是直接打入农户账户；类似的还有玉米和水稻生产者补贴等，以及林业领域的生态补贴、退耕还林还草补贴等。本书所研究的是农户家庭获得的直接补贴，不区分农业补贴的具体类型。

农业支持政策要达到既定目标，必须对微观主体行为产生实质性影响，即需要满足一定的条件。经济机制设计理论主要研究在自由选择、自愿交换、信息不完全及决策分散化的条件下，能否设计一套经济机制来达到既定目标，并且能够比较和判断制度的优劣性②，这也是经济政策设置所要遵循的原则。一项好的经济政策一般应满足三个要求：提高配置效率，使资源得到有效利用；有效利用信息，尽可能降低信息成本；协调各个经济单位的利益，包括集体和社会利益。参与约束和激励相容是政策设计的关键，即参与一项政策的效用不低于参与者的保留效应，不低于参与者能力范围内的其他替代项目的最高效用，否则容易出现“破罐子破摔”的情况。如果一项政策出台，目标主体都不参与或者参与率非常低，一般可以认为其是失败的。橡胶树灾害保险的农户参与率非常低，在海南省不足5%，显然作为中央险种的橡胶树保险保费补贴，并不能发挥支持农业生产的作用；耕地地力保护补贴目标是提高耕地地力，但补贴资金是通过银行系统直接打入农户账户的，在家庭决策中，安排多少预算用于增加施用有机肥等，直接关系着政策效果。

市场在资源配置中起决定性作用，这是经过理论③和实践检验的，市场机制的核心和关键是价格机制，所以农业支持政策不能完全或在很大程度上代替价格机制；近年来，我国对重要农产品收储制度进行了市场化改革，实行

---

① 并不是所有作物的良种补贴都直接补贴到生产者，比如天然橡胶是补贴到苗圃，生产者购苗前提出申请，然后凭批准文件到苗圃按照补贴后的价格购买，存在较大的寻租风险，导致了一定范围内的腐败问题。

② 田国强.《经济机制设计》译者序言［A］//利奥尼德·赫维茨，斯坦利·瑞特.经济机制设计［M］.田国强，等，译.上海：格致出版社，上海人民出版社，2009.

③《经济机制设计》研究一个经济机制的信息效率问题：实现某个社会目标所需要的最少信息是多少。根据赫维茨和瑞特的观点，经济机制可以看作信息交换和调整的过程，如同市场调整过程，当信息交换处于平稳点上时，一个配置结果就被决定了。他们严格证明了，竞争市场机制是唯一的利用最少信息并且产生有效配置的经济机制。赫维茨（1972）认识到，分散在经纪人之间的私人信息可能导致激励问题。通过引入机制的博弈类型和机制激励相容的概念，赫维茨系统阐述了激励问题。机制设计的任务是在各种可行的机制中寻找一个或多个机制，最小化向量描述的机制运行成本。所谓可行的机制是指在每种环境下机制运行的结果都能够满足目标函数对该环境设定的结果。但候选的可行机制往往是未知的。

价补分离，目的就是不让政策代替市场配置资源。信息成本是政策实施需要考量的重要方面，信息不对称的情况无处不在，解决这个问题往往需要很高的成本，比如新疆棉花目标价格补贴在实施初期就给基层农业部门带来了沉重的负担（黄季焜等，2015），大豆目标价格补贴政策试点则受限于信息的不完全和不对称而被取消。农业支持政策的公平性是一个人们讨论较多的议题，比如华北和东北均为玉米主产区，临时收储政策实施范围却不包括华北；基于购买行为的农业保险保费补贴，具有较高支付能力且实际购买的生产者能够享受，部分低收入农户却无法实际享受相应的政策。因此，对一项政策的评估需要充分考虑多方面的因素。

1.2 实施农业支持保护制度的必要性分析

关于农业实施支持保护制度的必要性，以往研究不管是在理论上还是在实证中均取得了很多研究成果，常见的有：农业是国民经济的基础产业，“无农不稳”，同时受自然和市场风险影响，具有弱质性；农业在某种意义上提供公共品，有正的外部性，需要公共财政的支持；农民在职业选择、收入等方面处于相对劣势。这里重点论述两个观点：一是中国农业作为大国农业，其支持政策在理论和实践两个方面均有重要性；二是从农产品剪刀差、劳动力剪刀差、土地剪刀差的历史和现实视角，分析坚持长期反哺农业是必要的。

1.2.1 农业及对其支持的重要性

汉斯·摩根索在其著作《国家间政治：权力斗争与和平》中论述到，在粮食上自给自足或基本自给自足的国家，相对于必须进口足够粮食否则人民会饿死的国家来说，具有很大的优势，自产粮食的匮乏是英国和德国国力相对虚弱的永久根源，而美国不需要从其基本目标上分散精力和从外交政策上分心，就可以确保它的人民不会在战争中挨饿①。20世纪70年代以来，具有资本优势、技术优势和规则优势的部分发达资本主义国家，通过渗透和控制部分发展中国家的粮食生产与贸易破坏其生产体系，获得其国家的部分粮食主权（杨静等，2017），继而使其失去外交主动权。粮食的长期匮乏是一个国家在国际政治中永远软弱的根源，印度是一个比较典型

① ［美］汉斯·摩根索．国家间政治：权力斗争与和平［M］．肯尼斯·汤普森，戴维·克林顿，修订，徐昕，郝望，李保平，译．北京：北京大学出版社，2006：150.

的例子[①]。从国家内部看，在西方国家的政治市场中，政党争取的是选票[②]，任何手段都可能被用于获取权力[③]，农业支持保护政策就是其中的一个重要手段，发达国家和发展中国家都是如此[④]，服务国家特别是大国的发展战略。在美国，农民还是重要选票来源。

从抗战到新中国成立再到改革开放，农村始终扮演着重要的角色，“三农”工作始终是各级党委的工作重心。毛泽东和邓小平同志对农业、农村、农民很重视，此后历代领导人都同样重视。江泽民同志指出，历史事实告诉我们，什么时候农业和农村工作抓得紧，农业和农村经济形势好，整个国民经济就稳定协调地向前发展，国家和人民的日子就比较好过；什么时候忽视了农民利益，什么时候农业和农村工作放松了，农业和农村经济形势不好，国民经济全局就不稳定甚至陷入困境，国家和人民的日子就不太好过[⑤]。胡锦涛同志强调，农业是安天下、稳民心的战略产业，必须始终抓紧抓好。纵观一些工业化国家发展历程，在工业化初始阶段，农业支持工业、为工业提供积累是带有普遍性的趋向，但在工业化达到相当程度以后，工业反哺农业、城市支持农村，实现工业与农业、城市与农村协调发展，也是带有普遍性的趋向[⑥]。在最高领导人的理念支持下，我国从2004年开始加快构建农业支持政策体系，2006年全面废除延续了2600多年的农业税，有效地支撑粮食增产稳产，保障国家粮食安全。

习近平总书记反复强调，保障国家粮食安全是一个永恒课题。粮食消费具有严格的平滑性，促进粮食生产是保障粮食安全的前提。虽然我国粮食持

---

① ［印度］阿玛蒂亚·森．以自由看待发展［M］．任赜，于真，译．北京：中国人民大学出版社，2002：177.［澳］基姆·安德森，［日］速水佑次郎．农业保护的政治经济学——国际透视中的东亚经验［M］．蔡昉，杜志雄，等，译．天津：天津人民出版社，1996：112.

② 梁小民．微观经济学纵横谈［M］．北京：生活·读书·新知三联书店，2000：237-240. 公共选择理论用经济学方法来分析政治过程，现代社会的政治过程与市场过程是一样的。在政治活动中，民主制度是市场制度，政府是企业，政治家是企业家，选民是消费者，议员是选民的代表，选举制度是交换制度，选票是货币，政府提供的公共物品是消费品。

③ ［德］马克斯·韦伯．经济与社会（第一卷）［M］．阎克文，译．上海：上海世纪出版集团，2009：401-402. 另外，马克斯·韦伯认为，“政党”是指形式上自由招募成员的联合体。

④ 世贸组织改革应坚持“三个原则”“五点主张”——商务部回应WTO改革热点问题［EB/OL］．2018-11-24，http：//www.xinhuanet.com//2018-11/24/c_1123760891.htm。根据WTO规则，有的发达成员一年允许农业补贴的金额高达几百亿美元，而一些发展中成员却没有这个权利。这种规则不公平导致一些发达成员通过补贴刺激农产品生产，带来农产品过度供给，价格下降，给其他的发展中成员造成损失。“这种补贴就是扭曲市场的补贴，WTO规则应该处理这种不公平问题”。

⑤ 江泽民．高度重视农业、农村、农民问题（一九九二年十二月二十五日）［A］//江泽民文选（第一卷）［M］．北京：人民出版社，2006：261.

⑥ 胡锦涛．关于工农城乡关系的两个趋向（二〇〇四年九月十九日、二〇〇六年二月十四日）［A］//胡锦涛文选（第二卷）［M］．北京：人民出版社，2016：247.

续多年丰收，但仍存在不确定因素。粮食产量大落容易，起来却很难，习近平总书记以战略家视野审视“饭碗”问题，指出在粮食问题上不能侥幸、不能折腾，一旦出了大问题，多少年都会被动（瞿长福、乔金亮，2016）。20 世纪 90 年代中期，我国推行米袋子省长负责制，压实地方责任，粮食产量连续多年增长，但后来粮食生产这根弦有所放松，1998—2003 年大幅减产 15.9%[①]，2004 年开始实施种粮直补、最低收购价等政策，持续增产后保持高位。

1.2.2　实施农业支持政策的历史必要性

在抗战时期，有生机的乡村是“抗战胜利在乡村”的基础，乡村支持战争胜利的第一要务是生产。1934 年，毛泽东同志指出，不单要动员战争，还要领导农民的土地斗争，分土地给农民，提高农民的劳动热情，增加农业生产，进而提高群众参加革命的号召力[②]。但当时我国农民负担比任何国家都重，包括各种苛捐杂税、高利贷压榨等，战时保甲长作恶，一些土豪劣绅长期勒索（曹钟瑜，1937）。即便在这样艰辛的条件下，1940—1942 年农民还为解放军分别提供了 900 万斤、2000 万斤和 1600 万斤的粮食，支持抗日战争[③]。1956 年，毛泽东同志在会见拉丁美洲一些党的代表时曾回顾到，中国革命的经验，是建立农村根据地，以农村包围城市，最后夺取城市的经验[④]。

新中国成立后，在赶超战略的安排下，重工业优先发展，农产品价格被严重压低，以确保城市低工资，增加工业积累，但工农剪刀差严重影响了农业发展。1952 年，我国人均 GDP 约为 50 美元，从事农业生产的劳动力占比为 83.5%，农业净产值比重为 70.0%，此后，农产品价格被长期压低，通过

① 江泽民同志在 1993 年曾强调，“全党上下一定要记取忽视农业必然带来严重后果的历史教训，千万不能好了疮疤忘了痛”。但当年政府受限于财力不足，对农业的支持仍是负向的。江泽民．高度重视农业、农村、农民问题（一九九二年十二月二十五日）［A］//江泽民文选（第一卷）［M］．北京：人民出版社，2006：261-262.

② 毛泽东．关心群众生活，注意工作方法（一九三四年一月二十七日）［A］//毛泽东选集（第一卷）［M］．北京：人民出版社，1991：136-137.

③ 毛泽东．抗日时期的经济问题和财政问题（一九四二年十二月）［A］//毛泽东选集（第一卷）［M］．北京：人民出版社，1991：131.

④ 毛泽东．我们党的一些历史经验（一九五六年九月二十五日）［A］//毛泽东选集（第五卷）［M］．北京：人民出版社，1977：306-308.

人为设定的价格体系为工业化筹集发展资金①。据有关文献测算，1954—1978年，通过不等价交换体系，估计城市从农业获取的资金达5100亿元②；1951—1979年，农业部门累计为国家提供税收收入978亿元；1949—1978年，全国财政支农支出1577亿元；经大体估算，改革开放前，农业部门为工业化提供资金约4500亿元，平均每年155亿元③，导致农业积累几乎都没有留在农村。

改革开放后，农业经营体制改革有效地提高了农民的生产积极性，但农业部门仍是净转出。根据文献测算结果，1993年生产者补贴等值占产值比重的-28.46%，农业部门净转移出去的剩余多达2000多亿元，主要方式仍是国家采购定价④。从经合组织（OECD）测算的结果可发现，20世纪90年代中后期，我国生产者支持处于非常低的水平，但从2009年开始，生产者支持明显强于美国，如图1-2所示。

随着农产品市场化改革的深化，工业品和农产品价格剪刀差逐渐变小，转向以劳动力和土地为主的要素价格剪刀差，要素市场成为发展不平衡的重要原因（张克俊、唐新，2019）。农民工为国家建设发展作出了重大而独特的贡献⑤，承担了城市建设中大量繁重的工作，可农民工不仅容易被拖欠

---

① 为了确保国家掌握足够的粮食，降低黑市出现的概率，当时政府关闭了所有的粮食及大部分其他农产品市场，使得不再有市场能对国家收购行为产生影响。新中国成立后，最初并没有采用这种方式，但在土地改革打倒地主、土豪乡绅等后，国家发现无法从农民手中收到粮食，造成城市粮食的供应紧张。

在新中国成立后30年间，由于饥饿造成死亡最严重的地区是生产粮食的农村，这是匪夷所思的现象。第一次世界大战后，德国马克出现恶性通胀，货币连纸都不如，大量依靠货币取得收入的人陷入严重饥饿状态；但这一现象在农村地区却很少出现，农民减少了外购肥料等要素投入，产量虽然有所下降，但依旧能够维持基本的能量和营养需求。但在中国，饥饿致死的现象却基本都是农村的粮食生产者群体，这是对交换权利体系的巨大破坏。农民本来有不出售产品而将其作为自留口粮的权利，但却被强迫交出粮食。问题在于这个体系是怎么形成的。农户作为融生产和消费为一体的经济单元，决策的约束条件发生了巨大的变化。在一个中央集权的政治语境中，下一级官员任命权掌握在上一级组织手里，为了迎合上级的任务目标，其可能对本区域内的组织和个人采取极端的措施，特别是在信息传递不通畅的年代。

② 这是农村支持城市发展的资金。然而，现在农村基础设施、公共服务等，却不能完全由政府支持。农村公路建设需要村民筹集部分资金，农村养老金的保障水平非常低，这是新的不公平。为什么会造成这样的不公平？较为普遍的解释是城市居民的受教育水平高，政治参与度高，能够在更大程度上影响政府决策。特别是在中国，以农民为基础的组织尚无法在政策制定中发挥作用。但中国共产党高层能充分认识到农业在国民经济中的基础性作用，农村在国家现代化进程中的短板效应，农民与党成长历史的密切关系，以及其对现代化进程所发挥的作用。

③ 国务院发展研究中心，中共中央政策研究室农业投入总课题组．中国农业的支持与保护［M］．北京：中国农业出版社，1997：82-83.

④ 国务院发展研究中心，中共中央政策研究室农业投入总课题组．中国农业的支持与保护［M］．北京：中国农业出版社，1997：9-21.

⑤ 李克强．各级政府和国有企事业单位不得以任何理由拖欠农民工工资［EB/OL］．2019-12-06，中国政府网，http：//www.gov.cn/xinwen/2019-12/06/content_5458830.htm.

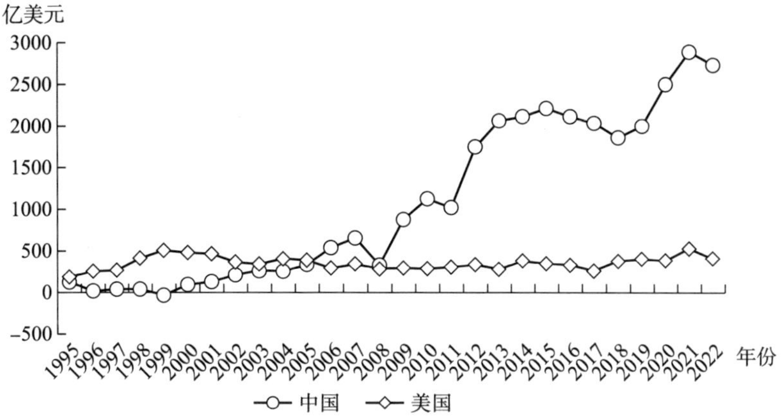

图 1-2　中国和美国的农业生产者支持量估计

数据来源：经合组织（OECD）。

工资，还无法享受与城市居民同等的公共服务，在教育、医疗、养老等方面都面临严重的不公平，同城同工不同酬，非市民化带来了大量的社保、教育等的“成本节约”（孔祥智，2016）。土地被用来解释报酬差距的一个原因是农村土地被赋予了养老的职能（赵渺希等，2018），但关键的问题在于农村土地无法发挥其应有的效应；不仅如此，土地成为新的剪刀差，农村土地通过征收转为国有建设用地或工业用地，村集体及其成员所获得补偿低于公平情形，村集体作为土地所有者无法成为建设土地市场的交易主体。2002 年土地价格剪刀差 671. 82 亿元，2012 年达到 5024. 13 亿元，被征地农民仅获得了约 30%的土地财产收益（何安华、孔祥智，2015）。1978—2012 年，工农产品、劳动力和土地三方面的剪刀差累计约 18. 9 万亿元至 23. 9 万亿元，农村地区的资金净流出约 12. 5 万亿元（孔祥智，2016）；通过财政与金融机构以及工农产品剪刀差，以 2012 年价格计算，农村地区净流出资金达 26. 66 万亿元（周振等，2015）。

综上所述，不管从国家战略安全和既有成效还是历史维度来看，进一步加大农村和农业发展支持力度都是必要的。同时，也要优化结构、提高效率，更好地促进农业、农村和农民的协调发展，缩小城乡在公共服务中的差距。

1. 3　现行农业支持政策概览

农业支持政策可以分为市场价格支持和农业补贴支持两大类（Valdés，1999），根据农业农村发展的需求，设立专项支持计划，如图 1-3 所示。农业支持保护制度设计和改革非常复杂，涉及多重政策目标，受各种条件约束（柯炳生，2017）。我国实施农业支持保护政策的主要目标之一是保障粮食安全，这关乎国家战略安全，独特的政府政策和现代技术促进我国粮食单产大幅提高（Jiao et al.，2018），粮食产量连续多年稳居高位。以营养均衡为导向的农业发展框架逐渐形成，将于 2024 年 6 月 1 日起实施的《粮食安全保障法》明确，要树立大食物观，推动多元化食物供给，强化财政、金融等支持政策。

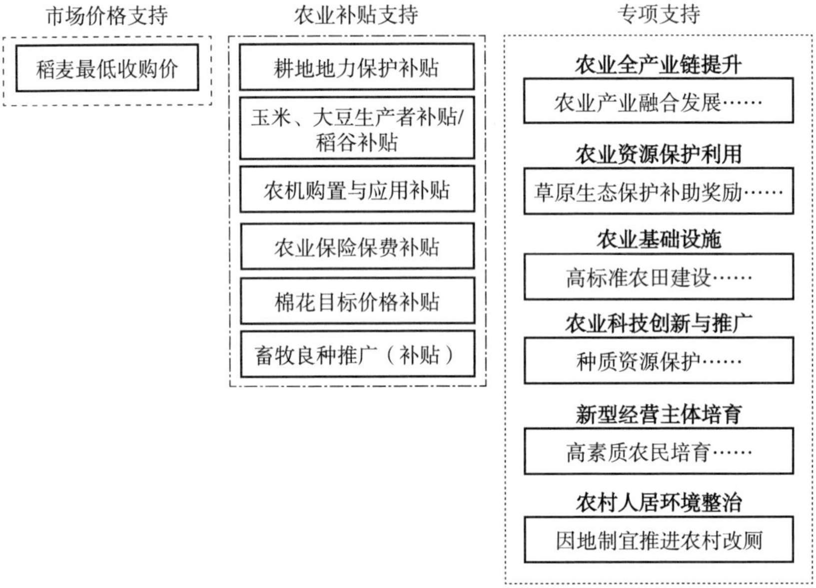

图 1-3　我国农业支持政策的框架

资料来源：根据农业农村部、财政部发布的“2022 年重点强农惠农政策”等资料整理。

1.4　农业支持保护政策制定过程

亨廷顿在其著作《变化社会中的政治秩序》中指出，知识分子具有革命性几乎是处于现代化之中的国家的普遍现象，农村主导集团所起到的作用是决定政府稳定或脆弱的关键因素；如果政府不能得到农村的支持或默认，那么政治稳定的基础就微乎其微了，即所谓“得农村者得天下”[①]，在我国亦是如此。中国共产党始终重视“三农”工作，毛泽东指出，中国的主要人口是

① ［美］塞缪尔·P. 亨廷顿. 变化社会中的政治秩序［M］. 王冠华，刘为，等，译. 上海：上海人民出版社，原著 1968 年出版，译著 2006 年出版，第 254-273 页.

农民，革命靠农民的援助才取得了胜利，国家工业化又要靠农民的援助才能成功①；邓小平强调，中国社会是不是安定，中国经济能不能发展，首先要看农村能不能发展，农民生活是不是好起来②。从 20 世纪 90 年代开始，在历任国家领导人的直接关心下，我国开始逐步探讨、建立、完善农业支持政策，既有自下而上形成的政策，也有自上而下的顶层设计到实施落地。

政策制定过程是一个学习过程，需要综合考虑多方面的因素，如纵向与横向、目标与约束、当前与长远。速水佑次郎等运用“农业政策转变过程”模型分析得出，一国农业政策能否从剥削转向保护，主要取决于执行该政策能够给政治家带来的边际效益和边际成本③。边际收益和边际成本可以体现为被保护集团和反对集团的预期选票量（李明权，2015）④，但用于分析中国的情况可能不太合适。柏正杰（2012）试图从政治经济学的角度来探讨农业保险补贴的合理性解释，但只是强调要上升到国家农业保护性政策层面来思考，并没有给出新的解释。在政策制定过程中，利益集团是非常重要的主体，城市利益集团与农民群体之间在力量上的不平衡可能是导致城乡发展困境的主要原因（韩玲，2008）。中国开放程度不断加深，农业国内支持保护政策制定的博弈主体也在增加，可能参与主体如图 1-4 所示。

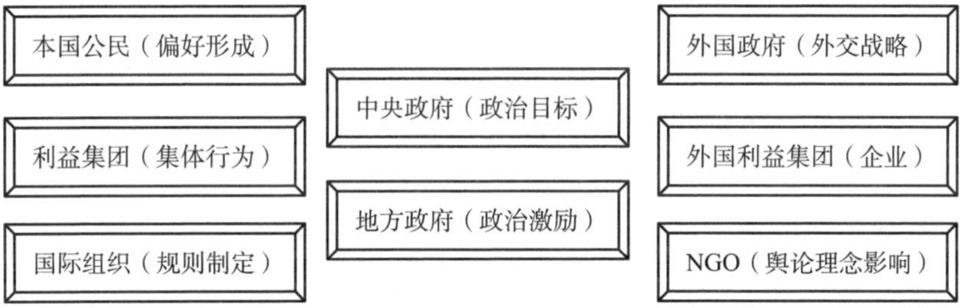

图 1-4　农业国内支持保护政策制定的可能参与主体

在很多发展中国家，农业政策对政治的影响是显著和敏感的。例如，化肥是斯里兰卡最大的农业补贴项目，2015 年政府将化肥补贴改为现金支付，造成化肥短缺、价格上涨，引发了农民的愤怒情绪。因此，在接下来的地方

---

① 毛泽东．做一个完全的革命派（一九五〇年六月二十三日）［A］//毛泽东选集（第一卷）［M］．北京：人民出版社，1991：21.

② 邓小平．我们的宏伟目标和根本政策（一九八四年十月六日）［A］//邓小平文选（第三卷）［M］．北京：人民出版社，1993：77-78.

③ ［日］速水佑次郎，［日］神门善久．农业经济论（新版）［M］．沈金虎，周应恒，等，译．北京：中国农业出版社，2003：71-75.

④ 新政治经济学理论认为，政府的目标是成功掌握政权和维护政权稳定而非社会福利最大化。

政府选举中，农业主产区选民压倒性地支持非执政党。在我国，农业支持政策总体上是令农民满意的（刘滨等，2017），但也存在针对性不强、部分政策略失公平、参与率低等问题。农业政策制定者需要厘清问题，选择能够影响农户行为的政策（Kaine et al.，2017），关注农户的参与意愿（Mitchell et al.，2012），减少对市场的扭曲（Anderson，2010）。

1.5　以人为本的农业支持政策方向

党的十九大报告再次强调了“使市场在资源配置中起决定性作用”，凸显了市场化在我国全面深化改革中的重要性。在经济学界，有个关于铅笔的著名例子：生产铅笔需要木材、橡胶、金属、油漆等多种原料和产品，如何组织生产？生产多少？为谁生产？一种方式是依靠中央计划经济，通过复杂计算，安排好每个环节的生产；另一种方式是依靠非人格化和匿名的市场机制来安排。哈耶克在《通往奴役之路》[①] 中论述了中央计划经济的严重后果，而对于市场经济在资源配置中的效率及其条件，竞争原则是关键的。哈耶克在《致命的自负》[②] 中进一步讨论有关自发形态优于中央管制的议题，强调“在一个扩展的经济秩序中，离开竞争性市场形成的价格的指导，不可能对资源进行精心的‘合理’分配……”，市场秩序的维护还需要自由、财产、公正等方面的支持。信息分散理论是哈耶克的重要贡献，早在其 1936 年《经济学与知识》的著作中就首次取得了突破。市场的信息和知识是分散的，资源也是分散的，需要各个市场主体依据自身的知识和环境去捕捉，给予其充分的自由选择。增加市场主体的人力资本积累，扩展知识面，加强专业知识，有利于提升其收集和处理分散的市场信息、配置资源的能力和水平。

在经济学中，生产函数 $Y=F(K, AL, \cdots)$ 是广为熟悉的，括号中是包括资本、劳动力在内的各种生产要素。在实证研究中，F 常被简单假设为 C-D 函数或 CES 函数，但在现实中，该函数的确定却是非常复杂的，要从分散的市场信息中把握产品的销售预期，然后购买资本品，垫付工资，组织生产，这就需要无数的生产主体。通过哈耶克《致命的自负》可以发现，良好运行的市场秩序下，虽然能够获得价格信号，但仍需各类市场主体根据所处的环境和所掌握的知识合理分配资源。熊彼特在《经济发展理论》[③] 中将实现新的要素组合的人称为企业家。企业家性质的活动是实现新的要素组合的必要

① 哈耶克．通往奴役之路［M］．王明毅，冯兴元，等，译．北京：中国社会科学出版社，1997.

② 哈耶克．致命的自负［M］．冯克利，等，译．北京：中国社会科学出版社，2000：99.

③ 约瑟夫·熊彼特．经济发展理论［M］．何畏，易家详，译．北京：商务印书馆，1990：85.

条件，在某种意义上是一种生产手段或者第三种独立的生产要素。通过企业家的活动，可以重新组合市场中的产品和要素，创造出新产品来满足需求；寻求新的市场销售产品，亦是企业家活动的内容。熊彼特特别强调企业家在要素运用中的关键作用，或许可以认为 F 函数就是由企业家来构建的。具体到农业生产，亦是如此。农户、农场或其他生产主体需要去发现市场信息，通过新的要素组合来获取利润，但要实现这个过程并不容易，必须具有足够的知识。

著名农业经济学家舒尔茨在其著作《改造传统农业》① 中指出，改造传统农业的关键是要引进新的生产要素。经济和科技发展不断为我国农业带来丰富的新的生产要素，如先进机械、基于大数据分析的信息技术、人工智能等。要使用这些新的生产要素，一是加大研发投入，加快破解这些技术在农业生产中应用所面临的科技难题，开发出新的软件、硬件产品，国家现代农业产业技术体系计划增补多个作物的人工智能岗位；二是要为产品和技术在实际生产中运用提供制度环境，比如有序的土地流转市场、有效的技术推广体系；三是着力提高生产主体的知识和技能，这样不仅可以提高新要素的使用概率，还可以增强发现和接受新要素的可能性。农业生产主体要获得知识和技能，可以通过试验或试错来学习，但代价高昂，也可以通过在职培训学习，从长期来看，教育是最有效的方法，即向农民投资。舒尔茨在其多部著作中反复论证并强调人力资本投资的重要性，在《改造传统农业》中提出对农业生产者——农民进行人力资本投资，并将其视为农业发展的基本动力。

我国农民受教育程度还有很大的提升空间。根据海南省主要农业县（市）的四期抽样调查，2013 年家庭户主接受高中教育、高等教育的比重仅为 27.0%、2.8%，2016 年两者比重分别为 27.2%、3.1%，说明农民的受教育水平较低，整体教育水平的提高是非常缓慢的。但其代际提升速度较快，2019 年家中最高文化程度达高中、高等教育的比重分别为 31.3%、21.9%，不过在 2023 年受访的 315 个家庭中，18 岁以上人口中具有高中及以上教育程度的比重也仅为 25.3%。对农民的教育投资回报需要很长一段时间才能体现出来，学习的过程缓慢而又困难，但又非常重要。舒尔茨利用丹麦农业现代化的典型事实指出，农业新技能和关于农业的新知识可以成为农业增长的主要源泉，但这依赖于接受大量教育投资的农民实现农业的改造，荷兰、以色列也是类似的典型。教育是增加农民人力资本的方式之一，舒尔茨总结了向农民投资的类别，比如农闲期间的短期训练班、农民学校、在职培训、健康设施和

---

① 西奥多·W. 舒尔茨. 改造传统农业 [M]. 梁小民，译. 北京：商务印书馆，1987：26.

服务。

舒尔茨在研究日本农业后发现，公共投资更多关注农业现代要素研究，对各类教育进行投资，不仅要针对向农民传授知识的作物专家，还要针对农民本身，提高农民成功使用新投入品的能力。日本为鼓励年轻人以农业作为职业，提供较为全面的支持。当然，日本农业也面临着新的问题，比如无竞争的农地市场，神门善久在其著作《日本现代农业新论》① 中提出，农业补助金发放应当从发放给“适合于农业经营的人”转向“合理的土地利用”。

可在接受大中专教育的学生中开展农业创业创新大赛，激发更多青年人对农业产业的热情，也有利于改变他们对农业职业的偏见。要为有意向成为职业农民的青年学生或社会人士，提供适当的农业职业规划和资金资助，在职业津贴、社会保障等方面给予一定的支持。设立针对中青年农民学历教育的专项支持活动，若农民在一定年限内完成课程学习且通过测试，可以获得证书。另外，要支持高等学校、科研院所积极提供教育服务。充分利用好返乡创业、新型职业农民培训、大众创业万众创新、深化职业教育改革的有利形势和机遇，构建增加生产经营主体知识和技能的教育培训体系，促进农业支持体系改革。

1.6 美国农业财政支持框架的借鉴

食物和营养支出占美国农业部预算总额的比重大。表 1-1 给出了美国农业部预算支出结构，大部分支出项目比较稳定，但风险管理、农村发展等在不同财年间的波动大。食品与营养服务始终是美国农业部支出份额最大的项目，维持在 70%上下，约为 1000 亿美元，针对农业生产和保护的占比仅为 15%左右。根据各财年的预算摘要，食品与营养服务主要包括补充营养救助计划（Supplemental Nutrition Assistance Program，SNAP），儿童营养计划（Child Nutrition Programs，CNP），针对妇女、婴儿和儿童的特殊补充营养计划（Special Supplemental Nutrition Program for Women，Infants and Children，WIC）。为保障儿童和低收入人群获得充足的食物和营养，以 SNAP 为载体，与各州及其当地合作伙伴实施营养救助；CNP 包括国家学校营养午餐计划、学校早餐项目、夏季食品服务计划以及儿童与成年人关爱食品计划；WIC 主要是针对婴儿和妇女，婴幼儿阶段的营养摄入对个体发展具有深远的影响，女性则对婴儿早期的营养保障有重要作用，对婴儿和妇女实施营养保障有着

① ［日］神门善久．日本现代农业新论［M］．董光哲，等，译．上海：文汇出版社，2013：101.

“功在当代、利在千秋”的意义。2018 财年食品与营养服务下的 SNAP、CNP、WIC 支出占食品与营养服务预算的比重分别为 70.3%、23.0%、5.9%，2022 年食品与营养服务支出占美国农业部总支出的 78.4%。在公共财政预算中单列食物和健康支出，对我国具有较强的借鉴意义，不仅符合我国的发展战略，也有利于推动落实营养健康领域的计划。

美国农业部全面负责美国的农业农村事务，下设农场服务、风险管理、海外农业服务、食品与营养服务、研究教育经济等机构，涉及农村社区、公共事业、住房、商业合作社服务；经费主要来源于财政拨款，分为强制性和自由支出项目，分工明确、一体化管理、运行高效的美国农业管理部门在促进美国农业成为世界最具竞争力行业方面发挥着极其重要的作用（王禹等，2015）。美国是世界农业强国，其农业政策一直是我国学习借鉴的主要来源，相关的研究成果非常多，但推进政策落实方面的成果相对较少。

农产品信贷金融、风险管理、自然资源保护、贸易与海外农业事务、农村发展、食品安全、农业研究等是美国农业部预算的组成部分，并设立了专门机构。以农业保险为例，美国农业收入保险的运作模式是“政府主导下的商业运作”，运作机构主要分为三层，包括农业部风险管理局、联邦农作物保险公司以及商业保险公司。农业部风险管理局是农业保险的监管机构，负责推动立法和改革、监督规范农业保险市场等；联邦农作物保险公司是保险产品提供者和执行机构，负责经营管理，制定农业保险条款、评估审核保险产品、设计保单，以及保险定价、农业保险数据库建设等；商业保险公司经批准授权后开展政策性农业保险经营，产品销售，查勘定损、理赔，全程严格遵守联邦农作物保险公司的各项规定，可向其进行再保险，还可向联邦农作物保险公司提交建议。美国农业保险通过多年的实践，已经形成了权责清晰的运行体系，联邦政府很好地通过机构设置实施本级财政事权，但同时可能存在运行成本高的问题（张玉环，2016）。

表 1–1　美国农业部预算支出结构　　单位：亿美元

项目	2022 年	2020 年	2018 年	2016 年	2015 年	2014 年
A 农业生产与保护	239.06	331.36	231.81	195.75	194.97	258.04
农场服务局	17.99	18.28	17.87	21.02	19.50	16.19
商品信贷金融	66.46	168.83	108.77	95.63	66.99	122.28
风险管理局	108.68	98.95	65.25	42.39	73.50	83.11
自然资源保护服务	42.87	42.79	39.91	36.71	34.98	36.46
B 贸易与海外农业事务	26.36	20.99	19.18	16.57	13.73	12.82
海外农业服务	3.52	1.85	1.77	2.31	2.52	2.20

续表

项目	2022 年	2020 年	2018 年	2016 年	2015 年	2014 年
P. L. 480（第 480 号公法）	22. 84	19. 14	17. 41	14. 26	11. 21	10. 62
C 农村发展	46. 93	83. 49	31. 43	51. 48	43. 53	31. 17
农村公共事业服务	22. 07	51. 24	10. 10	2. 49	16. 02	5. 62
农村住房服务	19. 01	29. 15	18. 23	2. 56	24. 89	23. 42
农村商业合作社服务	2. 64	0. 51	0. 90	45. 60	0. 35	0. 57
农村发展的工资和支出	3. 21	2. 59	2. 20	0. 83	2. 27	1. 56
D 食品、营养与消费者服务	1922. 26	1142. 30	972. 42	1014. 42	1039. 58	1023. 40
食品与营养服务	1922. 26	1142. 30	972. 42	1014. 42	1039. 58	1023. 40
E 食品安全	11. 46	10. 61	10. 69	10. 46	9. 91	9. 80
食品安全与检验服务	11. 46	10. 61	10. 69	10. 46	9. 91	9. 80
F 自然资源与发展	85. 83	63. 61	72. 32	63. 64	59. 24	58. 72
林业服务	85. 83	63. 61	72. 32	63. 64	59. 24	58. 72
G 营销与监管项目	39. 28	27. 56	23. 25	26. 70	28. 06	18. 67
动植物健康检疫服务	18. 81	13. 90	12. 19	14. 61	17. 12	10. 35
农产品市场营销服务	8. 10	4. 62	3. 96	3. 73	3. 23	3. 01
Section 32 基金	12. 37	9. 04	7. 10	8. 01	7. 40	5. 01
H 研究、教育与经济学	34. 83	29. 71	27. 59	27. 21	26. 86	26. 23
农业研究服务	16. 09	13. 48	11. 48	11. 49	11. 15	10. 65
国家粮食与农业研究所	15. 90	13. 88	13. 35	13. 23	13. 23	13. 22
经济研究服务	0. 88	0. 69	0. 87	0. 94	0. 75	0. 76
国家农业统计服务	1. 96	1. 66	1. 89	1. 55	1. 73	1. 60
I 部门活动	104. 37	161. 47	7. 01	3. 51	3. 61	4. 54
调整数	-58. 27	-28. 89	-28. 57	-27. 26	-28. 34	-25. 26
合计	2452. 11	1842. 21	1367. 13	1382. 48	1391. 15	1418. 08

数据来源：历年《美国农业部预算摘要》的附表“Outlays by Agency”，本表的数据是实际数。

注：Section32 基金为美国农业部实施营养计划的一项储备基金（童彤，2014），P. L. 480（粮食用于和平法案）是美国粮食援助的重要组成部分，特别是该公法的第二章（赵放，陈阵，2009）。

第 2 章

水稻、小麦最低收购价政策

最低收购价政策在保障我国口粮绝对安全方面发挥着重要作用，但改革争议较大。农产品价格形成机制市场化与生产经营者收入可能存在矛盾（张晓山，2019），价格波动成为影响生产者福利的主要因素（Merener，Steglich，2018），特别是粮食生产的季节性和消费的严格平滑性匹配存在结构性矛盾，若集中收获期内价格下跌，对口粮采取适当的政策干预是必要的，但要尽可能减少对市场化价格形成机制的影响，避免造成效率损失。2004 年全面放开粮食收购市场后，我国逐步建立起包括小麦和稻谷最低收购价政策在内的农业支持制度，政策初衷是托底粮价，保证农民种粮不亏本，保障基本收益。本章运用中国家庭追踪调查（CFPS）四期平衡面板数据，分析最低收购价政策是否能稳定基本收益，是否会对要素投入造成扭曲，通过玉米临时收储政策探讨政策失效的可能情形，并分析其在 WTO 规则下的争议。

2.1 文献回顾

最低收购价是指承担最低收购价收购任务的收储库点向农民直接收购三等标准品粮食的到库价，中央政府在粮食开播之前公布当年执行预案，明确最低收购价、收购主体、触发条件、经费保障等。此政策的实施对于保障国家粮食安全具有重要意义（李国祥，2016；郑享清等，2018），但包括最低收购价在内的粮食市场价格支持政策带来的问题也曾非常突出，如造成过度生产（姜长云，2016）、超额储备（马晓河，2016）、农产品走私（胡冰川，2015）、误导农民生产（姜长云、杜志雄，2017）、进口激增（程国强，2016）。中央政府已经调整了稻谷和小麦最低收购价及其触发条件，2020 年稻谷最低收购价政策还设定了收购量上限；2016 年取消玉米临时收储政策。另外，政策托底加剧了国内外粮食价格倒挂（辛翔飞等，2018），加大了进口配额的压力，增加了政策成本，重现了欧洲共同农业政策在 20 世纪 80 年代的困境（于晓华等，2017）。小麦和稻谷在生产和存储方面有一定的差异，小麦存储时间大约要比稻谷长 2 年，所以陈年小麦比稻谷更容易处理。相较于水稻，最低收购价政策更有利于小麦种植面积增加（李雪等，2019）以及小麦主产区生产技术效率提高和技术进步（贾娟琪等，2019），提升全要素增长率（朱满德、严西南，2023）。对于最低收购价政策改革，部分学者认为应该取消，加快市场化改革；部分学者主张保留，特别是在尚未明晰替代政策的情形下，建议调低最低收购价。如表 2-1 所示，改革意见尚未统一，中央持续实施此项政策。

表 2-1 部分学者关于最低收购价政策的建议与主张

主要建议	主张	文献
保留最低收购价政策，重新思考调整定价原则，防止定价过高造成市场信号混乱，导致"三量齐增"	保留，但谨慎确定收购价格	叶兴庆，2017
发挥好市场支持和补贴政策的导向作用，仍是我国当前及今后一段时期内农业支持政策改革的重点	保留，与补贴政策形成合力	张天佐等，2018
市场化稻谷收储制度，实行"价补分离"，粮食价格由市场决定，同时充分发挥好政府储备的缓冲调节功能	取消，实施"价补分离"	高鸣等，2018
遵循最小化市场扭曲原则，如缩小政策覆盖范围、科学设定触发价格、确定多元化收购主体	保留，并进行适当调整	李国祥，2017
取消水稻和小麦最低收购价政策，构建基于粮食安全的高价收购的目标储备制度，并配套相关政策	取消，建立目标储备制度	马晓河，2016
退出粮食市场支持制度，粮食价格以市场定价为基础，建立种粮收益补贴制度，以直接补贴保护农户利益	取消，转向以补贴为主	程国强，2016
不应彻底取消粮食最低收购价制度，但需要进行改革，并尝试探索粮食目标价格制度	保留，以其他政策作为补充	詹琳，蒋和平，2015

最低收购价政策效应的研究成果颇丰，特别是对生产（张改清，2014；曾珍香等，2017）、市场价格（王士海、李先德，2012；王为农、何萍，2013）等的影响。中央政府曾调低稻谷最低收购价，有学者发现种植规模较大的农户更倾向于选择维持原有的种植面积，其中的原因是适度规模经营补贴（周静、曾福生，2019），但此结论存疑，一是样本量小，仅为 61 村 188 户农户，而且没有基线数据，二是最低收购价调低与适度规模经营补贴可能只是在时间上耦合，而非因果关系。实施最低收购价政策最重要的目的是稳定水稻和小麦种植户的基本收益，最为直接的方式是阻止销售价格跌破所设定的最低收购价，2020 年继续优化政策，采用限量收购，适当提高最低收购价。从收储主体的收购价到农户销售价还有一个传导的过程，可能造成一定的价差，但至少可以在一定程度上提高农户的议价能力（李陈华、李元申，2017）。有研究表明，小麦最低收购价可有效降低政策执行区的价格波动率（李雪等，2018），但对稻谷的影响较小（朱喜安、李良，2016；王力、孙鲁云，2019）。

2.2　理论模型

价格支持在农业支持政策中具有较长的历史，主要目标是保障农业生产者获得充分且稳定的收入（Waugh，1945）。如果市场收购价格低于政策触发点，指定的收购主体按照最低收购价应收尽收，可对政策实施区域农户的产品销售起到止跌的作用，进而对整体市场产生影响。虽然终端销售价与原粮收购价、粮库收购价与农户销售价均有差异，但价格之间的关联总体上是紧密的。

2.2.1　总量层面

假定 H 是全社会家庭最低消费量，其中包括种植户自家消费，如图 2-1 所示。D_hD 是需求曲线，SS 是供给曲线。P_d 是市场均衡价格，对应供给量为 Q_e，P_g 为政府制定的最低收购价加上社会必要的加工和流通费用，P_w 是国际市场价格。若将 P_g 设置在需求曲线的转折点之处，市场将会造成 Q_c-Q_e 的过剩；若将 P_g 设置为低于市场均衡价格，可确保基本供应量高于 H 但低于 Q_e，或许有利于更多商品获得优质优价的报酬，且能保障一定的供应量。

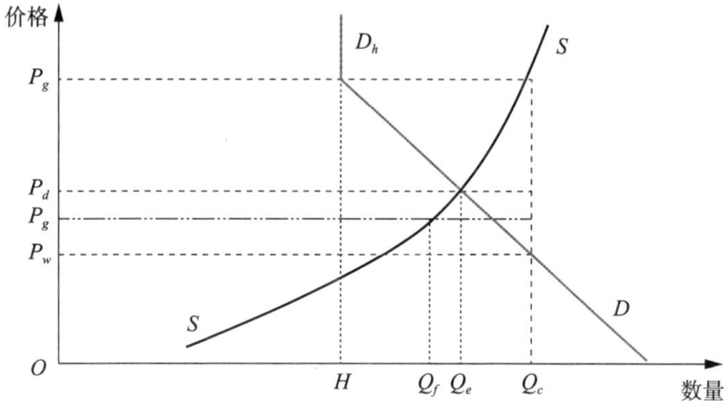

图 2-1　水稻和小麦最低收购价政策的市场干预

2.2.2　个体层面

如果最低收购价能够设定在均衡价格或略低于均衡价，可降低对市场价格形成过程的影响，同时发挥稳定部分生产者预期的作用，但不应低于 $MR=MC$ 的价格，如图 2-2 所示。若是低于此价格，无法保障有效的供应。正如微观经济学中从个体向市场扩展存在很大困难，难以找出代表性生产者，个体的分析要推广到整个区域或行业，也有不少障碍。但在大数定理下，数量庞大的水稻和小麦生产经营主体中，使得 $MR=MC$ 的价格参数应该呈现正态分布；若是能够准确得到价格参数分布，便容易对最低收购价作出决策，可现实中必须面临信息不对称和信息成本的问题。

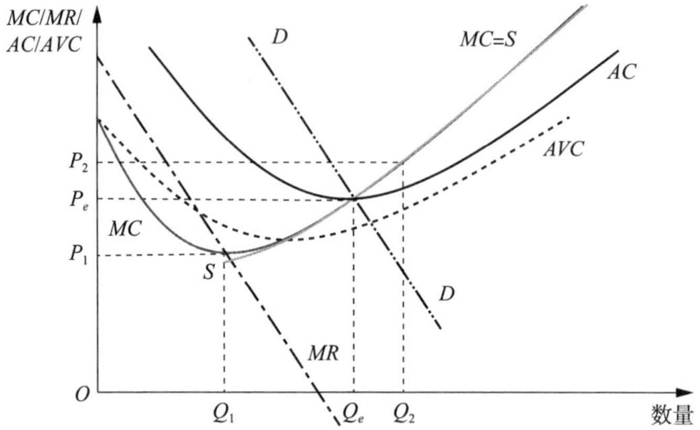

图 2-2　生产决策基础上的市场均衡分析

另一个关键问题是政策干预价和市场价能否独立开来，即是否存在有效竞争市场，使得市场价信号有效。如果市场无法有效运行，均衡价格 P_e 的确定就会变得更加困难；如果竞争是有效的，最低收购价可以稳定生产者对最大市场风险的预期，又不影响市场价格机制作用的发挥。部分主产区既可以通过政策保障基本收益，又可以通过优质优价在自由市场上获得较好的收益，进而大幅度降低了对政策收购的依赖程度，变“看得见的手”为“看不见的手”。若设定的最低收购价高于市场均衡价格，大部分口粮将进入库存，且会减弱价格对优质优价的激励作用。

2.3　数据来源与描述性统计

中国家庭追踪调查（China Family Panel Studies，CFPS）旨在通过跟踪收集个体、家庭、社区三个层次的数据，反映中国社会、经济、人口、教育和健康的变迁，由北京大学社会调查中心负责组织实施。2010 年基线调查界定的所有基线家庭成员及其之后的血缘/领养子女作为 CFPS 的基因成员，成为永久追踪对象，未扩展新样本。分化而成的新家庭成为新样本，部分样本由于死亡或无法继续追踪而退出。首先从 CFPS2016 中有农业生产活动的家庭筛选出连续 4 期都参与调查的样本，共 6072 户，然后在 CFPS2010、CFPS2012、CFPS2014 中查找匹配，形成面板数据；CFPS2016 表示 2016 年实施的调查，数据为 2015 年数据，其他以此类推。

2.3.1　农作物种植

CFPS 调研样本中，华北和东北地区以小麦和玉米为主，华南以水稻为主，东北地区则以玉米为主。CFPS2010 样本中，种植玉米的家庭有 4882 户，小麦 3219 户，水稻 2458 户，棉花种植户比较少；CFPS2014 中，玉米种植户 4669 户，小麦 2466 户，水稻 1894 户，水稻和小麦种植户样本有所减少。CFPS2012 和 CFPS2016 没有询问具体作物，分别使用 CFPS2010、CFPS2014 的作物数据作为替代。

2.3.2　农业投入

在不考虑家庭用工的情况下，种子、化肥、农药是家庭农业生产中占比最大的投入，其中玉米种植的种子、化肥、农药投入比例相对较高，如表 2-2 所示。从 CFPS2012 到 CFPS2014，小麦、玉米户均种植成本显著提高，分别提高 44.8%、29.2%，水稻种植成本相对稳定。小麦户均机械租赁费用最高，其次是水稻，玉米相对较低。在 CFPS2016 样本中，玉米户均雇工费用最高，水稻最低，但有雇工费用的样本少，不同时期雇工费用差别大。水稻户均灌溉费用明显低于玉米和小麦，主要原因是南方水稻种植区域的灌溉条件优于北方小麦和玉米种植区域。

表 2-2　CFPS 各期户均农业投入结构

子样本	年度	种植成本（元/户）	种子、化肥、农药#（元/户）	雇工费用（元/户）	机械租赁费用（元/户）	灌溉费用##（元/户）	种子、化肥、农药占比（%）
仅种植水稻的样本	CFPS2010		1857.08	—	—	—	
	CFPS2012	4498.78	3397.41	846.65	319.82		76
	CFPS2014	4566.26	3328.83	288.34	460.75	153.10	73
	CFPS2016	4651.38	3531.66	260.41	549.94	109.15	76
仅种植小麦的样本	CFPS2010	—	1047.12	—	—	—	
	CFPS2012	3111.95	2393.08	380.32	256.79		77
	CFPS2014	4506.02	2982.35	118.90	615.21	358.89	66
	CFPS2016	4788.16	3229.75	369.98	716.36	308.97	67
仅种植玉米的样本	CFPS2010	—	2171.62	—	—	—	
	CFPS2012	4338.89	3543.77	465.84	272.21		82
	CFPS2014	5603.78	4291.46	346.38	323.40	234.37	77
	CFPS2016	6167.26	4761.58	427.69	478.15	303.91	77

续表

子样本	年度	种植成本（元/户）	种子、化肥、农药#（元/户）	雇工费用（元/户）	机械租赁费用（元/户）	灌溉费用##（元/户）	种子、化肥、农药占比（%）
种植粮食作物的样本	CFPS2010	—	1682.07	—	—	—	
	CFPS2012	3860.06	2972.36	501.90	335.42		77
	CFPS2014	5392.57	3847.13	317.14	445.86	293.88	71
	CFPS2016	5774.07	4175.82	469.84	574.94	306.41	72

注：#表示CFPS2010未区分种植业林业和养殖水产业的成本；##表示CFPS2012灌溉费用是灌溉和机械租赁费用之和。

2.3.3 农业收入

农业收入在农民家庭收入中的比重不断下降，CFPS2014的占比为22.91%，CFPS2016下降了1.79个百分点，为21.12%。从平衡面板数据来看，农户平均的农副产品产值从CFPS2010到CFPS2016并没有显著的增长，但方差却不断变大，跟踪调查家庭的农副产品总产值差异更加明显。仅从事水稻种植农户的平均农副产品总值的下降趋势更为明显，如图2-3所示。

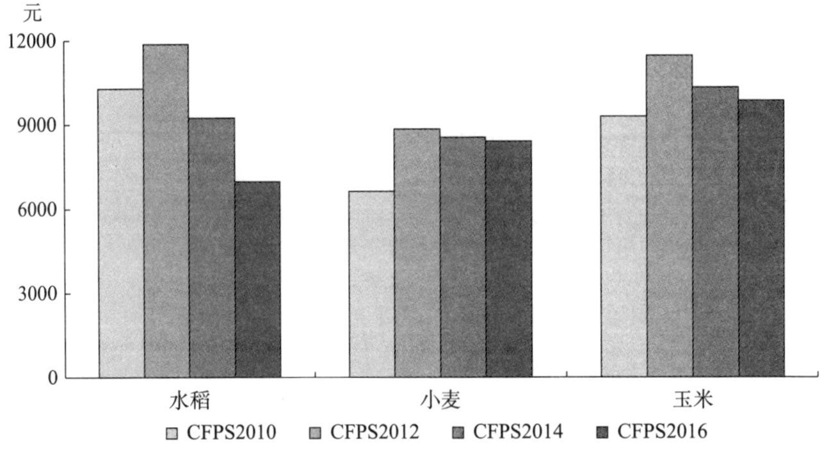

图2-3 水稻、小麦和玉米单一种植户的农副产品总值

2.4 实证分析

2.4.1 实证策略与预处理

在控制相关因素之后，考察非政策执行区和执行区关键指标在政策干预

前后的差异是否显著。在理想化的随机试验中，实验组和控制组的对象是完全随机产生的，确保个体特征或其他潜在的影响因素完全独立，最大限度降低对处理效应的影响。但在实际研究中，往往难以满足理想随机试验的要求，需要引入相关的控制变量来解决估计效率的问题。最低收购价和临时收储政策实施区域的选择并不遵从随机化原则，而是有目的地选择重要的主产区。CFPS 在选择样本时，具有较强的随机性和较大的样本规模，这为分析提供了便利。当市场收购价高于最低收购价时，以政策执行区和非执行区的样本作为基线；当政策被触发时，仅有政策执行区样本受到“处理”，作为实验组，非政策执行区样本则作为控制组，这为识别政策效应提供了便利条件。实际上，不管最低收购价是否被触发或临时收储量如何变化，其都发挥着稳定预期作用。本章探索在实际全面被触发的情形下，识别政策对农户农产品产值和种子、化肥、农药投入成本的影响。设置政策虚拟变量，如果农户 i 所在省份为最低收购价或临时收储政策执行区域，第 t 期最低收购价政策触发启动或者临时收储量提高，则将其设置为 1，否则为 0，如式（2-1）所示。

$$D_{i,t}=\begin{cases}1,\text{ 该省份在 } t \text{ 时期处于政策实施区域}\\0,\text{ 其他情形}\end{cases} \tag{2-1}$$

双重差分法（DID）在政策评估中被广泛使用。假设有 2 期，$\bar{y}_{\text{treat},1}$、$\bar{y}_{\text{control},1}$分别为实验组、控制组第 1 期（基线）的产出指标平均值，$\bar{y}_{\text{treat},2}$、$\bar{y}_{\text{control},2}$为第 2 期（处理）产出；假定 $\bar{y}_{\text{treat},2'}$为没有干预情形下实验组第 2 期的产出均值，$\bar{y}_{\text{treat},2}-\bar{y}_{\text{treat},2'}$则为政策效应。需要借助实验组和平衡性来对 $\bar{y}_{\text{treat},2'}$进行估计。在基线状态下，实验组的指标值本来就高于或低于控制组，新的形势导致两者都提高了，但政策干预的实验组提升得更快；或者是导致两者都下降，比如市场价格下跌降低了家庭农副产品产值，但政策干预组下降得慢些，这是最低收购价政策期待的目标之一。DID 需要满足三个适用条件：实验组和控制组存在共同趋势假设、存在共同支撑区域和不存在前处理效应（胡咏梅、唐一鹏，2018）。由于面临相似的市场环境，前两个条件是可以满足的，若两期都没有或者都触发了，双重差分项均不显著，也可印证。CFPS 调查不涉及市场支持政策，可认为无前处理效应。

2.4.2　水稻最低收购价政策

家庭生产函数为 $y_{it}=f(x_{it},\ l_{it}^{e})$，其中，$x_{it}$为家庭外购入要素，$l_{it}^{e}$为家庭劳动力投入，忽略家庭其他要素投入。家庭农副产品总值 $v_{it}=p_{it}y_{it}$，虽然由于信息收集处理能力不同、产品异质性等，不同家庭的销售价格具有一定的差异，但面临的市场条件相似。当市场价格高于最低收购价时，政策执行区域与非执行区域按照比较优势、地理位置等因素形成均衡价格；当市场价格下跌至最低收购价以下时，最低收购价政策要能够有效地缓解执行区域价格下跌。

2005 年，在南方稻谷主产区启动最低收购价预案。2009 年 8—9 月，部分地方早籼稻跌破最低收购价，敞开收购量分别为 201.03 万吨、76.1 万吨；9 月，中晚稻价格低于最低收购价，连续 3 个月敞开收购，9—11 月收购量分别为 24.0 万吨、249.8 万吨、206.4 万吨，2010—2012 年没有触发稻谷最低收购价（宋洪远，2016）。2013 年大部分月份的早籼稻收购价格低于最低收购政策，最低收购价和临时收储量之和为 3268 万吨，2014 年为 3230 万吨（刘笑然等，2016）。2015 年部分月份低于最低收购价，可认为触发了最低收购价。CFPS2014、CFPS2016 调查期间，水稻主产区较大规模地启动了最低价收购，视为“处理”；而 CFPS2010、CFPS2012 调查期间则没有启动，作为基线，如图 2-4 所示。

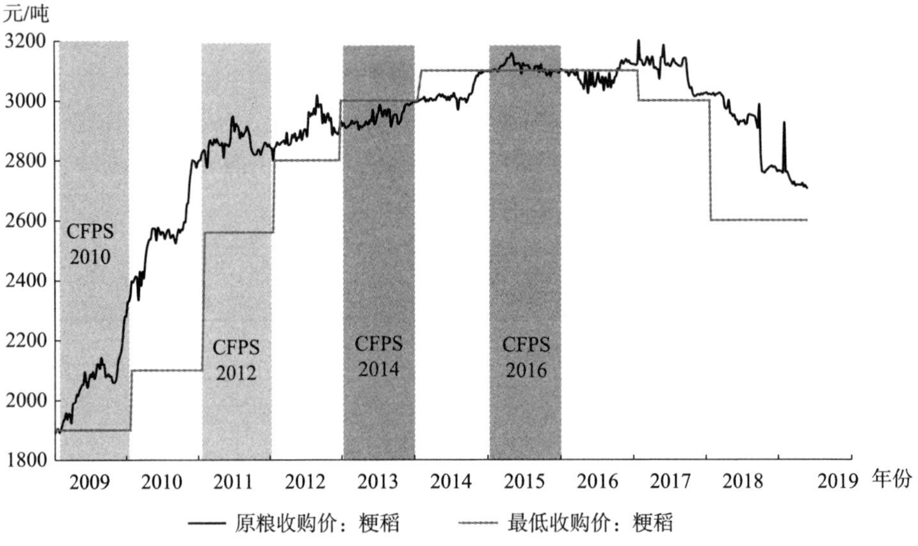

图 2-4 粳稻的原粮收购价与最低收购价比较

数据来源：Wind。

为了调节市场，国家每年都要对重要农产品进行收储，水稻、小麦最低收购价政策关键在于其价格触发机制。不管当年市场价格情况如何，最低收购价政策的收购库点都有收购。

CFPS 样本中从事种植业的农户主要种植水稻、小麦和玉米，其中水稻种植户较少，特别是水稻单一种植户，在平衡面板中 CFPS2010、CFPS2014 仅种植水稻的户数分别为 690 户、422 户。水稻最低收购价分别按早籼稻、中晚稻执行，所针对的地区不相同，表 2-3 的政策执行区包括实施早籼稻和中晚稻最低收购价政策的所有区域。由表 2-3 可知，在不剔除物价因素影响的情况下，户均农产品产值没有明显的增长趋势，政策执行区的户均产值要高于非执行区，差异总体呈扩大趋势。两类地区的种子、化肥、农药投入户均值差异不大，CFPS2010 和 CFPS2014 中政策执行区的种子、化肥、农药投入户均值低于非执行区。

表 2-3　最低收购价政策执行区和非执行区纯水稻种植户的投入产出对比

指标	ln（农产品产值）				ln（种子、化肥、农药投入）			
	CFPS2014		CFPS2016		CFPS2014		CFPS2016	
	均值	样本量	均值	样本量	均值	样本量	均值	样本量
非政策执行区	8.2135	42	8.1338	35	7.6269	67	7.0681	60
政策执行区	9.2321	75	8.9386	60	7.5473	116	7.4703	100
差异/加总	1.0186	117	0.8048	95	-0.0796	183	0.4022	160
指标	CFPS2010		CFPS2012		CFPS2010		CFPS2012	
	均值	样本量	均值	样本量	均值	样本量	均值	样本量
非政策执行区	8.5647	189	8.2891	57	6.8771	185	7.3525	56
政策执行区	8.7533	285	8.8498	143	6.8378	277	7.4439	138
差异/加总	0.1886	474	0.5607	200	-0.0393	462	0.0914	194

注：不包括有畜牧或水产养殖的样本，以下 CFPS 数据中，种植户、粮食作物种植户以及水稻、小麦和玉米（纯）种植户均不含有畜牧养殖的农户样本。

接下来以农业生产投入成本、家庭人口数和农业劳动力数量为控制变量，以农产品产值，种子、化肥、农药投入为因变量，以最低收购价政策执行区和非执行区为类型变量，进行 DID 分析。为了增强分析结果的稳健性，CFPS 四期样本进行不重复组合，共 6 组，分别为 CFPS2010 和 CFPS2012、CFPS2010 和 CFPS2014、CFPS2010 和 CFPS2016、CFPS2012 和 CFPS2014、CFPS2012 和 CFPS2016、CFPS2014 和 CFPS2016，结果如图 2-5 所示。

CFPS2010 和 CFPS2012、CFPS2014 和 CFPS2016 的双重差分检验发现，双重差分项估计值在统计上几乎都不显著，即在基线和处理两种情形下，组间差异在统计上几乎均不显著。基线和处理情形之间，双重差分项通过显著性检验的并不多。针对水稻种植户，CFPS2010 和 CFPS2014 之间的处理效应在 10%显著性水平下通过检验，在控制种植总成本和家庭人口规模后，从 CFPS2010 到 CFPS2014，家庭农产品产值平均值是下降的，但实施最低收购价政策的区域下降更慢；以纯水稻种植户为样本，最低收购价保障农产品产值的政策效果更佳。在 CFPS2012 和 CFPS2014、CFPS2010 和 CFPS2016 组合中，最低收购价政策对阻止主产区纯水稻种植户农副产品总值下降亦有较为显著的作用。从图 2-4 中可发现，在 CFPS2016 调查期间 2015/2016 年度，不少时段的稻谷收购价仍大于等于当年最低收购价，最低价收购被触发的时间短，这可能是因为以 CFPS2016 为处理情形时，政策效应不显著。有学者认为种粮规模扩大可提高最低收购价政策的增收效应，但增长幅度偏小（张改清，2014），但最低收购价政策的作用更多体现在止跌而不是增收上。稻谷最低收购价政策对执行区和非执行区农户的种子、化肥、农药投入成本差距几乎没有显著的影响，这表明该政策对要素投入的扭曲作用很弱，这是政策效果的积极信号，表明政策实施不会对化肥、农药施用造成显著扭曲。

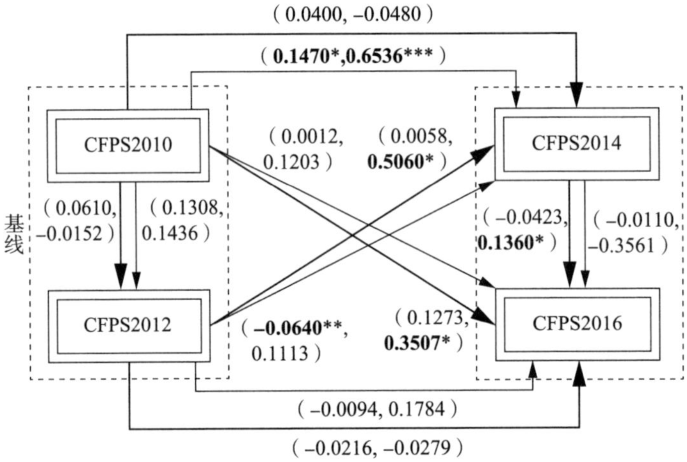

图 2-5　基于 CFPS 的水稻最低收购价政策 DID 检验结果

注：括号内数字为双重差分项估计值，前者为水稻种植户，后者为纯水稻种植户。*、**、*** 分别表示在 10%、5%、1%显著性水平上显著。细线箭头为农产品产值，粗线箭头为种子、化肥、农药投入。

2.4.3　小麦最低收购价政策

对比原粮收购价和最低收购价（见图 2-6）可知小麦最低收购价政策实际被触发的年份较少，这可能是小麦库存压力较小的一个原因。2006 年首次启动小麦最低收购价执行预案，2009 年小麦价格下跌，5—9 月分别以最低收购价收购了 0.1 万吨、2167.4 万吨、1369.1 万吨、45.2 万吨、13.4 万吨，合计 3595.2 万吨（宋洪远，2016），占全国小麦产量的比重为 31.0%。2011—2012 年没有触发小麦最低收购价政策（谭砚文等，2014）。CFPS2016 调查期间 2015/2016 年度，在部分时段内小麦主产区实际启动了最低价收购，如 2015 年江苏启动了小麦最低收购价执行预案，图 2-6 也显示了原粮收购价明显低于最低收购价。将 CFPS2010、CFPS2012 和 CFPS2014 作为基线情形，

CFPS2016 作为处理情形，基线情形下组合的双重差分项在统计上应该是不显著的。CFPS2014 政策执行区户均农产品产值和种子、化肥、农药投入要高于非执行区，政策实际触发执行之后（CFPS2016）两者的差距明显缩小。

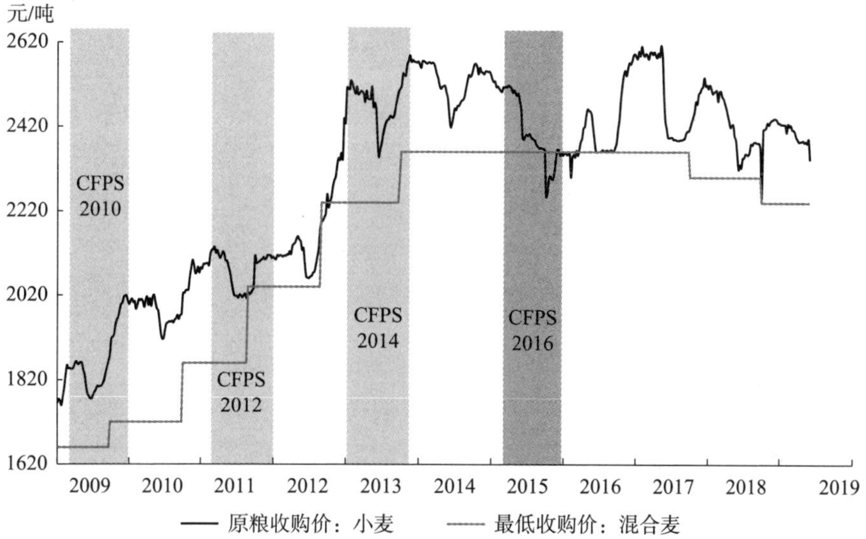

图 2-6　小麦的原粮收购价（周平均）与最低收购价

数据来源：Wind。

在基线情形中，CFPS2014 纯小麦种植户控制组和实验组之间的差异与 CFPS2010、CFPS2012 有显著差异，这似乎不符合平衡性的要求，或许在 CFPS2014 调查期间有类似于最低收购价的干预，如图 2-7 所示。以 CFPS2010、CFPS2012 作为基线情形，CFPS2016 调查期间 2015/2016 年度触发小麦最低收购价政策，有效地减缓了政策执行区的农产品产值下降，非政策执行区估计的产品平均值下降幅度明显大于政策执行区。小麦最低价收购实际被触发时，不仅没有促使执行区农户增加种子、化肥、农药投入，反而起到了相反的作用。从 CFPS2012 到 CFPS2016，非政策执行区种子、化肥、农药投入估计值是提高的，而政策执行区则是降低的，这再次表明最低收购价政策对物质投入的刺激作用不明显，扭曲作用弱。

利用 CFPS2010 的数据来考察农户的小麦销售价格和生产成本分布。CFPS2010 调查了农户的小麦销售量和收入以及净收益，销售收入除以销售量得到价格，收入减去净收益等于成本，再除以销售量则得到单位成本。图 2-8 显示了农户小麦销售价格和生产成本，生产成本中未包含家庭用工的费用。2009 年小麦最低收购价是 1.74 元/千克，处于农户销售价格分布的 47.4%分位数，将近一半农户的销售价低于最低收购价。小麦销售价格分布相比正态分布更集聚在均值附近，而生产成本数据则更分散，部分家庭即使不包括家庭用工，生产成本也高于最低收购价。

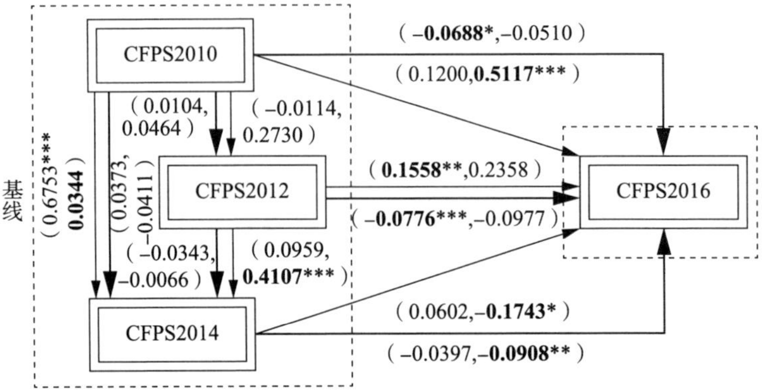

图 2-7　基于 CFPS 的小麦最低收购价政策的 DID 检验结果

注：括号内数字为双重差分项估计值，前者为小麦种植户，后者为纯小麦种植户。*、**、***分别表示在 10%、5%、1%显著性水平上显著。细线箭头为农产品产值，粗线箭头为种子、化肥、农药投入。

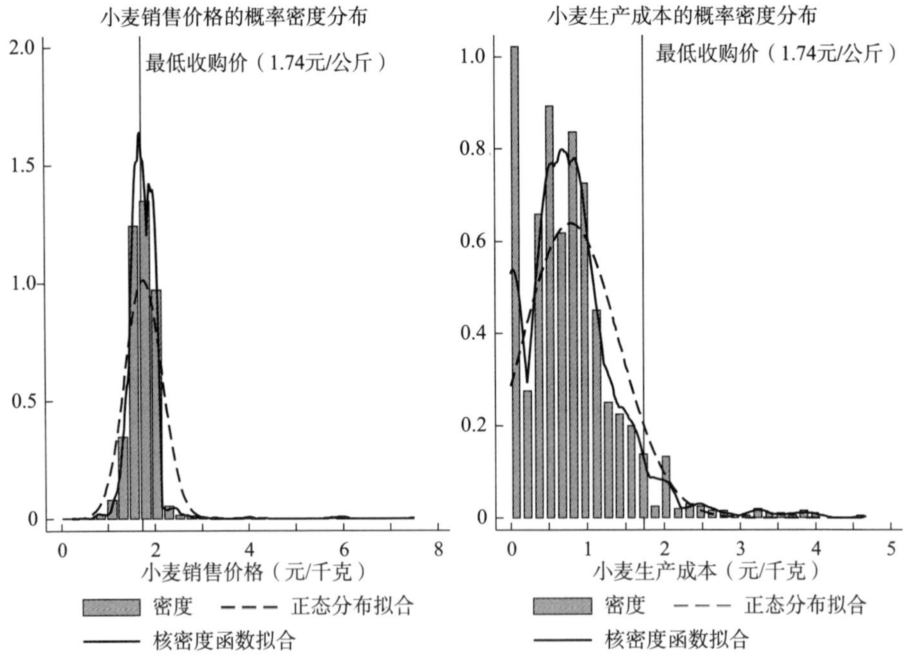

图 2-8　CFPS2010 中农户的小麦销售价格和生产成本（不含家庭用工，去除异常值）

政府小麦最低收购价政策执行区的农户平均销售价格为 1.765 元/千克（样本量 1031，标准差 0.406），非执行区为 1.781 元/千克（样本量 330，标准差 0.354)，并没有显著差异。从分布拟合来看，非政策执行区农户销售价格高于最低收购价的样本比重要略高于政策执行区。原因是多方面的，可能是政策执行区作为核心产区，产量大，卖粮面临的竞争更激烈，导致销售价格相对较低，而在非政策执行区，粮食收购商可能为获取更多原粮，愿意出更高的价格；也可能是在非政策执行区，小麦种植户更关注品质，选择品质更高的品种，而政策执行区更关注产量，更注重通过提高产量来提高收入。粮食托市收购只区分等级，不作更细化的区分，使得政策执行区农户对优质优价的关注较少。

2.4.4 基于 CFPS 的玉米临时收储政策效应

玉米种植区域广泛，从南到北、从东到西均有种植，表 2-4 是 CFPS 调查的玉米种植户分布。东北地区是最重要产区，2011—2017 年该地区玉米产量占全国的比重都超过 40%；2008/2009 年度至 2015/2016 年度，国家在东北三省和内蒙古实施玉米临时收储政策，其他地区则没有，这为双重差分分析提供了条件。将河北、山西、山东、陕西和甘肃五省作为控制组，这些省份主要位于华北、西北地区，生产条件相似，忽略其他样本量小或条件差异大省份的样本，减少异质性；以辽宁、吉林和黑龙江三省为实验组，难点在于如何确定基线。2009/2010 年度、2011/2012 年度临时收储政策的收储量仅为 60.9 万吨、126.9 万吨，2010/2011 年度政策未实际启动，临时收储量为 0。2013/2014 年度临时收储量达 6919 万吨，2015/2016 年度则超过 1.1 亿吨，超过 2015 年辽宁、吉林、黑龙江、内蒙古四省区（以下简称东北四省区）玉米产量。因此，可将临时收储量较小的 CFPS2010 和 CFPS2012 作为基线情形，收储量大的 CFPS2014 和 CFPS2016 作为处理情形。

表 2-4 CFPS 4 期平衡面板的玉米种植户样本分布

省份	仅种植三种粮食作物的农户		玉米种植户		纯玉米种植农户	
	CFPS2010	CFPS2014	CFPS2010	CFPS2014	CFPS2010	CFPS2014
天津	6	10	6	5	6	4
河北	280	272	357	347	113	117
山西	201	217	224	231	143	137
辽宁	417	418	399	394	347	351
吉林	91	79	93	83	83	66
黑龙江	67	65	57	51	52	46

续表

省份	仅种植三种粮食作物的农户		玉米种植户		纯玉米种植农户	
	CFPS2010	CFPS2014	CFPS2010	CFPS2014	CFPS2010	CFPS2014
上海	25	28	8	21	1	3
江苏	65	48	2	0	—	—
浙江	24	33	9	14	3	9
安徽	59	41	34	36	1	1
福建	26	43	0	7	0	3
江西	108	95	2	6	—	—
山东	251	301	302	307	59	116
河南	625	677	641	639	1	11
湖北	47	43	36	44	4	8
湖南	99	80	37	52	0	6
广东	188	170	25	51	7	5
广西	108	65	74	74	3	4
重庆	60	32	51	45	9	14
四川	280	189	207	205	54	46
贵州	208	181	199	180	11	24
云南	158	178	141	189	35	63
陕西	108	90	107	70	55	41
甘肃	837	625	593	590	56	118
合计	4338	3980	3604	3641	1043	1193

注：由于 CFPS2012 和 CFPS2016 中没有关于种植作物的信息，因此这两期的种植作物信息与上一期相同；CFPS2010 调查采集的作物信息少，仅种植三种粮食作物的农户数可能并不是很准确，CFPS2010 中的纯玉米种植户与实际可能存在差异，但从平衡面板数据分析来看，两期数据的差别不大。

DID 分析的主要结果如图 2-9 所示。从基线情形到处理情形的双重差分项估计系数显示，玉米临时收储量增加的稳收益效果非常明显，这不同于稻谷和小麦最低收购价，并造成化肥、农药等施用量显著增加。这可能是因为玉米种植户对价格更为敏感，或者玉米价格较水稻、小麦变动幅度大，造成价格响应机制差异。从 2009/2010 年度到 2013/2014 年度，随着临时收储政策收购量增加，双重差分项估计值明显变大。如果以 CFPS2010

为基线情形，分别以 CFPS2012、CFPS2014 为处理情形，CFPS2014 的农产品产值和种子、化肥、农药投入方程的双重差分项估计系数均大约是 CFPS2012 的 2 倍，这表明该政策对要素投入的扭曲程度大，造成化肥、农药过量施用，这点明显不同于水稻和小麦；稳定农民收益是市场支持政策的最重要目标，对生产的促进作用应更多体现在面积扩大或者更精细化的管理上，而不是简单地增加化肥和农药的用量。这是从收益角度得出的结果。此外，政策成本不断上升，但这一点在方程中无法体现出来，实际上，库存的增加导致财政压力剧增。当价格大幅度下跌时期的 CFPS2016 为处理情形、CFPS2014 为基线情形时，政策不再能稳定住东北地区玉米种植户的产品产值。

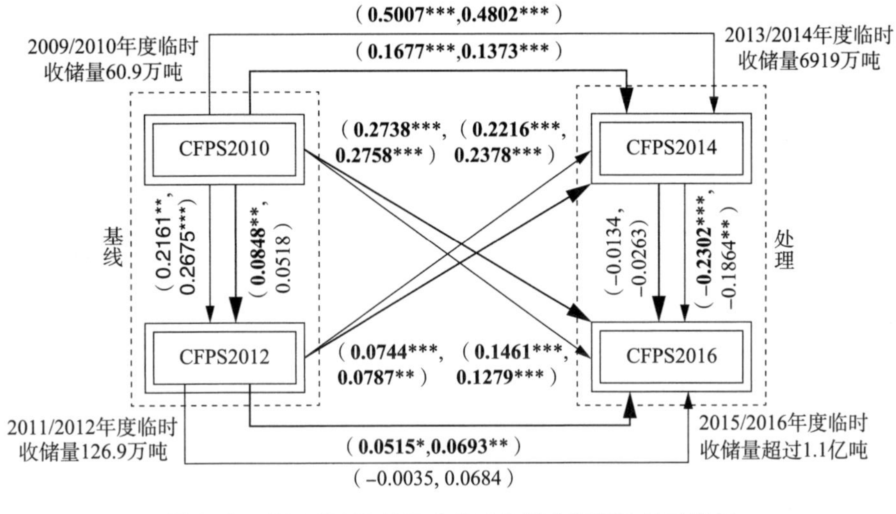

图 2-9　基于 CFPS 的玉米临时收储政策 DID 检验结果

注：括号内数字为双重差分项的估计值，前者为玉米种植户，后者为纯玉米种植户。*、**、*** 分别表示在 10%、5%、1%的显著性水平上显著。细线箭头为农产品产值，粗线箭头为种子、化肥、农药投入。

以 CFPS2012 为基线情形、CFPS2014 为处理情形时，双重差分项的系数显著为正，临时收储政策较为有效地阻止了东北地区样本的产品产值下降，如表 2-5 所示。在 CFPS2012 中，两组纯玉米种植户的农产品产值均值的差别并不显著，估计值之差仅为 0. 101；CFPS2014 农产品产值均值的估计值较 CFPS2010 都有所下降，没有临时收储政策干预的河北等地下降了 0. 327，而东北地区只下降了 0. 090。控制组的种子、化肥、农药投入估计值下跌了，但实验组的这个值是上升的，这与省级面板数据的估计结果基本一致。玉米临时收储政策与水稻和小麦最低收购价对要素投入的影响有显著不同，鉴于种子投入的相对稳定，可以认为政策实施导致东北地区玉米种植户较其他地区显著增加了化肥和农药施用量。

表 2-5　CFPS2012 和 CFPS2014 临时收储政策对纯玉米种植户的组内与组间差异分析

样本	指标	ln（农产品产值）		ln（种子、化肥、农药投入）	
		估计值	样本数	估计值	样本数
基线情形 CFPS2012	执行区 C	2.563	226	0.277	228
	非执行区 T	2.664	231	0.317	230
	差分 $T-C$	0.101		0.040	
	标准差	(0.070)		(0.024)	
处理情形 CFPS2014	执行区 C	2.236	301	0.201	354
	非执行区 T	2.574	240	0.319	250
	差分 $T-C$	0.338***		0.118***	
	标准差	(0.057)		(0.024)	
双重差分		0.238***		0.079**	
标准差		(0.084)		(0.032)	

以 CFPS2012 作为基线情形，以 CFPS2016 作为处理情形时，双重差分项的估计系数在统计上不显著，如表 2-6 所示。通过组内和组间比较发现，两地玉米种植户的产值估计值有较大幅度的下降，东北地区下降速度高于控制组；东北地区农户的种子、化肥、农药投入大体保持不变，控制组则有所上升。若以 CFPS2014 作为基线情形，双重差分项的估计值均为负数，特别是农户的农产品产值还通过了 5%显著性检验，表明相较于 2013/2014 年度，2015/2016 年度的临时收储政策不仅没有有效地提升实施区域农户的产品产值，还加大了下降幅度。根据国家发展改革委的监测数据（来自 Wind），2015 年下半年农户玉米销售价格大幅度下降，2015 年 10 月底较 8 月底下降了 25%；从直观上看，东北地区下降幅度相比华北地区较小，东北地区玉米种植户销售价与华北地区出现不常见的倒挂。在价格持续倒挂的情形下，东北地区玉米种植户的农产品产值下降幅度应当低于华北地区，但运用 CFPS 数据却得到了相反的结论。这可能源于政策实施从面到点时的传递损失，从整体面看，东北地区平均销售价格反常地高于华北地区，但从农户这一点上来看，并无法有效地阻止农产品产值下降，或者说种植户并没获得相应的政策红利。尽管政策成本大幅度提高，却仍旧无法实现稳定种植户收益的政策目标。这对于分析市场支持政策在何种情况下会失灵，具有借鉴和参考意义。

表 2-6　CFPS2012 和 CFPS2016 临时收储政策对纯玉米种植户的组内与组间差异分析

样本	指标	ln（农产品产值）		ln（种子、化肥、农药投入）	
		估计值	样本数	估计值	样本数
基线情形 CFPS2012	执行区 C	2.696	226	0.177	228
	非执行区 T	2.815	231	0.213	230
	差分 $T-C$	0.118	—	0.036	—
	标准差	(0.070)	—	(0.024)	—
处理情形 CFPS2016	执行区 C	2.249	298	0.120	363
	非执行区 T	2.435	223	0.226	268
	差分 $T-C$	0.187	—	0.105***	—
	标准差	(0.074)	—	(0.022)	—
双重差分		0.068	—	0.069**	—
标准差		(0.096)	—	(0.031)	—

当时，玉米市场存在“国货入库、洋货入市”的严重情况，一方面，国家库存压力大，财政成本高；另一方面，进口需求大，大量的替代品进口，市场极为混乱。最终，玉米临时收储政策被取消，改为由实施生产者补贴，价补分离，玉米回归竞争性市场。从本章的理论分析可知，当干预价格显著高于均衡价格（如图 2-1）时，干预价格就会替代市场价格，即政策价替代市场价。当市场剧烈波动，干预价格的设定难度就会明显加大，甚至是不可能。

2.5　稻谷、小麦和玉米的市场价格支持量争议

2016 年 9 月 20 日，WTO 秘书处收到美国的争端诉讼 WT/DS511，认为中国小麦、稻谷和玉米的国内支持超过了所承诺的 8.5%限制水平，但我国认为国内支持是保障粮食安全和经济社会发展的需求，属于合法权益（任慧、林海，2017）。美国贸易谈判代表办公室公布的 DS511 报告（2017 年 9 月 19 日）中，测算了 2012—2015 年中国水稻、小麦和玉米的市场价格支持量，如表 2-7 所示。三种粮食作物的市场价格支持（Market Price Support，MPS）都非常大，2012—2015 年支持量之和分别为 6357.96 亿元、7225.29 亿元、7525.70 亿元、7494.91 亿元，远远超过承诺水平。主要原因之一是其设定的固定外部参考价格过低，直接采用 1986—1988 年边境名义价格，未经过任何调整。在美国所采用的参考价格和有资格接受适用管理价格的产量下，即使不采

取任何措施，MPS 的占比也远超 8.5%。1986—1988 年进口的大多是粳米，DS511 报告根据粳米和籼米的价格比，计算得到籼米的固定外部参考价格，再将其折算为粳稻和籼稻的参考价。

表 2-7 美国向 WTO 提交的中国小麦、稻谷和玉米市场价格支持量

产品	年份	适用的管理价格（元/吨）	固定外部参考价格（元/吨）	有资格接受适用管理价格的产量（万吨）	总产值 ToV（亿元）	MPS（亿元）	MPS/ToV（%）
小麦	2012	2040	431.10	9408	2621.54	1513.65	57.7
	2013	2240	431.10	9683	2872.91	1751.56	61.0
	2014	2360	431.10	9998	3043.93	1928.51	63.4
	2015	2360	431.10	10289	3031.60	1984.65	65.5
早籼稻	2012	2400	470.83	2505	—	483.26	—
	2013	2640	470.83	2597	—	563.33	—
	2014	2700	470.83	2585	—	576.24	—
	2015	2700	470.83	2561	—	570.89	—
中晚籼稻	2012	2500	470.83	8343	—	1692.94	—
	2013	2700	470.83	8232	—	1835.05	—
	2014	2760	470.83	8444	—	1932.98	—
	2015	2760	470.83	8596	—	1967.77	—
籼稻	2012	—	—	—	3743.19	2176.19	58.1
	2013	—	—	—	3650.58	2398.39	65.7
	2014	—	—	—	3762.51	2509.22	66.7
	2015	—	—	—	3734.13	2538.66	68.0
粳稻	2012	2800	546.62	5087	1881.39	1146.29	60.9
	2013	3000	546.62	5180	1886.62	1270.85	67.4
	2014	3100	546.62	5177	1977.65	1321.94	66.8
	2015	3100	546.62	5236	1939.09	1337.00	69.0
玉米	2012	2120.74	366.07	8673	4569.98	1521.82	33.3
	2013	2240.87	366.07	9625	4754.78	1804.49	38.0
	2014	2240.05	366.07	9424	4824.00	1766.04	36.6
	2015	2000.00	366.07	10004	4233.38	1634.60	38.6

数据来源：美国贸易谈判代表办公室网站公布的 DS511 报告。

注：2012—2014 年玉米适用的管理价格为黑龙江、吉林、辽宁和内蒙古的加权平均值，在原报告中，这四个地区是分别计算的。有资格接受适用的管理价格的产量是国家发展改革委公布文件中涉及的主产区产量，并不是政府实际收购的数量，没有考虑非主产区地方政府实施的收购政策。

我国计算使用的固定外部参考价格是以 1996—1998 年中国海关统计数据为基础计算的价格，小麦与水稻分别是 1698 元/吨、2659 元/吨，有资格接受管理价格的产量为政策性收储量，如表 2-8 所示，MPS 明显变小。大部分年份的 MPS 是负数，小麦从 2009 年开始由负转正，但仍比较接近零。如果将美国测算表小麦 2012 年市场价格支持中的外部参考价格改为 1698 元/吨，MPS 仅为原来的 21.26%，占总产值的比重为 12.3%；如果将参考价格设为经过年平均汇率调整的 2012 年美国硬冬小麦 FOB 价格，与总产值的比例仅为 2.3%，低于中国承诺的 8.5%和发达国家的 5%。

表 2-8　中国向 WTO 报告的市场价格支持

作物	年份	适用的管理价格（元/吨）	外部参考价格（元/吨）	有资格接受管理价格的产量（万吨）	MPS（亿元）	总产值（亿元）	MPS/总产值（%）	备注
小麦	2009	1700	1698	3985.50	0.80	2224.6	0.04	
	2010	1760	1698	2311.30	14.33	2353.3	0.61	
	2011	1860	1698	22.00	0.36	2482.5	0.01	
	2012	2040	1698	2320.50	79.36	2641.0	3.00	
	2013	2240	1698	838.40	45.44	2891.6	1.57	
	2014	2360	1698	2593.90	171.71	3076.9	5.58	
	2015	2360	1698	2157.40	142.82	3131.5	4.56	
	2016	2360	1698	2948.75	195.39	3005.6	6.50	
水稻	2009	1847	2659	846.90	-68.77	3915.6	—	
	2010	1967	2659	—	—	4468.3	—	
	2011	3000	2343	0	0	5260.1	—	籼米
	2011	3714	3291	0	0		—	粳米
	2012	3517	2343	5.53	0.65	5714.9	0.36	籼米
	2012	4000	3291	277.34	19.66			粳米
	2013	1831	2343	1333.78	198.47	6014.6	4.87	籼米
	2013	4286	3291	947.87	94.31			粳米
	2014	3917	2343	974.61	153.4	6193	4.82	籼米
	2014	4429	3291	1274.77	145.07			粳米
	2015	3923	2343	942.28	146.04	6129.1	5.00	籼米
	2015	4429	3291	1409.56	160.41			粳米
	2016	3960	2343	704.27	110.08	6271.0	4.42	籼米
	2016	4429	3291	1469.20	167.19			粳米

续表

作物	年份	适用的管理价格（元/吨）	外部参考价格（元/吨）	有资格接受管理价格的产量（万吨）	MPS（亿元）	总产值（亿元）	MPS/总产值（%）	备注
玉米	2011	1985	1199	63.90	5.02	3763.9	0.13	
	2012	2125	1199	282.00	26.11	4424.5	0.59	
	2013	2245	1199	4323.60	452.25	4755.2	9.51	>8.5
	2014	2245	1199	6469.00	676.66	4791.7	14.12	>8.5
	2015	2000	1199	12535.60	1004.1	4314.9	23.27	>8.5
	2016	2000	1199	7136.20	571.61	4337.2	13.18	>8.5

数据来源：中国向WTO提交的国内支持报告中的Supporting Table DS：4和5。

注：部分年份没有适用的管理价格，部分年份的有资格接受管理价格的产量为零；水稻和小麦的最低收购价政策从2004年开始实施；适用的管理价格来自国家粮食局，水稻价格是按籼稻和粳稻1：2计算的加权平均值。

2.5.1 WTO《农业协定》的固定外部参考价格

WTO《农业协定》第1部分第1条“术语定义”，对“综合支持量AMS”进行了定义，即以货币形式表示的年度支持水平，包括为基本农产品生产者提供的支持，以及为一般农业生产者提供的非特定产品支持。综合支持总量是针对农业生产者的所有国内支持的总和。WTO《农业协定》附件3第8~11段，对市场支持量MPS的计算进行解释和说明，其中第9段和第11段涉及固定外部参考价格如何选择。

《农业协定》附件3第9段“The fixed external reference price shall be based on the years 1986 to 1988 and shall generally be the average f. o. b. unit value for the basic agricultural product concerned in a net exporting country and the average c. i. f. unit value for the basic agricultural product concerned in a net importing country in the base period. The fixed reference price may be adjusted for quality differences as necessary”，说明了参考价格在什么情况下选择离岸价格或到岸价格，并指出，可以根据需要依据质量来调整参考价格，但具体如何操作，没有相关的信息和说明。第11段“The fixed reference price shall be based on the years 1986 to 1988 and shall generally be the actual price used for determining payment rates”，明确了固定参考价格应以1986—1988年为基期，一般应为用于确定支付率的实际价格。根据《牛津词典》，actual的含义是“used to emphasize something that is real or exists in fact”，是真实的、实际的。

不同的外部参考价格对市场支持量大小均具有显著的影响，但 WTO《农业协定》文本中关于固定外部参考价格的定义有模糊性。一方面，要求以 1986—1988 年为基期[①]，美国政府计算奶制品和蔗糖 MPS 时采用的是这 3 年的边境平均价格，不经过任何调整；另一方面，要求确定支付率的实际价格，如果单纯以 1986—1988 年平均名义价格作为固定的外部参考价格，显然其无法成为计算支付率的重要因素。依据 WTO《农业协定》选择参考价格，可能需要回答三个重要的问题：

第一，以 1986—1988 年为基期，是否就必须采用此名义价格作为参考价格？在统计学上，基期只是作为对比基础的时期。

第二，如何体现固定外部参考价格“用于决定支付率”[②]？是不是在制定最低收购价、关税配额等政策时实质纳入决策函数的变量？如果是，如何评价？这里的支付率是指政府还是其他主体？

第三，实际价格在这里的具体含义是什么[③]？根据经济学的一般定义，实际价格应当是经过通货膨胀率或其他价格指数调整得到的，而不是某一时期的名义价格，在市场经济发育程度较低或受到管制多的国家或地区，价格可能偏离均衡点很远，并不可靠。在已掌握的材料中，WTO 及其农业委员会都没有作出明确的规定，这也使得不同国家的选择标准不一样。

2.5.2　WTO 成员计算 MPS 的参考价格选择

部分成员在 DS5 表格附注中并没有解释固定外部参考价格的来源，但 AGST 系列文件中有所交代。这里根据各成员提供的国内支持报告 DS5 表格和 WTO 农业委员会的 AGST 文件进行分析[④]。韩国大米外部固定参考价格使用的是 FAO 贸易统计年鉴的 1993 年中国离岸价格乘以 1.1，而大麦使用的是日本贸易协会统计的到岸价格，玉米则采用韩国的到岸价。日本的外部参考价格来自日本贸易统计年鉴，大米的参考价格是 1986—1988 年泰国大米到岸价格的平均值，猪肉的固定外部参考价格是欧洲共同市场规定的最低进口价格（Sluicegate price in EC）。欧盟小麦的参考价格是法国鲁昂离岸价格减去装卸费再加上商业保证金，玉米则是荷兰鹿特丹的到岸价格减去装卸费再加上商

---

① 基期指统计中计算指数或发展速度等动态指标时作为对比基础的时期，如 1986 年同 1984 年对比物价指数时，1984 年为基期。

② 中国在确定水稻和小麦价格时，综合考虑了粮食生产成本、市场供求、国内外市场价格和产业发展等因素，1986—1988 年 CIF 和 FOB 价格显然不是考虑的因素。

③ 一般情形中，实际价格是经过通货膨胀率调整的价格。

④ 欧盟的 AGST 文件的字迹很模糊，对奶粉、牛肉和黄油的固定外部参考价格解释的部分字迹难以辨认。另外，参考价格形成的时期选择也没有交代。

业保证金；在 A/AG/AGST/EEC 第 9 页，欧盟指出，其外部固定参考价格来自 OCED 计算生产者支持估计（Producer Support Estimate，PSE）等指标使用的数据。通过简单的分析可知，不同成员选取外部固定参考价格的数据源不同，取自国内、国外的都有，没有统一的规则。基期并不是都选择 1986—1988 年，日本和韩国大米的参考价格的来源地也不同，如表 2-9 所示。

表 2-9　部分国家向 WTO 提交国内支持报告所用的固定外部参考价格

农产品	美国（美元/吨）	日本（日元/吨）	欧盟（欧元/吨）	韩国（韩元/吨）
食糖	230.824 FOB***	29200 CIF	193.8FOB	—
小麦	—	23500 CIF	86.5 FOB	—
大麦	—	19600 CIF	67.3 CIF	102000 CIF**
玉米	—	—	91.9 CIF	96800 CIF
水稻（大米）	—	27800 CIF	143.3 CIF	183900 FOB
牛肉	—	626000 CIF	1729.8 OFFER	—
猪肉	—	152000 EC	—	—
脱脂奶粉*	1342.0 FOB	—	684.7 IDA	—
黄油	1279.0 FOB	—	943.3 IDA	—

数据来源：各国向 WTO 报告的国内支持资料和 AGST 文件。

注：*表示美国，Non-fat dry milk，欧盟，Skimmed milk powder；**表示此处为未去壳的大麦，去壳大麦的固定外部参考价格 152300 韩元/吨；***表示美国从 2014 年开始取消了食糖制品的市场价格支持。

各成员处于不同的发展水平，要素及相互间的相对价格不同，国内生产者和消费者价格会有较大的差异，比较地区生产总值的方式之一是采用汇率，但前提是外汇市场运行良好，另一种方式是使用一组商品的购买力平价。如果全球市场是一个统一市场，参考价格应该是这个市场的均衡价格，因此各国的外部参考价格应该是一样的。但全球统一市场只可能是理论假设，现实中并不存在，各成员都是有边界的。WTO《农业协定》要求参考价格是边境价格，实际中并不是所有成员都这样选择。产品整体质量可能不同，但还未发现哪个成员依据质量来确定外部参考价格，均以产品类别为依据，在操作层面可能也有一定的困难。发展中国家的商品价格指数变化大或者说货币体系不稳定，以 1986—1988 年的名义价格作为固定外部参考价格可能是不公平的，特别是处在或经历过经济转型阶段的国家。

为了方便比较，利用国家外汇管理局公布的 2018 年 9 月 28 日“各种货币对美元折算率表”，将已收集的外部参考价格折算成人民币计价，涉及中国的不做调整。从表 2-10 中可以发现，同一种产品的参考价格差异非常大，日本牛肉的外部价格接近欧盟的 3 倍，小麦则是欧盟的 2 倍多。美国在计算中国稻谷 MPS 时采用的参考价格仅约为中国报告国内支持所使用的 1/5，这是造成美国认为中国稻谷 MPS 过大的主要原因之一。按照美国向 WTO 报告 MPS 的计算过程，如果将固定外部参考价格改为 2659 元/吨，中国籼稻 MPS 占总产值的比重不足 5%，粳稻下降到不足 12%。

表 2-10　人民币计价的 WTO 成员计算 MPS 所采用的固定外部参考价格

单位：元/吨

产品	美国	日本	欧盟	韩国	中国	中国 1*
食糖	1587. 88	1772. 59	1552. 55	—	—	—
小麦	—	1426. 57	692. 96	—	1698. 00	431. 11
大麦	—	1189. 82	539. 15	630. 91	—	—
玉米	—	—	736. 22	598. 75	1199. 00	366. 07
水稻（大米）	—	—	1147. 99	1137. 50	2659. 00	496. 09
牛肉	—	38001. 33	13857. 60	—	—	—
猪肉	—	9227. 16	—	—	—	—
脱脂奶粉	9231. 89	—	5485. 20	—	—	—
黄油	8798. 50	—	7556. 87	—	—	—

注：利用国家外汇管理局公布的 2018 年 9 月 28 日“各种货币对美元折算率表”，将表 2-9 的价格全部折算成人民币计价，中国的数据来源于表 2-8 和 DS511。* 表示美国向 WTO 提交的 DS511 文件中计算 MPS 所使用的价格，其将粳稻和籼稻分开计算，这里按照 1∶2 进行加权平均，这也是我国 DS5 表中所采用的计算方法。

2. 6　结论与讨论

本章运用中国家庭跟踪调查（CFPS）4 期面板数据，利用最低收购价政策触发条件，使用双重差分法（DID）评估最低收购价政策对农户家庭产品产出和种子、化肥、农药投入的影响，得到以下两个结论。

（1）在价格下跌的情形中，最低收购价被触发后，能够在一定程度上减缓政策执行区种植户的农产品产值下降速度，即稳定农业收入方面的作用较强；基本不会促使农户提高种子、化肥、农药投入，即对化肥等要素投入行为的扭曲作用小。当价格下跌进而触发政策时，可实现政策目标，稳定基本收益且不会对易造成面源污染的投入要素造成影响，这是一个积极的结论。

根据全国一般公共预算支出决算表，可大体判断该政策不会过分加重财政负担或导致年度负担波动大。其中，如何合理确定触发价格是关键，在国内生产成本较大幅度高于边境价格的情形下，如果按照略低于或等于边境成本来确定最低收购价，可能会造成大量的种粮农户亏本；若按照成本定价原则，则会造成价格倒挂。农户数量大，具有较强的异质性，部分农户通过机械化降低成本或种植优质水稻在市场中实现优质优价，但大多数农户应对市场风险的能力较弱，所能采取的措施有限。2016 年政府逐步调低最低收购价，并探索其他保护种粮农民的政策，如完全成本保险、水稻生产者补贴。2020 年政府开始调高水稻最低收购价，以应对不断上升的投入成本。市场价格支持量的计算依赖于不同的取数，我国测算的水稻和小麦 MPS 并未超过规则允许范围，但玉米临时收储政策则曾明显超出允许范围，以至于被取消。

（2）通过玉米的案例可发现，当价格大幅下降时，市场支持政策无法很好地发挥稳定产品收益的作用。CFPS2012 为基线情形、CFPS2014 为处理情形时，玉米临时收储政策较好地减弱了价格下降对东北地区种植户减收的影响；CFPS2014 为基线情形、CFPS2016 为处理情形时，政策效果无法稳定农民基本收益。这意味着，当市场价格大幅度下跌时，即使政策性收储量剧增，也无法实现政策目标，而且会带来沉重的政策成本，以及混乱的市场秩序，对要素投入造成严重的扭曲。市场支持政策要稳定基本收益，似乎需要相对平稳的运行环境。第二次世界大战后，国际大宗市场曾出现小麦、糖、锡、咖啡、橄榄油、纺织品、可可、天然橡胶等协定（外贸部国际关系局，1981），其中不少协定试图通过缓冲存储机制来干预市场，但几乎都以失败告终。以天然橡胶为例，主要生产国和消费国签订国际天然橡胶协定，于 1980 年开始运行，设定了购入和抛售的触发价格，但由于亚洲金融危机期间天然橡胶价格急剧下跌，该协定以失败告终。这对于最低收购价政策有效发挥作用有重要的借鉴意义，即最低收购价政策需要一个相对平稳的市场环境。

从本章结论可引申出，市场支持政策在一定市场条件下，可较好地稳定基本收益并避免扭曲要素投入。但若市场价格发生剧烈波动特别是大幅度下跌时，即便政策性成本剧增，也难以稳定住生产者的基本收益。2023 年是最低收购价政策运行的第 20 年，其较好地稳定了种植户的基本收益，又避免刺激种植户显著增加化肥、农药投入，在一定程度上稳定了生产者市场预期。另外，市场的平稳运行又为最低收购价政策运行提供了良好的市场环境，两者之间是相辅相成的关系，并积累了较为丰富的经验。若取消水稻、小麦最低收购价政策，或者持续降低最低收购价使得其无法发挥作用，目前可选择的替代政策少，且可能难以发挥作用，如水稻生产者补贴无法保障生产积极性。从临时收储政策改革的经验看，虽然可通过替代政策和政策沟通来减少改革影响，但政策取消一般伴随着生产面的变动，可继续实施最低收购价政策，规范做好生产成本的科学监测，同时配套实施促进种粮主体发展的相关政策。

CFPS 问卷没有针对稻麦最低收购价政策实施，也没有农产品销售行为的相关变量，并不能保证在政策执行区的样本实际享受了政策，从理论上看，在政策执行区内都应该被政策覆盖。本书用于评判最低收购价政策对产品产值有“止跌”作用的双重差分项并不是在所有子样本中都是统计显著的，这点明显不同于玉米临时收储政策，所以在描述时加上了“在一定程度上”进行修饰。

第3章

重要农产品收储政策效应评价

价格支持仍是农业支持政策的重要组成部分，完善农产品市场价格形成机制是政府主要职责之一（黄季焜，2018）。2014—2016 年中央政府连续取消了棉花、油菜籽和玉米临时收储政策，关于最低收购价政策去留的讨论颇多。若取消最低收购价，对口粮绝对安全有多大的影响、如何设计替代政策以实现政策平稳过渡都是必须要回答的问题。虽然农业支持政策应当从增产导向转为竞争力导向（叶兴庆，2017），但并不意味着产量和增产的重要性下降。粮食减产或紧缺带来的问题远不仅是经济问题，最近一次粮食大幅度减产发生在 1998—2003 年，5 年间全国粮食产量减少了 8160 万吨，其中稻谷减少 3608 万吨、小麦减少 2324 万吨，在一定程度上促使我国加快走上给予农业正支持并持续加强的道路。自 2004 年开始，粮食产量实现了“十二连增”，2016—2023 年维持在 6.5 亿吨以上。新冠疫情进一步强化了“谷为民命”的认识，稻麦最低收购价政策改革的底线是不能引致粮食大幅度减产，但其在 WTO 规则下的争议也是客观存在的。棉花、油菜籽和玉米临时收储政策是市场支持政策，退出方式不同，造成的结果有较大的差异。本章将尝试分析不同退出方式可能造成的差异，探讨临时收储政策以何种方式退出能够更平稳，为减少农业政策改革对生产的影响提供一个观察视角。

3.1 棉花、油菜籽和玉米价格、生产和政策变动情况

从世界银行采集并发布的 70 种商品年度价格数据看，2012 年商品中有 64.3%在下降；2013—2016 年，有超过 50%的商品价格处于下降状态，特别是 2015 年，绝大部分商品价格在下降。农业政策制定者需要关注国际大宗商品市场的变动及其国内外的价格，测试农产品的边境压力，及时对部分支持保护政策进行改革或微调。

3.1.1 棉花

1999 年我国推进棉花市场化改革后，为了减轻价格变动对生产的影响，主动调节供求关系，在主产区实施皮棉临时收储政策。2011 年，将主产区临时收储皮棉的措施常态化，出台临时收储政策，该政策有两个突出特点：一

是在播种前公布临时收储价格，包括籽棉，种植户可据此价格进行生产决策；二是不限定收购量，凡是符合要求的籽棉，应收尽收。2011 年收储价为标准级皮棉到库价格 19800 元/吨，执行区域为天津、河北、山西、江苏、安徽、江西、山东、河南、湖北、湖南、陕西、甘肃、新疆等 13 个省份，执行期为 2011 年 9 月 1 日至 2012 年 3 月 31 日；2012 年 3 月初，公布临时收储价格为 20400 元/吨，全年收储 312 万吨，被认为有效地保护了农民利益①；2013 年继续在 3 月公布临时收储预案，收储价格维持不变。2014 年播种前，我国取消棉花临时收储政策，确定在新疆试点棉花目标价格补贴，目标价格为 19800 元/吨。自 2011 年以来，新疆棉花种植均有相对明晰的政策引导。

根据世界银行采集的国际棉花价格数据，2010 年较上年上涨了 65.2%，2011 年继续上涨 45.8%，2012 年则大幅度下降，降幅达 40.9%；2014—2015 年价格小幅下跌之后，有所回升。总体而言，国内外棉花价格变化趋势较为一致。棉花临时收储政策在原来已实施皮棉收储政策地区进行推广，所设置的政策性收储价格与现货市场较为接近，如图 3-1 所示。各省区市的棉花现货价格变化基本一致，没有明显的水平差，这可能源于棉花产品标准化程度高、市场体系较为健全。

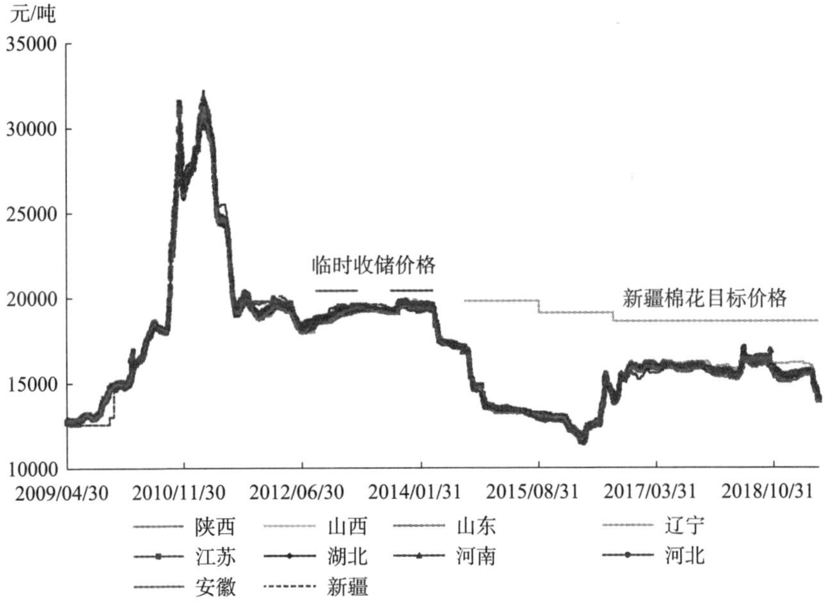

图 3-1　部分省区的棉花现货价格及临时收储价格、新疆棉花目标价格

数据来源：Wind。

① 2012 年度棉花临时收储价比上年每吨提高 600 元［EB/OL］. 中央政府门户网站，2012-03-02. 来源于新华社，http://www.gov.cn/jrzg/2012-03/02/content_2080811.htm.

2014—2015 年棉花价格持续下跌，2016 年后虽然有所上涨，但始终没有超过目标价格。省级棉花产量集中度越来越高，新疆棉花所占的份额越来越大，目标价格补贴政策可能是原因之一。另外，生产模式也是一个重要原因，华北、华中等地区棉花成熟期不一致，机械化采收难度大，劳动力价格提高，生产成本上升，产品市场低迷，在两头挤压下，种植面积不可避免地会萎缩。根据 2018 年《全国农产品成本收益调查资料汇编》，2017 年除新疆和甘肃外，其他调查地区的棉花种植在平均意义上都是亏损的。

图 3-2 显示了临时收储政策干预和未干预情况下价格与化肥投入散点图。在不考虑控制变量的情况下，棉花种植的化肥投入与滞后一期价格呈负相关。在临时收储政策实施期间，化肥投入水平提高，但投入弹性几乎保持不变，如图 3-2 中的两条拟合直线。一般情况下，化肥施用量与棉花单位面积产出呈正相关（申探明等，2014），上年实际价格的提高似乎无法诱使种植户增加化肥投入；实际价格下跌时，化肥投入减少幅度也比较小。

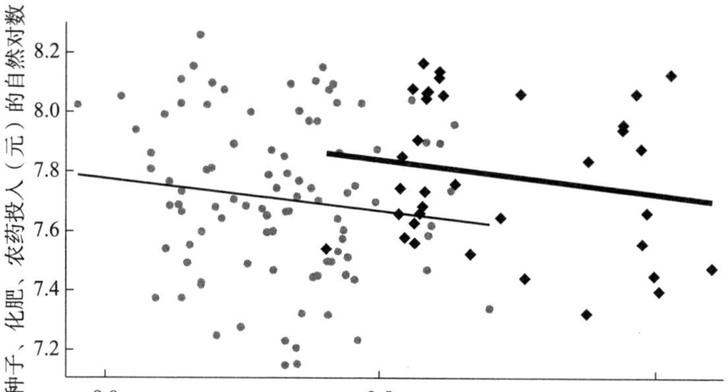

图 3-2　棉花种植户化肥投入与滞后 1 年的产品价格（2005 年价格水平）

数据来源：《全国农产品成本收益调查资料汇编》。

3.1.2　玉米

2008 年 10 月，国家启动玉米临时收储计划，先后在东北地区（含内蒙古东四盟）收储玉米 1000 万吨（郭振宁，2009），当时国标二级玉米收购价比吉林同期市场价格高 150 元/吨（白岩，2009），对下一年生产释放了积极的信号（徐志刚等，2010）；自 2009 年开始，大约在 9 月公布当年的执行预案，执行期从 11 月至次年 4 月，个别年份有所差别。2012—2014 年，国家玉米临时收储量从3083万吨增加到8330万吨，占当年玉米产量的比例从14.8%提升到38.6%；玉米收购资金从610亿元增加到1866亿元，收购量和资金分别占三大谷物总收购量和金额的58.0%和52.3%①，对生产造成过度刺激（黄汉权等，2016），2016年被取消。

进入收获季节，农户玉米销售平均价几乎都有一个下跌的过程，如图3-3所示，这是农产品市场中常见的季节性规律。2010年临时收储政策实施期间，玉米价格快速上涨，但在下一收获季却急速下跌到临时收储价格以下②；从2013年开始，农户销售价格与临时收储价格的差距不断拉大。以哈尔滨农户玉米销售平均价为例，2015年收获季的政策售出价和农户销售价之差平均值为259.0元/吨，2014年为210.5元/吨，2013年为198.3元/吨，2012年为86.7元/吨。从农民手中收购玉米再卖给临时收储库，便可获取较高的回报，特别是在农户普遍对政策缺乏认识（刘慧等，2018）的情况下，但这种做法伤害的是玉米加工企业和养殖户（吴学兵、乔娟，2016），可能会导致产生不必要的交易成本，且这些成本大多由政府承担。

由图3-3可知，2015年收储政策实施对东北和华北地区玉米价差的干扰尤为显著。2015年9月和10月，农户玉米销售价格大幅下跌，相较于8月底，10月底河北、河南和山东的平均价下降了24.9%，东北四省区下跌19.4%；11月，东北四省区玉米临时收储政策启动后，农户销售价格下降速度明显慢于河北、河南和山东，平均价长时间高于河北、山东与河南的平均值，这种情况并不常见，或许是政策发挥作用，在政策执行区有效地减缓了价格下跌，但是否能够阻止种植户效益下降，还需要进一步考证。

玉米作为三大粮食作物之一，种植范围广、品种多，各省区市均有种植③，其中东北四省区是最重要产区。东北四省区实施临时收储政策期间的面积和产量关系，与其他时期并没有明显的差异。2016年东北地区的单位面积产量分别是西南地区的1.3倍、广东和广西的1.5倍、河北和山西的1.2倍，这是东北作为玉米优势种植区域的体现。根据《全国农产品成本收益资料汇编》，2006—2017年，仅在2015年东北四省区平均出售价格高于其他产区平

① 国家发展改革委产业经济研究所黄汉权2015年11月5日所作报告《我国农业补贴改革研究》。

② 若可以摸清规律，合理确定价格从农民手中直接收储，收获季结束之后再按市场价格进行销售，对于保障农业收入是有重要意义的。但由于市场的知识和信息是分散的，收集、整理、分析、试错都面临着高额的成本，这种做法显然是难以实现的。

③ 从2014年开始，海南的玉米种植面积和产量不再纳入统计，2013年海南省玉米产量为12.09万吨。

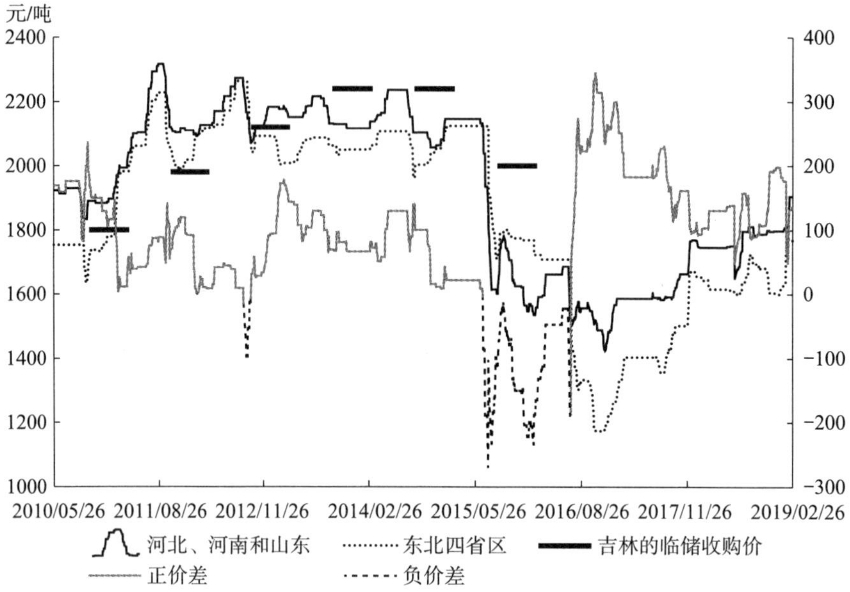

图 3-3　东北四省区和河北、河南与山东的农户玉米销售平均价及价差

数据来源：Wind。

均值①。西南地区的重庆、四川、云南、贵州、广西玉米种植户的销售价格具有一定的价格优势，这可能与所种植玉米的品种和用途不同有关，东北地区玉米主要用途是饲料，西南地区和华南地区较大一部分直接食用，更具多样化；其他原因包括东北地区远离主销区，运输成本高；玉米商品化率高，更有利于买方市场；土地肥沃，生产成本低（李卫静、李喜贵，2009）。

由图 3-4 可以发现，东北四省区实施临时收储政策期间，滞后一期的价格与化肥投入费用的正相关系数更大。这种更为敏感的关系是否是临时收储政策引起的，需要进一步分析。一种可能的情况是东北四省区的玉米种植户的化肥投入费用对价格变动的敏感程度本来就比较高，而并非由临时收储政策实施所引起。

3.1.3　油菜籽

2008 年 10 月，首次启动油菜籽临时收储政策，执行期到当年 12 月；2009 年，冬播油菜产区托市收购期限为 6 月 1 日至 9 月底，春播产区为 9 月 1 日至 12 月；2010 年，冬播产区执行期限为 5 月 21 日至 10 月，春播产区为

① 其他产区包括河北、山西、江苏、安徽、山东、河南、湖北、广西、重庆、四川、贵州、云南、陕西、甘肃、宁夏、新疆。

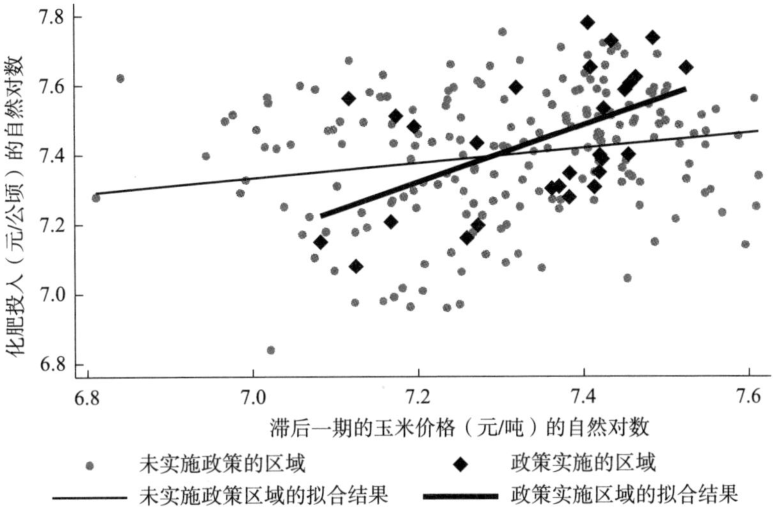

图 3-4　玉米种植户的主产品销售价格（滞后 1 年）与化肥投入的散点图

数据来源：《全国农产品成本收益调查资料汇编》。

9 月 1 日至 2011 年 2 月；自 2011 年开始，政策执行期定为冬播产区当年 6 月 1 日至 9 月 30 日，春播产区为当年 9 月 1 日至次年 2 月 28 日；收储价格一般在当年 5 月公布；2015 年政策被取消。冬播产区为江苏、浙江、安徽、江西、河南、湖北、湖南、重庆、四川、贵州、云南等，春播产区为内蒙古、西藏、陕西、甘肃、青海和新疆，这些地区油菜种植面积和产量在全国的占比约为 97%，对主产区全覆盖。

不同地区的油菜籽进厂价格具有比较明显的差异，如图 3-5 所示。四川成都油菜籽进厂价格变化比其他地方高，2015 年其下降幅度显著低于其他地区。2012 年油菜籽临时收储价格较上年大幅度上升，每吨提高 17.9%，而同期菜籽油国际市场价格下跌 9.2%。此后政策收储价格连续提高，油菜籽进厂价格亦是连续提升，2011—2013 年高于收储价格，2014—2015 年持平或略低。

2015 年油菜籽临时收储政策退出，但直至当年 6 月 18 日国家有关部委才发布通知，明确转由地方政府组织各类企业收购油菜籽，随行就市；在中央层面没有对临时收储政策退出配套后续政策，这不同于早一年取消棉花临时收储政策以及下一年取消玉米临时收储政策。价格剧烈变动及缺乏相应支持政策，对生产、加工和流通造成了冲击，比如农户种植收益和意愿下降、油脂加工企业利润增加和油菜籽进口量降低（冷博峰等，2017），但国内外价格差迅速缩小，快速有效地解决了国内外价差问题。从国家统计局的省级统计

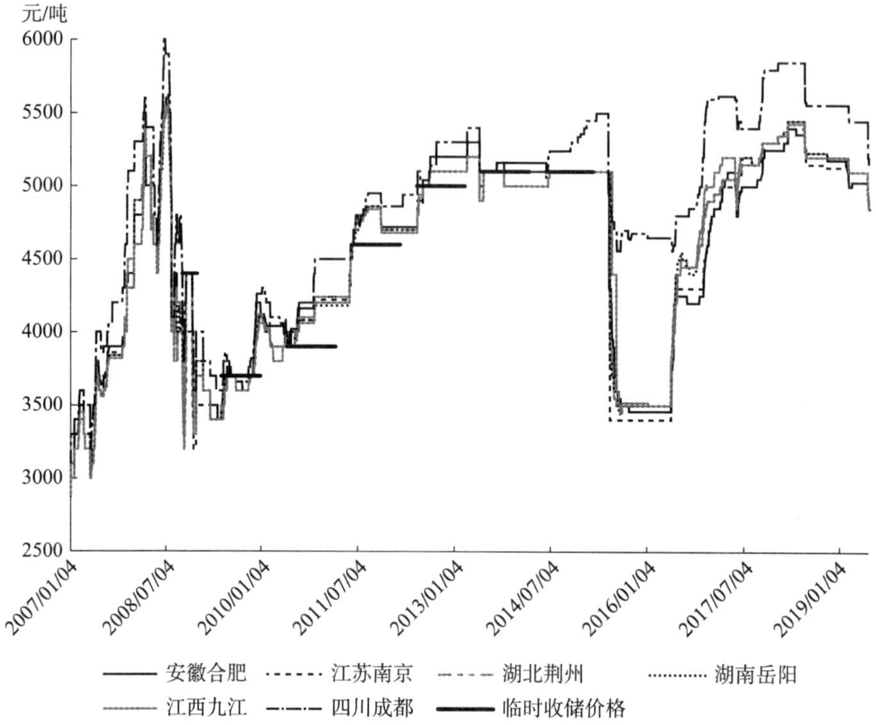

图 3-5　油菜籽主产区的进厂价格

数据来源：Wind。

数据看，2015 年种植面积和产量较 2014 年并没有下降，但 2017 年较 2014 年产量减少了 10.1%。2005—2007 年，全国油菜籽产量显著下降，产量从 1305.2 万吨减少到 1057.3 万吨，减幅达 19.0%；但 2008—2014 年，总体保持上升趋势，2014 年产量达到 1477.2 万吨。

油菜籽临时收储政策覆盖区域广，2014 年产量最大的是湖北，达 257.16 万吨，而新疆和西藏分别仅为 10.31 万吨和 6.34 万吨，这与玉米的情况有很大不同。《全国农产品成本收益调查资料汇编》中只有 15 个省区市的数据，临时收储政策覆盖的西藏和新疆未纳入国家发展改革委价格司的农产品成本收益调查范围。这意味着若使用来自成本收益调查的数据来分析政策效应，全部样本均位于中央临时收储政策覆盖区域，没有近似的对照组，所有样本都受政策干预。临时收储政策对种植面积和产量变动的影响较小，拟合曲线几乎是重复的。在大范围内实施油菜籽临时收储政策，看似公平，实际可能难以协调区域差异。

四川、湖北、湖南是油菜籽的三大产区，2017 年三省产量之和占全国的比重达 52.5%；2005 年该比重仅为 38.0%，其后逐年上升。2005 年和 2017 年的全国总产量基本持平，油菜籽生产不断向主产区集中。四川油菜籽产量受价格影响相对较小，即使临时收储政策取消，也不影响其产量上升趋势，但湖北产区则不同，产量连续下跌，如图 3-6 所示。在中央油菜籽收储政策实施期间，除个别年份外，油菜籽主产区产量整体呈现上涨趋势，政策退出对不同产区的影响结果似乎有明显的差异。而主产省份的生产变动差异，使得政策作用机制变得更复杂。

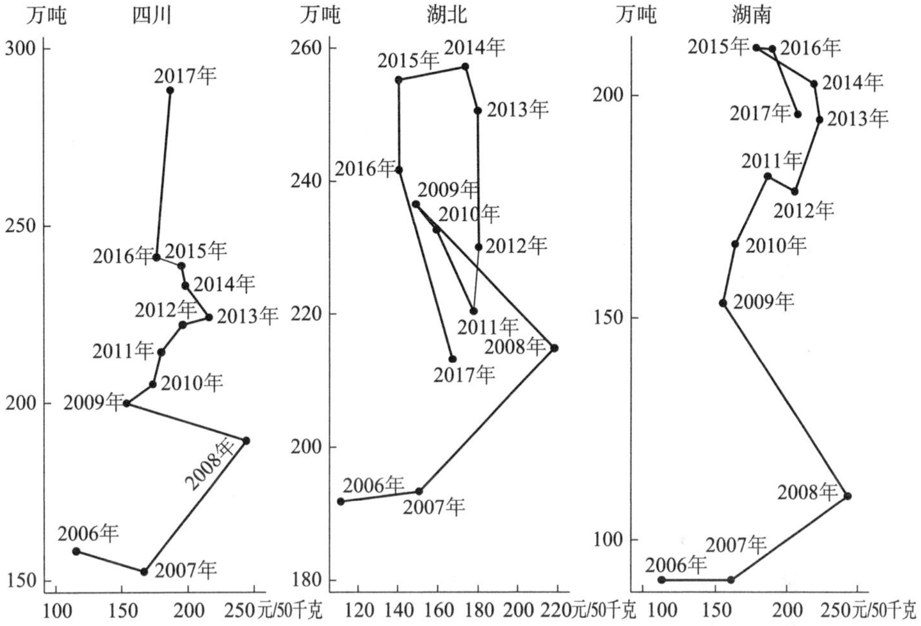

图 3-6　油菜籽主产省的产量与农户出售价格（2005 年价格水平）

数据来源：《全国农产品成本收益调查资料汇编》，国家统计局。

从图 3-7 中可以发现，受到政策干预的样本与未受到干预的样本差异并不是特别明显，拟合曲线的截距项和斜率的变化不大。在不控制其他因素的情形中，化肥投入与上一期价格正相关，政策实施期间，农户销售实际价格和化肥投入似乎都没有发生明显的变化，与棉花和玉米的情况有明显的差异。

根据《全国农产品成本收益调查资料汇编》，2015 年农户油菜籽出售价格较 2014 年大幅度下降，特别是湖南、湖北、河南、安徽、江苏和内蒙古，下降幅度超过 15%，其中江苏高达 25.4%，安徽也达到 20.2%；单位播种面积的化肥投入费用亦有所下降，但除此之外，其他成本几乎都是提高的，特别是流转地租金上升了 40.5%，总成本上升了 4.1%。价格和成本的“一升一降”导致油菜种植的效益显著下降。

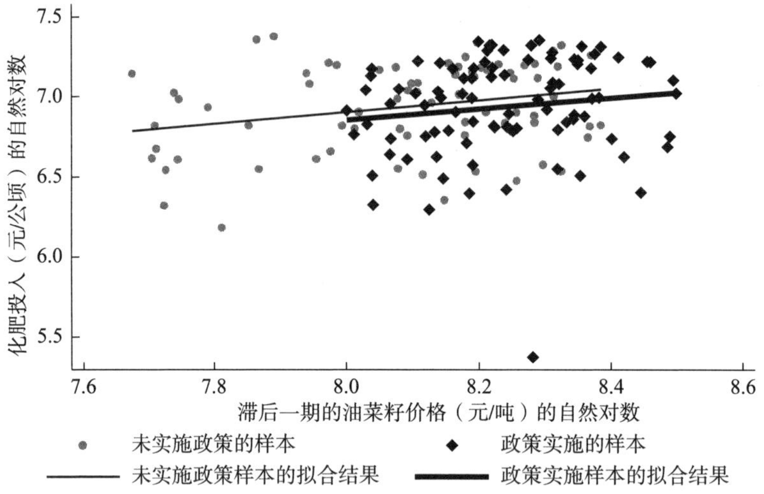

图 3-7　省区市油菜籽产量与价格的关系

数据来源：《全国农产品成本收益调查资料汇编》。

3.2　研究成果回顾

很多文献从不同角度开展了玉米临时收储政策研究。玉米临时收储政策实施 8 年，对市场的影响深远（郭科，2016），将实施地区的价格提高了约 10%（吴海霞、葛岩，2016），增强了价格对生产的刺激作用（方燕、杨茂青，2016），导致了生产要素的过度使用（廖进球、黄青青，2019）。该政策始终伴随着争议，被认为造成东北与华北价格倒挂、区域性供不应求、农民受益有限、加工企业成本被抬高（徐志刚等，2010）。2015/2016 年度，玉米收储制度改革成为社会的共识（樊琦等，2016）。

玉米种植范围广，后端产业链长，政策实施和改革容易造成连锁反应。玉米临时收储政策的实施加剧了猪周期波动，增加了养猪业的不确定性（张俊峰、于冷，2019）；对期货市场造成影响，特别是在价格下跌或政策不明朗的时期（周旭旭等，2019）。从微观主体来看，由于农户对玉米临时收储制度的内容普遍不了解（刘慧等，2018），造成政策效果受损；政策只在东北地区实施，年产量超过辽宁的河北、河南和山东却没有相应的政策支持，缺乏公平，造成生产者更为严重的收入不公平（王文涛、王富刚，2018）。玉米收储制度市场化改革，降低了东北地区价格波动率（缪书超等，2019），但对期货市场的影响相对小（韩啸、孙玲琍，2018）；提高了东北地区家庭农场加入合作社的意愿（刘文霞等，2018）。该政策实施对于农民收入的影响，存在不同的观点，有研究认为其造成农民收入显著下降（顾莉丽、郭庆海，2017），但这是否由改革所造成的，需要更加谨慎地分析。2015/2016年度仍在实施玉米临时收储政策，2015年下半年农户玉米销售价格大幅度下跌，包括东北地区；2016年临时收储政策取消之后，东北玉米价格下跌幅度超过华北地区，回归相对正常价差，这应该是市场自发调节的结果（李国祥，2017）。政策退出后实施的生产者补贴对玉米种植户决策影响并不显著（李娟娟、沈淘淘，2018），但对维持农户的玉米种植意愿却有显著作用（彭乙申、易福金，2017）。市场价格支持改为直接补贴，虽然在很大程度上降低了对市场的扭曲，但并不一定带来政策效率的提高，比如孟加拉国稻谷生产（Ahmed，1978）。

棉花临时收储政策实施时间较短，有学者认为棉花收储和抛储均未实现最初的政策目标（谭砚文、关建波，2014），政策效应以短期为主（韩金、沈洁强，2013）；但也有文献认为，临时收储政策稳定了国内棉花价格（张立杰、玛依拉·吐尔逊，2015）。在棉花临时收储政策存续期间，有机构提出在生产环节可将收入补贴型价格调控与以价差直补为主的生产支持型政策相结合（国家发展改革委学术委员会办公室课题组，2013）。政策取消后试点实施的新疆棉花目标价格补贴考虑了价差因素，保障农民合理收益和不干预市场价格形成机制是该政策的核心（冯海发，2014）。

自2005年开始，油菜籽种植面积连续下降，2008年底推出临时收储政策，农户种植积极性有所提升（杨涛、李娜，2008），基本实现了政策制定的初衷（陈艳君，2013）。但政策实施并没连续促进油菜种植面积扩大，实施期间部分年份产量出现了下降，主要原因可能是与小麦相比，油菜籽的效益和机械化程度都相对低，易受天气影响（陈艳君，2013）。2015年6月，油菜籽临时收储政策取消，恰好当年油菜籽价格较往年大幅度下降，政策取消一度被认为是一剂猛药，使农民种植油菜籽的收益和意愿下降，从而使油菜籽产业短板更加突出（张雯丽，2017），要进一步理顺中央和地方的关系（王辽卫等，2016）。通过油菜籽的例子，有学者主张政策调整应为市场主体预留充足的反应时间（冷博峰等，2017）。玉米、棉花和油菜籽临时收储政策的退出方式各异，从所掌握的文献看，还没有进行对比分析的研究成果。

3.3　政策效应的理论分析

农作物播种结束之后，除极端天气或重要病虫害影响外，产量是基本稳定的。若是播种之后公布临时收储价格，对生产的影响较小，特别是收获之后再公布①，影响更小；但若是在春播之前公布，对于种植主体生产决策的影响应该是比较显著的。图 3-8 中，$Q_{e,t}$为政策实施当年国内产量，假定政策不对当年产量产生影响，忽略库存和进口，可认为国内供给曲线 *SS* 是一条垂直线。*DD* 为对国内产品的需求曲线，假设 p_e 是均衡市场价格。如果政府认为该价格将对农民造成严重的损失，或者由于市场信息不对称、成本地区差异等，局部地区出现滞销的情况，因此启动高于均衡价格的临时收储政策，收储价格为 p_i，则大量的产品将进入库存，再流向市场。但由于政策收购价高于均衡价格，在“只增不减”的收购价预期下，会对下一期生产产生正向影响，意味着市场价格可能下降，若是此时出库就面临着亏损，不出库又有产品质量的问题，而且年度收购量增大，库存压力也增大，形成恶性循环。大量国内产品存放在仓库，市场需求缺口将会通过进口和替代品市场补足，造成市场混乱，玉米是替代品进口的典型案例。

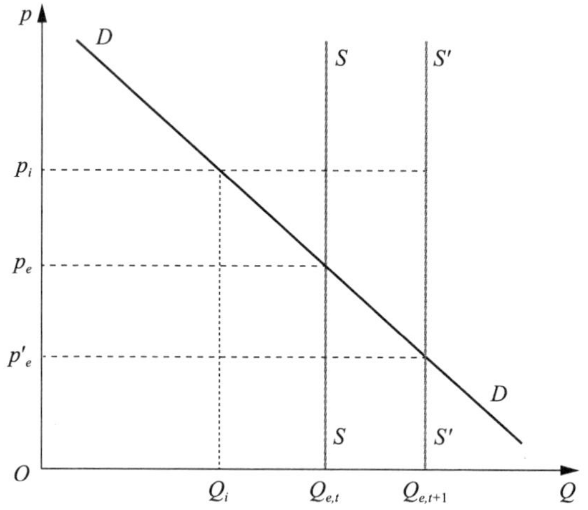

图 3-8　临时收储政策对市场的影响

3.4　政策效应识别策略与数据来源

3.4.1　计量分析策略

假定交易成本为零且产品无差异，政策实施区域内所有主体都会受政策影响。如果第 i 个省份在第 t 年实施了特定作物的临时收储政策，将政策虚拟

① 如果是在开播之后公布且高于预期，生产者可以通过增施化肥、农药或更加细致的管理来提高产量，以便获得更高的收入。

变量 $D_{i,t}$ 设为 1，否则为 0，即

$$D_{i,t}=\begin{cases}1, & \text{第 } i \text{ 个省份在第 } t \text{ 年实施了特定作物临时收储政策}\\ 0, & \text{其他}\end{cases} \tag{3-1}$$

价格信号机制是临时收储政策发挥作用的重要媒介，临时收储政策不仅可以直接提高经营主体的销售价格，还可以通过强化预期改变产量的价格弹性，因此选用滞后一期的销售价格作为关键变量。使用省级面板数据来评估政策对产量和化肥投入的影响，首先忽略时间和空间维度，以 2012 年为分界点，将样本分为政策干预和无政策干预两类、政策进入前后和政策退出前后两类，进行 OLS 回归分析；然后运用面板数据模型，估计政策实施虚拟变量和价格变量的参数；最后以临时收储价格作为断点，分析产量和化肥投入对临时收储价格是否存在断点效应。

临时收储政策作为市场支持的一种方式，通过在特定地区设定收购价，按照某种原则购入符合预设的标准产品。所设定的价格是否有效，可用断点回归来分析。如果处理变量 D_i 完全由某连续变量 x_i 是否超过某一断点所决定，可将 x_i 作为分组变量。假设临时收储政策能对价格实行严格的控制，比如设定棉花收储价格 18600 元/吨，可将市场价格拉回到此价格或之上的水平。当市场价格处于较高水平时，无须干预。现实中，对市场的影响难以一步到位，需要一个传导过程且存在失真。运用断点回归是基于假设情形，即临时收储政策能够无成本、无延误地实施，改变产量、化肥投入与价格之间的关系。按照政府公布的临时收储价格 90%取对数，作为连续变量的断点来考察价格断点是否显著。为了减小断点选取造成的偏误，在对数平均值上加减 0.1 作为断点。

在图 3-9 中，*HH* 为政策实施前的曲线，*GG* 为政策实施后的曲线。若断点效应是显著的，则表明跨越断点，情况会发生显著的变化，比如价格和化肥投入之间断点效应显著，则当价格大于某一个价格时，在局部范围内化肥投入水平有明显的提高或降低；用数学语言表述是，在设定的断点，拟合函数的右极限显著地不等于左极限，此断点在统计上是显著的。这里运用断点回归来判断临时收储价格设置是否显著地改变生产行为，但这种方法只能判断某个点上的关系，不能延伸到整个样本。

本章涉及三个关键变量，分别为政策虚拟变量、滞后一期的价格、收储实际价格断点效应，回归结果可分为统计显著和不显著，共有 8 种情况，如表 3-1 所示。临时收储政策的作用机制受到多个因素影响，比如收储价格设置、作物和区域选择、预期结构，其中价格机制是关键因素。如果收储价格选择不合理，作物种植户对价格变动不敏感，那么政策虚拟变量大概率是不显著的，即表 3-1 中 ABB 不太可能出现；但总量数据是众多个体行为结果的

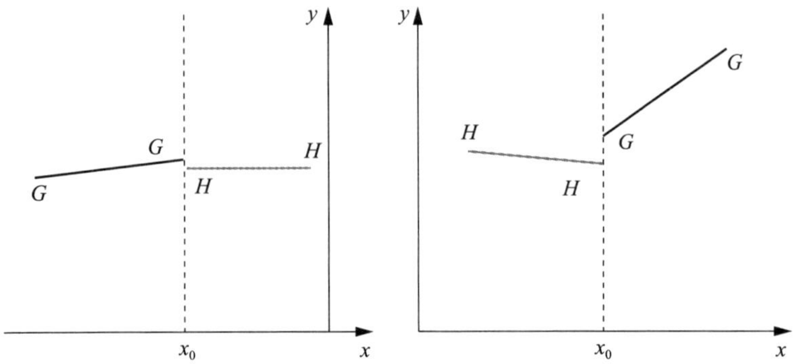

图 3-9　临时收储政策设定指标的断点效应示意图

加总，可能造成微观主体决策差异被抹平，因此也可能存在例外。另外，BAA 出现的概率也应该比较小，即触发价格设置相对合理，总体上种植户对价格变动会有明显的行为响应，那么临时收储政策应该可以发挥作用，但也有可能由于实施地区选择不合理或其他原因而失效。

表 3-1　关键变量统计显著性的组合

变量		政策虚拟变量			
统计显著性		A 显著		B 不显著	
变量		滞后一期的价格		滞后一期的价格	
统计显著性		A 显著	B 不显著	A 显著	B 不显著
收储实际价格断点效应	A 显著	AAA	ABA	BAA	BBA
	B 不显著	AAB	ABB	BAB	BBB

断点回归分析在政策评估等领域中的应用成果不断丰富，不少学者应用断点回归评估农村新型养老保险政策（邹红、喻开志，2015）。本章研究采用该方法探讨临时收储政策设置的合理性。

3.4.2　数据来源

省级经济社会发展指标和作物种植面积、产量以及价格指数来自国家统计局网站，单位面积的投入产出、单位产品价格和成本数据来自历年《全国农产品成本收益资料汇编》，各地区交易价格数据、最低收购价来自 Wind，其他数据在使用时标明来源。以 2005 年价格水平为基础，运用居民消费价格指数 CPI 转换省级以货币表示的指标，利用农村居民消费价格指数转换农户农产品出售价格和单位产值，使用工业生产者出厂价格指数 PPI 转换成本指标，剔除货币因素影响。

3.5 计量分析结果

3.5.1 棉花临时收储政策评价

（1）产量

棉花临时收储价格在播种之前公布，在政策实施期间，种植户可以根据政策作出较为确定的价格预期；政策取消之后，新疆产区棉农可依据目标价格进行生产决策。在面板数据模型中，临时收储政策实施的虚拟变量的估计系数是显著的，这表明政策可能有效地促进了生产，如表 3-2 所示，但上一期价格对棉花产量的作用并不明显。上一期实际价格对产量的影响只有在临时收储政策退出的前后是统计显著的。棉花临时收储政策效果或许主要是通过实施后强化价格对生产的影响来实现。这个结论存在一定的风险，因为无法分离出目标价格补贴和地方启动的收储政策影响。

表 3-2　临时收储政策实施对棉花产量的影响

变量	无政策干预样本	政策干预样本	政策进入前后	政策退出前后	固定效应面板	随机效应面板
政策虚拟变量	—	—	0.126 (0.089)	0.032 (0.044)	**0.048** ** (0.024)	**0.046** * (0.025)
滞后一期的价格	0.091 (0.102)	0.001 (0.147)	-0.093 (0.130)	0.232 ** (0.115)	-0.046 (0.044)	-0.021 (0.047)
样本数	96	36	72	72	132	132
R^2	0.990	0.988	0.981	0.993	0.984	—
省份数量	—	—	—	—	12	12

注：控制变量包括 2005 年价格水平下财政收入、农口财政支出、农业产值的自然对数，以及播种面积、农业机械总动力的自然对数。回归方程包括常数项。表 3-5 至表 3-9 亦如此。

（2）化肥投入

由图 3-2 可以发现，上一年价格与化肥投入呈现一定的负相关关系，控制播种面积等变量之后，滞后一期价格对当期化肥投入费用的估计系数并不显著，但系数仍为负数。在表 3-3 的面板数据模型中，政策实施虚拟变量的估计参数是显著的，而实际价格的系数未通过检验。棉花临时收储政策仅实施 3 年，政策对生产投入的激励可能源于收储价格的合理设计。

表 3-3　临时收储政策实施对棉花种植化肥投入的影响

变量	无政策干预样本	政策干预样本	政策进入前后	政策退出前后	固定效应面板	随机效应面板
政策虚拟变量	—	—	0.183 (0.151)	0.087 (0.068)	**0.083**** (0.034)	**0.080**** (0.035)
滞后一期的价格	0.047 (0.165)	−0.059 (0.239)	−0.091 (0.219)	−0.038 (0.177)	−0.023 (0.065)	−0.011 (0.065)
样本数	96	36	72	72	132	132
R^2	0.275	0.311	0.224	0.395	0.393	—
省份数量	—	—	—	—	12	12

（3）断点回归结果

使用已得到广泛运用的 Stata 非官方指令（Nichols，2016）估计断点效应，通过 Imbens（2012）的估计方法选择最优带宽，最小化两个回归函数在断点处的均方误差，并给出 0.5 倍和 2 倍最优带宽下的估计结果。从回归结果可知，临时收储价格对棉花产量的断点效应不明显，但对化肥投入则有明显断点效应，特别是取棉花价格（元/吨）的自然对数=9.6 作为断点时，多个带宽下结果都是统计显著的，图 3-10 给出了其中一个拟合结果。在某种意义上，可认为临时收储价格能够有效改变棉花种植户的化肥施用行为，临时收储价格设置是相对合理的，这应该是在化肥投入对价格不敏感的情况下，政策虚拟变量仍显著的原因之一。

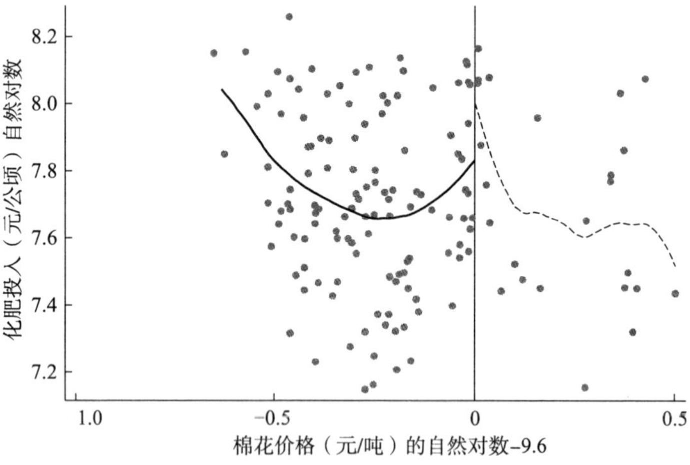

图 3-10　棉花、化肥投入对价格的断点回归结果（含控制变量）

注：断点为棉花价格（元/吨）的自然对数-9.6，含控制变量。

3.5.2 玉米临时收储政策评价

（1）产量

从表3-4的面板数据模型估计结果看，玉米临时收储政策虚拟变量估计系数不显著，上一期价格变动对产量的影响也不明显。政策进入和退出前后的子样本中，政策实施虚拟变量是统计显著的，政策实施对生产具有一定的促进作用。比较未受政策干预和政策干预的样本发现，在政策实施期间东北地区玉米产量对价格的弹性明显增强，价格上涨对生产的正向影响要大于没有政策干预的情形，受到了政策托底的作用（方燕、杨茂青，2016）；未受政策干预的样本中，实际价格的估计系数不显著，这可能是政策效应局部显著的原因。

表3-4 临时收储政策实施对玉米产量的影响

变量	无政策干预样本	政策干预的东北样本	无政策干预的东北样本	政策进入前后	政策退出前后	固定效应面板	随机效应面板
政策虚拟变量	—	—	—	**0.137**** (0.064)	**0.132**** (0.057)	-0.024 (0.026)	-0.020 (0.026)
滞后一期的价格	**-0.330***** (0.083)	**1.070***** (0.167)	-0.076 (0.269)	-0.091 (0.175)	**-0.340***** (0.087)	0.042 (0.050)	0.050 (0.048)
样本数	191	28	16	119	100	219	219
R^2	0.958	0.979	0.923	0.957	0.977	0.845	—
省份数量	—	—	—	—	—	20	20

（2）化肥投入

由表3-5可知，玉米临时收储政策虚拟变量对化肥投入没有显著的影响。在政策实施期间，东北四省区滞后一期价格的估计系数明显要大于其他方程。从整体上看，若上一年实际销售价格提高1%，玉米种植户的化肥投入增加0.27%；在临时收储政策实施期间，东北地区种植化肥投入增加幅度达1.1%，种植户化肥投入对价格的敏感度明显提高，与图3-4大体一致。在某种意义上可以认为，临时收储政策本身对化肥投入的影响并不显著，主要通过提高化肥投入对销售价格的弹性来产生作用。通过农户销售价格与临时收储价格的对比可以发现，政策收购价格的提高并不一定带来农户销售价格的上涨。

表 3-5　临时收储政策实施对玉米种植化肥投入的影响

变量	无政策干预样本	政策干预的东北样本	无政策干预的东北样本	政策进入前后	政策退出前后	固定效应面板	随机效应面板
政策虚拟变量	—	—	—	0.085 (0.063)	0.061 (0.051)	-0.043 (0.028)	-0.038 (0.028)
滞后一期的价格	0.038 (0.078)	**1.067***** (0.223)	**0.295** (0.353)	**0.337*** (0.173)	-0.077 (0.078)	**0.265***** (0.055)	**0.280***** (0.051)
样本数	190	28	16	118	100	218	218
R^2	0.283	0.873	0.601	0.218	0.199	0.641	—
省份数量	—	—	—	—	—	20	20

（3）断点回归

从回归结果可知，临时收储价格断点对玉米产量总体上没有稳健的显著影响。以 7.3 作为实际价格自然对数的断点，玉米种植户化肥投入行为有统计上显著的变化，如图 3-11 所示，拟合函数的右极限显著不等于左极限。当产品销售价格达到一定水平后，化肥投入成本对于价格的弹性会发生显著的变化，临时收储政策起到了较好的刺激作用，但并不总是随着价格提高而增加化肥投入。总体上，玉米临时收储价格设置在生产投入激励上具有一定的合理性。

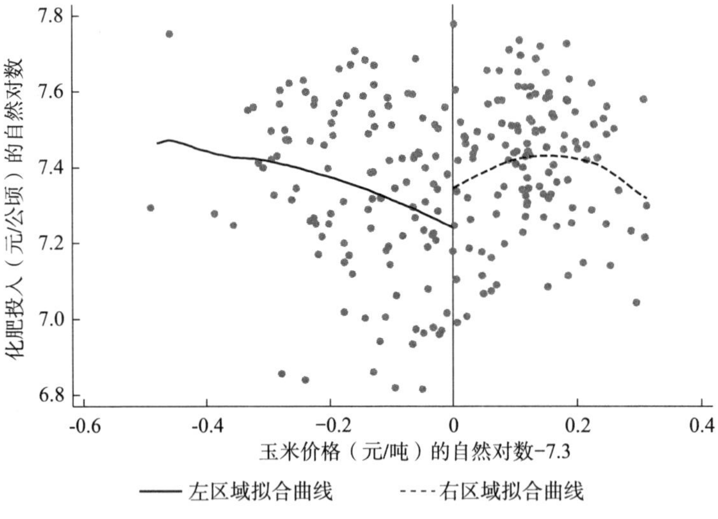

图 3-11　玉米化肥投入对价格的断点回归结果

注：断点为玉米价格（元/吨）的自然对数-7.3，含控制变量。

3.5.3　油菜籽临时收储政策评价

（1）产量

在表 3-6 面板数据模型中，临时收储政策实施虚拟变量的估计系数为负数，且在 1%显著性水平下通过检验。从统计意义上看，政策对油菜籽产量不仅没有促进作用，反而起到阻碍作用，这与棉花有明显的差别。油菜籽临时收储政策的实施范围广，地区间的产量、价格差异大。2014 年和 2013 年户均出售价低于政策性收购价 5100 元/吨的省份有江苏、湖北和安徽，湖南、浙江、重庆和甘肃等地甚至超过 5500 元/吨。受信息不对称、交易费用等因素影响，玉米种植户销售价往往很难高于或等于临时收储价格，而油菜籽种植户销售价却显著高于临时收储价格。

2015 年正式取消油菜籽临时收储政策，除浙江、四川农户销售平均价维持稳定以外，其他省份都有所下降，江苏下降达 25.4%，重庆下降 1.4%；大部分省份 2015 年油菜籽产量与 2014 年相当，其中四川、湖南等略有增产。这可能与当年临时收储政策走向不明朗有关，该政策直至 2015 年 6 月才明确取消。2017 年产量与 2015 年相比，江苏、安徽、河南、湖北有较大幅度减产，而四川、重庆、甘肃和新疆则保持增产；这期间，大部分省份农户销售价格是上涨的。政策退出和价格下降时，产量提高；而价格上涨时，产量却下降，这使得表 3-6 中政策退出前后价格的回归系数显著为负。但总体而言，价格上升对生产是有促进作用的。

农户油菜籽销售平均价格是受临时收储政策影响大，还是仅为市场运行结果，是一个关键的问题。另外，地区差异是源于产品优质优价，还是由其他因素造成？从临时收储政策目标设计来看，如果市场价格本身就高于收储价格，政策收储调节市场的意义不大，也是没有必要的；换言之，2015 年的价格下跌可能并不是由临时收储政策取消引起的。2013 年和 2014 年高价格似乎也不是临时收储政策实施引起的，不少省份农户销售价比政策收购价高出不少，因此有理由认为这不是托市价格。如果这个结论成立，就可以在很大程度上认为政策实施对生产起负作用。

表 3-6　临时收储政策实施对油菜籽产量影响的回归结果

变量	无政策干预样本	政策干预样本	政策进入前后	政策退出前后	固定效应面板	随机效应面板
政策虚拟变量	—	—	0.006 (0.104)	0.005 (0.054)	**−0.055***** (0.013)	**−0.055***** (0.014)
滞后一期的价格	−0.119 (0.158)	0.052 (0.200)	0.084 (0.161)	**−0.535**** (0.206)	**0.124***** (0.046)	**0.119**** (0.046)
样本数	73	90	88	90	163	163
R^2	0.931	0.907	0.911	0.932	0.896	—
省份数量	—	—	—	—	15	15

（2）化肥投入

临时收储政策虚拟变量在不同方程中均不显著，政策实施可能并未明显改变化肥施用行为，或者说油菜籽生产者化肥投入行为似乎并不受临时收储政策影响，或者是如前文所分析的，临时收储政策仅在部分年份实施，并没有对农户销售价格产生真正的影响。价格上涨总体上一般会引致增加化肥投入成本，而在临时收储政策退出前后的估计方程中，上一期价格与化肥投入是负相关关系，如表3-7所示。这主要是因为：在政策退出后，农户销售价格下跌，但单位面积化肥投入却没有下降，不少省份还保持增加态势；2013—2014年，临时收储价格保持不变，农户销售平均价小幅度下降，湖北、湖南、四川等主产省份化肥投入下降幅度较大。这似乎表明，临时收储政策对生产促进的作用发挥不足，反而造成了市场信号的混乱。

表3-7　临时收储政策实施对油菜种植化肥投入的影响

变量	无政策干预样本	政策干预样本	政策进入前后	政策退出前后	固定效应面板	随机效应面板
政策虚拟变量	—	—	−0.151 （0.135）	0.113 （0.074）	−0.037 （0.026）	−0.037 （0.028）
滞后一期的价格	−0.083 （0.161）	0.253 （0.261）	0.240 （0.209）	**−0.470*** （0.279）	**0.327***** （0.090）	0.299*** （0.093）
样本数	73	90	88	90	163	163
R^2	0.471	0.137	0.153	0.244	0.449	—
省份数量	—	—	—	—	15	15

（3）断点回归结果

从断点回归结果可知，临时收储价格的断点效应在产量、化肥投入成本方程中几乎都不显著，至少是没有比较稳健的结果，大体可认为油菜籽临时收储价格设置不合理。因此，即使种植户能对此价格断点作出较为敏感的反应，也很难促进生产。对比农户平均销售价和临时收储价格，发现部分年份和省份前者高于后者，与政策设计的初衷不相符。

3.5.4　政策实施效果的比较分析

临时收储政策对棉花生产的促进作用最为明显，其次是玉米，而对油菜籽并没有实现预期的政策目标。政策进入和政策退出前后的截面数据回归结果显示（见表3-8），政策实施对玉米产量具有显著的正向影响，对棉花和油菜籽的影响则不显著；全样本的面板数据模型显示，棉花、油菜籽政策实施虚拟变量的系数是显著的，对油菜籽产量的影响却是负向的。在化肥投入方程中，政策实施虚拟变量仅在棉花的面板数据模型中是显著且为正的。由此可大体推断，临时收储政策似乎对油菜籽生产并没有起到很好的促进作用。

虽然油菜籽临时收储政策的生产促进效应较弱，但该政策的退出却对其造成了较大的冲击，其次是玉米，最后是棉花。在政策退出前后，实际价格对产量均有显著的影响，玉米和油菜籽的估计系数是负的，且油菜籽系数的绝对值最大；在化肥投入成本的估计方程中，仅有油菜籽的系数显著且为负数，棉花和玉米的系数均不显著。在面板数据模型估计结果中，玉米和油菜籽的实际价格对产量、化肥投入成本的系数都是正的。油菜籽实际价格对产量、化肥投入均在政策退出前后发生了显著的变化，明显不同于玉米和棉花，特别是与棉花有显著的差异。因此，在某种意义上，临时收储政策退出对油菜籽生产的影响最为明显，或者说是冲击最大。政策进入和政策退出前后，政策实施虚拟变量对化肥投入成本的估计系数均不显著，但全样本的面板数据模型却表明，政策实施对棉花种植化肥投入有显著的正向影响。

表 3-8　三种农产品临时收储政策实施效果评价的计量结果比较

作物	因变量	政策实施的虚拟变量				滞后一期实际销售价格			
		政策进入前后	政策退出前后	固定效应面板	随机效应面板	政策进入前后	政策退出前后	固定效应面板	随机效应面板
棉花	总产量	0.126	0.032	**0.048****	**0.046***	−0.093	**0.232****	−0.046	−0.021
玉米		**0.137****	**0.132****	−0.024	−0.020	−0.091	**−0.340*****	0.042	0.050
油菜籽		0.006	0.005	**−0.055*****	**−0.055*****	0.084	**−0.535****	**0.124*****	**0.119****
棉花	化肥投入成本	0.183	0.087	**0.083****	**0.080****	−0.091	−0.038	−0.023	−0.011
玉米		0.085	0.061	−0.043	−0.038	**0.337***	−0.077	**0.265*****	**0.280*****
油菜籽		−0.151	0.113	−0.037	−0.037	0.240	**−0.470***	**0.327*****	**0.299*****

注：控制变量包括播种面积、财政收入、农业财政支出、农业产值的自然对数、农业机械总动力的自然对数。

3.5.5　政策退出效应差异的原因解释

临时收储政策最为重要的目标是稳定或增加农民收入，但由于缺乏棉花和油菜种植户的微观数据，无法像第 2 章评价最低收购价那样，直接评估其对产品产值的影响。本章针对省级总产量、化肥投入成本，一是通过政策虚拟变量来考察政策的直接作用；二是通过考察价格影响结果的变化，间接考察政策实施对价格信号的干扰；三是通过断点回归分析探讨政策性收储价格设置的合理性，这实际上是在寻找形成差异的原因。影响三种农产品临时收储政策效果及其退出效应的因素非常多，图 3-12 列示了部分可能的因素。受限于数据、方法等条件，难以对这些因素进行一一分析，且无法控制其他因素来研究单一因素，刻画各个因素对效应的传导作用，只能根据实践经验和研究体会来筛选其中的重要因素。

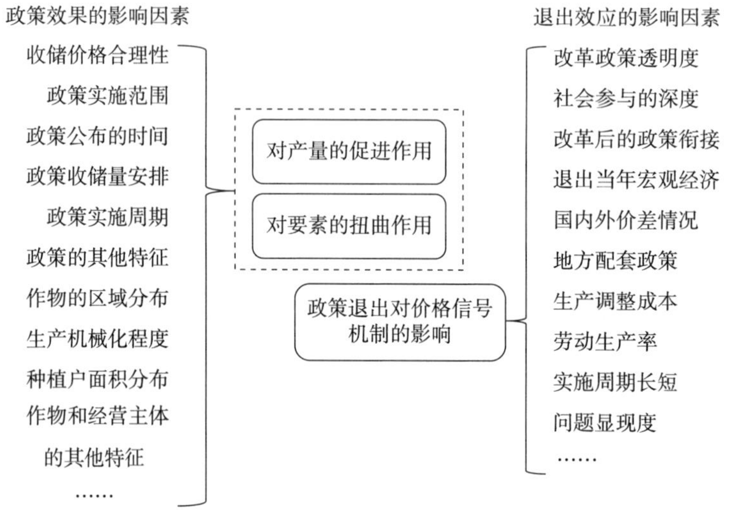

图 3-12　棉花、玉米和油菜籽临时收储政策以及退出效应差异的可能影响因素

（1）收储价格设置的合理性

从断点回归结果（见表 3-9）可发现，以临时收储价格临近区域为断点，在三种作物的产量方程中，不同带宽下的回归结果大多不显著，部分估计系数显著，但大多缺乏稳健性。在棉花和玉米种植化肥投入成本方程中，断点效应在多个带宽下通过显著性检验，且比较稳健。在油菜籽的化肥投入成本方程中，没有显著的断点效应，在部分断点回归方程中系数是显著的，但并不稳健，样本集发生变化后，回归系数的符号发生变化。一方面，可能是因为油菜籽种植户对价格变动本来就不存在临界点；另一方面，也可能是临时收储价格的设置未找准临界点，或者地区差异太多，政策实施范围又广，难以找到合适的价格断点。这在一定程度上表明，油菜籽临时收储价格的设定并不太成功，但政策退出却造成了较大的冲击，而这些冲击或许是可以避免的。

表 3-9　三种农产品临时收储价格断点回归的部分结果

指标		总产量				单位面积化肥投入			
样本		2012 年及以后		全样本		2012 年及以后		全样本	
控制变量		无	有	无	有	无	有	无	有
棉花	lwald	-0.018	0.062	-0.476	0.035	**0.254****	**0.256****	**0.172***	**0.177***
	0.5lwald	0.322	0.162	0.220	0.075	**0.298****	**0.289****	**0.262****	**0.273****
	2.0lwald	**-0.636***	0.036	**-1.032*****	0.020	**0.187***	0.166	0.117	0.054

续表

指标		总产量				单位面积化肥投入			
样本		2012年及以后		全样本		2012年及以后		全样本	
控制变量		无	有	无	有	无	有	无	有
玉米	lwald	0.601	−0.001	0.152	−0.033	**0.193****	**0.173*****	0.105	**0.122****
	0.5lwald	**1.234*****	−0.050	0.440	−0.039	**0.219****	**0.153***	0.094	**0.153****
	2.0lwald	**0.912*****	0.061	**0.505****	0.018	**0.125****	**0.098***	**0.133****	**0.098****
油菜籽	lwald	**−0.961***	−0.088	0.158	**0.417****	0.020	−0.029	0.043	**0.241****
	0.5lwald	−0.775	2.970	**1.075****	**0.599*****	−0.108	**−0.358*****	0.141	**0.296*****
	2.0lwald	**−1.052****	0.205	0.033	0.251	0.060	−0.043	−0.094	0.117

注：棉花、玉米和油菜籽的断点分别为9.6、7.3和8.0，其中棉花的子样本为2011年及以后。判断断点效应还需有一定的稳健性，全样本和子样本的估计结果的符号应该一致。lwald表示最优带宽。

（2）退出方式

三种农产品政策性收储量变化最大的是玉米，2012/2013年度大幅度上升，2013年11月至2014年4月，东北三省和内蒙古自治区共临时收储玉米6919万吨，见表3-10。根据国家统计局数据，东北三省和内蒙古自治区2013年全年产量为9626万吨，临时收储量占当年产量的比重达72%；2015/2016年度临时收储量超过1亿吨，造成巨大的财政压力和市场影响，玉米替代品进口量大幅度增加，“国货入库、洋货入市”，如何出库成为难以解决的问题。2014/2015年度收储的玉米，到2015年9月几乎没有出库（尚强民，2015）。用于稻麦最低收购价和玉米等临时收储政策的资金，从2005年的183亿元增加到2015年的3890亿元，累计增长了20.3倍，年均增长40.4%（黄汉权，2016）；2015年全国一般公共预算支出决算中，粮油储备支出1409.57亿元，较2014年增长了85.0%。临时收储政策给中央财政带来很大压力，仓储基础设施建设、粮食储存和出库管理也面临着挑战，收储制度市场化改革迫在眉睫。

2012/2013年度棉花临时收储量较上一年度翻了1倍，2013/2014年度继续保持高位，严重的财政压力和市场扭曲（谭砚文、关建波，2014），使得仅实施3年的临时收储政策被取消，转向目标价格补贴制度。对比国内外现货市场可以发现，棉花价格偏离程度并不是很明显。油菜籽临时收储量相对稳定，这可能是源于其收储并不是按应收尽收原则进行，而是有总量控制及其分配的过程；大部分年份收储量不足产量的1/3，实际接受政策性收储的生产经营主体只是其中一部分。

表 3-10　棉花、玉米和油菜籽的临时收储价格和收购量

年份	玉米		棉花		油菜籽		备注
	收储价格（元/吨）	收储量（万吨）	收储价格（元/吨）	收储量（万吨）	收储价格（元/吨）	收储量（万吨）	
2008/2009	1500	3570	—	—	4400	67	当年底出台
2009/2010	1500	60.9	—	—	3700	411	
2010/2011	1800	0	—	—	3900	241	
2011/2012	1980	126.9	19800	312	4600	317	
2012/2013	2120	3083	20400	650.64	5000	434	
2013/2014	2240	6919	20400	~680	5100	498	
2014/2015	2240	8329	19800	—	5100	410	棉花目标价格
2015/2016	2000	11593	19100	—	—	—	

数据来源：玉米临时收储量来源于：图解我国玉米临储历年收购进程［N］. 粮油市场报，2016-04-21. 根据国家统计局数据，东北四省区 2015 年全年产量 10004.15 万吨。转自：https://www.jbzyw.com/view/239879。棉花 2011 年数据来自中央政府门户网站（www.gov.cn），2012 年 9 月 10 日，来源于发展改革委网站；2012 年和 2013 年数据来自棉纺中国在线（http://www.ctn1986.com/index.php?c=content&a=show&id=3775），2015 年 2 月 6 日。油菜籽临时收储量数据来自冷博峰等（2017）。

注：《国家发展改革委　财政部关于深化棉花目标价格改革的通知》（发改价格〔2017〕516 号）指出棉花目标价格补贴数量上限为基期（2012—2014 年）全国棉花平均产量的 85%。2015/2016 年度的玉米收购量是截至 2016 年 4 月 15 日的数据，不是全年。

2014 年中央一号文件明确，启动东北和内蒙古大豆、新疆棉花目标价格补贴试点，基本确定取消棉花临时收储政策；2014 年 3 月，《新闻联播》发布取消棉花临时收储政策、实施目标价格的消息，此后棉花目标补贴政策不断优化；临时收储政策取消后，除新疆外的产区地方政府可以通过收储来调节本地区收购市场。2015 年中央一号文件提及完善重要农产品临时收储政策，但并未明确是否取消油菜籽临时收储政策；当年 6 月 18 日，多部门联合发布做好油菜籽收购工作的通知，明确要实现油菜籽价格主要由市场供求形成，由地方政府组织各类主体按照市场价收购，未公布新的支持政策，只是提及中央财政将对主要产区适当予以补贴。2016 年中央一号文件指出，按照市场定价、价补分离的原则，积极稳妥推进玉米收储制度改革，同时建立玉米生产者补贴制度；当年 3 月 28 日，多部门联合召开新闻通气会，明确临时收储政策调整为“市场化收购”加“补贴”的新机制，但并未明确补贴方式、标准等关键信息；当年下半年，东北四省区相继出台玉米生产者补贴的实施方案，主要依据是玉米种植面积。

三种作物的临时收储政策退出方式有较为明显的差异，见表 3-11。棉花和玉米临时收储政策的实施和退出都相对平滑，利用媒体向公众明确相关信息，民众对政策改革的猜疑少。玉米临时收储政策取消前，各种严重问题摆在政府和公众面前，已经形成一定的共识，当年中央一号文件已经做了铺垫，且明确政策取消是在播种之前，虽然具体补贴方案尚未公布，但市场化收购是确定的。棉花临时收储政策伴随新疆棉花目标价格试点，政策变动基本做到了“广而告之”。相比于玉米和棉花，油菜籽临时收储政策的退出更为仓促，与公众的沟通少，直至春播油菜籽收获季节才确认取消，曾出现一段时间的信息混乱，不少对政策走势的判断见诸报端；通过文献查询对比可发现，学术界对油菜籽临时收储政策的关注较少。

表 3-11　棉花、玉米和油菜籽临时收储政策实施情况

品种	开始年份	最后年份	价格公布方式	退出方式
棉花	2011/2012	2013/2014	播种之前	2014 年 3 月（播种前）正式确认取消，并提出实行目标价格补贴政策
油菜籽	2008/2009	2014/2015	播种之后	2015 年 6 月（春播收获时）正式确认取消，未公布新的政策
玉米	2008/2009	2015/2016	收获时节	2016 年 3 月（播种前）正式确认取消，明确建立玉米生产者补贴制度

注：棉花临时收储价格在 3 月公布；油菜籽临时收储价格每年 5—6 月公布。玉米临时收储价格公布时间一般在 9 月之后，但 2013 年是 7 月 3 日，2010 年是 1 月 17 日（赵轶阳、程黔，2015）。

3.6　结论与讨论

本章运用省级统计和成本收益调查数据，借助面板数据模型识别棉花、玉米和油菜籽临时收储政策退出效应，利用断点回归和比较分析探索差异的形成原因，得到以下两点主要结论。

一是政策实施对于棉花和玉米生产有较大的促进作用，对油菜籽的作用弱。棉花和玉米政策实施虚拟变量的估计系数显著且为正数，而油菜籽则为负数。油菜籽区域间价格差异大，临时收储政策几乎覆盖了所有的产区，且设定的价格是一样的，部分地区农户销售价格在部分年份明显高于临时收储价格。政策介入显著提高玉米产量和化肥投入成本的价格弹性，即对化肥投入有明显的影响，价格提高对玉米和油菜籽种植户化肥投入有明显的促进作用，而棉花种植户化肥投入对价格变动不敏感。临时收储政策实施期间，东北四省区玉米种植的化肥施用行为对价格变动更为敏感。断点回归结果显示，临时收储价格对棉花和玉米种植户化肥投入有明显的提升作用，而对油菜籽种植户化肥投入的作用则不明显，其临时收储价格设定不够合理。

二是临时收储政策退出对油菜籽生产的影响最大，其次是玉米和棉花。在面板数据模型中，油菜籽实际价格提高对产量和化肥投入都有显著的正向作用，但政策退出前后却起到显著的负向作用。通过对比分析发现，这可能与其退出过程不透明、政策衔接不紧密有关，与政策性收储价格设置亦有较强关联性。油菜籽临时收储政策取消之后，主产区四川和湖北的生产变动具有很大的差异，湖北产区受到的影响最大。相比棉花和玉米，油菜籽收储制度市场化改革的铺垫少、宣传少、衔接弱，中央层面未出台替代政策。农户分布在广阔的农村地区，目标利润最大化是确定的，问题在于如何获取高质量的信息及其分析能力进而厘清约束条件。政策制定、实施和改革信息的透明化，有助于农户更好地掌握信息，更好地作出更为合理的生产决策。建议增强政策改革透明性和衔接程度，减少政策变动的冲击。

省级统计或平均数据无法反映省内的差异，《全国农产品成本调查资料汇编》中销售价格、化肥投入成本都是抽样调查获得的平均数。省级统计数据，如财政收入、农业机械总动力都是总量数据，所以因果推断可能存在一定的风险。本章通过比较外部条件与政策结果来分析更为平稳的政策退出方式，信息发布和政策衔接等相关变量并未纳入方程。

第 4 章

农业直接补贴政策对家庭收入的作用

收入流动是实现共同富裕的基础之一，是长期收入差距变迁的重要指标，关系到人们的阶层跃升，也是关乎经济长期发展和社会长治久安的重要问题（杨汝岱、刘伟，2019）。农村居民收入水平明显低于城市，但城乡居民收入差距有所缩小，根据国家统计局公布的数据，2022 年城镇居民人均可支配收入为 49283 元，而农村居民为 20133 元，城乡收入比为 2.45，较 2012 年下降了 0.43。全社会低收入群体主要集中在农村地区，农村家庭生计较为脆弱，人力资本积累少，常住人口的代际收入弹性明显低于城镇（卜民，2018），农村居民向上流动的可能性相对低些（陈宗胜、杨希雷，2023），保持收入阶层的流动性对降低农村社会风险具有重要意义。有研究表明，收入流动使得我国农村居民基尼系数显著下降（朱诗娥等，2018），但农村家庭收入流动出现了较大幅度的下降（杨穗、李实，2017），呈现分层固化的趋势（陈书伟，2017）。现有文献对于农业直接补贴的关注较少。农业补贴是使用最为广泛的农业支持政策，如耕地地力补贴、水稻和玉米生产者补贴、新疆棉花目标价格补贴、农机购置补贴、农业保险保费补贴，基于面积或产量等指标计算，直接存入家庭账户，是大部分农村家庭收入的一个组成部分，但具有不确定性和短暂性（王小华，2019）。

为生产者提供农业补贴曾被认为是提高农民收入的主要渠道（朱希刚，1993），直接补贴收入增加体现为家庭预算曲线外移，作为收入效应可提升农户家庭的福利水平（钟春平等，2013；罗超平等，2017）。同时，农业补贴可以通过地租来增加农民收入（钟甫宁等，2008），农机购置补贴通过劳动力转移与产出对农民增收发挥作用（周振等，2016）。有研究运用农业大省的省级面板数据，发现财政支农扩大了城乡居民的福利差距（万树、程瑶，2018），似乎事与愿违，即农业补贴没有达到提高农民收入的政策目标（李金珊、徐越，2015），但有研究却认为政府补贴有利于农民收入提高，只是在收入阶层跃升方面变得更困难了（朱诗娥等，2018）。补贴水平提高对于家庭经营效率提高是有帮助的（庞辉，2017），有利于农民人均纯收入提高（张跃强等，2017），有利于促进农户消费转型（梁海兵，2014），即从生存型向发展型转换。在贫困地区，农业补贴有助于缓解农户家庭资本短缺进而提升生产效率

（王欧、杨进，2014），减小各收入组组内差异，缩小组间不平等，进而较大幅度地改善农村收入不平等状况（李明桥，2013），但这种改善是不稳定的，享受惠农政策的低收入农户虽然有较大的机会流动到中高收入组，却容易滑落（张玉梅、陈志钢，2015）。综上所述，直接补贴对家庭收入及其流动的影响尚存在一定的争议。

4.1 作用机制及计量分析策略

不同于经营性和工资性收入，家庭补贴收入基于家庭土地资源或其他条件获得，并不一定能促进家庭长期发展。这有些类似于一些国家或地区由于外部市场繁荣而通过出口获得溢价收入，却无法实现经济的长期增长。中美洲和非洲以咖啡和可可为主要出口产品的国家，如洪都拉斯、埃塞俄比亚、科特迪瓦等，2011—2013 年出口额中咖啡或可可占比超过了 30%，在咖啡和可可国际市场价格大幅度上涨时，出口收入大增，经济却变得更差。这说明，如何管理和使用这笔收益是关键问题，如果没有良好的制度设计，就容易造成国内产业结构恶化、腐败等问题，甚至引发战争，即经济学中常说的“资源诅咒”。具体到一个家庭亦是如此。

作为家庭收入一部分的政府补贴，纳入家庭预算管理对家庭收入是“福音”还是“诅咒”，取决于农户的禀赋条件和决策过程。从一般意义上的农户模型可知，农户家庭同时担任农业生产者、农产品和工业品消费者、劳务供给者三个角色，预算曲线移动不仅影响消费束的变化，还会影响农业生产和劳务供给。阿比吉特·班纳吉和埃斯特·迪弗洛在其著作《贫穷的本质》中描述了穷人对食物与其他物品如电视机、彩礼的选择，在摩洛哥偏僻村庄欧查·姆巴克的决策中，“电视机比食物更重要”（阿比吉特·班纳吉、埃斯特·迪弗洛，2013）；在印度母亲的认知中，为女儿婚礼攒钱似乎比其他开支重要。如果将政府补贴资金用于食物消费，进而改善家庭的营养条件，特别是为婴幼儿、儿童、青少年和孕产妇增加营养摄入，对提升家庭人力资本积累是很有帮助的，可以增加优质劳动力的供给，即约翰·斯图亚特·穆勒所提及的生产性消费，但这个效应的发挥需要很长的时间。如果仅是用于烟酒等消费或赌博等支出，无法对家庭物质和人力资本积累作出贡献，将会难以稳住较高的家庭收入层级，或者只能留在低收入组。若将补贴资金主要用于农业生产投资，可以提高产出，虽然面临着产出和市场方面的风险，但可以提高家庭收入往上流动的概率；如果使用更多现代生产要素，如生产各环节的社会化服务，或更好地运用土地要素市场来配置资源，进而释放劳动力，增加非农就业，可以显著增加家庭收入向上流动的机会。

家庭层面面板数据一般具有观测时间短、个体横截面大的特点，即“大的 N、小的 T”。由于能够追踪到一定数量个体的多个时期的变化，面板数据模型可以较好地识别动态演变过程，并能够在一定程度上控制无法观测的异质性，而能否处理好异质性是面板数据模型构建的关键（Arellano，2008）。遗漏变量是造成内生性问题的一个重要原因，工具变量法常用于应对此问题，但要找到合适的工具变量并不容易，而面板数据模型则提供了一个解决办法，即其能够提供更多个体动态行为的信息（陈强，2014）。本章运用以下模型来探索政府直接补贴对家庭收入水平的影响。

$$y_{it}=\gamma x_{it}+\beta z_{it}+\alpha+\varepsilon_{it} \tag{4-1}$$

其中，y_{it}为被解释变量，x_{it}为核心解释变量，γ、β 分别为核心解释变量和控制变量的待估计参数，z_{it}为控制变量，ε_{it}为残差，α 为截距项。对 α 和 ε_{it}作出不同的假设，便可得到固定和随机效应模型，这一过程在高级计量经济学或微观经济计量学等教科书中有详细的阐述，在此不再赘述。如果条件分布 $y \mid x, z$ 为非对称的，则条件期望 $E(y \mid x, z)$ 无法反映整个条件分布的全貌，分位数回归技术能够较好地解决这一问题。为了探索政府补贴收入对所处相对位置变化的影响，引入有序 Logit 模型。Logit 模型基于 Logistic 分布，被广泛应用于识别影响分类变量的因素，而同为选择模型的 probit 则基于标准正态分布。有序选择模型针对排序数据，在最小二乘法（OLS）中，将排序视为基数来处理。

4.2　统计描述性分析

从 CFPS2016 中有农业生产活动的家庭中筛选出连续 3 期都参与了调查的样本，共 6072 户，然后从前期的数据中查找匹配对应家庭的相关指标，形成面板数据。借助 CFPS2012、CFPS2014 和 CFPS2016 数据，研究农业直接补贴对农村家庭收入流动的影响。

4.2.1　农业补贴基本情况

CFPS2012 对政府补贴进行了细化，将其分为农业补贴和退耕还林补贴。5430 个从事农业生产家庭获得政府补贴，平均值为 934 元；5385 个样本报告了农业补贴金额，户均 495 元，其中从事农业生产的样本中 4816 户获得了农业补贴，户均 510 元；940 户获得退耕还林补贴，户均 660 元；569 个家庭未从事农业生产也获得农业补贴，这与补贴对象主要为承包者而非土地实际经营者有关。政府补贴总额与农业补贴的平均值差额为 320 元，其中 3618 户只获得了农业补贴，4066 户只有农业补贴和退耕还林补贴。从事农业生产的样本中，政府补贴总额与农业补贴的相关系数为 0.5732，并在 1%水平下显著。

CFPS2014 和 CFPS2016 的政府补助选项也包括退耕还林补贴和农业补贴，但没有分项询问补贴额，无法将农业补贴从家庭的补贴收入中分离出来。CFPS2014 的样本中，6787 个家庭获得政府补贴且数额大于零，平均数额为 1500 元；从事农业生产的家庭中有 5141 户获得政府补贴，平均数额为 1230 元，其中 4001 个家庭表示只接受农业补贴的政府补助，实际拿到政府农业补助金额的有 3881 户，平均每户补贴额为 650 元，高于 CFPS2012 的平均值，最少的只有 1 元，最高的为 4. 1 万元。CFPS2016 中有 5800 个家庭实际获得政府补助，平均数额为 1836 元，4326 个从事农业生产家庭的政府补助平均值为 1508 元，较 CFPS2014 有一定幅度的提高；未从事农业生产的 1476 个样本的补贴平均值为 2800 元，明显高于从事农业生产的家庭。在 CFPS2014 和 CFPS2016 中无法将从事农业生产家庭获得的政府补贴全部作为农业补贴，使用农户收到的政府补贴替代农业补贴，虽然存在一定风险，但实际上大部分农户家庭获得的政府补助仅为农业补贴。

从平衡面板数据的描述统计分析（见表 4-1）来看，CFPS2012、CFPS2014、CFPS2016 获得政府补贴的农户数量基本稳定，户均补贴额保持一定幅度增长。进一步分析发现，水稻、小麦和玉米单一种植户的补贴额没有显著的差异，小麦种植户略高于水稻。从 CFPS2010 的耕地结构来看，户均旱地面积要大于水田，而确定“三项补贴”数额的主要依据是耕地面积。

表 4-1　基于 CFPS 平衡面板数据的政府补贴获得情况

样本来源	样本数（户）	均值（元）	标准差（元）	25%分位点	50%分位点	75%分位点	最大值（元）	最小值（元）
CFPS2012	4054	935. 61	1632. 69	300	520	1000	50700	1
CFPS2014	4072	1202. 56	2354. 51	300	600	1200	41000	1
CFPS2016	4020	1398. 96	3313. 06	335	700	1420	100000	5

注：如果受访者表示获得政府补贴，但给出的金额是 0，则认为其没有获得政府补贴。

4. 2. 2　家庭收入流动情况

将家庭收入以每 25%作为一个层级划分为低收入组、中低收入组、中高收入组和高收入组，来分析补贴对收入层级流动的作用。基于 CFPS 中从事农业生产家庭平衡面板数据发现，收入分布在不同时期有一定程度的差异，如表 4-2 所示。从 CFPS2012 到 CFPS2016，高收入组比重持续下降，而低收入组比重持续上升，这可能意味着低收入家庭要实现可持续生计发展的压力加大。总体来看，更多样本往中间 50%靠拢，处于中间 50%的样本比重从 39. 14%提高到 52. 42%，这是一个积极的信号，在一定程度上意味着收入分布更加扁平化。

表 4-2　CFPS 平衡面板数据的收入层级分布

分层	CFPS2012			CFPS2014			CFPS2016		
	样本数（个）	比重（%）	分位值（元）	样本数（个）	比重（%）	分位值（元）	样本数（个）	比重（%）	分位值（元）
低	1191	19.61	9300	1242	20.45	13000	1437	23.90	14020
中低	1188	19.57	23400	1230	20.26	31040	1925	32.01	30000
中高	1188	19.57	46370	1238	20.39	55300	1227	20.41	50000
高	2505	41.25		2362	38.90		1424	23.68	
合计	6072	100		6072	100		6013	100	

注：部分收入数据受到调查方法调整影响，但总体影响不大。

表 4-3 给出了更为详细的收入层级流动。收入层级下滑的比重大于向上流动的比重，说明家庭收入向上流动的概率要低于下滑的概率。从 CFPS2012 到 CFPS2016，34.4%的家庭维持在原来的收入层级，有 7.8%的样本从高收入组下降到低收入组，而从低收入组上升到高收入组的比重仅为 2.2%；下滑两个收入组的比重为 14.2%，向上流动两个收入组的比例仅为 5.9%。从 CFPS2012 到 CFPS2014、CFPS2014 到 CFPS2016，亦大体呈现如此规律。总体来看，家庭在不同收入组之间的流动比较频繁，从 CFPS2012 到 CFPS2016 约有 2/3 农户家庭所在收入组发生了变化，收入流动有助于缩小长期收入差距（朱诗娥等，2018）。但由于数据时期数少，本研究还无法很好地探讨流动性变化，有研究认为流动性呈下降趋势（黄宏伟、胡浩钰，2019）。

表 4-3　从 CFPS2012 到 CFPS2014、CFPS2016 以及从 CFPS2014 到 CFPS2016 的收入层级变动情况

项目	CFPS2012 到 CFPS2016		CFPS2012 到 CFPS2014		CFPS2014 到 CFPS2016	
	样本量（个）	比重（%）	样本量（个）	比重（%）	样本量（个）	比重（%）
下降 3 层	469	7.8	340	5.6	427	7.1
下降 2 层	856	14.2	510	8.4	802	13.3
下降 1 层	1225	20.4	1035	17.0	1181	19.6
保持不变	2070	34.4	2453	40.4	2178	36.2
上升 1 层	908	15.1	945	15.6	970	16.1
上升 2 层	354	5.9	524	8.6	329	5.5
上升 3 层	131	2.2	265	4.4	126	2.1
下降合计	2550	42.4	1885	31.0	2410	40.1
上升合计	1393	23.2	1734	28.6	1425	23.7
合计	6013	100	6072	100	6013	100

从 CFPS2012 到 CFPS2016 不同收入层级的流动情况见表 4-4。CFPS2012 时处于低收入组的样本经过 4 年，40.7%仍留在低收入组，近 3/4 无法突破收入分布的 50%分位点，只有 11.2%能够进入高收入组。低收入组农户向上流动的难度大，有固化的倾向，这可能与我国收入分配政策不利于低收入人群享受经济发展成果有关（杨穗，2018）。高收入组的样本中有 45.8%下移到 50%分位点以下，其中有 18.9%的样本下滑到低收入组，约 1/3 继续留在高收入组，中高和中低收入组维持在原收入组的比重分别为 26.5%、39.6%，高和中高收入组家庭稳定收入层级的难度较大。值得注意的是，从高收入组跌至中低收入组的比重，要高于从高收入组跌至中高收入组的比重，跌到低收入组的比重也较大，高收入组的收入层级一旦滑落，滑落到底的风险较大。

表 4-4 从 CFPS2012 到 CFPS2016 的家庭收入流动

CFPS2012	比重（%）	政府补贴（元）	CFPS2016	CFPS2012	比重（%）	政府补贴（元）	CFPS2016
低收入组，1171 个样本	**40.73**	869.29	低收入组	中高收入组，1174 个样本	15.99	**1043.89**	低收入组
	34.16	838.48	中低收入组		33.08	992.33	中低收入组
	13.92	**922.62**	中高收入组		**26.45**	868.62	中高收入组
	11.19	703.97	高收入组		24.49	969.71	高收入组
中低收入组，1182 个样本	25.63	**940.10**	低收入组	高收入组，2484 个样本	18.88	803.77	低收入组
	39.59	**945.14**	中低收入组		26.89	987.31	中低收入组
	18.61	785.51	中高收入组		21.46	**1360.57**	中高收入组
	16.16	834.68	高收入组		**32.77**	889.55	高收入组

注：比重（%）是 CFPS2012 某个收入组到 CFPS2016 时所处四个收入组的比例；政府补贴为平均值。

4.2.3 政府直接补贴与家庭收入

取自然对数的家庭收入直方图明显偏离正态分布，具有明显的左拖尾、均值附近集中的特征，低收入群体比重较正态分布拟合下偏大；样本的偏度为-0.9489，峰度为 4.9839，偏度/峰度检验和 S-W 检验也明确拒绝了正态分布假设。为使收入严重偏低的家庭跳出“贫穷陷阱”，首先要给予营养救济，特别是家庭中的婴幼儿、儿童和妇女，其次要确保一定量的教育投入，这是最有效的方式（万相昱等，2019），最后是生产支持或社保兜底。

从 CFPS 的粮食作物种植户产出数据可发现，户均农产品产值没有明显增长趋势，甚至出现了降低的情况，特别是水稻。依赖农业维持收入增长的难度不断增加，甚至难以做到稳收，政府转移性收入被赋予稳定农业收入的作用。以促进农业生产为目标的补贴，在一定程度上成为普惠性的收入补贴。从基于平衡面板的散点图（见图 4-1）可以发现，对于获得政府补贴的农户家庭而言，政府补贴收入与总收入呈正相关，但不同时期有差异。CFPS2012、CFPS2014、CFPS2016 的相关系数分别为 0.0954、0.0669、-0.0074，其中前两期在 1%显著性水平下通过检验，而 CFPS2016 则不显著，说明政府补贴在不同时期的作用可能发生了变化，政府补贴在家庭收入中的相对重要性发生了分化。

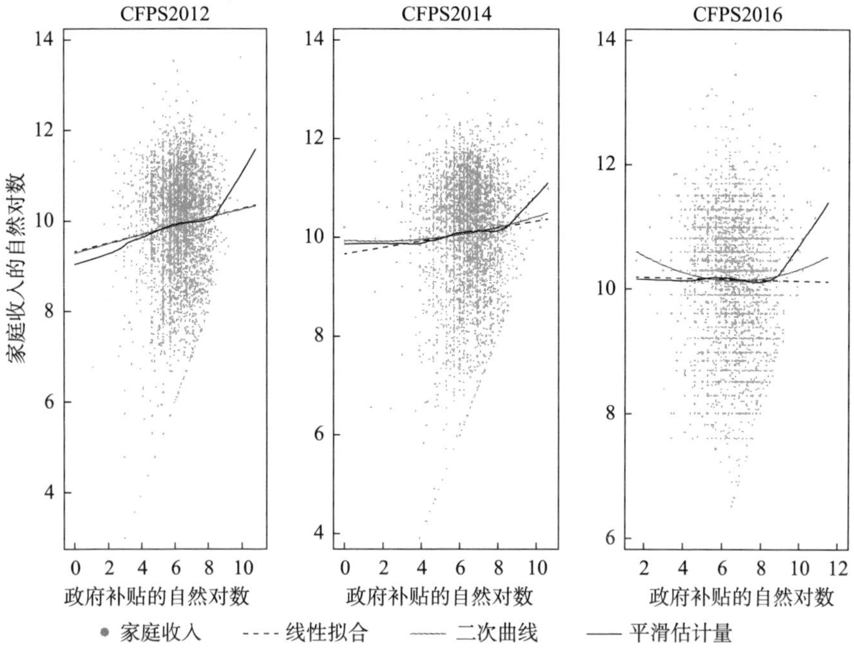

图 4-1　农村家庭政府补贴收入与家庭收入

4.3　实证结果与分析

4.3.1　变量介绍

（1）被解释变量。本研究从家庭收入水平及其层级流动两个层面开展研究。收入流动的测算方法很多，如位置移动、份额变动、直接收入或间接收入变动，基于收入位移测度具有优良的特性（Fields，Ok，1999）。本研究使用收入层级变动测度收入流动，一个家庭如果 CFPS2012 时处于低收入组，到 CFPS2016 时仍处于低收入组，被解释变量取值为 1，跃升至中低收入组、中高收入组、高收入组则取值为 2、3、4；如果在 CFPS2012 时处于高收入组，到 CFPS2016 时仍处于高收入组，取值为 4，以此类推。

（2）核心解释变量。农业补贴是公共财政资金的一项重要支出，其政策效应是关注度非常高的议题，本研究将其作为关键解释变量。在美国，涉及农业补贴的农业法案的每次修订都是一个激烈辩论的过程（拉里·桑德斯、王宇，2019），政策效应亦是备受关注。

（3）控制变量。在家庭层面，引入种植业林业投入成本、家庭人口数和农业劳动力数量作为控制变量。

（4）农户决策者特征。从现有文献可知，家庭收入流动受家庭成员特别是决策者特征的影响大，甚至政策偏好都会对代际收入流动产生影响（Laméris et al.，2020）。为了更好地应对自变量缺省而导致的内生性问题，引入决策者相关的控制变量。结合数据的可获取性，本研究拟选择决策者年龄、性别、受教育程度、健康状况、婚姻状态、语言表达能力、户口类型作为收入流动的控制变量。

CFPS2012 中决策者特征变量的描述统计如表 4-5 所示。家庭决策者平均年龄为 50 岁，年轻家庭的比重较小，绝大部分决策者处于在婚状态；家庭决策者以男性为主，女性不足 20%；拥有高中及以上学历者仅为 11.3%，23.6%为文盲或半文盲；20.6%处于不健康状态，大部分有较强的语言表达能力。报告家庭非农就业情况的 3350 个样本中，41.1%有非农就业成员，由于此变量有一定的缺失，将其用于稳健性检验，不纳入控制变量。非农户口比重太小，不适合作为分类变量，因此不作为控制变量。

表 4-5　家庭决策者特征变量（CFPS2012）

变量定义	名称	赋值规则	样本数（个）	均值	方差
户口	*hukou*	0：农村，1：非农	5519	0.0589	0.2354
是否为女性	*q_male*	0：男性，1：女性	5599	0.1888	0.3914
年龄	*q_age*	1：≤35 岁，2：36~45（含），3：45~55（含），4：>56 岁	5596	2.8695	0.9751
受教育程度	*q_edu*	1：小学及以下，2：初中，3：高中及以上	5595	1.5918	0.6843
健康状况	*q_health*	1：不健康，2：一般，3：比较健康，4：很健康/非常健康	5438	2.6720	1.0810
婚姻状态	*q_mari*	0：未婚/离婚/丧偶，1：在婚/同居	5595	0.9239	0.2652
语言表达能力	*q_expr*	1：得分 1~3，2~5：得分 4~7	5232	2.9851	0.1610
非农就业占比	*nonfarm*	非农就业人口数/家庭经济关联人口数	3308	0.1337	0.2052

注：问卷中语言表达能力按得分 1~7 进行评价；婚姻状态中同居的样本仅为 14 个，与在婚列为同组。

4.3.2　农业直接补贴对种子、化肥、农药投入的影响

微观数据在农业补贴政策评价中的作用不断提高。直接补贴对小麦生产技术效率有积极作用（高鸣等，2016），而对土地资源配置而言，针对要素的支持更有效率（Demirdöğen et al.，2016），其中补贴的生产激励效应和财富效应是重要的（李江一，2016）。

本研究利用分位数面板数据回归分析来探讨种子、化肥、农药投入对政府补贴的弹性，表 4-6 综合了各个方程中关键变量的估计系数。总体而言，经营规模较大农户获得的政府补贴投入到种子、化肥、农药等生产要素的概率更高，特别是小麦和玉米种植规模较大的农户。当政府补贴提高 1%时，水稻种植户的种子、化肥、农药投入约增加 0.08%，而小麦和玉米种植户分别约为 0.11%和 0.14%，仅种植小麦和玉米的种植户分别为 0.16%和 0.16%，且规模越大农户的投入弹性越大。水稻种植户对政府补贴的敏感程度明显低于小麦和玉米，75%分位点回归系数小于 25%分位点，不同规模农户的投入弹性差异小。

表 4-6　不同作物种植户种子、化肥、农药投入对政府补贴的弹性估计

样本类型	样本（个）	OLS	面板数据模型			
			25%分位点	固定效应	随机效应	75%分位点
水稻种植户	1415	0.0831***	0.0712***	0.0690***	0.0831***	0.0665***
小麦种植户	1705	0.1059***	0.1105***	0.0881***	0.1059***	0.0628
玉米种植户	3712	0.1374***	0.1193***	0.1179***	0.1374***	0.1165***
纯小麦种植户	1403	0.1593***	0.1506***	0.1581***	0.1593***	0.1659***
纯玉米种植户	1114	0.1450***	0.1096***	0.1243***	0.1450***	0.1399***
三种粮食种植户	3939	0.1232***	0.0942***	0.1029***	0.1232***	0.1124***

注：控制变量包括农产品产值、家庭收入、家庭人口、农业劳动力，回归方程包括常数项。

4.3.3　农业直接补贴对农村家庭收入的影响

从表 4-7 的回归分析结果来看，整体上政府补贴对农村家庭收入水平的影响不明显，但在 25%和 75%分位点上的系数是统计显著的。对低收入家庭而言，直接补贴具有一定的增收效应，其中的作用机制非常重要。如果是通过补贴增加生产性投资，进而实现增收，是可持续的；若仅仅是补贴增加直接造成的收入增长，没有形成收入增长机制，那么补贴可能是“诅咒”，而不是“福音”。对高收入家庭而言，估计系数显著为负数，补贴增加可能往往意味着家庭收入的减少，其中的因果关系值得推敲。以 CFPS2012 为例，以 25%、

50%、75%分位点划分的四个收入组农户的平均政府补贴收入分别为 851 元、895 元、958 元和 1009 元，最高 25%收入组的方差明显偏大；一定量的补贴增量在低收入家庭收入中所占的份额要明显大于高收入家庭，而不同收入组的均值差别并不是很大。因此，这里呈现负向关系的原因可能是部分高收入家庭由于经营收入下降而获得了较多的补贴，进而在统计意义上造成负向关系。

表 4-7　政府补贴对农村家庭收入的回归结果

变量	OLS	面板数据模型			
		25%分位点	固定效应	随机效应	75%分位点
ln_inc_gov	0.0097	**0.0273***	−0.0042	0.0097	**−0.0407*****
政府补贴	(0.0094)	(0.0143)	(0.0094)	(0.0094)	(0.0124)
样本数（个）	9843	9843	9843	9843	9843
R^2	0.1689		0.1708		

注：控制变量包括农产品产值、家庭收入、家庭人口、农业劳动力，回归方程包括常数项。

4.3.4　政府补贴带来的代际收入流动效应

首先计算 CFPS2012、CFPS2014 和 CFPS2016 三期的政府补贴、家庭收入、支出和农副产品产值平均值，然后分别以政府补贴及其占家庭收入的比重作为关键变量，以收入组变动层数作为被解释变量。运用有序 Logit 模型分析政府补贴对农户家庭收入流动的影响，发现 Constant Cut1～3 均是统计显著的，回归结果如表 4-8 和表 4-9 所示，因此收入流动的层级划分是有必要的。

政府补贴变量的估计系数表明，政府补贴增加特别是政府补贴占家庭收入的比重提高，既不利于农村低收入组家庭向更高收入组发展，又可能阻碍高收入家庭维持在较高收入组。对政府补贴的依赖程度提高，使得较高收入家庭以更大的概率滑落至更低收入组，低收入组更难向上流动，即补贴水平和比重提高均产生负向影响。补贴额的适当提高对农村低收入组向上流动的负向影响较弱，如果补贴额提高的速度大于其他收入增长，其作用显著为负。贫困地区的情况与此可能不一样，政府实施惠农政策是有利于贫困地区低收入组居民向上流动的（张玉梅、陈志钢，2015）。具体到某一项政策可能会有不同的结论，比如森林抚育补贴对林区家庭职工收入的影响不显著，但对高收入组家庭有积极的影响（赵文铖等，2019）。影响农户家庭收入流动的因素很多，比如亲属关系网（申云，2016）、非农就业（杨穗，2016）、教育（罗锋、黄丽，2013）、幸福感（刘林、黄浩，2018），政府补贴是其中的一个因素，但并不是一个积极的因素。

回归分析结果的家庭决策者特征变量中，健康状况在各个方程系数中均显著为正，这似乎表明健康水平对家庭收入流动有显著的正向作用。疾病是致贫和返贫的重要原因之一，家庭成员中一旦有大的疾病，意味着大额的开支，而农村医疗保障水平还相对较低，大部分家庭难以承受这笔大额支出；健康水平是决定劳动生产率的关键因素，家庭劳动力若出现健康问题，会造成效率损失，进而对家庭收支产生重要的影响。同时，决策者受教育程度亦有较为显著的促进作用，健康和教育是有效劳动形成的关键方面，这显示了人力资本积累的重要性。

表 4-8 政府补贴占家庭收入比重对收入流动的有序 Logit 回归结果

变量	低收入组		中低收入组		中高收入组		高收入组	
inc_gov_12_16_p （政府补贴占比）	**-5.7667***** (0.7756)	**-5.2173***** (0.7919)	**-7.7049***** (1.0837)	**-6.5462***** (1.1141)	**-6.0241***** (1.3118)	**-5.6105***** (1.3041)	**-10.3142***** (1.3317)	**-9.6807***** (1.4212)
q_age （年龄）		-0.0126 (0.0677)		0.0897 (0.0650)		-0.0985 (0.0672)		-0.0210 (0.0578)
q_male （性别）		0.3374** (0.1571)		0.2316 (0.1557)		0.0983 (0.1550)		0.1501 (0.1388)
q_edu （受教育程度）		0.0301 (0.1054)		0.1521 (0.0954)		**0.2135**** (0.0911)		0.1234 (0.0755)
q_mari （婚姻状态）		-0.0970 (0.2151)		-0.2153 (0.2860)		0.0586 (0.2635)		0.2623 (0.2422)
q_health （健康状况）		**0.1105*** (0.0601)		**0.1478***** (0.0561)		**0.1087*** (0.0591)		**0.1340***** (0.0514)
q_expr （语言表达能力）		0.0350 (0.0541)		0.0372 (0.0533)		0.0172 (0.0571)		0.0405 (0.0455)
样本数（个）	1069	966	1095	1013	1087	1006	1506	1380

注：控制变量包括农产品产值、家庭收入、家庭人口、农业劳动力，回归方程包括常数项。

表 4-9 政府补贴额对收入流动的有序 Logit 回归结果

变量	低收入组		中低收入组		中高收入组		高收入组	
ln_inc_gov_12_16 （政府补贴占比）	**-0.0756** (0.0570)	-0.0373 (0.0603)	**-0.1246**** (0.0535)	-0.0712 (0.0557)	**-0.0970*** (0.0501)	**-0.0984*** (0.0527)	**-0.2050***** (0.0474)	**-0.1902***** (0.0502)
q_age （年龄）		-0.0144 (0.0668)		0.0737 (0.0647)		-0.0812 (0.0670)		-0.0031 (0.0577)
q_male （性别）		0.3896** (0.1560)		0.2785* (0.1551)		0.1323 (0.1547)		0.2122 (0.1383)

续表

变量	低收入组		中低收入组		中高收入组		高收入组	
q_edu （受教育程度）		0.0786 (0.1035)		**0.1780** * (0.0950)		**0.2261** ** (0.0908)		**0.1671** ** (0.0750)
q_mari （婚姻状态）		0.0128 (0.2108)		-0.0631 (0.2820)		0.0598 (0.2648)		0.3303 (0.2374)
q_health （健康状况）		**0.1042** * (0.0591)		**0.1652** *** (0.0558)		**0.1144** * (0.0591)		**0.1537** *** (0.0511)
q_expr （语言表达能力）		0.0613 (0.0532)		0.0353 (0.0529)		0.0217 (0.0571)		0.0702 (0.0451)
样本数（个）	1075	970	1095	1013	1089	1007	1510	1384

注：控制变量包括农产品产值、家庭收入、家庭人口、农业劳动力，回归方程包括常数项。

4.4 稳健性检验与讨论

4.4.1 农业直接补贴

上述回归方程中的补贴实际为家庭获得的全部政府补贴，并非纯农业直接补贴，虽然两者之间具有较为明显的正相关关系，仍需要进一步检验。使用 CFPS2012 中的农业补贴替代三年政府补贴平均值重新估计，同时将控制变量中的家庭支出、农产品产值改为 CFPS2012 的数值。由回归结果（见表 4-10）发现，方程中估计系数的方向基本没有改变，只是统计显著性发生了变化，不影响上述结论成立。农业直接补贴占家庭收入的比重对低收入组家庭向上流动的副作用较弱，低收入家庭的农业补贴边际效用较高，适当增量有助于其改善家庭生活条件，但依旧没有明显的促进作用。在 CFPS2012 中，4054 个样本获得政府补贴的平均值为 935.61 元，而有农业补贴收入的样本为 3629 个，平均值为 530.38 元，明显低于政府补贴额，这可能是显著性水平发生变化的原因，但影响的方向没有改变。

表 4-10　CFPS2012 农业补贴及其占家庭收入比重对收入流动的有序 Logit 回归结果

变量	低收入组		中低收入组		中高收入组		高收入组	
ln_inc_gov_ag （农业补贴）	-0.0588 (0.0792)	-0.0575 (0.0833)	-0.1801 ** (0.0770)	-0.1498 * (0.0807)	-0.1450 ** (0.0695)	-0.1535 ** (0.0725)	-0.0865 (0.0662)	-0.1098 (0.0703)
家庭特征变量	是	是	是	是	是	是	是	是
决策者特征变量	否	是	否	是	否	是	否	是

续表

变量	低收入组		中低收入组		中高收入组		高收入组	
ln_inc_gov_ag_p （农业补贴占比）	0.0026 (0.3520)	-0.0291 (0.3675)	-5.8471*** (2.2007)	-4.4831* (2.2912)	-11.0880*** (4.0354)	-11.9650*** (4.1720)	-9.2918* (5.2711)	-27.3177*** (9.9087)
家庭特征变量	是	是	是	是	是	是	是	是
决策者特征变量	否	是	否	是	否	是	否	是

注：家庭特征变量包括家庭支出、农副产品产值、家庭人口和劳动力；决策者特征变量如表 4-5 所示。

4.4.2　区域异质性分析

将平衡面板数据分为东部地区和中西部地区两类，重新按 25%、50%、75%分位点把各个子样本分为四个收入组，考察东部地区和中西部地区之间的差异。东部地区农户家庭收入的三个分位点高于中西部地区，以 CFPS2012 为例，东部地区的三个分位点分别为 10220 元、24980 元、48870 元，中西部地区分别是 8900 元、22857.5 元、45300 元，差异不是很明显。东部地区低收入组经过 4 年，仍留在低收入组的比重较中西部地区高 3.5 个百分点，高收入组维持不变的比例比中西部地区高出 8.8 个百分点，中西部地区高收入农户家庭更容易滑落；中西部地区的中低收入组和中高收入组维持不变的概率高于东部。这在一定程度上表明，东部地区农户在两极的固化程度相对较高，而中西部地区农村家庭的收入流动性相对较高。

表 4-11　从 CFPS2012 到 CFPS2016 的家庭收入流动

CFPS 2012	比重（%）		CFPS 2016	CFPS 2012	比重（%）		CFPS 2016
	东部地区	中西部地区			东部地区	中西部地区	
低收入组	**43.77**	**40.30**	低收入组	中高收入组	16.97	16.48	低收入组
	31.83	34.01	中低收入组		33.16	32.58	中低收入组
	13.53	14.23	中高收入组		**25.85**	**27.42**	中高收入组
	10.88	11.46	高收入组		24.02	23.52	高收入组
中低收入组	30.03	26.19	低收入组	高收入组	16.41	20.57	低收入组
	39.97	**39.59**	中低收入组		24.81	27.22	中低收入组
	18.28	19.30	中高收入组		20.36	22.57	中高收入组
	18.54	14.54	高收入组		**38.42**	**29.64**	高收入组

运用东部地区和中西部地区的数据重新估计，得到表 4-12，再次印证了政府直接补贴对农村家庭收入及其流动的负面影响。对比表 4-12 中的估计系数可发现，政府补贴额及其在家庭收入中的占比提高对中西部地区家庭的负

向影响相对较弱。在“两害相权取其轻”的原则下，直接补贴政策应对中西部地区农户家庭有所侧重。

表 4-12 东部地区和中西部地区政府补贴及其占家庭收入比重对收入流动的有序 Logit 回归结果

变量	低收入组		中低收入组		中高收入组		高收入组	
东部地区								
ln_inc_gov_12 （政府补贴）	-0.0838 (0.1069)	-0.1015 (0.1118)	-0.2467*** (0.0941)	-0.1639 (0.1026)	-0.1509* (0.0840)	-0.1501* (0.0864)	-0.2265*** (0.0831)	-0.2647*** (0.0866)
中西部地区								
ln_inc_gov_12 （政府补贴）	-0.0005 (0.0711)	0.0577 (0.0760)	-0.1106* (0.0671)	-0.0713 (0.0698)	-0.0782 (0.0666)	-0.0706 (0.0724)	-0.1388** (0.0620)	-0.1077 (0.0659)
东部地区								
ln_inc_gov_12_p （政府补贴占比）	-13.2301*** (2.4334)	-13.5493*** (2.5962)	-18.2261*** (3.3367)	-12.9974*** (3.4179)	-6.3791*** (2.3653)	-6.0650*** (2.3496)	-9.2910*** (2.9026)	-9.1100*** (3.0517)
中西部地区								
ln_inc_gov_12_p （政府补贴占比）	-4.4262*** (0.7883)	-3.9129*** (0.7996)	-7.0214*** (1.2073)	-6.3805*** (1.2745)	-5.8481*** (1.5811)	-5.5160*** (1.5819)	-10.360*** (1.5183)	-9.5456*** (1.6405)
家庭特征变量	是	是	是	是	是	是	是	是
决策者特征变量	否	是	否	是	否	是	否	是

4.4.3 非农就业的影响

根据国家统计局的数据，全国农村居民人均可支配工资性收入占比从2013年的38.7%上升到2018年的41.0%，务工收入在农民增收中发挥的作用越来越大。为了确保样本量，收入流动不再进行分组分析，计量结果如表4-13所示，政府补贴变量的估计系数在6个方程中均为负数。对比方程（3）和方程（4）、方程（5）和方程（6），可发现在政府补贴收入等量变化下，有非农就业人口家庭的估计系数绝对值更大，即负向作用更大。非农就业本身对家庭收入流动有积极的作用，但无法改变政府补贴对收入流动的负效应。

表 4-13 非农就业与农户家庭收入流动的有序 Logit 回归结果

样本集	全样本	全样本	无非农就业	有非农就业	无非农就业	有非农就业
方程	(1)	(2)	(3)	(4)	(5)	(6)
ln_inc_gov_12_16 （政府补贴的对数）	**-0.0761**** (0.0346)				-0.0242 (0.0438)	**-0.1276**** (0.0587)

续表

样本集	全样本	全样本	无非农就业	有非农就业	无非农就业	有非农就业
*inc_gov*_12_16_p （政府补贴占比）		**-6.0046***** (0.7014)	**-5.1708***** (0.7485)	**-9.5250***** (1.8588)		
nonfarm （非农就业人口占比）	**0.6854***** (0.1897)	**0.4494**** (0.1914)				
家庭特征变量	是	是	是	是	是	是
决策者特征变量	是	是	是	是	是	是
样本数（个）	2611	2605	1491	1114	1496	1115

4.5 主要结论与启示

本章基于中国家庭跟踪调查（CFPS）的 3 期数据，利用面板数据分位数回归和有序 Logit 模型实证分析农业直接补贴对粮食种植户种子、化肥、农药投入，农村家庭收入及其流动的影响，并进一步讨论东部地区和中西部地区的异质性效应以及非农就业存在的影响。

研究发现，大多数农村家庭获得了农业补贴，政府直接补贴对生产的促进作用可能有限，补贴额增加、对补贴的依赖程度提高不利于农户家庭向上流动，而家庭决策者的健康水平收入流动具有显著的正向作用。通过教育和健康投入来改善人力资本积累，对于农村家庭收入正向流动具有重要意义。稳健性检验表明，使用家庭获得的直接补贴代替农业直接补贴的做法是合理的，农业直接补贴更倾向于固化收入阶层。直接补贴额增加有助于改善农村低收入家庭的经济状况，补贴对这部分家庭收入流动的副作用亦相对弱。从区域分布来看，中西部地区农村家庭收入向上流动受政府补贴的抑制程度低于东部地区，中西部地区农村居民收入水平低于东部地区，与前一个结论一致。非农就业机会本身有利于收入正向流动，但无法改变政府补贴对收入流动的负向影响；农村家庭劳动力就业多元化，有利于促进家庭生计可持续发展，政府农业直接补贴的依据不仅仅是土地面积，一般还要求耕种，而不能撂荒，补贴标准的提高可能会降低非农就业的动力，但农业劳动力增加，总体是不利于收入向上流动的。另外，本研究还发现，人力资本积累的关键指标——教育和健康，对家庭收入向上流动有显著的正向影响，且结果很稳健。总体而言，农村家庭还无法很好地使用补贴资金，就此提出以下两点建议：

第一，反思政府对家庭的支持方式。在扶贫领域，如何促进家庭生计可持续发展是关键而又重要的议题。从本研究的计量结果来看，基于家庭土地等资源的转移支付存在着明显的“好心办坏事”现象；健康、教育和非农就业在大部分方程中，是显著为正的。这或许意味着人力资本积累的重要性，应当把更多的精力放在家庭营养支持、医疗保障与救济、公平教育机会、地区经济发展上。

第二，创新农业补贴方式。玉米、棉花等重要农产品临时收储政策取消后，政府出台了玉米生产者补贴、新疆棉花目标价格补贴等政策，以弥补农民收入损失，但直接货币补贴对农民收入贡献有限（王小华，2019），从本研究结果看，对家庭收入流动还有副作用。另外，政策目标的实现也是难题，比如耕地地力保护补贴政策（何蒲明等，2018；许荣，2018）；从农业产业层面看，“补贴悖论”的现象亦是比较明显，政府补贴越多的产业，在国际上似乎越没有竞争力。由此，需要考虑如何优化补贴的方式和结构，是服从短期目标，增加转移性收入，使得农产品收益可以在更大幅度波动；还是服务长期目标，增强家庭人力资本积累，提高抗风险能力？建议充分运用信息技术和大数据，提高补贴政策的精准性，创新补贴方式，给予农户补贴转换（Nganje et al.，2008）的选择，将农业补贴与个人健康风险管理关联起来。

本章数据对应的年度分别是 2011 年、2013 年和 2015 年，时期跨度为 4 年，然而对人力资本的投资可能无法在样本期内实现，需要更长时期的观察，比如教育投入、下一代的营养投入。有从事农业生产人口的家庭获得政府补贴的 3 期平均数额分别为 934 元、1230 元和 1836 元，虽然相对于家庭收入的比重小，但占水稻、小麦和玉米单一作物种植户的产品产值比重约为 10%。政府补贴可能已经用于农业生产投入，但由于市场或其他因素，这部分投入无法很好地体现在家庭收入中，或者这些因素对所有样本的影响近似，对家庭收入流动的影响弱。

第二篇

天然橡胶产业支持与保护政策框架构建

天然橡胶是重要农产品，我国在云南、海南和广东划定了1800万亩天然橡胶生产保护区，这是国内保障天然橡胶有效供给的关键措施。设计天然橡胶产业支持政策的首要目标是建设和管护好生产保护区，所以本篇先将天然橡胶生产保护区的主要问题阐述清楚。在着手设计支持政策前，对国内现有政策、主产国支持政策以及橡胶种植户对政策的偏好进行分析。然后结合第一篇对政策工具的梳理与评价，提出政策体系及其政策工具选择，以及政策高效监管的思路。

本篇最后两章是围绕科技创新和边境保护而展开的，科技创新是促使我国天然橡胶产业从无到有、从小到大的根本路径，要解决当前面临的种业、机械、品质等关键环节的难题，核心在于研究与开发（R&D）；天然橡胶一直被列为敏感商品，我国予以关税保护，同时我国也是天然橡胶对处依存度超过85%的最大消费国，国内下游橡胶制品企业对关税的异议较大。天然橡胶主产区——海南岛在推进最高水平开放的自由贸易港建设，拟于2025年进行封关运作，边境保护政策成为热点。

第 5 章

天然橡胶生产保护区建设与管护的重要性分析

按照《国务院关于建立粮食生产功能区和重要农产品生产保护区的指导意见》（国发〔2017〕24 号）的要求，广东、海南和云南已划定 1800 万亩天然橡胶生产保护区。建设和管护好生产保护区是完善扶持政策的首要目标，也是确保国内天然橡胶产业发挥“压舱石”作用的关键举措。在开展天然橡胶产业支持保护政策研究之前，有必要厘清生产保护区的相关问题。

5.1 划定生产保护区的主要考虑

我国 2001 年成为全球最大的天然橡胶消费国，2003 年成为第一大进口国且持续至今，国内产量对国内需求的保障力度呈逐年减弱趋势。党中央高度重视国内天然橡胶产业发展，2009 年中央一号文件支持优势区域发展橡胶种植，2015 年要求启动天然橡胶等作物的生产能力建设规划，2017 年明确要科学合理划定天然橡胶生产保护区，2019 年提出要巩固天然橡胶生产能力，2022 年要求开展天然橡胶老旧胶园更新改造试点，2023 年提及完善天然橡胶产业扶持政策。总体而言，1800 万亩生产保护区，能确保国内天然橡胶年产能稳定在 100 万吨以上，大体相当于美国、欧盟的年消费量。

5.1.1 我国天然橡胶供需缺口大

天然橡胶国内产量占消费量的比重逐年降低。根据国际橡胶研究小组（International Rubber Study Group，IRSG）、天然橡胶生产国联合会（Associate of Natural Rubber Producing Countries，ANRPC）测算结果以及国内库存数据调整，2015 年我国天然橡胶消费量 530 万吨，用于轮胎、胶鞋、力车胎、乳胶制品、胶管胶带和橡胶制品等六大类 7 万余种产品，另有部分作为辅料用于塑料、沥青、混凝土构件等领域。2015 年国内产量 81.6 万吨，占消费量的比重为 15.4%，较 2001 年降低了 19.7 个百分点，2016 年又比上年减少 0.5 个百分点，直至 2022 年该占比仍低于 15%。全球供需结构曾长期处于紧平衡状态，2015 年前后供需基本平衡，此后连续多年处于宽平衡状态，在欧盟关键原材料清单中，天然橡胶经济重要性提升，但供给风险低。

天然橡胶的基本需求量增长趋势明显。天然橡胶最主要的用途是生产轮胎，约有75%用于各类轮胎制造，尤其在重卡轮胎、工程胎等大型轮胎中所占比重大。加入WTO后，我国轮胎产量连续多年保持快速增长，2014年橡胶轮胎外胎产量是2001年的8.2倍；虽然受外贸环境影响，2015年橡胶轮胎外胎产量有所下降，但仍处于较高水平。另外，天然橡胶的新用途不断被开发，如建筑物隔减震支垫、乳胶寝具等。自20世纪90年代起，我国每千人汽车拥有量在快速增长（见图5-1），但与美国每千人汽车拥有量800辆，欧盟、日本约600辆相比，仍处于较低水平，还有很大的发展空间。日本、美国天然橡胶消费量出现拐点时，人均GDP都超过了3.5万美元，我国距离消费量拐点预计还有较大的空间（曾霞、刘锐金，2021）。

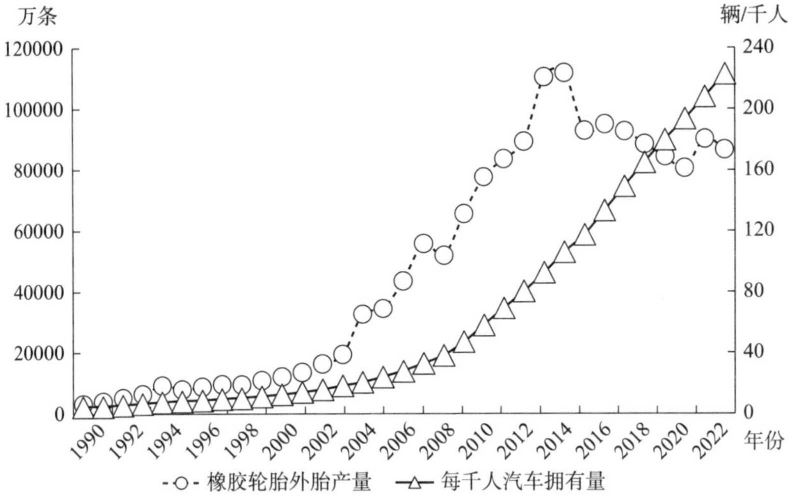

图5-1　我国轮胎产量和每千人汽车拥有量

数据来源：作者根据国家统计局数据计算得出。

5.1.2　天然橡胶进口来源集中

全球天然橡胶生产地以亚洲为主。生产天然橡胶的作物中仅有三叶橡胶树实现了商业化种植，橡胶树属于典型的热带高大乔木，喜高温、高湿、静风环境，种植区域有限，集中在典型热带地区。东南亚是全球天然橡胶最重要的产区，尤其是泰国和印度尼西亚，两国种植面积均超过5200万亩。马来西亚是天然橡胶传统生产国，有技术和区位优势，受割胶劳动力供给不足的影响，种植规模有所收缩。越南是新兴生产国，橡胶种植具有较强的比较优势，发展速度较快。2015年，泰国、印度尼西亚、越南和马来西亚天然橡胶总产量在全球中的份额达76.2%，2016年比2015年提高0.8个百分点，维持在较高水平，2022年下降至67.4%，但年末种植面积并未明显减少，仍保持了较高的产能，如图5-2所示。南美洲是橡胶树的原产地，受南美叶疫病、劳动力价格高等影响，发展潜力有限。非洲生产条件良好，但产业体系落后。

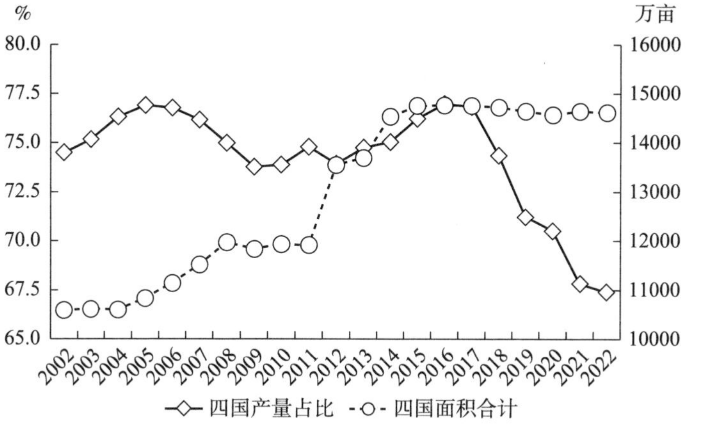

图 5-2　泰国、印度尼西亚、马来西亚和越南天然橡胶产量占比和面积

数据来源：ANRPC，IRSG。

我国天然橡胶进口渠道高度集中。进口是供给保障的主渠道，但来源集中在泰国、马来西亚、越南、印度尼西亚等国，2015 年进口总量的 95%以上来自上述四国。2017 年，从泰国、马来西亚、越南和印度尼西亚进口的天然橡胶（含混合橡胶和复合橡胶）分别占进口总量的 51.2%、15.1%、15.4%和 12.7%，合计占 94.4%，如图 5-3 所示。美国、欧盟、日本等主要消费国家和地区通过直接投资、贸易网络、对外援助、跨国公司经营、科学研究等途径，加大对天然橡胶资源的掌控力度，尤其是高品质天然橡胶。对下游企业开展调研发现，国防装备及高端制品所需的天然橡胶可获取难度不断提高。进口来源的高度集中、资源争夺的加剧、地缘政治的不稳定性增加了我国天然橡胶供给的不确定性。

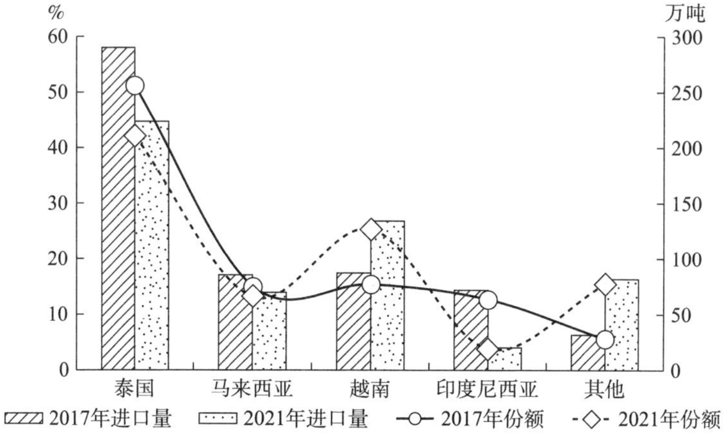

图 5-3　我国天然橡胶进口来源国结构

数据来源：中国海关。

5.1.3 划定1800万亩生产保护区面积实现可能性大

关于种植面积发展，我国曾有文件予以论证。根据国务院办公厅《关于促进我国天然橡胶产业发展的意见》（国办发〔2007〕10号）和国务院批复同意的《国家发展改革委关于促进我国天然橡胶生产有关政策措施的请示》（发改农经〔2012〕2205号），原农业部启动了天然橡胶生产能力建设规划编制，规划期为2014—2020年，但未发布；依据2015年中央一号文件，再次启动规划编制工作，规划期为2016—2025年，之后改为2017—2025年，并征求了省级主管部门的意见，但最终亦未正式发布。该规划对国内胶园进行了分类，并充分论证了各地区的增产潜力，将发展目标设为2020年种植面积稳定在1800万亩，较2015年增加3.4%，单产90千克/亩，产量100万吨以上；2025年面积稳定在2000万亩，单产95千克/亩，产量120万吨以上。

我国曾预期国内橡胶种植面积可达2000万亩。2015年，全国橡胶种植面积1740万亩，较2006年增长49.5%。天然橡胶生产能力建设规划经论证认为，通过在适宜种植区域实施退耕还林等政策，调整种植结构，开发部分荒山荒坡，替代部分比较低效的作物，预计可以增加约260万亩橡胶种植面积；淘汰当时胶园中30万亩不适宜橡胶种植面积，新植胶园290万亩，种植规模可达2000万亩左右。2016年种植面积仍在增加，达到1756万亩，较上年增加16万亩，如图5-4所示。

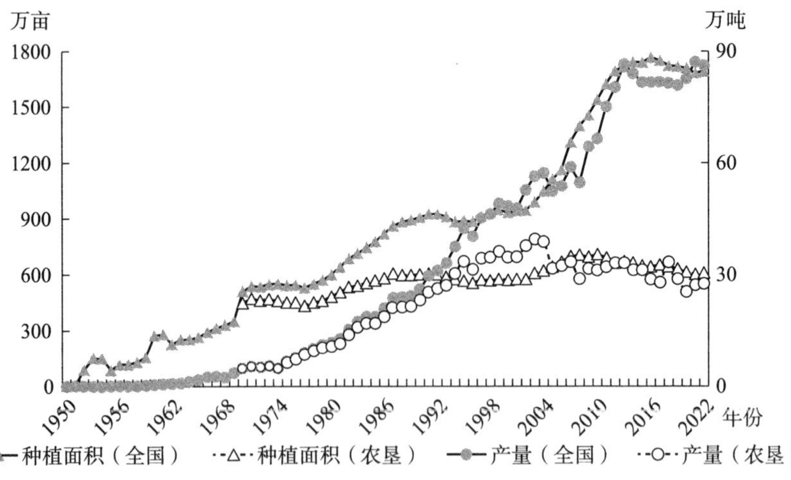

图5-4 我国1950—2022年橡胶种植面积与产量

数据来源：国家统计局，农业农村部。

5.2　关于生产保护区面积的主要认识分歧

20 世纪 80 年代末，农牧渔业部热带作物区划办公室出版的《中国热带作物种植业区划》指出，全国橡胶适宜土地资源 1500 万亩以上，其中较适宜面积 700 万亩以上。此后没有开展过全面的产业调查或规划，国家统计局未公布面积数据，国家发展改革委未将天然橡胶纳入农产品成本收益调查范畴。

5.2.1　以第三次国土调查的橡胶园面积还是以统计部门数据为准?

第三次国土调查（简称“三调”）以土地资源为基础，是国土空间规划的底图底数（张世国等，2021）。根据《第三次全国国土调查主要数据公报》以及广东、海南和云南的“三调”公报数据，全国橡胶园面积 2271.48 万亩，其中广东 68.28 万亩、海南 1085.97 万亩、云南 1116.47 万亩。依据海南和云南的省级统计年鉴，2020 年末海南省橡胶种植面积 778.78 万亩，比“三调”少 307.19 万亩；云南省年末实有面积 845.55 万亩，比“三调”少 270.92 万亩；广东“三调”的橡胶园面积与农业农村部统计数据接近。尚未有研究对“三调”与统计部门的橡胶面积差异进行系统分析，无法完全确认海南和云南的实际种植面积。造成差异的一种可能是，“三调”将满足胶园生产条件的道路、边角地、插花地等一并约入胶园面积，而统计部门和农业农村部门则仅仅关注实际种植的土地，部分面积通过“以株折亩”的方式测算，比如每亩实际有效株数仅 25 株，但若按每亩 33 株折算，得到的面积数据可能偏小；而民营胶园种植密度较大，按这个标准得到的面积数据又可能偏大。

5.2.2　生产保护区划定是否阻碍地方产业结构调整?

划定面积与“三调”公布的胶园面积之比并不高。按“三调”数据，海南省天然橡胶生产保护区划定 840 万亩，占 2020 年末胶园面积的 77.3%；云南划定 900 万亩，占比 80.6%；广东划定 60 万亩，占比 87.8%。根据国家统计年鉴数据，新疆是我国棉花主产区，划定棉花生产保护区面积 2400 万亩，占 2013—2016 年年均播种面积的 86.7%。广西划定甘蔗生产保护区面积 1150 万亩，占 2013—2016 年年均播种面积的 74.2%，占 2020 年播种面积的 87.6%；云南划定甘蔗生产保护区 350 万亩，占 2013—2016 年年均播种面积的 73.2%，占 2020 年播种面积的 99.0%。“三调”采用优于 1 米分辨率的卫星遥感影像制作调查底图，广泛应用新技术，全面查清了全国国土利用状况，数据的准确性较好。由此可知，天然橡胶生产保护区划定面积的占比并不高于棉花和甘蔗主产区，具有一定的调整空间。

天然橡胶产区农业结构调整的真正问题不在于生产保护区面积，原因如下：一是橡胶树属于高大乔木，部分胶园属于林地甚至公益林，不管是否划定为生产保护区，都会受地方砍伐指标的限制，也必须履行审批手续。林木砍伐关系着各市县的森林覆盖率和生态环境稳定，与生产保护区并无直接关联。二是绝大部分橡胶园位于偏远山地，交通等配套条件差，不适合高附加值农业投资，还没有其他作物能够大规模替代橡胶。地理位置好、具有良好水源条件的平地胶园，部分已经逐步发展高效农业，部分转换为建设用地。三是天然橡胶生产保护区划定并不严格要求土地现状为橡胶园，地方在划定过程中已考虑了其他作物或城镇化发展的需求。根据对西双版纳州景洪市等主产市县的调研结果，划定生产保护区时已经预留了城镇发展用地。由此可以发现，天然橡胶生产保护区划定并不必然限制当地农业产业结构调整，是否有合适的产业发展机会可能才是重点。

5.2.3 橡胶园的比较效益真的很低?

市场价格剧烈波动深刻地改变种植户的预期。在 1998 年亚洲金融危机导致价格大跌之后，天然橡胶迎来了长达 12 年的曲折上涨，2011 年名义价格达到历史最高——每吨 4 万元，给种植户带来了非常可观的收益以及预期，同时带动全球橡胶种植面积扩张，导致全球天然橡胶供给偏宽松。此后价格持续下跌，2016 年跌破每吨 1 万元，2014—2020 年平均价仅为 2006—2013 年的 51.8%，2021 年价格有所提高，但仅为 2006—2013 年平均价的 56.0%。根据作者团队在海南主产区的四轮抽样调查结果，2012 年 259 个农户平均橡胶收入 2.13 万元，287 个农户平均农业收入 2.93 万元；2015 年 195 个农户平均橡胶收入 1.25 万元，较 2012 年减少 41.13%，249 个农户平均农业收入减少到 2.05 万元，减幅 30.03%，而家庭总开支却增加了 9.85%；2018 年 250 个农户的平均橡胶收入 1.24 万元，282 个农户农业收入平均值 1.85 万元，与 2015 年基本持平；2022 年 315 个受访农户平均橡胶收入 1.53 万元，户均农业收入 2.72 万元，较 2018 年有一定幅度的增长，橡胶在农业收入中的占比明显降低。利用中国热带农业科学院橡胶种植户固定观察点的数据测算，若按每人每天 150 元计算用工成本，2020—2022 年民营胶园天然橡胶种植端生产成本 10.3 元/千克（不含橡胶树资产折旧），其中：物质成本 0.8 元、人工成本 9.5 元（包括割胶人工成本 9.0 元以及非割胶人工成本 0.5 元，此项为 2021—2022 年平均数），胶农将物质成本压缩至最低，胶乳折合干胶的销售价格平均

12.65 元/千克，在此情形下，优势产区割胶生产总体仍有利可图。若把橡胶树种植和非生产期抚管环节的投入当作沉没成本，2020—2022 年一个胶工割胶生产日均收入 215 元，高于农村建筑工地杂工工资，但低于师傅工。

橡胶园的正外部性未得到有效补偿。橡胶园主要分布在较为偏远的山区，达到开割标准后，物质投入少，不能简单地与高投入、高产出的火龙果等相比较。胶乳形成于橡胶树体内，不采收也不会导致收获物腐烂，劳动力调整的灵活性强；割胶获得的原料不存在滞销的问题，变现能力强，只要割胶就有现金收入，更新胶园还有木材收入，这与大部分经济林经营、种植业活动有很大的不同，对稳定山区尤其是边疆地区农户收入有重要意义。橡胶树属于高大乔木，具有良好的固碳释氧、涵养水源等生态效应，国外已有成功的橡胶园碳汇交易案例。橡胶树是主产区实木锯材供应的主要来源，如海南 3/4 的实木锯材来自橡胶园，马来西亚橡胶木及其制品成为天然橡胶全产业链的三大支柱之一，对橡胶产业出口值的贡献约为 25%。但目前，橡胶园的正外部性收益还没有被充分认识，针对天然橡胶的补偿机制也尚未建立。

5.2.4 天然橡胶产业支持政策能否促进产业发展?

我国财政对天然橡胶产业的支持有限。2016 年，随着国家农业支持政策改革，天然橡胶良种补贴被取消，普惠性的政策仅剩橡胶树综合灾害保险保费补贴，但极少有农户购买此项保险。国家天然橡胶基地建设项目仅针对垦区国有农场，支持胶园更新种植、基础设施建设等，未覆盖小农户，小农户也没有能力承担此类项目。2020 年，试点政策有造林及抚育补贴、非生产期标准化抚育补助和保险+期货项目，以及海南省试点的价格/收入保险项目。相较于棉花、甘蔗等重要农产品，天然橡胶种植业所获得的支持力度非常弱，导致橡胶种植农户和农场的获得感明显不足，进而明显减弱生产主体种植或更新种植橡胶的积极性。省级统计部门公布的橡胶种植面积有所减少，2020 年末海南橡胶实有面积较最高峰缩减了 36 万亩，云南缩减了 42 万亩。

产业支持政策的实施对天然橡胶产业健康发展的作用非常关键且有效。以海南省白沙县为例，该县打出价格保险补贴、割胶生产补贴、鲜胶乳销售奖励、产业投资贴息等政策“组合拳”，配套建设生产与销售信息系统、科技支撑体系，有效地提升了生产者信心和获得感。2021 年，全县参与割胶的农户约 2.2 万户，比上年增加 0.4 万户，平均单产比上年增加 4.6 千克/亩，增幅 6.6%。农户销售数据实时采集、传输和处理，显著地提高了政策执行效率和精准度，减少了现金结算，促进了农村金融发展。白沙县成立橡胶产业发展中心，负责统筹协调全县产业管理，强化与科研院所合作，通过培训、示范等方式，提升种植农户的技术水平。

5.3 建设和管护好生产保护区的必要性分析

我国天然橡胶供需缺口大，进口来源集中，产区土地资源能较好地满足生产保护区划定需求，这些基本判断和趋势没有显著变化。当前世界正处于百年未有之大变局，更需要发挥国内天然橡胶生产“压舱石”的作用。

5.3.1 国内天然橡胶基本需求量增长的预期不变

我国经济发展与发达国家仍有很大差距。党的十九大报告指出，我国仍处于并将长期处于社会主义初级阶段的基本国情没有变，我国是世界最大发展中国家的国际地位没有变。到 2035 年，在全面建成小康社会的基础上，再奋斗十五年，我国将基本实现社会主义现代化。当前，虽然我国是全球第二大经济体，人均 GDP 超过 1 万美元，但与主要发达国家的差距还很大，我国经济将继续保持增长态势。每千人拥有民用汽车的数量仅 200 余辆，即使翻一番，也达不到日本和欧盟的水平，发展空间很大。

国内橡胶制品业具有较强的竞争力。虽然部分企业在泰国、越南等地投资轮胎等橡胶制品，但我国作为全世界工业体系最为齐全的国家，橡胶制品业仍具有较强的竞争力。2020 年受到新冠疫情、全球产业链供应链等多重冲击，我国天然橡胶产量与进口量之和（表观消费量）达 650 万吨，达到历史新高，2021 年和 2022 年表观消费量也超过 600 万吨。从美国、欧盟和日本等主要发达经济体的经验看，我国天然橡胶消费量仍未达到转折点，即便未来达到顶峰，也不会显著下降。加之新的橡胶制品不断得到开发利用，随着经济结构调整，“两头在外”的天然橡胶需求预计将有所减弱，但终端产品满足国内消费者的基本需求的程度逐步提升，乳胶发泡制品、建筑物隔减震构件、橡胶公路等新产品不断涌现。在未来较长一段时期内，我国天然橡胶消费量将继续小幅增长。

5.3.2 天然橡胶战略资源属性没有变

天然橡胶作为原材料的战略资源属性不断强化。天然橡胶综合性能是众多弹性体材料中最好的，在拉伸强度、拉断伸长率、回弹性、抗撕裂性、耐屈挠龟裂性等弹性体关键指标上均有最优异的性能。欧盟定期对重要原材料从经济重要性和供给风险两个角度进行评估，2017 年评估报告认为，天然橡胶的经济重要性仅次于铁矿石和金属锰、钴、铬、铝、钨、镁，远超过关键阈值；2020 年新一轮评估报告中，天然橡胶的经济重要性显著提高，仅次于金属钨、铬，超过铁矿石和金属锰、钴、铝、钨、镁（EU，2022）。美国国会将美国应该寻求独立于国外的橡胶供应视为国家政策问题，认为天然橡胶对人民福祉有重要意义，颁布实施了“天然胶乳法案”和“关键农业原料法案”（刘锐金等，2022）。

国内天然橡胶生产对其有效供给的“压舱石”作用越发重要。中央政治局 2015 年审议通过的《国家安全战略纲要》将天然橡胶与能源、矿产、水并列为国家战略资源。近年来，科特迪瓦、缅甸、柬埔寨等国家天然橡胶产量较快增长，泰国、印度尼西亚、越南和马来西亚的产量份额有所下降，但这并没有显著改变我国进口来源结构，2021 年泰国、印度尼西亚、马来西亚和越南所占份额仍达 84.5%（见图 5-4）。进入新发展阶段，我国发展内外环境发生深刻变化。2021 年中央经济工作会议指出，世纪疫情冲击下，百年变局加速演进，外部环境更趋复杂严峻和不确定，强调要增强国内资源生产保障能力，提高农业综合生产能力。在新发展阶段，稳定国内天然橡胶生产能力具有更重要的意义。

5.3.3　天然橡胶对产区经济发展和生态稳定依然重要

天然橡胶依然是主产区农民收入的“稳定器”。受市场价格变动影响，相较于 2011 年前后，橡胶种植户收入明显下降。少部分种植户放弃橡胶生产，寻找其他就业机会，但绝大部分农户家庭依然从事橡胶生产，部分家庭只是多样化配置劳动力投入。根据中国热带农业科学院橡胶研究所抽样调查结果，2012 年云南西双版纳种植户家庭收入中橡胶占比平均为 80.4%，2018 年下降到 57.9%；2012 年海南种植户家庭收入中橡胶占比平均为 52.2%，2018 年下降至 25.9%，2022 年进一步降低至 21.6%。虽然橡胶在家庭收入中所占比重有所下降，但仍处于较高水平，西双版纳产区 2022 年橡胶收入在家庭总收入中的平均占比为 41.4%，海南高于 20%。在主产区还没有作物能够大规模替代橡胶，并确保无滞销风险，热带水果、槟榔等并不适合大规模发展，保有一定面积橡胶园对于稳定家庭现金收入具有重要意义。在生产中，一般 2~5 天采收橡胶一次，一个家庭拥有 30 亩以上橡胶园，相当于有一个稳定的就业岗位。在疫情冲击下，外出就业机会减少，橡胶生产在主产区发挥了“稳就业”的作用。

天然橡胶助力“双碳”目标实现的作用凸显。天然橡胶生产是固碳过程，大量的碳被存储在木材、土壤和天然橡胶中。合成橡胶是石化产品，以石油为基础原料，工业生产过程能耗高，对环境影响大，不符合绿色发展理念。

在碳目标的硬约束下，能源消费结构中石油产品的比重预计将不断下降，丁二烯、苯乙烯等原料供给不断减少，合成橡胶工业将面临原料枯竭的风险。中国热带农业科学院橡胶研究所的研究成果表明，海南岛橡胶园碳库容量3270万吨，年均固碳171万~180万吨，全岛各市县平均碳汇介于188.67~259.33千克碳/（亩·年）（吴志祥等，2016），而热带山地雨林生态系统仅约91.07千克碳/（亩·年）。联合国粮农组织曾将海南岛橡胶种植区誉为最有生态价值的人工热带雨林群落系统。增加天然橡胶对合成橡胶的替代使用量，有助于减少碳排放。因此，维持橡胶实有面积对于地区生态环境也有重要的意义。

5.3.4 国内天然橡胶生产潜力呈下降趋势

一是通过单位面积产量增加产能的难度加大。国内天然橡胶单位面积产量连续20年徘徊不前，没有增长，如图5-5所示。2020年，国内单产仅约72千克/亩，而同期越南每亩产量为110千克，泰国为97千克，马来西亚为94千克，印度为92千克。国内单位面积产量低的原因是多方面的，客观原因包括自然灾害侵袭、二代三代胶园土壤地力下降（董豪等，2021）、老龄低产残次胶园比重大等，更为重要的是主观原因，即生产管理不到位。根据中国热带农业科学院橡胶研究所在海南和云南西双版纳植胶区的抽样调查结果，2019年有施肥行动的农户占比仅为40%，其中海南植胶区连续5年不施肥的农户占比超过20%。未来一段时间，通过提高单位面积产量来增加产能面临硬约束，而稳面积是稳产能的关键。

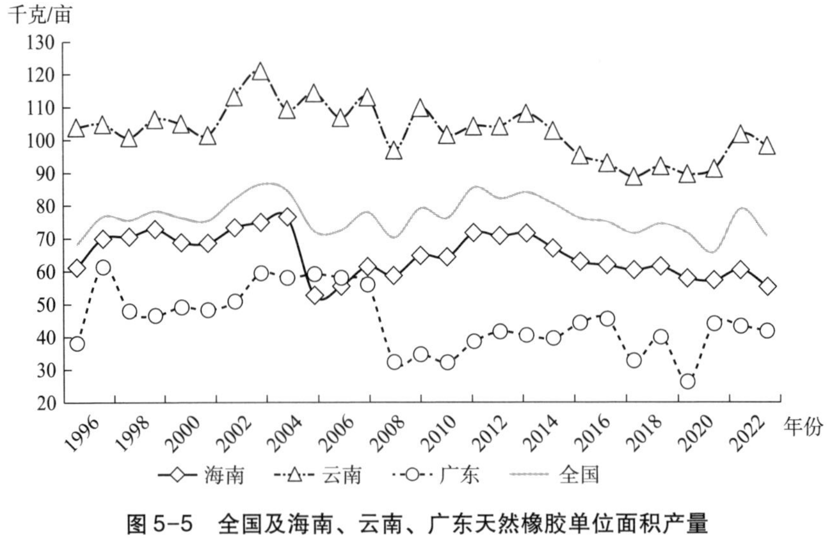

图5-5 全国及海南、云南、广东天然橡胶单位面积产量

数据来源：农业农村部，海南、云南和广东三省统计年鉴。

二是胶园老龄化，低产胶园比重不断提高。据初步统计，全国超过 33 年树龄的胶园约 280 万亩，分布地区以垦区为主，根据 2023 年抽样调查结果，民营胶园 33 年树龄以上的占比 5%，推算面积约 55 万亩，还有约 50 万亩由于台风、根病、寒害等造成的低产低质胶园。更新种植是保障生产潜力的关键所在，也是新技术、新模式推广的重要渠道，在适宜区种植热研 879 可增加单产 50%以上。支持橡胶园定植和更新种植是橡胶主产国比较普遍的做法，马来西亚、泰国等橡胶主产国出台专门支持政策，缓解种植环节的资金压力，提高新植胶园的品种纯度。但是“十三五”以来，我国胶园尤其是民营胶园更新推进非常缓慢，年度定植面积从 2014 年的 38.06 万亩减少到 2019 年的 10.3 万亩，2022 年仅 7.5 万亩。

5.3.5　新理念、新技术、新模式、新装备的作用发挥不充分

一是现有种植模式单一。我国天然橡胶生产总体按农业生产理念进行，以增产为单一目标，还没有对胶园进行有效的分类经营，例如平地、缓坡地与山地采用同样的种植规划。在平地和缓坡地采用直立窄幅新品种、宽行窄株等模式，可提高胶园土地利用率 50%以上，在不降低天然橡胶产量的情况下，可实现全周期间种咖啡、魔芋等作物。在山地发展生态友好胶园，保留部分原有植被，间种本地珍稀名贵树种，有利于提高物种、生态系统或景观的多样性。个别地方过分强调砍伐胶园以发展其他作物，或者通过退胶还林来改善生物多样性，尚未有机地将多目标融合起来。

二是劳动生产效率提升慢。割胶是天然橡胶生产的核心环节，技术要求高、劳动强度大，劳动成本占直接生产成本的 60%~80%。降低割胶成本的渠道一般有两个：其一，采用超低频割胶技术，降低割胶频率，缩短割线长度，增加人均割胶株数，割胶用工可减少到传统割胶的 20%，人均产值增加 4 倍。其二，使用新型采收装备。电动割胶刀的研发应用使割胶从手工高技术操作逐步向机械化的简易操作转变，显著降低了割胶技术要求，提高了割胶速度，降低了技术难度，能够减轻劳动强度 40%~50%（曹建华等，2020），最终目标是实现自动化采收。超低频采收技术仅在广东农垦地得到较大范围使用，民营胶园大部分还是采用高频采收技术，电动割胶刀的采用率仍较低。

5.4　地缘政治新格局下的天然橡胶供给风险点

当前，国际政治经济局势正处于百年未有之大变局，我国资源安全面临的风险挑战增多，尤其是来自美国及其盟国的挑战。天然橡胶供应总量的风

险较低，核心风险是关键领域的高端用胶需求，具有“卡脖子”忧虑。

一是俄乌冲突导致的美国战略中心调整牵涉天然橡胶主产国。瑞士、芬兰申请加入北约（NATO），北约将战略目标转向亚太地区，2022 年 6 月韩国总统参加北约峰会，2023 年 7 月日本首相出席北约峰会，日本与北约的安全合作取得突破性进展（朱海燕，2023）。俄乌冲突及西方国家制裁导致俄罗斯被全面牵制，逐渐与世界政治经济隔离，使得美国政府将更多精力转向对华战略，试图以台海冲突实现“以台制华”。印度与美国、日本、澳大利亚建立“四方安全对话机制”，对印太地区给予了充分关注。美国加强与东盟的关系，2022 年 11 月东盟峰会期间，东盟和印度、东盟和美国的关系升级为全面战略伙伴关系，2023 年 9 月美国总统访问越南期间，将双边关系由全面伙伴关系提升至全面战略伙伴关系。美国国务卿布林肯在 2023 年 5 月 26 日于乔治 · 华盛顿大学发表的对华政策演讲中指出，中国给国际秩序带来了最严峻的长期挑战，并用“投资、协同、竞争”概括拜登政府对华战略，而非“合作”。从东亚的日本、韩国，到东盟尤其是越南等，再到南亚的印度，美国利用盟国优势、四方峰会等机制以及台海、南海、涉疆、涉藏、涉港等议题，对中国形成战略包围圈。东南亚是世界天然橡胶的最重要主产区，是我国天然橡胶的最重要来源地和投资目的地，美国对泰国、越南等的影响力持续增强，可能会对我国天然橡胶供给安全构成一定的威胁。

二是印太经济框架可能对天然橡胶供应链产生冲击。美国总统拜登 2023 年 5 月访问日本时，正式提出印太经济框架（IPEF），日本、韩国、印度尼西亚、泰国、越南、马来西亚、印度等天然橡胶出产国均已是 IPEF 成员，现有 13 个成员国人口占全球的 1/3，GDP 占全球的约 40%。IPEF 包括公平和弹性贸易、供应链弹性、基础设施和清洁能源、税收改革和反腐败等四个重要领域，虽然 IPEF 具体内容和细节尚未公布，但其包含明显的地缘政治意图，即“有效反制中国不断增长的影响力”。中国社会科学院世界经济与政治研究所学者分析认为，IPEF 的目的之一是通过高科技产品出口管制等手段，转移区域内各国涉华供应链，进而推动对华“脱钩”。我国进口的天然橡胶 80%以上来自印度尼西亚、泰国、越南、马来西亚，IPEF 落地实施很可能对我国天然橡胶有效供给体系造成严重冲击，需要及时跟进评估可能存在的风险。

三是西方全面制裁俄罗斯对天然橡胶供给安全具有警示意义。自 2014 年乌克兰危机以来，西方国家已对俄罗斯实施多轮经济制裁，导致其国内经济形成恶化。俄乌冲突发生后，欧盟、美国及其盟国对俄罗斯的制裁转向全方位制裁，涉及政治、金融、禁运、媒体审查等，这些制裁措施对非盟国也有一定的威慑力，如美国部分政要对中国的警告。对俄罗斯的全方位制裁引发各方对中国的关注，若对中国实施类似于俄罗斯的全面制裁，会产生什么样的冲击，该如何应对？英国《经济学人》杂志（2022 年 5 月 23 日）分析认为，鉴于中国经济规模及其与世界经济的深度融合，对华实施类似的制裁措施带来的后果不堪设想。天然橡胶是曾经被禁运的战略物资，在极端情形下，一旦再次被禁运，如禁止出口、海运扣押、禁止承保海运保险，天然橡胶供应链就可能被切断。在此情形下，国内天然橡胶产量无法保障国民经济正常运行，只能优先保障国防工业、物资运输等领域的需求，更好地发挥陆地运输的作用。

5.5　生产保护区稳产保供的路径

综合以上分析，可以发现划定 1800 万亩天然橡胶生产保护区的基本支撑依据没有变，更加复杂的外部环境、更加难以提高的单产水平，更需要通过稳面积来“保产稳供”，增强国内生产的“压舱石”作用。要按照“巩固生产能力、提高单产水平、优化结构布局”的思路，建设管护好 1800 万亩天然橡胶生产保护区，确保产量稳定在 85 万吨左右，稳步提升我国天然橡胶综合生产能力和对高尖端领域的用胶需求保障水平，稳定胶农收入，促进天然橡胶初级产品品质提高和新材料发展，促使天然橡胶成为主产区乡村产业兴旺的支撑产业。

首先，巩固生产能力。一是确保生产保护区内橡胶种植面积达到 1800 万亩，落实地方责任，海南省和云南省要建立相关部门协调机制，层层压实责任，稳定生产保护区内种植面积，尚未完成种植的地块应加快定植。二是加强天然橡胶生产基地建设，完善生产保护区内道路、桥涵和配套水利基础设施，支持广东和海南植胶区开展防风林工程建设，实施橡胶园地力提升工程。三是实行胶园分级建设分类管理，促进宽行窄距、胶木兼优、生态友好、近自然林等多类型胶园发展，大力发展林下种植养殖业，提高橡胶园经济和生态效益。四是加快构建现代经营体系，全面落实橡胶园确权颁证工作，鼓励形式多样的胶园流转，推广采收新技术、新装备，提高劳动生产效率。建立包括割胶、施肥、病虫害防治等在内的社会化服务体系，促进小农户与现代农业的有机衔接。五是健全天然橡胶生产保护区精准支持政策，研究创设或完善生产保护区胶园地力保护补贴、天然橡胶收入保险保费补贴、胶园（更新）种植与非生产期抚育补贴等精准支持政策，加大对优势产区内县（市）级政府的转移支付力度。通过一系列措施，确保天然橡胶保护区面积达到预期目标，提升橡胶种植的比较效益，提高农民和农场的生产积极性。

其次，提高单产水平。一是提高橡胶树种苗质量，加大橡胶树种质资源收集保存创新力度，加强采种园、增殖圃、育苗基地建设，加快大型全苗、组培苗等新型种苗技术运用，建成一批规模化、标准化、专业化的苗木繁育基地。二是加快老龄残次、低质低产胶园更新改造，制订年度更新计划，做好因地制宜的胶园规划，提高自主培育的高产、抗逆性强品种覆盖率，并配套相应的栽培技术措施；加强橡胶园砍伐许可证管理，实行砍伐承诺制度，最大限度减少生产保护区改种面积；鼓励在平地和缓坡地选择合适品种，实行全周期间作模式。三是强化橡胶园抚育管理，建设一批标准化抚育技术示范片，加大中幼林抚管投入力度，推广精准施肥、病虫害监测防控和生态胶园管理技术，开展土壤肥力监测。四是着力推进割胶生产机械化，加快全程机械化装备研发，加强适用于丘陵山区植保、运输等机械推广，突破智能割胶装备技术和生产成本“瓶颈”，切实提高橡胶收获机械化水平，突破传统生产模式。通过一系列生产和技术措施，使广东、海南、云南植胶区平均亩产分别提高到 60 千克、85 千克和 100 千克以上，降低割胶等生产环节对劳动力的依赖。

最后，优化结构布局。一是胶园品种和树龄结构。科学规划、合理推进第二代、第三代胶园建设，在继承传统品系的基础上优化橡胶树品系结构，力争将胶园更新率维持在 3.3%的水平。二是胶园层次和产品结构。充分发挥橡胶园的多功能性，建成特种胶园、生态胶园、高标准胶园等层次结构合理的生产保护区，强化初加工业和新材料研发的能力建设，形成满足国防工业和高精尖领域需求的特种胶生产供应体系。三是精细化区域布局。根据区域的物候、地形、经济社会发展等条件，实行精细化管理，强化优势区域的生产能力建设，同时在确保生产能力不下降的情况下，鼓励探索建设适合于特殊地形或小区域的种植模式。

第 6 章

国内天然橡胶产业支持政策

天然橡胶种植生产受地域气候局限，属于约束型战略资源，具有农产品和工业原料双重特性。我国是世界上第四大植胶国，第五大天然橡胶生产国，也是全球第一大消费国和进口国，2022 年我国天然橡胶产量 86.2 万吨，消费量达 608.3 万吨，生产地位与消费地位极不相称，国内天然橡胶供给与需求矛盾突出，对外依存度超过棉花、蔗糖、油料等重要农产品以及石油、铁矿和木材等关键工业原料。近年来，受全球贸易保护主义升级、美国强化亚太战略等因素叠加影响，地缘政治冲突和贸易壁垒风险陡增，我国天然橡胶资源安全面临“卡脖子”的风险不断被放大，发挥国内天然橡胶产业“压舱石”的作用愈加重要。2022 年 4 月，习近平总书记在视察海南省时提出“完善天然橡胶产业扶持政策”，为新时期保障我国天然橡胶产业稳定发展指明了方向。2023 年，“完善天然橡胶扶持政策”被列入中央一号文件。加快推动天然橡胶产业支持保护政策体系建设，对稳定国内天然橡胶种植面积、增强综合生产能力、确保关键领域用胶安全、有效防范化解重大风险具有重要战略意义。

6.1 21 世纪以来国内产业支持保护政策演变历程

6.1.1 以关税改革为主阶段（2001—2005 年）

我国天然橡胶产业经历了从政府直接经营管理转向通过产业政策实施宏观管理的探索过程。产业支持保护政策的探索集中发生在改革开放以后，主要通过高强度的关税和配额许可证管理控制进口数量，保护国内天然橡胶价格，同时，还取消了进口天然橡胶的调节税。虽然这一时期使用的政策工具比较单一，但确实对扶持国内天然橡胶生产起到了重要作用。2000 年我国将天然橡胶列为高度敏感产品，并设立“配额内税率”项目对进口天然橡胶实行关税配额管理，按配额内税率 12%和配额外税率 90%或 125%征收[①]。2002

① 中橡网．我国对天然橡胶的进口政策及加入 WTO 后的关税［EB/OL］．（2001－11－28）［2023-03-02］．http：//www.e-hifarms.com/info/2001/11/28/1006933193000_0.html.

年我国与东盟签订最惠国待遇条款，在配额内对进口胶实行最惠国关税的最低税率，其中标准胶为20%、乳胶为10%。2004年我国取消了天然橡胶进口配额管制，将天然橡胶的进口关税税率统一调整至20%。2005年中国—东盟自贸区降税计划全面启动，我国继续将天然橡胶列为敏感产品，不进行关税削减，从东盟主产国进口的天然橡胶最惠国税率仍维持在20%（农业部农垦局热带作物处，2013）。这一时期以进口配额为主导的直接干预、国内税收减免和高关税保护对我国天然橡胶产业扩大种植面积和保障国内供给发挥了激励作用。

6.1.2 以生产性支持为主阶段（2006—2015年）

国家对农业的重视程度和扶持力度也越来越大，基本建立了较为全面的支持政策体系（张天佐等，2018），就天然橡胶而言，支持政策演变主要表现在以下三个方面：一是政策目标由单一的“保供给”向“保供给、提效益、促增收、强生态”的多元化目标转变，保障战略物资供给安全、提高生产效率、增加农民收入和保护生态环境成为这一阶段政策的核心目标。2006—2015年国家实施天然橡胶良种补贴试点项目，通过苗木的财政补贴大力推动植胶主体种植与环境类型相契合的优良品种，全国橡胶种植面积快速增长，补贴胶园良种覆盖率达到100%，单产水平明显提高（彭艳等，2013）。2015年我国将橡胶园纳入林业补贴试点范围，对新植、抚育以及符合国家级公益林标准的橡胶园进行补助，并在海南省开展橡胶园生态效益补偿试点，以补偿橡胶产业的生态贡献，增加胶农收入。二是政策支持范围从生产环节向初加工、工业制品环节延伸，从生产力层面向生产关系层面延伸。2006年以来，国家除了免征天然橡胶生产环节的特产税外，还陆续免征初加工品的增值税和企业所得税，给上游和中游企业减负的同时，也促进了下游制品企业经营成本的下降，增强了产业的竞争力。2013年国家启动天然橡胶非生产期抚育管理补助试点，补助对象从植胶主体拓展到了提供专业化服务的相关机构，首次将支持范围从生产体系延伸到经营体系。三是政策工具由单一税收调节向直接补贴、直接投入和金融保险等多样化工具发展。这一时期的政策工具较为丰富，天然橡胶领域的支持政策有良种补贴、林业补贴和非生产期抚育管理补助等财政补贴政策，还有国家天然橡胶基地建设项目和科技项目的直接投入政策，以及将橡胶树纳入中央保费补贴的灾害保险、天然橡胶进口首次实行从量或从价择低计税的关税政策，不断丰富产业扶持的手段和方式。

6.1.3 逐步完善阶段（2016年至今）

2016年，国家开展农业补贴改革，将良种补贴、种粮直补和农资综合补贴整合为耕地地力保护补贴，天然橡胶良种补贴随之被取消，但整合后的耕地地力保护补贴并没有覆盖橡胶园，也没有创设新的补贴项目。此番调整恰逢全球天然橡胶价格低谷，国内天然橡胶生产受价格“天花板”和成本“地板”的双重挤压，进一步减弱了农民更新种植的意愿，部分地区橡胶园弃管、弃割甚至改种其他作物现象严重，2016 年全国橡胶种植面积成为历史最高点，从 2017 年开始在波动中下降。这一时期的产业支持政策主要呈现三个特征：一是注重分散市场风险。海南省配套地方财政出台实施了天然橡胶价格（收入）保险政策，稳定和保障了农民的收入，在一定程度上增强了种胶、割胶和卖胶的意愿，为产业可持续发展夯实了基础。二是产业政策支持生产体系的措施不断完善，电动胶刀农机购置补贴、良种良法补贴试点等一批新的生产性补贴政策相继推出，从装备、种苗、技术、标准等多方面提升天然橡胶生产体系的机械化、良种化、科技化、标准化水平。三是组合式运用多样化的政策工具成为现阶段的主流，天然橡胶“保险+期货”、期权促产行动等丰富了生产经营主体的市场风险管理工具，同时海南省白沙县主动作为，建立了以双保险、双补贴、贴息贷款为主要内容的“一揽子”支持政策。

6.2　国内天然橡胶产业支持保护政策现状

当前，我国天然橡胶产业支持保护政策包括支持政策和保护政策。支持政策按照中央与地方财政事权和支出责任相匹配的投入保障原则划分为中央财政支持政策、地方财政支持政策。中央财政支持政策主要包括天然橡胶良种良法补助试点、橡胶林林业补贴、国家天然橡胶基地建设项目、天然橡胶科技支持政策等。地方财政支持政策主要是海南省白沙县探索实施的割胶生产奖励、鲜胶乳销售奖励、产业投资贴息，上海期货交易所发起的天然橡胶“保险+期货”项目。保护政策以关税贸易保护政策为主。

6.2.1　中央层面的主要产业支持政策

（1）天然橡胶良种补贴（2006—2015 年）

2006 年，农业部印发《天然橡胶良种补贴项目资金管理办法（试行）》，实施天然橡胶良种补贴政策，采取种苗实物补贴方式引导植胶主体种植适应当地生产环境的优良品种，提高单产水平。2009 年，将补贴方式更改为种苗售价折扣补贴。2016 年，国家开展农业补贴改革，整合了良种补贴、种粮直补和农资综合补贴，天然橡胶良种补贴随之被取消。目前，三项补贴资金整合后的耕地地力保护补贴并没有覆盖橡胶园，也没有为橡胶种植主体设立新的补贴项目。天然橡胶良种补贴政策实施期与国内胶园快速发展期相重叠，政策的实施大幅提高了良种覆盖率，新植胶园优良品种比例达100%，在海南大面积种植热研73397等优良品种，且建设了一批优质种苗基地，较大幅度地提高了生产潜力。

（2）非生产期标准化抚育管理补助试点（2013—2020年）

针对非生产期抚育投入不足、技术措施不到位、管理水平不高等问题，2013年，农业部开展了天然橡胶非生产期标准化抚育管理补助试点，制定了《天然橡胶标准化抚育技术补助试点工作方案》，在全国选建了25个天然橡胶标准化抚育技术示范片，到2020年结束试点。2013—2020年，中央财政累计投入7640万元资金用于天然橡胶标准化抚育技术示范片建设，所建示范片橡胶树生长明显优于同区域同类胶园，提前半年以上投产，单产提高10%以上，胶园生态环境得到明显改善。但由于该项政策并非普惠性政策，政策覆盖面窄，对全国天然橡胶生产能力提升的作用较为有限。

（3）天然橡胶良种良法补助试点（2022年至今）

2022年中央一号文件提出“开展天然橡胶老旧胶园更新改造试点”。2022年6月，农业农村部和财政部印发了《关于实施天然橡胶良种良法补助的通知》，安排中央财政支持采用先进种植模式和优良品种推动天然橡胶生产保护区内的老龄低产低质胶园更新升级，以巩固和提高天然橡胶生产能力。良种良法补助全面覆盖了胶农、种植企业及专业合作社等实际种植者，每亩补助标准为1400元，分3年按800元、300元、300元用于胶园更新种植及前3年的抚管。2022年，试点面积15万亩，其中广东1万亩、海南9万亩、云南5万亩；中央财政分别向广东、海南和云南拨付800万元、7200万元和4000万元款项。自2023年开始，海南省级财政给予每亩600元配套补贴。2023年，中央财政增加良种良法补助资金1亿元，主要用于探索应用熟化定型的新型智能割胶机械，推广机械化割胶生产服务模式。

从支持的方式上看，良种良法补助范围包括除优良品种以外的新型种植材料、先进新技术、标准化生产技术和社会化服务等，旨在充分引导科技要素向更新改造汇集，提高胶园更新的科技含量和质量。从支持的跨度上看，由于天然橡胶非生产期尤其是定植后头3年的抚育和管护水平决定了橡胶树成熟期的产能水平，天然橡胶良种良法补助充分考虑了天然橡胶前期生长时间较长的特点，将补助的时间跨度从橡胶树更新定植当年延伸到之后的两年，有利于调动植胶主体更新胶园的积极性，强化胶园的抚育和管护，提高天然橡胶产出水平和质量。从支持的范围上看，良种良法补助实施范围限定于

1800 万亩天然橡胶生产保护区，是一以贯之落实《国务院关于建立粮食生产功能区和重要农产品生产保护区的指导意见》（国发〔2017〕24 号）提出的“加强天然橡胶生产基地建设，加快老龄残次、低产低质胶园更新改造，强化胶树抚育和管护”和《“十四五”天然橡胶生产能力建设规划》提出的“在天然橡胶生产保护区实施生产基地提升工程，加快老龄残次胶园更新，推进幼龄胶园抚管”精准支持政策的具体体现，是巩固和提高我国天然橡胶优势区域生产保障能力的有力举措。

（4）天然橡胶林业补贴试点（2017 年至今）

2014 年，财政部和林业局印发《中央财政林业补助资金管理办法》，安排中央财政用于森林生态效益补偿、林业补贴、森林公安、国有林场改革等方面的补贴。2015 年，国务院召开专题会议确定将橡胶园纳入国家林业补贴范围，每年安排中央财政资金，在海南和云南两大植胶区实施补贴，补助标准为定植补贴 200 元/亩，抚育补贴 100 元/亩。同时，将橡胶园纳入国家级公益林补助范畴，并安排中央财政在海南省开展橡胶园生态效益补偿试点，把符合《国家级公益林区划界定办法》的 12.28 万亩橡胶园划入国家级公益林，森林生态效益补偿标准为每亩 28 元。2021 年，财政部与国家林业和草原局确定林业补贴试点实施至 2022 年，并在到期前评估确定是否继续实施和延续期限。

2015—2022 年，中央财政共拨付 1.74 亿元用于海南省橡胶园新植、抚育和生态效益补偿，但由于在实施中遇到民营橡胶种植户难以提供造林设计和验收手续的问题，海南省的橡胶林业补贴的补助对象仅限于海南农垦。云南省橡胶林业补贴实施情况好于海南省，从 2015 年起至 2020 年，中央向云南下拨专项资金 1.2 亿元用于橡胶造林和抚育补贴试点，由于云南省采取了较为灵活的方式，试点州市内的垦区和民营胶园均获得了林业补贴政策的支持。2022 年，中央决定继续在云南开展天然橡胶林业补助试点，共下达林业补助资金 4000 万元（含 2021 年未到位的 2000 万元），用于 20 万亩农垦和民营天然橡胶幼龄胶园的非生产期抚育补助。通过中央财政支持橡胶林业补贴试点，缓解了云南和海南两大主产区在胶园更新和管护方面的投入压力，促进了新品种、新技术的推广应用。

（5）国家天然橡胶基地建设项目（1991 年至今）

自 1991 年以来，国家对广东、海南和和云南三大垦区天然橡胶基地建设给予持续性支持（宋建武等，2006）。2008 年，农业部印发《开展农业建设项目前期工作加强项目储备的通知》，依据《国家天然橡胶基地建设规划》，将农垦天然橡胶基地建设项目纳入农业建设项目中的农业生产类项目进行储备，统一安排，进一步明确国家天然橡胶基地建设项目实施主体主要在广东、海南和云南垦区，主要建设内容包括胶园更新、抚管、定植以及配套设施建设等。“十二五”期间，完成国家天然橡胶基地建设项目 141 个，中央财政累计投资 6.35 亿元；更新和新植胶园 7.2 万亩，抚管胶园 55.2 万亩，修建胶园道路 1385 公里。“十三五”期间，天然橡胶基地建设中央财政累计投入资金 12.9 亿元，较“十二五”期间增长 103%，直接带动垦区投资 3.6 亿元，总投资 16.5 亿元；更新胶园 27 万亩，建设胶园道路 4000 余公里、储胶池 1229 座、管护用房 1498 套。

通过对天然橡胶基地建设的连续投入，广东、海南和云南垦区天然橡胶生产能力稳步提升，基础设施逐步改善，胶园结构进一步优化。特别是胶园道路建设不仅使鲜胶乳能及时运送到橡胶初加工厂，而且极大便利了农场职工和居民的生产生活，加快了以农场场部为主体的小城镇建设步伐，推动了当地经济发展。2021 年农业农村部和国家发展改革委印发《“十四五”天然橡胶生产能力建设规划》，与“十三五”相比，《“十四五”天然橡胶生产能力建设规划》的支持对象不再限定于广东、海南和云南的国有农场胶园，提出“鼓励和支持生产稳定、管理规范的民营胶园承担示范性建设项目”，使得政策惠及面进一步扩大，有利于增强天然橡胶产业发展的基础支撑能力。

“十四五”以来，国家支持项目变更为天然橡胶生产能力建设项目，支持范围拓展到天然橡胶生产基地、初加工和产地仓储能力及产业链重点支撑工程建设，支持对象包括生产稳定、管理规范的民营胶园。截至 2023 年 5 月，中央累计安排项目经费 6.4 亿元。

（6）天然橡胶科技创新

我国位于非传统植胶区，历来重视天然橡胶产业科技创新体系建设，科技进步是产业发展的关键要素。2006 年以来，国家通过中央财政科技计划（专项、基金等）、现代农业产业技术体系建设专项资金、基本科研业务费、种质资源收集保存利用创新、技术示范推广、生态胶园建设、病虫害监测、产业运行监测、创新团队建设等，对天然橡胶科技研发活动进行支持。其中，对产业技术体系的支持规模较大。国家天然橡胶产业技术体系是 2008 年农业农村部设立的 50 个现代农业产业技术体系之一，由产业技术研发中心和综合试验站两个层级构成，产业技术研发中心设立一个首席科学家岗位，设立六个功能研究室（遗传改良研究室、栽培与土肥研究室、病虫害防控研究室、机械化研究室、加工研究室、产业经济研究室），每个功能研究室设 1 个研究室主任岗位。2022 年底，天然橡胶产业技术体系设立 1 名首席科学家、1 名副首席科学家、14 个科学家岗位，在海南、云南和广东三大植胶区设立 11 个综合试验站，其中海南 5 个、云南 4 个、广东 2 个。2016—2022 年年均经费 1300 万余元。

（7）天然橡胶产业发展支持项目

农业农村部通过现代农业产业园、优势特色产业集群等专项，大力支持天然橡胶产业发展。2019 年，以天然橡胶为主导产业的儋州国家现代农业产业园获批，2020—2022 年累计得到奖补资金 1 亿元，用于支持橡胶标准化种植、精深加工、橡胶品种和装备研发等各环节共 30 个项目建设。2020 年、2021 年和 2023 年，海南、广东和云南三省天然橡胶分别入选优势特色产业集群建设名单。2020—2022 年，海南省获得奖补资金 2 亿元，用于低产残次胶园和初加工厂环保改造升级、胶园土地及橡胶原料收购管理平台、科技创新工程中心等项目建设。通过相关产业政策的实施，各植胶省份建成了高产标准化种植、林下经济试验示范基地，落地建设了先进浓缩天然胶乳加工厂，探索构建了产业园与胶农的利益联结机制。

6.2.2　地方天然橡胶产业支持政策

（1）橡胶树综合灾害保险保费补贴（2007 年迄今）

2007 年财政部印发《中央财政农业保险保费补贴试点管理办法》，农业保险保费补贴政策启动实施，海南省随即出台了橡胶树风灾保险保费补贴政策并在省内试点。2010 年，橡胶树风灾保险正式列入中央补贴险种，保险标的为种植 4 年（含）以上的橡胶树，其中未开割树的保险金额为 50 元/株，开割树的保险金额为 90 元/株；保费由中央财政补贴 45%，其余部分补贴由各省自行决定，其中云南省财政补贴 40%，海南省财政补贴民营 35%、农垦 25%，广东省财政补贴 35%。部分地区将橡胶树寒害、旱灾纳入保险责任范围，由单一的橡胶风灾保险拓展为覆盖面更为广泛的橡胶树综合保险。2012 年海南佳话承保规模为 50 万亩，但实际民营胶园的投保面积不到 4 万亩，2017 年全省计划的投保面积仅 21 万亩，2021 年儋州市仅 8 个农户投保，参与率非常低；云南省民营橡胶树保险的参与情况与海南省类似。橡胶树综合灾害保险保费补贴实施以来，广东农垦、海胶集团基本实现了开割橡胶树全覆盖，对植胶企业抵御自然灾害造成的经济损失起到了积极作用。

（2）天然橡胶价格（收入）保险保费补贴（2018 年迄今）

2018 年，海南省探索实施天然橡胶价格（收入）保险政策。2019 年，在中央支持下，海南省将天然橡胶价格（收入）保险纳入中央财政奖补政策支持范围。海南天然橡胶价格（收入）保险按两种方式实施。其中，在民营胶园实施价格保险，按照亩产 60 千克干胶标准计算，保费为每亩 108 元［按照中央、省级和县（市）财政各 30%，胶农 10%（建档立卡贫困胶农免交）的比例分担］，当干胶收购价格低于 15 元/千克时触发保险赔付机制。在海胶集团试点收入保险（既保价格又保产量），采取一张保单的统保业务模式，约定目标价格为 1.6 万元/吨，总产量在 10.3 万～11 万吨，保费按照中央奖补 30%、省级补贴 40%、海胶承担 30%的比例分担。价格（收入）保险项目充分发挥了财政资金的杠杆效应，提供了较高水平的保障，有效调动了胶工生产积极性，改善了胶园管理不到位的情况，胶工收入实现稳步增长。但目前此项目在海南省还未实现全覆盖，广东和云南两省还未实施。

（3）上海期货交易所天然橡胶“保险+期货”政策（2017 年迄今）

2017 年，上海期货交易所发起天然橡胶“保险+期货”精准扶贫项目，向海南和云南两省贫困地区提供资金支持。保费主要由上海期货交易所承担，胶农不承担任何费用。保险公司承保后，由合作的期货公司买入看跌期权，当保险期限内期货合约交易平均价格低于目标价格时，中间差价由保险公司赔偿，以弥补天然橡胶价格下跌给胶农带来的损失。2018 年，该项目拓展到海南省的 5 个县和云南省的 15 个县（区）。据统计，2017—2022 年，上海期货交易所累计投入资金 5.8 亿元，总承保现货产量约 68 万吨，覆盖海南和云南两省 31 个县（市），累计赔付金额约 4.4 亿元，近 64 万户次的胶农受益。2023 年，上海期货交易所计划继续投入 1.41 亿元。天然橡胶“保险+期货”通过“价格保险+场内期货+场外期权”三种金融产品的结合，将风险从胶农逐步转移到衍生品市场，最终达到胶农、保险公司和期货公司三方共赢的局面，同时减轻了政府的财政负担。该项目试点成效得到了地方政府的认可，以海南省白沙县为例，对上海期货交易所投入资金未覆盖的部分胶园，白沙县通过财政购买保险，实现全县开割胶园全覆盖。但该项目并不是常规意义上的政策性或商业性保险，面临不可持续的风险。

（4）白沙县

海南省白沙县作为橡胶主产市县，结合实际探索实施了割胶生产奖励、鲜胶乳销售奖励、产业投资贴息等政策，对稳定胶农生产信心和促进产业发展发挥了积极作用。设立割胶生产奖励，按照一户一奖励、多产多得的原则，鼓励农户加大力度投入割胶生产，年胶乳销售收入达到 4000 元的种植户，一次性奖励 1000 元；达到 3000 元，奖励 750 元；达到 2000 元，奖励 500 元。同时，为鼓励鲜胶乳销售，减少家庭加工橡胶所造成的污染，对拥有本地户籍的种植户销售鲜胶乳提供每千克 0.5 元的奖励，但每亩不超过 60 千克，即每亩不超过 30 元。2021 年，割胶生产奖励和鲜胶乳销售奖励累计发放奖金 2433 万元，户均获得 1185 元，其中鲜乳胶销售奖励 20526 户，发放奖励 1255 万元，割胶生产奖励 12003 户，发放奖励 1178 万元。另外，为降低天然橡胶中小企业、农业专业合作社、个体户和胶农的融资成本，白沙县出台政策为天然橡胶产业贷款提供 50%的贴息。其中，针对不同的主体规定了贷款限额：初加工企业贷款额度不超过 2000 万元，农业专业合作社不超过 10 万元，个体户不超过 5 万元。

6.2.3　贸易保护政策

征收进口关税是保护国内重要产业的国际通行的做法。我国的天然橡胶产业属于典型的“幼稚产业”，维持进口关税对保障相对生产成本较高的国内天然橡胶种植业的安全不可或缺。根据进口贸易方式的不同，我国天然橡胶进口主要采用一般贸易和进料加工等贸易方式。当前我国对一般贸易方式进口的天然橡胶实行选择税，该政策始于 2007 年，进口烟片胶和技术分类天然橡胶按照 20%的从价税或 2600 元/吨的从量税从低计征关税；天然乳胶按照 10%的从价税或 720 元/吨的从量税从低计征关税。2010 年，进口天然橡胶的从量税计征的标准下调，其中，技术分类天然橡胶的从量税下调至 2000 元/吨，烟片胶的从量税下调至 1600 元/吨。2013 年，我国进口烟片胶和技术分类天然橡胶的从量税继续下调，均降至 1200 元/吨。2015 年，天然橡胶进口关税的从价税和从量税上调，其中，烟片胶和技术分类天然橡胶从 1200 元/吨上升至 1500 元/吨，乳胶从 720 元/吨上升至 900 元/吨。2019 年，国家发布了《2019 年进出口暂定税率等调整方案》，对加入亚太贸易协定的国家进口的烟片胶计征 17%的进口关税。尽管我国天然橡胶保持着较高的进口关税税率，但由于中国—东盟自由贸易区建立后，复合橡胶和混合橡胶进口关税逐步降为零，且缺乏标准，国内企业为规避技术分类天然橡胶进口关税，先期大量通过进口复合橡胶来替代技术分类天然橡胶，直到 2015 年国家出台的《复合橡胶　通用技术规范》（GB/T 31357—2014）规定“复合橡胶中生胶含量不应大于 88%”，原来进口复合橡胶的企业纷纷转向进口混合橡胶来替代技术分类天然橡胶（中国橡胶网，2017）。根据中国海关统计，2022 年，我国共进口天然橡胶和混合橡胶 573.4 万吨，其中天然橡胶占比 41.38%，可征税的部分仅为 106.67 万吨，进口关税对国内天然橡胶种植业的保护较为有限，但保护作用仍存在，尤其是对浓乳胶乳。

6.3 国内产业支持政策的主要问题

6.3.1 政策覆盖面窄

当前，我国天然橡胶产业支持政策多以试点为主，突出表现为覆盖面不宽、普惠性不足。国家天然橡胶基地建设项目支持的对象只限于云南、海南和广东三大垦区，占全国天然橡胶种植面积约64%的民营胶园未充分享受到该政策支持。天然橡胶林业补贴政策在执行层面还存在因胶农难以办理造林设计和验收手续等，而导致海南省的林业有关补贴未覆盖民营胶园的问题，实施效果不佳。天然橡胶价格（收入）保险保费补贴虽然是中央财政对地方优势特色农产品以奖代补试点项目，但只是海南地方特色险种，且在省内还未实现全覆盖；在广东和云南暂未将天然橡胶纳入中央以奖代补地方优势特色险种。

6.3.2 政策保障度低

橡胶树资产的风险保障水平低，目前海南省政府征地青苗补偿开割树450元/株，而在橡胶树综合保险中开割树的保险赔付金额仅90元/株；由于赔付金额较低且赔付手续烦琐，民营胶园购买橡胶树综合保险的意愿不强、投保率较低。天然橡胶从定植到开割中间有7~8年的非生产期，其间抚管水平决定了橡胶树的生长、发育、产胶、抗逆等能力，是影响天然橡胶生产潜力的关键时期，良种良法补助和天然橡胶林业补贴着重解决更新种植和抚育阶段的问题，但投入资金量和支持抚育期相对不足，省级政府还没有相关配套，难以有效支撑胶园更新改造提质增效。此外，割胶成本占天然橡胶总生产成本的60%~70%，若仅对直接物化成本进行保障，而忽略人工成本等关键要素，显然无法满足种植主体期望投保产品能够补偿生产成本和抵御市场风险的实际需求。

6.3.3 支持体系不完善

橡胶树不仅是一种热带作物，还具有明显的林业特性，提供具有正外部性的非竞争性、非排他性生态产品，且被列入限额砍伐范围，投资周期长、风险大，理应列入林业补贴范畴。然而，在我国，橡胶种植业的行业管理由农业农村部负责，虽然其产品在国家统计年鉴中属于林产品，但林业部门尚未把橡胶林纳入常规的行业管理范畴，涉林补贴资金较少，橡胶林的种植、抚育补助以及森林生态补偿投入资金和支持范围仍有较大的扶持空间。此外，橡胶树属于多年生作物，单位面积投入和产出明显高于一般大田作物，一旦遭受自然灾害或遭遇市场价格波动，损失往往较大，特别是其作为重要的战略资源，更需要国家政策的扶持。然而中央财政对天然橡胶的扶持政策相对于其他大宗作物较少，天然橡胶产业既未享受到目标价格补贴、临时收储等价格支持政策，也未享受到普惠性的耕地地力保护补贴和中央财政支持的完全成本保险补贴、种植收入保险补贴等生产性补贴政策。另外，由于混合橡胶缺乏国家标准，其成为技术分类天然橡胶的替代品，且进口量逐年激增，从 2018 年开始已经超过了天然橡胶的进口量，在造成税收流失的同时，加剧了国外进口价格对国内天然橡胶产业的冲击，关税保护薄弱。可以说，天然橡胶产业处于国家农业支持保护体系的边缘，与其战略地位严重不匹配。

6.4　国内钢铁产业支持政策的经验借鉴与启示

天然橡胶与钢铁同为我国四大工业原料之一，是关乎国计民生的基础产业以及国防和工业建设不可缺少的战略物资。我国是全球最大的钢铁生产国和消费国，也是全球最大的铁矿石进口国。我国铁矿石的对外依存度长期处于高位，从 2014 年起连续 4 年增长，到 2017 年达到 88.9%的历史高点，此后持续下降，到 2021 年降至 76.2%，时隔 7 年后首次降至低于 80%。2022 年，我国铁矿石产量为 9.7 亿吨，进口量为 11.07 亿吨，表观消费量为 14.9 亿吨，对外依存度较 2021 年降低了 1.9%。

我国钢铁产业是我国经济发展的“压舱石”和“稳定器”，但与天然橡胶产业面临的情况类似，存在国内铁矿石供给不足、开采成本高、品位较低、进口来源国高度集中、定价话语权缺失等问题，严重威胁国家战略安全，产业链和供应链面临极大风险。在这样的背景下，为保障钢铁行业原料供应安全和稳定，国家和行业提出诸多举措。在国家层面，铁矿石供给问题得到高度重视，国家先后出台了多项措施，包括限制钢铁出口，减少矿石用量；将铁矿石作为战略性资源进行管理；加速钢铁企业兼并重组，不断提高钢铁行业集中度，进而提高铁矿采购话语权；加强钢铁产能产量“双限”管理；加强对期现货贸易和铁矿石价格波动的监管；等等（温子龙，2024）。国资委组建新央企——中国矿产资源集团，经营范围为产、供、储、加、销，主要目标为：整合国家的铁矿石进口业务，并与外国矿山就铁矿石价格进行商谈，提高中方对铁矿石行业的定价权；打造海外铁矿石资源整合平台，在海外寻找并开发矿山，增强中国铁矿资源自给能力。在行业层面，推出“基石计划”，从铁资源三大主要来源入手，提出三大举措：支持国内铁矿开发，提高国内铁矿石产量；支持利用废钢，减少铁矿石使用；支持国内钢铁企业和矿山企业到国外办矿，增加权益矿供应量。我国通过采取多项措施，在铁矿石价格稳定方面和供应保障能力方面都取得明显成效，这对天然橡胶产业具有重要的借鉴意义。未来，我国天然橡胶产业应采取以下思路完善支持政策。

6.4.1 增强国内天然橡胶产业链和供应链的抗风险能力

完善保护区建设管护机制，鼓励引导财政、金融、投资等政策措施逐步向生产保护区倾斜，持续加大中央预算内投资力度，加强天然橡胶生产保护区基础设施和配套建设，夯实产业发展基础，统筹推进天然橡胶生产能力建设，坚决守住确保国内基本用胶安全的底线，发挥生产保护区稳产保供作用。按照我国单产的历史平均水平推算，保有1800万亩橡胶种植面积，预计每年能稳定生产天然橡胶100万吨以上，大抵相当于美国或欧盟的年消费量，能够在一定程度上满足我国国民经济基本运转的基本需求，发挥国内生产的“压舱石”作用。加快研发和利用新的替代品，支持废橡胶利用新技术的应用，加强再生胶和胶粉应用技术的开发和推广，增强国内天然橡胶产业链和供应链的抗风险能力。

6.4.2 培育具有全球竞争力的国际大胶商集团

支持海南农垦、云南农垦与广东农垦等大型国有橡胶企业立足全球配置资源，培育具有全球竞争力的国际大胶商集团。一是统筹利用丝路基金、外经贸发展专项资金以及中国农垦产业发展基金等，为大型国有橡胶企业境外投资项目提供支持。鼓励银行业金融机构、保险公司和证券期货经营机构按市场化原则探索推进境外资产、境外应收账款、出口退税单等融资抵质押方式，发挥出口信用保险风险缓释作用，提高企业融资能力。加大保险机构支持“走出去”企业的力度，创新生产、加工和贸易环节的保险产品服务，为我国海外企业提供风险保障。二是鼓励大型国有橡胶企业增加对境外天然橡胶产业高端环节、关键链条的投资，持续优化完善境外天然橡胶种植生产、原料收购、境外加工和贸易网络等空间布局，打造集生产、加工、仓储、物流、贸易于一体的全球化全产业链体系，逐步建立稳定的海外生产基地，切实增强对境外天然橡胶资源的掌控能力。三是支持大型国有橡胶企业加快完善天然橡胶精深加工体系，开发高端天然橡胶制品等高附加值产品，推动产业链、价值链由低层次向高层次跨越，促进产业持续高质量发展。

6.4.3 增强天然橡胶进口来源的持续性与稳定性

一是充分依托 RCEP 和“一带一路”倡议，加强政府之间的交流，积极加强与东盟植胶国家的农业、科技、经贸、文化等全方位交流与合作，构建良好的地缘政治格局，传递信任促进贸易，降低区域内天然橡胶贸易的不确定性，在确保境外天然橡胶资产安全的同时，降低主产国限制出口的风险，稳定天然橡胶产业供应链。二是引导我国企业积极稳妥地“走出去”，加强对“走出去”企业的政策和资金支持，帮助企业降低投资风险，通过对外直接投资、境外并购和合资合作等多种方式建设生产基地、布局初加工厂和发展国际贸易等业务，拓展天然橡胶产业发展空间，提升对境外天然橡胶资源的获取能力。三是在稳定和发展海运的基础上，积极拓展陆路交通。充分利用云南、广西与东盟植胶国家接壤的地理优势，在已建成中老铁路和曼昆高速的基础上，大力推动泛亚铁路（东南亚段）和高速公路建设，贯通与缅甸、老挝、泰国、越南、柬埔寨和马来西亚等国家的陆路交通网络，分散极端情况下海上运输的不确定因素影响，确保天然橡胶进口的运输安全。四是优化境外资源开发布局，积极发展与非洲植胶国家的关系，积极扩大进口来源，鼓励和支持企业通过直接投资和海外并购，在非洲等适合区域投资天然橡胶。

6.4.4 加强全球天然橡胶定价权建设

大宗商品国际贸易价格主要以同类商品在期货市场的期货合约价格为基准价格确定。发展完善我国天然橡胶期货市场，充分发挥国内期货市场的价格发现功能，并大力推动通过人民币计价和结算，对提升我国天然橡胶供给和价格的话语权具有重要意义。一是继续完善国内天然橡胶期货市场，进一步放宽境外投资者参与国内天然橡胶期货交易的条件，提高期货市场的对外开放程度，增加期货交易量和活跃度，提升国际影响力；丰富天然橡胶期货品种，加快开发新增浓缩胶乳等交易品种，并加强对已有天然橡胶交易品种合约的优化创新。二是学习借鉴中国钢铁工业协会经验做法，充分发挥我国天然橡胶产业协会的协调作用，组织成立国内天然橡胶产业联盟，加强天然橡胶资源对内整合和对外获取的合力，提高我国进口天然橡胶的话语权和定价权。三是充分利用我国天然橡胶第一消费大国的优势地位和加入 RECP 的机遇，探索建立天然橡胶现货进口人民币结算交易机制，推动建立以人民币为结算货币的天然橡胶现货国际结算体系；进一步完善国内天然橡胶期货人民币计价机制，同时加强与新加坡商品交易所的合作，推动国际主要天然橡胶期货市场计价货币由美元向人民币转变。

第7章

天然橡胶主产国支持政策体系

实施高效的农业支持保护政策，是应对农业发展面临的双重风险的重要举措，对促进农业发展、农产品有效供给具有重要作用。天然橡胶作为重要农产品，对保障国防和军工等领域原料需求有着重要意义。马来西亚曾是全球最大的天然橡胶生产国，建立了较为完善的产业支持政策；泰国是当前最大的天然橡胶生产国，近年逐步出台系列支持政策；印度与我国种植规模相近，也是天然橡胶净进口国，产业政策体系比较完善。上述三个国家都设置了橡胶局，负责天然橡胶全产业链管理。印度橡胶局（Rubber Board India）隶属商业和工业部（Ministry of Commerce and Industry），马来西亚橡胶局（Malaysian Rubber Board，MRB）隶属种植与原产业部（Ministry of Plantation Industries and Commodities），泰国橡胶局（Rubber Authority of Thailand，RAOT）隶属农业和合作社部（Ministry of Agriculture and Cooperatives）。

我国位于非传统橡胶种植区域，相较于马来西亚、泰国等传统生产国，光热条件相对不足，橡胶树更易受台风、寒害、旱灾等自然灾害影响，产品市场价格波动也更加剧烈，橡胶种植业更具有弱质性。21世纪以来，天然橡胶价格先快速上涨又持续下跌，到2011年2月涨至历史最高位后开始不断下跌，2014年以来持续低迷。国内天然橡胶产业一直没有被完整地纳入国家农业支持政策体系，习近平总书记2022年4月在海南考察时强调，要完善天然橡胶产业扶持政策，2023年中央一号文件再次提及“完善天然橡胶扶持政策”。

21世纪以来，关于国外天然橡胶产业政策的研究主要集中于以下方面：一是对泰国（许能锐等，2012）、马来西亚（郑晓菲等，2009；王军等，2009）、越南等主产国天然橡胶扶持政策进行简述（莫业勇，2013；许悦等，2015；郑淑娟，2019）；二是对主产国天然橡胶政策进行对比分析（傅国华等，2007；崔美龄等，2016；卢琨，2016；卢琨等，2017）；三是对马来西亚（姚昱，2008）、越南（郭又新，2011）等生产国某一时期的橡胶产业政策进行系统梳理，分析政策对产业发展的影响。现有文献中涉及的主产国天然橡胶政策大都是21世纪初期或更早出台，而2010年后尤其是进入市场低迷期后，主产国的产业政策鲜有文献涉及或系统阐述。基于此，本章重点对2010年以后尤其是2014年以来泰国、马来西亚、印度三国的天然橡胶产业政策进行梳理，对其支持强度进行测算，以期为我国完善天然橡胶产业政策提供参考。

7.1　三国现有支持政策梳理

7.1.1　泰国

泰国在天然橡胶生产种植、市场、贸易等方面都有相应的支持政策，但大部分属于临时性政策，政策执行期限短。在这些政策支持下，2014—2022 年，泰国天然橡胶种植面积虽略有减少，但产量由 432.4 万吨增加到 475.34 万吨。

（1）生产支持政策

泰国既有长期稳定的支持政策如胶园种植补贴，又有针对价格低迷采取的短期生产支持政策，如橡胶种植农户收入保障项目、临时补贴等。一是胶园种植及非生产期抚管补贴。泰国政府早在 1960 年就颁布了《橡胶更新援助法案》（*The Rubber Replanting Aid Act*），成立泰国橡胶更新援助基金办公室（ORRAF），负责对胶园更新种植或扩种进行财政补贴，为胶农提供优良的种植材料、技术培训服务等。当前，种植补贴标准为 6667 泰铢/亩，种植后 6 年半内分 8 次支付，申请补贴的更新胶园需达到 25 年以上[①]。在非适宜区种植橡胶大多无法获得补贴，ORRAF 干事定期到胶园现场查看，以确保补贴资金正确使用。二是橡胶种植农户收入保障项目。该项目于 2019 年开始实施，由政府设定补贴支付的触发价格，若实际月平均价格低于触发价格，政府将给予补贴，反之则不补贴。触发价格：优质生胶片 60 泰铢/千克，新鲜乳胶 57 泰铢/千克（折干胶），杯凝胶（干胶含量 50%）23 泰铢/千克。只有在泰国橡胶局登记备案且胶园树龄在 7 年以上的胶农才能获得补贴，每户最高可申请补贴面积 60 亩，每月补贴产量不超过每亩 8.33 千克[②]。该补贴已实施了四个阶段。三是临时性支持政策。针对产业和市场的变化，2013 年、2014 年、2015 年、2018 年，泰国政府多次为胶农提供一次性补贴，补贴金额为

---

① 泰国橡胶管理局关于替代种植率的公告［EB/OL］.［2015-11-23］. 泰国橡胶管理局网站，http：//www.raot.co.th/article_attach/rate_of_planting_payment.pdf.

② 加快推进胶农收入保障项目工作［EB/OL］.［2019-10-10］. 泰国橡胶管理局网站，http：//www.raot.co.th/ewt_news.php？nid=8260&filename=webboard.

417 泰铢/亩到 1050 泰铢/亩不等①。

（2）价格支持及贸易政策

为应对市场价格下跌，泰国政府相继出台市场干预措施。一是进行收储。2012—2013 年，政府出资 450 亿泰铢收储天然橡胶 21 万吨②。二是减少出口。2012 年，泰国与印度尼西亚、马来西亚达成一致，削减出口 30 万吨；2016 年 3—8 月，与印度尼西亚、马来西亚三国执行“出口吨位计划”（Agreed Export Tonnage Scheme，AETS），其中泰国减少出口 32.4 万吨③；2018 年对天然橡胶出口实行配额管理。三是建立橡胶价格稳定基金。2017 年，泰国橡胶局与 5 家企业合资建立橡胶价格稳定基金，在其国内市场购买天然橡胶以提振和稳定胶价④。

另外，泰国对天然橡胶出口征收关税，且多次调整税率。自 2017 年 8 月起，出口税按 2 泰铢/千克收取⑤。所征收的出口税 90%用于橡胶更新补贴，5%用于科研和科技推广。

（3）胶农组织、加工企业支持政策

泰国政府鼓励胶农建立加工合作社，并为合作社免费提供胶片加工设备。此外，还设立橡胶发展基金，为种植主体、初加工企业、合作社等主体提供贴息贷款，支付胶农组织的管理费、电话费、交通费、公共事业费、举办会议的场地使用费、活动费用等。

7.1.2 马来西亚

马来西亚长期以来都重视并鼓励橡胶种植，在生产、市场、技术研发与推广等方面出台了支持政策，大部分政策具有较好的延续性、稳定性。2010 年以来，虽然马来西亚天然橡胶产量不断下降，但其种植面积保持稳中略升。

---

① 泰国 16 府胶农接受补贴每莱 2520 铢［N/OL］.［2013-09-11］. Qinrex 橡胶贸易信息网，泰国《世界日报》，http：//www.qinrex.cn/news/show-25270.html. 加强胶农的项目［EB/OL］.［2018-12-14］. 泰国橡胶管理局网站，http：//www.raot.co.th/ewtadmin/ewt/rubber_web/ewt_news.php？nid=7315. 泰国通过胶农补贴援助计划［EB/OL］.［2014-10-22］. Qinrex 橡胶贸易信息网，http：//www.qinrex.cn/news/show-31071.html. 政府的新礼物，通过农业合作社银行向胶农发放 1500 泰铢/莱的补贴［EB/OL］.［2015-12-24］. 泰国橡胶管理局网站，http：//www.raot.co.th/ewt_news.php？nid=3849&filename=webboard.

② 泰国政府通过干预胶价措施收购橡胶 21 万吨［EB/OL］.［2013-07-26］. Qinrex 橡胶贸易信息网，http：//www.qinrex.cn/news/show-24512.html.

③ 莫业勇. 当前“出口吨位计划”市场环境与 2008 年比较分析［J］. 中国热带农业，2016（3）：7-9.

④ 农业部推动 RAOT 和私营企业共同建立橡胶价格稳定基金［EB/OL］.［2017-06-28］. 泰国橡胶管理局网站，http：//www.raot.co.th/ewt_news.php？nid=5397&filename=index.

⑤ RAOT 阐明了以每公斤 2 泰铢的固定费率收取橡胶出口税的原因［EB/OL］.［2017-07-28］. 泰国橡胶管理局，http：//www.raot.co.th/ewt_news.php？nid=5495&filename=index.

（1）生产支持政策

一是种植及非生产期抚管补贴。马来西亚长期以来都非常重视胶园建设。1952年，出台《橡胶产业重新种植基金法》，对拥有土地面积不足100英亩（约607亩）且满足规定更新种植要求的胶农，给予定植和非生产期抚管补贴。1973年成立马来西亚小胶园发展局（Rubber Industry Smallholders Development Authority，RISDA），负责补贴资金管理、新材料和新技术推广等。补贴标准多次调整，2021年马来半岛、砂拉越州、沙巴州补贴额分别增至每亩914林吉特、987林吉特、997林吉特①。补贴分5年发放，以种苗、肥料、化学农药等物品的形式提供。为保证苗木质量，种苗由RISDA管理和认证的苗圃提供。二是为胶农提供季风季节援助。自2017年开始，马来西亚为在RISDA注册的植胶面积37.5亩以下的小胶园主或胶工提供200林吉特/月的季风季节援助补贴②。援助时间一般为当年11月至次年1月，2023年改为当年11月至次年2月，分2~3次发放。三是临时性补贴。2013年、2014年，马来西亚政府为小胶园主提供500林吉特/户的一次性橡胶跌价特别补助金③。

（2）市场支持政策

马来西亚于2015年开始实施橡胶生产激励机制（IPG），为胶农提供生产补贴。当市场SMR20号胶月平均离岸价格低于基准价格时，启动补贴。触发补贴的基准价格经过三次调整，当前为SMR20号胶6.10林吉特/千克，杯凝胶3.0林吉特/千克。MRB每月公布上月的市场价格，并确定是否触发补贴以及补贴标准，胶农凭销售记录向有执照的收购商或MRB下属网点申请，通过审核后获得补贴④。2015年9月至2023年10月，生产激励机制共支出4.81亿林吉特⑤。MRB支持合作社参与IPG，给予优惠的长短期贷款，鼓励胶农参加合作社。其他市场支持政策包括联合泰国和印度尼西亚于2012年、2016年削减天然橡胶出口量、实施"出口吨位计划"等。

---

① 马来西亚今年已提高橡胶种植补植援助率［EB/OL］.［2021-03-18］. Qinrex橡胶贸易信息网，http：//www. qinrex. cn/news/show-44020. html.

② 马来西亚2019年季风季节援助胶农计划开始实施　拨款1.64亿令吉［EB/OL］.［2019-12-10］. Qinrex橡胶贸易信息网，http：//www. qinrex. cn/news/show-42397. html.

③ 2013年：马来西亚橡胶业小园主发展局为32万小园主各发放500令吉专项补助［EB/OL］.［2013-04-24］. Qinrex橡胶贸易信息网，http：//www. qinrex. cn/news/show-23062. html.

2014年：马来西亚42250橡胶小园主获得500令吉专项补助［EB/OL］.［2014-06-24］. Qinrex橡胶贸易信息网，http：//www. qinrex. cn/news/show-28998. html.

④ 橡胶生产激励机制［EB/OL］.［2020-05-30］. 马来西亚橡胶管理局，https：//www. lgm. gov. my/webv2/announcement/10.

⑤ 截至10月马来西亚已向小股农发放4.81亿令吉橡胶激励资金［EB/OL］.［2023-12-27］. Qinrex橡胶贸易信息网，http：//www. qinrex. cn/news/show-46608. html.

（3）其他支持政策

马来西亚还非常重视天然橡胶、橡胶木材及橡胶制品的全球推广、科技研发及应用等。马来西亚橡胶委员会（Malaysian Rubber Council，MRC）为中小橡胶企业提供支持，在市场拓展、标准认证、培育全球品牌、人才培养、中小企业能力发展等方面给予配套奖励，并设立全球橡胶创新基金、产业联系基金等，资助具有良好商业化前景的橡胶产品和技术研究，为行业解决方案项目、特定研究项目等提供资助。

7.1.3 印度

印度在 1947 年制定了《橡胶法案》，此后多次进行修订，建立了较为完善的天然橡胶产业支持体系，涉及种植加工、市场推广、贸易、胶农组织建设等方面。2010—2022 年，印度橡胶种植面积由 1067 万亩增至 1247 万亩。

（1）生产支持政策

一是橡胶种植补贴。印度对符合条件的小胶农给予新植或更新种植补贴，当前标准为传统植胶区（喀拉拉邦、泰米尔纳德邦）1333 卢比/亩，每户最多补贴 15 亩；非传统植胶区（除非特别说明，含东北部地区，下同）补贴 2333 卢比/亩，每户最多补贴 15 亩。在册种姓部落的小胶农补贴标准均为 2667 卢比/亩。此外，给予 333 卢比/亩的种植材料补贴。补贴在种植后的 4 年内分 2 次或 3 次给付，其中种植材料补贴在第 2 年给付[①]。二是生产环节补贴。印度对胶农采用低频割制等优质高效生产技术、购买初加工设备、技术培训等给予补贴。对于购买病虫害防治和防雨材料等生产投入品，给予采购成本 7.5%的补贴；对于连续采用 S/2D/7 或 CUT（向上割）割制 6 个月以上的，每亩补助 100 卢比。对位于非传统植区的植胶面积不超过 75 亩的胶农，购买符合规定的压片辊机、建造干燥用房等，给予 50%的成本补贴。其中，东北部地区的胶农不超过 2 万卢比/户，其他非传统植胶区的胶农最高不超过 1.5 万卢比/户，在册种姓部落个体小胶农购买压片辊机最高可补贴 3 万卢比/户。胶农参加割胶技术和乳胶加工技术培训，结业后给予培训时长 100 卢比/日的补贴，培训时长 8 天或 30 天[②]。

（2）市场支持政策

2015 年起，印度在主产区喀拉拉邦实施橡胶生产激励计划（Rubber Pro-

---

① 橡胶种植业发展与推广方案——新植（更新）种植活动［EB/OL］.［2020-04-20］. 印度橡胶管理局，http：//www.rubberboard.org.in/rbfilereader？fileid=297.

② 2017—2020 年印度天然橡胶产业可持续和包容性发展计划［EB/OL］.［2020-04-20］. 印度橡胶管理局，http：//www.rubberboard.org.in. 2017—2020 年印度天然橡胶产业可持续和包容性发展计划包含多项内容，此处是其子组成部分 1.1.3、1.1.4.2、1.1.4.3、1.1.5.3 等内容的概括。

duction Incentive Scheme，RPIS），对面积不超过 75 亩的小胶农进行价格补贴。根据 RPIS，当市场价格跌破 150 卢比/千克时，对胶农进行差价补贴，每户最高补贴 30 亩，每亩补贴产量不超过 120 千克/年，胶农需提供销售票据①。目前，RPIS 已实施到第 8 期。此外，印度政府还通过直接参与收购来提升橡胶价格，2014 年 3 月，印度政府宣布以高于市场价格 2 卢比/千克的价格直接向农户收购橡胶，直到胶价升到 171 卢比/千克②。

（3）市场推广政策

尽管天然橡胶出口量很小，但为提高国际市场竞争力，印度对天然橡胶品牌推广等给予支持③。一是为橡胶出口企业参加全球贸易展等活动提供宣传材料制作成本等补贴，每次活动补贴总额 8 万～18 万卢比不等④。二是对获得橡胶局认证的品牌天然橡胶产品出口给予补贴，对烟片胶（RSS）补贴 0.5 卢比/千克、标准胶（ISNR）0.25 卢比/千克⑤、浓缩胶乳 2 卢比/千克（折干胶）⑥，一个出口商每年最多可获补贴 20 万卢比。

（4）胶农组织支持政策

印度政府十分重视胶农组织建设，对天然橡胶生产者协会（RPS）、天然橡胶种植者协会（RGS）、胶工自助小组（SHG）、胶工银行（RTB）等胶农组织，从筹建设立到生产经营、开展活动等给予一系列补贴。对东北部地区新成立的胶农组织，给予筹备成立费用 50%、最高 3000 卢比（RTB 5000 卢比）补贴。胶农组织组建的公司购买烟片胶分级设备、购置办公楼、建立生胶仓储中心、建立加工中心，给予成本费用的 90%、最高 120 万～500 万卢比不等的补贴；胶农组织从事橡胶加工、橡胶木销售的经营贷款，给予最高 30 万卢比的利息补贴；购买挖坑机、喷粉机、除草机等农用机械等，按购置成本的 50%给予补贴，每年至多补贴 4 个胶农组织。RPS 在种植者集中的偏远地区建立生产资料分配/收集中心，给予租金的 50%但最高不超过 600 卢比/

① 印度橡胶管理局 2015—2016 年年度报告［EB/OL］.［2016-04-13］. 印度橡胶管理局，http：//www. rubberboard. org. in.

② 印度政府干预措施未能提升天然橡胶价格［EB/OL］.［2014-04-04］. 青岛橡胶贸易信息网，http：//www. qinrex. cn/news/show-28074. html.

③ 天然橡胶不是印度传统的出口产品，自 2001 年取消进口量限制以来，印度政府一直重视天然橡胶的出口。尽管印度供需现状不能保证实施天然橡胶大规模出口战略，但印度橡胶局的目标是促进出口以提高橡胶产业出口竞争力，以便在价格形势有利时出口。

④ 2017—2020 年中期框架计划子组件：为橡胶出口商参与国际贸易给予财政补贴的计划规则［EB/OL］.［2020-04-21］. 印度橡胶管理局，http：//www. rubberboard. org. in/rbfilereader？fileid=315.

⑤ 2017—2020 年中期框架计划子组件：天然橡胶出口市场品牌激励方案规则［EB/OL］.［2020-04-21］. 印度橡胶管理局，http：//www. rubberboard. org. in/rbfilereader？fileid=316.

⑥ 2022—2023 年天然橡胶出口市场品牌奖励方案修订细则［EB/OL］. 印度橡胶局，http：//www. indiannaturalrubber. com/PDF/incentiveschemerules22-23. pdf.

月的补贴。此外，RPS等胶农组织开展胶园管理服务，如种植、割胶、防雨、喷洒等，每年可获得不超过200万卢比的补贴①。

（5）贸易政策和其他支持政策

为扶持本国天然橡胶产业，印度对天然橡胶进口征收关税，目前进口关税税率为从价税25%或从量30卢比/千克，两者从低征收②。印度还实施杯凝胶加工标准胶试点计划，植胶面积小于150亩的胶农将杯凝胶销售给指定单位，每千克干胶可获补贴10卢比，每月最高获得补贴20千克/亩，一年不超过120千克/亩；参与试点的橡胶生产者协会和加工企业，每千克干胶补贴2卢比，并对建立存储和加工杯凝胶设施的橡胶生产者协会补贴30万卢比③。印度对个人、研究机构开发创新橡胶加工机械的研发费用支出，给予40%的补贴，最多每项100万卢比④。

7.2 三国产业政策对比分析

通过泰国、马来西亚和印度天然橡胶政策分析可以发现，三国产业支持政策既有相同之处，也存在明显差异。

（1）相同之处

首先，三国都非常重视天然橡胶更新种植，长期对天然橡胶种植、更新提供补贴，以维持生产潜力。尤其是泰国和马来西亚，早在20世纪中叶就制定了专门的天然橡胶更新法案或法律，将种植更新补贴以法律形式固定下来，确保了政策的连续性、稳定性。两国都成立专门的机构，负责管理、发放补贴资金。橡胶树非生产期长且投入大、无产出，更新种植补贴不同程度地缓解了胶农压力，稳定了其种植信心。其次，三国都重视减少价格低迷对胶农生计的影响。2014年后，全球天然橡胶价格持续低迷，三国先后出台价格补贴政策，以保证胶农收入、维持胶农生计。马来西亚于2015年开始实施橡胶生产激励机制，同年7月印度在主要植胶区喀拉拉邦开始实施生产激励计划，泰

---

① 2017—2020年中期框架计划子组件：建立和加强RPS/SHG的财政支持计划规则［EB/OL］.［2020-04-21］. 印度橡胶管理局，http：//www. rubberboard. org. in/rbfilereader? fileid=313. 除此规则外，还包括财政支持东北地区橡胶生产者协会所建公司购置办公楼的计划规则、建立仓储设施的计划规则等几个子组件。

② 印度将上调天然橡胶进口关税至25%［EB/OL］.［2013-12-23］. Qinrex橡胶贸易信息网，http：//www. qinrex. cn/news/show-34024. html.

③ 对将杯凝胶加工成标准胶给予补贴的计划规则［EB/OL］.［2020-04-20］. 印度橡胶管理局，http：//www. rubberboard. org. in/rbfilereader? fileid=322.

④ 提高橡胶及橡胶木加工品质计划子组件：为发展创新型橡胶加工机械提供财政支持的计划规则［EB/OL］.［2020-04-21］. 印度橡胶管理局，http：//www. rubberboard. org. in/rbfilereader? fileid=321.

国也于 2019 年 10 月推出了橡胶种植农户收入保障项目。此外，泰国和马来西亚还多次给予胶农一次性补贴。最后，三国都重视农民组织化程度提升，为合作社、胶农协会等组织提供多样化支持。通过对胶农组织的支持不断提高本国胶农组织化程度，提升胶农在市场中的竞争优势，增加胶农收益。

（2）不同之处

首先，政策实施的背景和侧重点不同。泰国往往迫于外部形势压力出台天然橡胶支持政策，缺乏从产业长远发展角度进行的规划；马来西亚的产业政策着眼于维持产业长远稳定有序发展，而印度的产业政策则更侧重于引导非传统植胶区和东北地区的橡胶产业发展，并根据产业发展状况适时调整。其次，政策实施期限不同。泰国的政策大部分属于临时性政策，除橡胶种植补贴、出口关税外，其他政策实施期限很少超过 5 年，大多数为一次性政策；马来西亚的政策实施期限较长，一项政策制定后延续实施；印度的天然橡胶政策实施期限也较长，一般为 5 年，5 年后视情况调整。最后，补贴环节和对象不同。泰国的天然橡胶产业政策补贴侧重于生产环节，补贴对象主要是胶农；马来西亚的补贴侧重于生产环节和技术研发与推广环节，补贴对象既包括小胶农，也包括从事橡胶贸易的企业、从事技术研发的研究者；印度的补贴包括橡胶种植、生产、加工、贸易、研发等环节，对象有胶农、胶农组织、生产企业、销售商、出口商等，但受自身财力影响，补贴力度较小。

7.3　政策支持强度测算

7.3.1　泰国

（1）种植及非生产期抚管补贴

自 2015 年 10 月 15 日开始，泰国橡胶种植补贴标准 6667 泰铢/亩，折合人民币约 1480 元/亩（统一按 4.5 泰铢兑 1 元人民币换算），分 8 期在 6 年半内支付，获得补贴的更新胶园需达到 25 年以上。同时，加强对橡胶更新种植的管控，减少非适宜区的种植。

（2）橡胶种植农户收入保障项目

针对市场风险的支持政策补贴强度体现在保障价格和价差补贴比例上，比如触发价格设定为 15 元/千克，当实际价格为 10 元/千克时，价差的补贴比例为 40%，补贴额每千克 2 元；若触发价格设定为 12 元/千克，价差 100% 补贴，实际补贴额也是每千克 2 元。但是，在后一种情形下，价格超过 12 元/千克时不触发补贴，而在第一种情形中则需要补贴，不过一般而言，在这种情形下，价差的补贴比例较小。此类政策的实际补贴额与当年的市场价格紧密相关。

泰国胶农收入保障项目自 2019 年启动以来，已经实施了 4 年（4 个阶段），设置的保证价格保持不变，即优质生胶片 60 泰铢/千克、新鲜乳胶 57 泰铢/千克、干胶含量 50%的杯凝胶 23 泰铢/千克，平均为 54. 3 泰铢/千克，折合人民币约 11. 3 元/千克。每亩橡胶园补贴产量不超过 100 千克/年，每户申请面积不超过 60 亩，每亩每个月申请补贴的产量不超过 8. 3 千克。

2019 年（第一阶段）：项目财政预算 240 亿泰铢，计划补贴面积 4320 万亩（占开割面积的 87. 9%），平均每亩 563 泰铢，折合人民币约 125 元/亩。根据当年的平均单产（98. 9 千克/亩）计算，全年平均每千克补贴 5. 69 泰铢，折合人民币约 1. 26 元。

2020 年（第二阶段）：财政预算 100 亿泰铢，计划补贴面积 4320 万亩（占开割面积的 87. 5%），平均每亩 232 泰铢，折合人民币约 52 元/亩。根据当年的平均单产（98. 5 千克/亩）计算，全年平均每千克补贴 2. 36 泰铢，折合人民币约 0. 52 元。

从实际执行的情况看，2020 年 10 月至 2021 年 3 月，优质生胶片实际价格只在 2020 年 12 月和 2021 年 1 月低于触发价格，新鲜乳胶实际价格在 10 月至次年 1 月低于触发价格，而杯凝胶除 2021 年 2 月外都低于触发价格。截至 2020 年 5 月 15 日，此项目为 183. 41 万户种植家庭提供收入保障，实际补贴面积 4390 万亩，平均每亩补贴 71. 7 泰铢，折合人民币约 15. 93 元/亩，低于预算的 52 元/亩。

第二阶段第三期（2020 年 12 月）的实际执行情况：优质生胶片实际平均价格 57. 85 泰铢/千克，补贴 2. 15 泰铢/千克，折合人民币约 0. 48 元/千克；新鲜乳胶 48. 78 泰铢/千克，补贴 8. 22 泰铢/千克，折合人民币约 1. 83 元/千克；杯凝胶（DRC 50%）价格 19. 99 泰铢/千克，折干后补贴 3. 01 泰铢/千克，折合人民币约 0. 67 元/千克。

2021 年（第三阶段）：财政预算 100 亿泰铢，计划补贴面积 4598 万亩（占开割面积的 93. 6%），平均每亩 219 泰铢，折合人民币约 49 元/亩。根据当年的平均单产（95. 6 千克/亩）计算，每千克补贴 2. 29 泰铢，折合人民币约 0. 51 元。

2023 年（第四阶段）：财政预算 76. 43 亿泰铢，补贴期为 2 个月（2022 年 10 月至 11 月），计划补贴面积 4364 万亩（占开割面积的 82. 92%）①，平均每亩 175 泰铢，折合人民币约 39 元/亩。泰国橡胶局公布的 2022 年 10 月、11

① 内阁批准胶民收入保障项目第四阶段，补贴将于三月份支付给胶农［EB/OL］.［2023-03-01］. 泰国橡胶局，https：//www. raot. co. th/ewt_news. php？ nid=91513&filename=webboard.

月优质生胶片价格分别为 48.41 泰铢/千克、44.75 泰铢/千克[①]，平均为 46.58 泰铢/千克，补贴 13.42 泰铢/千克，折合人民币约 2.98 元/千克；新鲜乳胶平均价格 43.34 泰铢/千克，补贴 13.66 泰铢/千克，折合人民币约 3.04 元/千克；杯凝胶平均价格 20.0 泰铢/千克，补贴 3 泰铢/千克，折合人民币约 0.67 元/千克。

此项补贴采取申请制，最终实际发放金额可能与预算数有出入。据泰国橡胶局公布数据，前三阶段胶农收入保障项目总补贴额为 466.83 亿泰铢[②]。

（3）临时收入补贴

2019 年对实际割胶生产的胶农给予临时收入补贴，每亩 750 泰铢，折合人民币约每亩 167 元，但每人申请补贴面积不超过 36 亩。

7.3.2 马来西亚

（1）更新种植及非生产期抚管补贴

马来西亚政府非常重视胶园建设，胶园更新是其稳定木材供应的重要渠道。2010—2020 年，马来半岛更新种植及非生产期抚管补贴 615 林吉特/亩（约 984 元/亩），砂拉越州为 900 林吉特/亩（约 1440 元/亩），沙巴州为 933 林吉特/亩（约 1493 元/亩）。自 2021 年开始，补贴标准提高，马来半岛约 1460 元/亩，砂拉越州约 1580 元/亩，沙巴州约 1595 元/亩（统一按 1 林吉特兑 1.6 元人民币换算）。

（2）橡胶生产激励机制（IPG）

2018 年，此项补贴触发的基准价格为 SMR20 号胶离岸价格 5.50 林吉特/千克，自 2019 年 1 月起，触发基准价格调为 6.10 林吉特/千克，折合人民币约 10 元/千克；田间杯凝胶交货价格 2.50 林吉特/千克，2023 年 5 月调至 2.70 林吉特/千克，折干胶 5.4 林吉特/千克，折合人民币约 8.6 元/千克；2024 年 1 月开始调为 3.0 林吉特/千克，折合人民币约 9.6 元/千克。每月补贴额为农户当月产量乘以补贴价差。

此项补贴额与市场价格变化密切相关。2020 年，IPG 共补贴 1.57 亿元，1.63 亿千克产量，12.74 万户胶农，平均每千克补贴 1 林吉特，约合 1.6 元/千克；按当年平均单产折算，每亩补贴 91 林吉特，折合人民币约 145 元。2021 年天然橡胶价格持续回升，只有 6 个月触发补贴机制且实际价格比较接近触发价格，最大月份的差额也仅为 0.2 林吉特，全年补贴规模较小。据马

---

① 已确定胶农收保障项目第四阶段的参考价格，赔偿总额预计超 69.07 亿泰铢［EB/OL］.［2023-04-04］. 泰国橡胶局，https：//www.raot.co.th/ewt_news.php？nid=91559&filename=webboard.

② 内阁批准胶民收入保障项目第四阶段，补贴将于三月份支付给胶农［EB/OL］.［2023-03-01］. 泰国橡胶局，https：//www.raot.co.th/ewt_news.php？nid=91513&filename=webboard.

来西亚种植业和商品部的报道，2015 年 9 月至 2023 年 10 月，IPG 已向 20.25 万户小胶农发放了 4.81 亿林吉特的补贴①。

（3）季风季节援助补助

援助对象是在 RISDA 注册的小胶农或割胶工，每人每月补助金额 200 林吉特，2017—2022 年每年补助 3 个月，2023 年开始改为每年补助 4 个月。2019 年马来西亚小胶园产量 54.87 万吨，平均每千克补助 0.45 林吉特，折合人民币约0.72 元，通过单产折算，每亩补助44 林吉特，折合人民币约 70.40 元。2020 年小胶园产量 45.72 万吨，平均每千克补助 0.45 林吉特，折合人民币约0.73 元，通过单产折算，每亩补助43 林吉特，折合人民币约 68.80 元。2021 年小胶园产量预计 44.67 万吨，平均每千克补助 0.69 林吉特，折合人民币约 1.10 元，通过单产折算，每亩补助 65.10 林吉特，折合人民币约 104.16 元。

7.3.3 泰国和马来西亚补贴强度比较

泰国、马来西亚都重视胶园更新种植，补贴标准比较接近，均为 1500 元/亩左右，分多次发放，其中定植当年的补贴额最大。两国均非常关注市场条件对胶农生计的影响。2020 年，新冠疫情导致橡胶价格严重下跌，马来西亚生产激励机制和季风季节援助补助两项补贴合计达到 214 元/亩，充分体现了马来西亚政府对困境下天然橡胶产业的支持力度。2019 年，天然橡胶市场整体低迷，泰国胶农每亩橡胶的补贴额度接近 300 元，但泰国政府的财力无法支撑如此高额的开支，2020 年和 2021 年，市场风险补助也达 50 元/亩左右，如表 7-1 所示。

表 7-1 泰国和马来西亚补贴强度比较

项目	泰国	马来西亚
更新种植及非生产期抚管补贴	1480 元/亩	1550 元/亩 地区间有差异
市场风险补贴	胶农收入保障项目 2019 年 125 元/亩 2020 年 52 元/亩 2021 年 49 元/亩 按预算数测算	生产激励机制 2020 年 145 元/亩 2020 年 1.6 元/千克 实际补贴

① 截至10月马来西亚已向小胶农发放 4.81 亿令吉橡胶激励资金［EB/OL］.［2023-11-24］. Qinrex 橡胶贸易信息网，http：//www.qinrex.cn/news/show-46608.html.

续表

项目	泰国	马来西亚
临时补助	临时收入补贴 2019 年 167 元/亩	季风季节援助补助 2019 年 71 元/亩 2020 年 69 元/亩 2021 年 104 元/亩

7.3.4　印度

虽然印度对天然橡胶产业建立了相对完善的支持体系，但 2020 年，印度人均 GDP 不足 2000 美元，发展水平比较低，政府财力有限，“巧妇难为无米之炊”，导致相关政策难以全面落实。印度橡胶局统筹管理全国天然橡胶和合成橡胶产业，2022—2023 财年包括机构运行、补贴等支出在内，预算总数为 26.87 亿卢比（折合人民币约 2.4 亿元），2020—2021 财年实际支出 18.77 亿卢比（折合人民币约 1.7 亿元），资金规模非常小。

根据印度橡胶局工作年报，2019—2020 年度，政府对于橡胶种植方面的投入约合人民币 3264 万元，包括定植、抚管、林下经济、技术采用等，其中 890 万元用于定植当年的补助。印度橡胶局针对橡胶产业的实际支出平均到种植面积上，每亩不足 10 元，如表 7-2 所示。

表 7-2　印度橡胶局对橡胶产业的支出

项目	计量单位	2019—2020 年度		2018—2019 年度		2017—2018 年度	
		批复支出	实际支出	批复支出	实际支出	批复支出	实际支出
胶园发展与拓展	万元	3630	3264	2814	854	2252	911
橡胶研究	万元	608	1010	388	91	270	297
支持加工和营销、基础设施开发和专业服务	万元	752	560	820	149	719	144
人力资源发展	万元	438	527	355	185	270	285
未决责任	万元	0	972	0	0	1620	366
合计	万元	5428	6332	4377	1279	5131	2003
当年定植面积	万亩	11		14		12	
开割面积	万亩	744		732		672	
总面积	万亩	1244		1233		1233	
按开割面积平均实际支出	元/亩	8.51		1.75		2.98	
按总面积平均实际支出	元/亩	5.09		1.04		1.62	

注：印度卢比兑人民币的汇率统一按 1：0.09 计算。支出项目均为报表数，无测算数。

7.4 对我国的主要启示和借鉴

7.4.1 优化橡胶生产支持政策，提高政策支持水平

橡胶树生产周期长，定植后经过7年左右的非生产期才能开割生产，其间的抚管水平决定了橡胶树的生长、发育、产胶、抗逆等能力，因此这一时期是形成天然橡胶生产能力的关键时期。马来西亚、泰国、印度均长期支持橡胶树更新定植和非生产期抚管，并不断提高支持水平，其中马来西亚在2021年将支持力度提高到平均每亩约合人民币1550元，远高于泰国和印度。我国处于非传统植胶区，单位面积产量仅约为马来西亚、泰国和印度的3/4，对天然橡胶产业的支持力度应该更高，且我国经济发展水平相对较高，有一定的财力保障。虽然我国也先后实施过天然橡胶良种补贴、非生产期标准化抚育补助等政策，但实施期限都不长，缺乏长期性，投入资金也十分有限。此外，我国还通过国家天然橡胶基地建设项目（“十四五”后变更为天然橡胶生产能力建设项目）、天然橡胶产业发展支持项目等支持橡胶生产，但这些政策仅在部分地区实施，覆盖面窄。2015年，我国开始实施天然橡胶林业补贴，用于新植橡胶、抚管补助和森林生态效益补偿；2022年，实施天然橡胶良种良法补助试点，对种植前3年的物质投入、社会化服务等进行补贴，补贴金额1400元/亩，其中种植当年补助800元，后续2年每年补助300元，2022年试点面积15万亩。此外，我国现行的良种良法补助、林业补贴等政策仅支持种植当年及定植后2年的田间抚管，尚未覆盖整个非生产期。建议参考有关主产国的通用做法，整合天然橡胶良种良法补助、林业补贴等政策，推动相关政策提标扩面，实现天然橡胶整个非生产期支持政策全覆盖，并长期稳定实施。

7.4.2 加大对生产环节的支持力度，确保植胶者生计水平

胶价的持续低迷严重影响植胶者的生产积极性和生计水平。泰国、马来西亚和印度均出台政策来减缓价格波动对生产的影响，确保胶农收入水平，维持胶农生计。2019年，泰国对胶农的收入保障和临时性补贴合计达到292元/亩；2020年，马来西亚仅生产激励机制和季风季节援助两项补贴合计就达214元/亩。农民收入保障是农业政策的重要目标，马来西亚和泰国针对市场风险的政策都收到了良好的效果，稳住了橡胶种植户收入，降低了贫困发生的概率。我国也采取了相应政策措施来减轻价格低迷对胶农生计的影响。自

2018 年开始，海南省探索实施了天然橡胶价格（收入）保险政策，在民营胶园实施价格保险、农垦实施收入保险，政府补贴部分保险费。该政策的实施有效调动了海南胶农的生产积极性，促进了生产，保障了农民收入，但价格保险政策在海南还未实现全覆盖，2024 年起在海南和云南实施综合保险项目，广东还未实施。从印度的经验看，对技术采用等给予支持是必要的，比如低频割胶技术，有利于提高劳动生产率和土地产出率。

7.4.3　加快培育天然橡胶新型生产经营主体，提高生产经营和技术水平

新型橡胶生产经营主体在生产中可有效提升集约化、专业化、组织化程度。泰国和印度十分重视胶农组织化发展，以发放贴息贷款、筹备基金、给予购置设备补贴和建厂补贴等多种方式，支持胶农组建合作组织，鼓励合作社开展社会化服务，推动产业现代化发展。我国民营橡胶种植面积占全国的 64%，种植主体以小农户为主，专业合作社、家庭农场等新兴经营主体少，户均种植面积小，呈“小、散、低、弱”状态，生产技术水平相对较低。建议参考印度、泰国等国家做法，加大对胶农组织的扶持力度，加快培育新型橡胶生产经营主体，鼓励建立橡胶专业合作社、植胶户联盟等胶农组织，提升民营胶园组织化程度，激发民营橡胶生产潜力。另外，加大橡胶树新型种苗、低频割胶技术、低氨/无氨保存、高效施肥等生产技术以及电动割胶刀等装备的推广力度，加强生物育种、智能化割胶、高性能胶研制等领域科技研发投入，增强技术创新的支撑力度，提升产业生产技术水平。

7.4.4　构建良种良苗集中供应机制，支持高标准胶园建设

橡胶种苗质量直接关系到定植后 30 多年的生产和收益，对橡胶产量和质量具有重要影响。马来西亚由小胶园发展局认证和管理一批具有良好资质的苗圃，培育优质种苗，为生产经营主体统一提供品质优良的橡胶苗。我国可参考马来西亚做法，构建我国良种良苗集中供应机制，遴选一批优质种苗繁育基地，规范育苗技术和生产管理，加强区域主导品种种苗供应，最大限度降低因品种纯度和种苗质量导致的长期性风险。我国超过 33 年龄和低质低产胶园面积约 280 万亩，更新种植的时间紧、任务重。中央财政通过国家天然橡胶基地建设项目、良种良法补助等对胶园建设给予支持，包括定植、非生产期抚管以及胶园基础设施建设。国家天然橡胶基地建设项目专门用于胶园道路、储胶池、管护用房等基础设施建设，按照“建用分离”原则，尽快在民营胶园实施。

7.4.5 提高政策实施的稳定预期

橡胶树经济寿命长约35年，支持政策的稳定性对产业发展至关重要。泰国、马来西亚和印度的橡胶产业扶持政策在更新、抚管等方面均有持续性补贴，并以法律形式予以固定，确保了政策的连续性和稳定性。三国均设有橡胶局，负责天然橡胶全产业链管理，确保了政策的有效实施。建议我国参考有关国家做法，进一步加强国内相关扶持政策的稳定性，解除生产者的顾虑，确保产业持续发展。

第8章

橡胶种植户对产业支持政策的偏好

2004年中央一号文件提出，要从粮食风险基金中拿出部分资金，对种粮农民进行直接补贴，此后每年中央一号文件几乎都会对农业支持保护制度作出安排。经过多年探索，我国已经形成了较为完善的农业支持保护体系。水稻和小麦最低收购价政策一直保留，全面取消了主要农作物的临时收储政策，补贴政策更加完善、多元化。总体来看，我国制定农业支持政策大多采用自上而下的模式（刘红岩，2018）①，比较注重借鉴发达国家的经验，对政策实施对象的诉求关注较少，这也与农民表达诉求的组织少、渠道少有关。与之相反，农业集团在美国和日本政策制定中发挥着重要的作用。

在我国，“三农”工作作为全党工作的重心，不断完善农业支持保护制度，需要充分考虑农民这一群体的利益，进而确保农业支持政策更好地服务于农民利益。近年来，WTO成员特别是美国，对我国农业支持保护政策提出质疑，认为我国水稻、小麦、玉米等特定农产品的国内支持水平远远超过承诺水平（WT/DS511）。2019年11月26日召开的中央全面深化改革委员会第十一次会议强调，要不断增强强农惠农富农政策的精准性、稳定性、实效性，但具体到操作层面还要考虑很多问题。任何政策的实施效果都依赖于微观主体的行为响应，从机制设计原理看，需要满足参与约束和激励相容约束。政策偏好是政策设计和调整的主要依据之一，比如能否理解农民为什么不愿意减少农药施用量是决定农业环境政策制定能否成功的关键（Chèze et al.，2020）。

偏好是微观经济学中的基本概念，针对偏好的研究非常丰富，如居民的风险偏好（张光利、刘小元，2018）、地方政府创新偏好（李政、杨思莹，2018）等。对于政策偏好的研究从不同层次和角度进行，如居民住房政策偏好（杜平、麻宝斌，2018）、产业政策偏好（宋丽颖等，2017；余东华、邱璞，2017）、外资政策偏好（吴其胜，2016），对偏好的理解也有所不同。具体到农户对政策的偏好，国内也有一些研究，有学者发现消费者对进口贸易

① 这并不是说制定农业支持政策之前没有开展调查研究，但总体而言，农民群体在我国农业支持政策制定中的参与度不足，大多是政策的接受者，且可选择的空间小。从已发表的学术论文看，2004年前后没有学者对农户的政策意愿以及政策可能的效果开展过全面的分析。

政策最为关注，但对生产者政策关注较少（毛学峰等，2019）；家庭农场更希望政府对其进行销售以及资金、技术等生产要素的支持（高杨等，2019），而不是对生产的直接支持。

不同类型农户对政策的需求不同，敏感程度也不同（罗小娟等，2013），其政策偏好受到自身、家庭、经营等方面的约束。对于美国爱荷华州农户来说，经济状况、经营规模和类型、教育和农场经历对其政策偏好会产生重大影响，且每项政策都有明确的支持和反对阵营（Orazem et al.，1989）；不同类型的奶牛场经营者的政策偏好具有显著的差异，小农场主更倾向于收入支持计划，而大农场主则希望减少政策干预（Wolf，Tonsor，2013），同时不同地区也存在差异（Barnett，Coble，2012）。在农户参与保险方面，农民除了期待应对生产和市场风险外，还希望平衡个人健康风险，特别是年龄偏大或医疗支出较高和经历过重大健康问题的农民，倾向于补贴转换（Nganje et al.，2008），这对于我国农民也有积极的借鉴意义。在实际调查中，往往难以将政策的语言含义判断与偏好区分开来，这可能会对农户政策偏好判断产生不利的影响。

8.1 问卷设计与数据获取

本书参考现有农业支持政策体系，借鉴天然橡胶主产国的经验，结合国内政策实施情况，提出备选政策。依据 Best-Worst Scaling 方法，对政策选项进行分组，并选择在天然橡胶主产区进行问卷调查。

8.1.1 备选政策设计

农业支持政策类型包括市场价格支持、要素投入补贴、收入支持计划、风险管理产品补贴以及生产性服务，综合考虑第 6 章和第 7 章梳理的政策，设计了如表 8-1 所示的政策选项。要素投入补贴是农户比较熟悉的政策，“十三五”之前有种粮直补、良种补贴和农资综合补贴以及天然橡胶良种补贴，近几年有耕地地力保护补贴，农户比较难以解释的是收入支持计划。在问卷填写手册中，将收入支持计划解释为针对一种作物或农产品提供一定的收入水平保障，或者提供一定的职业津贴。在解释市场价格支持时，强调最低收购价不会太高。设计具体政策选项时考虑了农户涉及的各个环节，包括生产补贴、市场支持、收入支持、保险保费补贴、基础设施建设、社会化服务等，由于是农户调研，暂时不考虑边境保护政策，如关税政策，其对种植户的影响不是很直接。

表 8-1　政策选项

最想要	政策内容	最不想要
	针对农业支持政策类型的选项	
○	A1. 市场价格支持（如设定最低收购价，应收尽收）	○
○	A2. 要素投入补贴（如地力保护补贴、良种补贴）	○
○	A3. 收入支持计划（如收入补贴、职业农民津贴）	○
○	A4. 风险管理产品补贴（如农业保险、收入或价格保险的保费补贴）	○
○	A5. 生产性服务（如基础设施建设、社会化服务）	○
	针对天然橡胶的政策选项	
○	B1. 目标价格补贴（当价格低于 15 元/千克，给予最大差额 3 元/千克的补贴，生产者无须承担费用）	○
○	B2. 橡胶树灾害保险保费补贴（由保险公司提供保险产品，生产者需承担部分保费，橡胶树被台风刮断，给予赔付）	○
○	B3. 收入（价格）保险保费补贴（如设定价格为 15 元/千克，由保险公司提供保险产品，生产者需承担部分保费）	○
○	B4. 按面积计算的地力保护补贴（100 元/亩，一般要求每亩株数不低于一定数量，如 20 株）	○
○	B5. 橡胶开垦种植或更新种植、非生产期抚管、种苗补贴（种植 400 元/亩，抚管 200 元/亩，种苗 10 元/株）	○
○	B6. 割胶工人职业津贴（为连续从事割胶生产 20 年以上的胶工提供职业津贴）	○
○	B7. 胶园基础设施建设（主要道路建设，由政府出资）	○
○	B8. 社会化服务补贴（例如提供施肥统测统施，生产者需承担部分费用）	○

8.1.2 Best-Worst Scaling 方法

农业农村政策是公共政策的重要组成部分，不仅在发展中国家，在发达国家也是如此，如美国农场法案就是争论的焦点之一。在不少发达国家，农业政策工具选择对选举的影响具有不确定性，需要考虑政治和经济的回报率，目标是找到政治和经济之间的交集，如图 8-1 所示。在实行全民选举的国家特别是以农业为主的小国，执政当局可能因为实施了不恰当的农业政策而失去了民意；若设计合理，则可为执政党赢得支持，如马拉维（Dionne，Horowitz，2016）。政策制定面临的问题在于如何识别出农户实际更偏好的政府农业行业项目和投资类型，如何制定政治和经济双赢的政策，如何在增加支出或减少预算与农民的偏好之间协调。

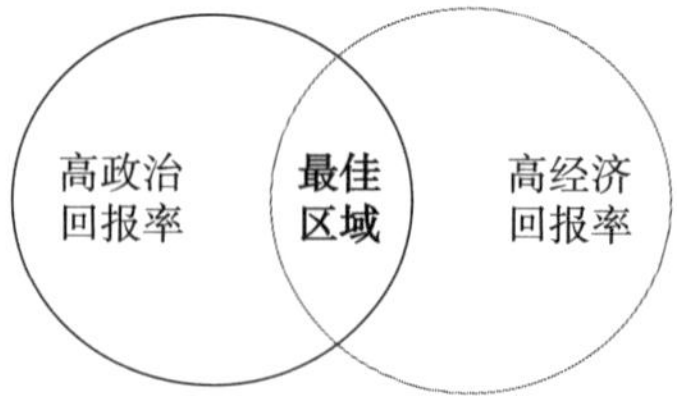

图 8-1　发达国家农业政策制定的考量因素

Best-Worst Scaling（BWS）是一种要求受访者从一组可用选项中选择最喜欢和最不喜欢的选项的方法（Marley et al.，2016）。在 BWS 方法下，首先列出政府项目和计划的清单，拆分选择集；然后被访问者从每个选择集中选择最倾向的和最不想要的，每个被访问者需要对多个选择集完成选择，这是 BWS 相对其他排序方法具有优势的做法。对一系列选项进行排序是很困难的，而在 BWS 中只需要选择极端的（Marley，Louviere，2005）。受访者必须根据自己的原则作出选择，在政策集合中权衡出最好的和最差的。一般每个选择集的选项以 3~5 个为宜，每个选项出现的总次数是一样的。表 8-2 给出了政策选项分组和配对的情况，每组 4 个选项，共分 6 组，共有 72 个配对。

表 8-2　问卷中政策选项的分组以及配对出现次数

组	B1	B2	B3	B4	B5	B6	B7	B8		B1	B2	B3	B4	B5	B6	B7	B8
1	√	—	√	—	√	—	—	√	B1	—	1	2	2	1	1	1	1
2	—	√	—	√	—	√	√	—	B2	1	—	2	2	1	1	1	1
3	√	√	√	√	—	—	—	—	B3	2	2	—	1	2	0	0	2
4	—	—	—	—	√	√	√	√	B4	2	2	1	—	0	2	2	0
5	√	—	—	√		√	√		B5	1	1	2	0	—	1	1	3
6	—	√	√	—	√	—	—	√	B6	1	1	0	2	1	—	3	1
—	—	—	—	—	—	—	—	—	B7	1	1	0	2	1	3	—	1
—	—	—	—	—	—	—	—	—	B8	1	1	2	0	3	1	1	—

8.1.3　调查开展情况

2019 年 8 月，分别在云南省西双版纳州景洪市和勐腊县，海南省儋州市、琼中县、白沙县、屯昌县、澄迈县、临高县和琼海市开展问卷调查。调查实施地都是天然橡胶优势种植区域，也是主产县（市）。调查样本确定过程：依据种植面积进行分层抽样。首先，依据经费预算确定总体样本量，并将样本量分到县（市）；其次，考虑乡镇橡胶种植规模、交通便利性，依面积统计数据分布到乡镇或农场；最后，确定村寨的数量，与当地农业或农技部门共同确定实施调查的具体村寨。此次调研共收回 615 份有效问卷，其中云南 312 份、海南 303 份。本次问卷调查大部分村庄由村干部来组织受访农户，没有按照随机抽样的方法来确定样本。为了确保调查员对问卷的理解到位，每位调查员需要经过 1~2 天培训，并进行互问互答的模拟练习；在调查实施期间，调查员几乎每天都进行交流，及时解决调研中遇到的问题。但在后期问卷整理过程中发现，仍然存在调查员理解程度不够和耐心不足造成的偏差。

8.2　关于多人多项选择的理论分析

在经典的微观经济学理论中，消费者偏好以公理化为特征，可以应用二元关系来刻画偏好的特征。对于两个消费束 x_1 和 x_2，消费者总是可以给出明确的偏好关系。为了能够很好地进行数理化表达，偏好关系需要遵循完备性、传递性、连续性、局部非饱和性、严格单调性、凸性或严格凸性等公理，公理化后的偏好关系能够用具有良好性质的效用函数表示。但在现实中，偏好关系并非总是能满足这些公理的要求。

以埃奇沃思盒阐述两个人、两件商品的选择问题（见图 8-2），由两个人的无差异曲线相切点组成的曲线 *CC* 为契约曲线，在契约曲线上，每一点都处于帕累托最优状态，即若改变这些点的分配，都存在一方受损、一方受益的状况，都不是帕累托改进。假设 *E* 是两个人的初始禀赋点，*CC* 曲线上的 *FG* 为核内的契约曲线，在核内的契约曲线都是可以满足初始禀赋的帕累托最优分配组合。在核内契约曲线的众多配置中，具体哪个点是两个人都满意的配置结果，取决于经济运行按市场体系还是中央计划经济来配置。在市场体系条件下，配置点上两个人的无差异曲线都与相对价格的直线相切，且在契约曲线上，即 *H* 点。

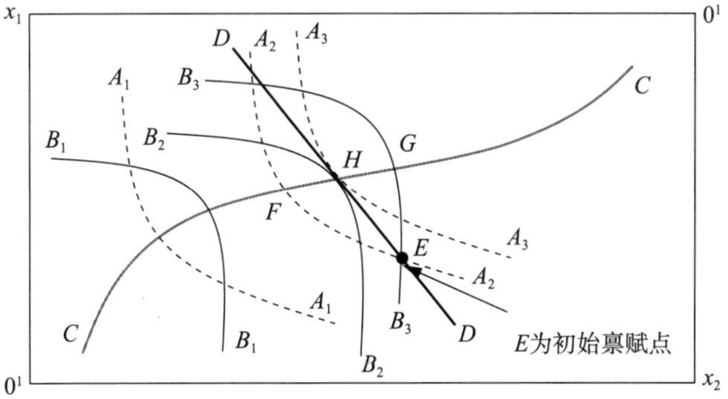

图 8-2　阐述两人两商品选择过程的埃奇沃思盒

埃奇沃思盒的分析说明，两人两商品在市场机制下能够实现满意的选择结果，但若人数和选项都在三个以上，情况将变得非常复杂。从孔多塞①到阿罗，再到森，学者们对于集体行动进行了深入的研究。阿罗不可能定理②指出，多人在包含多个选项的备选集中选择，难以达到满意的结果。具体到本研究，每个行为主体对备选政策都有其自身的偏好，选择的政策偏好结果存在着优劣之分，但并不存在能够表达最优或最差的政策选择的满足社会福利函数的映射关系。因此，哪些政策选项对整个产业而言最优的问题是难以回答的，存在一个选择分布的问题。运用统计方法分析主观意愿表达结果，大体可以分析哪一项政策更容易满足政策实施对象的意愿。实践中，橡胶种植户的意愿表达和实际行为选择是不一样的，如对不同价格水平下生产的意愿表达与实际行动（刘锐金等，2018b）。但意愿分析仍然很重要，至少可以掌握经营主体关注的重点。

8.3 不同群体的政策偏好差异

首先对农户不同政策选项及其配对选择结果进行分析，从总体上把握政策偏好，然后运用有序 Logit 模型来初步识别可能对某一项政策偏好产生影响的因素。

8.3.1 政策偏好的总体情况

对市场风险分散的政策需求最为强烈，海南和云南样本中分别有 27.2%、29.3%认为目标价格补贴是最想要的政策选项，但同样针对市场风险的收入（价格）保险保费补贴的偏好程度则很低，尽管其能够提供更高水平的风险保障。社会化服务补贴和橡胶树灾害保险保费补贴成为最不受欢迎的政策（见表 8-3、表 8-4）。一项政策如果被选为最想要得 1 分，被选为最不想要得-1 分，未被选择则为 0，由此计算各项政策的得分。已有学者对这种计分方法进

① 孔多塞（Condorcet）悖论表明，人数众多的投票方法并无法满足偏好关系的传递性。传递性的失效意味着，在包含三个或三个以上选项的备选集中，没有一个单一选项由多数人规则来决定。

② 从个体到社会的选择是经济学研究的一个难题，在消费者理论和厂商理论中，我们往往会设定代表性消费者或厂商，但实际上其并不存在。基于某种加总规则的函数被称为社会福利函数 f，阿罗（Arrow）不可能定理表明，这个函数很难让人满意。针对包含多个选项的备选集，社会福利函数要满足：①对于个人偏好的任何组合都有定义；②总是能够产生帕累托最优决策，就如分析两人两商品选择的埃奇沃思盒；③任何两个备选方案上的社会偏好仅取决于这些方案上的个人偏好，即配对独立条件。阿罗不可能定理可以表述为若备选集中包含三个及三个以上的选项，那么不存在一个社会福利函数 f 同时满足这三个条件。

行了理论和经验分析（Marley，Flynn，2015），不再赘述。目标价格补贴的得分高达 841，而社会化服务补贴和橡胶树灾害保险保费补贴的得分分别为-799 和-440。我国橡胶种植区域属于非传统种植区域，风害、寒害和白粉病是主要灾害（何长辉、刘锐金，2015），特别是台风，破坏性大，如 2005 年“达维”台风造成了巨灾损失（魏宏杰等，2011）；橡胶树灾害保险是中央补贴险种，已经实施多年，但在民营胶园参保率非常低，并不被广大种植户接受。

农户参与割胶、施肥和病虫害防治社会化的意愿较强。割胶生产是日常性工作，需掌握割胶技术，否则会影响后期产量。根据抽样调查，部分地区有农民替别人割胶，再按照一定比例进行分成，但提供割胶生产服务的组织尚未发现。海南的 301 个样本中有 45.5%表示愿意将全村的橡胶统一起来，由专业化割胶队伍割胶，然后进行分红。农户不愿意参与的主要担忧是无法获得合理的分红，其次是担心橡胶树资产被破坏，担心自己没有工作。云南的样本中，有 51.9%表示愿意统一割胶，略高于海南。对于橡胶树的养分需求，农户还是比较了解的，想要提高产量就要多施肥。调查中询问农户是否愿意全村一起由专业机构通过营养诊断后科学施肥，海南 298 个样本中有 43%表示愿意，94 个给出愿意接受的价格，平均约为 50 元/亩。根据 2016 年抽样调查和固定观察点数据测算结果，平均每株橡胶树的施肥成本约为 4 元，若每亩保存株数为 25 株，那么每亩胶园的施肥成本约为 100 元。若无政府补贴，施肥的社会化服务市场可能会失灵。现实中，肥料销售企业或个体户会为大规模种植户提供施肥服务，比如云南省西双版纳州景洪市景哈乡搭亥村委会回丙村小组拥有 100 亩橡胶园的大户，施肥就由销售企业完成。另外，还存在少量的病虫害防治社会化服务主体，特别是白粉病的防治。2016 年对海南主产区的问卷调查结果显示，有部分农户选择集体或请人进行防治作业。海南应答的 299 个样本中愿意参与的比重为 58.5%，防治白粉病的平均支付意愿为 29 元/亩，基本能覆盖成本。

表 8-3　海南橡胶种植户对政策选项的偏好表达

选项	第 1 组		第 2 组		第 3 组		第 4 组		第 5 组		第 6 组		占比（%）	
	最想要	最不想要	最想要	最不想要	最想要	最不想要	最想要	最不想要	最想要	最不想要	最想要	最不想要	最想要	最不想要
B1	204	20	—	—	164	32	—	—	123	45	—	—	27.2	5.4
B2	—	—	39	122	24	133	—	—	—	—	39	104	5.6	19.9
B3	41	80	—	—	40	74	—	—	—	—	108	46	10.5	11.1
B4	—	—	82	42	73	60	—	—	43	62	—	—	11.0	9.1

续表

选项	第1组		第2组		第3组		第4组		第5组		第6组		占比（%）	
	最想要	最不想要	最想要	最不想要	最想要	最不想要	最想要	最不想要	最想要	最不想要	最想要	最不想要	最想要	最不想要
B5	37	94	—	—	—	—	85	72	—	—	120	56	13.4	12.3
B6	—	—	88	68	—	—	97	43	63	95	—	—	13.7	11.4
B7	—	—	92	69	—	—	96	57	72	99	—	—	14.4	12.5
B8	19	107	—	—	—	—	23	129	—	—	34	95	4.2	18.3
合计	301	301	301	301	301	299	301	301	301	301	301	301	100	100

表8-4　云南橡胶种植户对政策选项的偏好表达

选项	第1组		第2组		第3组		第4组		第5组		第6组		占比（%）	
	最想要	最不想要	最想要	最不想要	最想要	最不想要	最想要	最不想要	最想要	最不想要	最想要	最不想要	最想要	最不想要
B1	188	23	—	—	199	30	—	—	158	45	—	—	29.3	5.3
B2	—	—	58	125	17	114	—	—	—	—	49	68	6.7	16.5
B3	43	43	—	—	45	63	—	—	—	—	116	21	11.0	6.8
B4	—	—	56	45	49	102	—	—	31	93	—	—	7.3	12.9
B5	63	42	—	—	—	—	101	34	—	—	122	35	15.4	6.0
B6	—	—	85	71	—	—	97	48	63	90	—	—	13.2	11.2
B7	—	—	111	68	—	—	94	35	58	82	—	—	14.1	10.0
B8	16	202	—	—	—	—	18	193	0	0	23	186	3.1	31.3
合计	310	310	310	309	310	309	310	310	310	310	310	310	100	100

通过政策选项得分来分析海南和云南种植户对政策的偏好差异，发现只有B3价格（收入）保险保费补贴和B4按面积计算的地力保护补贴出现了相反的方向，其余两省都保持一致，但在强度上有一定的差异，如图8-3所示。云南橡胶种植户对包括施肥和病虫害防治在内的社会化服务补贴的厌恶程度明显高于海南，不少农户表示，只要有肥料，施肥基本可以自己完成；有农户提出细节的问题，如立地条件差异大的情形下的定价，差异化需求如何满足。白粉病并不是每年都很严重，农户大多选择不防治。海南省和云南省多个县（市）实施了“期货+保险”项目，海南还试点了价格（收入）保险保费补贴政策，而云南没有试点该政策，但海南种植户对

价格保险的偏好要明显弱于云南；对于按面积计算的地力保护补贴政策，云南种植户偏好得分是负数。

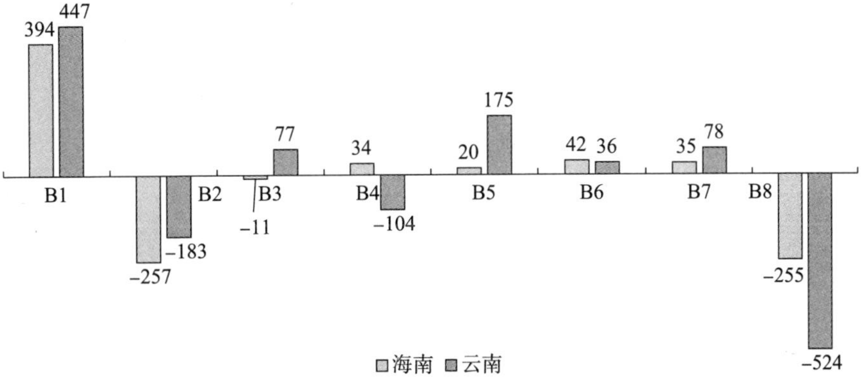

图 8-3　海南和云南橡胶种植户对政策选项的偏好情况

注：海南和云南的样本量分别为 301 个和 310 个。

针对市场风险的政策工具——A1 市场价格支持被认为是最为重要的，这与农户对特定目标的政策最敏感有关（Orazem et al.，1989），且该政策与橡胶种植户面临的价格波动密切相关。天然橡胶名义价格在 2011 年达到历史高峰之后急剧下跌，2014 年的价格已不足 2012 年的一半，此后持续低迷，橡胶种植家庭的福利严重受损。根据 2013 年、2016 年和 2019 年在海南省儋州、白沙、琼中、屯昌、琼海、澄迈、临高对橡胶种植户的抽样调查，2012 年 259 个农户的橡胶收入平均值为 2.13 万元，2015 年 195 个农户的橡胶收入平均值下降到 1.25 万元，2018 年 250 个农户的橡胶收入平均值为 1.24 万元。橡胶种植户对价格剧烈变动的印象深刻，这可能是其偏向价格和收入支持政策的主要原因。风险管理产品补贴和生产性服务支持，普遍被认为是最不重要的政策选项（见表 8-5）。涉及农户缴费的项目，一般难以调动农户的积极性，主要源于其支付能力较弱和对运行机制的不信任。

表 8-5　农户对不同政策类型的偏好情况

选项	云南（样本数）		海南（样本数）		云南（比重,%）		海南（比重,%）		得分	
	最想要	最不想要	最想要	最不想要	最想要	最不想要	最想要	最不想要	云南	海南
A1	132	50	106	42	42.9	16.4	35.5	14.0	82	64
A2	32	47	49	16	10.4	15.5	16.4	5.3	-15	33
A3	73	34	56	46	23.7	11.2	18.7	15.3	39	10
A4	23	74	29	101	7.5	24.3	9.7	33.7	-51	-72
A5	48	99	59	95	15.6	32.6	19.7	31.7	-51	-36
合计	308	304	299	300	100	100	100	100	—	—

目标价格补贴政策（B1，·）组合相对（·，B1）组合具有明显的优势，特别是与社会化服务补贴、橡胶树灾害保险保费补贴同组时，对目标价格补贴的偏好程度更高。对于灾害和价格保险保费补贴的组合选择结果表明，市场风险对农户而言更难以应对。我国天然橡胶市场放开后，快速融入国际市场，生产者是比较典型的价格接受者。初加工厂参照期货、销区和产区现货市场等确定收购价格，开割期间每日将收购价发给原料收购商，收购商再根据此价格确定收购价，农户的议价空间小。新植和更新种植需要平地、挖穴、购买种苗和化肥等，按照技术规程和当前物价，每亩约需投入 1800 元，第 2 至第 7 年抚管约需 3800 元，投资成本高（刘锐金等，2018a），且其间橡胶树本身无法提供收益，更新种植是保持胶园生产潜力的最重要渠道。橡胶种植和非生产期抚育的支持政策选项与价格支持选项配对时，偏好相对低，但与生产环节政策特别是社会化服务补贴选项相比，偏好程度高。橡胶园更新时，可为种植户提供一笔较为可观的木材收益用于橡胶园更新，部分木材收购商砍伐后还为种植户平地。但橡胶树砍伐需要得到当地政府颁发的许可证，否则会受到行政处罚。相对于提供橡胶树灾害保险保费补贴，种植户更倾向于胶园基础设施建设支持。割胶生产一般在凌晨进行，早上收获胶乳；大部分橡胶园分布在山地，胶园道路建设对于改善林间作业环境非常关键。在较为偏僻山区的种植户，为了降低液态胶乳运输的损失风险，将胶乳留在田间凝固，隔一段时间再运下山销售，虽然也可以销售出去，但所能获得的价格相对较低。表 8-6 为不同政策组合的被选择情况。

表 8-6 不同政策组合的被选择情况

选项	海南省 7 县（市）（303 个样本）								选项	云南省西双版纳 2 县（市）（312 个样本）							
	B1	B2	B3	B4	B5	B6	B7	B8		B1	B2	B3	B4	B5	B6	B7	B8
B1	—	76	94	65	67	44	44	78	B1	—	79	63	103	29	63	47	136
B2	6	—	12	20	14	17	11	17	B2	4	—	10	19	10	25	20	34
B3	19	54	—	13	46	0	0	46	B3	20	31	—	19	20	0	0	91
B4	22	69	17	—	0	30	39	0	B4	20	43	13	—		23	26	0
B5	7	50	37	0	—	23	16	87	B5	11	33	27		—	20	19	117
B6	14	46	0	18	23	—	52	39	B6	17	42	0	32	14	—	42	72
B7	20	42	0	28	40	58	—	44	B7	17	60	0	40	13	41	—	59
B8	5	11	16	0	23	7	7	—	B8	5	10	7	0	18	6	5	—

注：数据是选择某个组合的农户数量，部分选项中可能会重复出现多次。矩阵（B1，B2）中，第一个是最想要，第二个是最不想要。

8.3.2　变量选择与描述统计

为了探讨不同类型农户对政策的偏好，使用 Logit 模型进行计量分析。由于政策偏好是由受访者主观作出选择的，回归方程自变量中加入受访者，而不是户主的特征，自变量设计和描述统计如表 8-7 所示。橡胶种植户在意愿表达中受户主和家庭特征的约束多，而实际生产行为决策更多受到家庭种植结构的约束（刘锐金等，2018b），自变量包含个体、家庭和橡胶园特征。

表 8-7　政策偏好选择的自变量设计及描述统计

类型	定义	名称	赋值规则	平均值	标准差
政策选项	目标价格	*policy*1	计算每个农户的每个政策选项得分，作为最想要的政策，每选择一次得分记为 1；作为最不想要的政策，每选择一次得分记为-1，未选择则为 0。计算得分之后，进行赋值： 0：得分为负数，1：得分为零，2：得分为正数	1.592	0.727
	灾害保险	*policy*2		0.650	0.811
	价格保险补贴	*policy*3		1.075	0.804
	地力补贴	*policy*4		0.946	0.832
	种植补助	*policy*5		1.233	0.833
	职业津贴	*policy*6		1.041	0.873
	基础设施	*policy*7		1.083	0.863
	社会化服务	*policy*8		0.415	0.693
政策类型	价格支持	*gpolicy*1	0：最不想要，1：未选择，2：最想要	1.240	0.699
	投入补贴	*gpolicy*2		1.028	0.487
	收入支持	*gpolicy*3		1.080	0.582
	风险管理	*gpolicy*4		0.798	0.578
	生产性服务	*gpolicy*5		0.854	0.691
受访者特征	是否为户主	*q_decision*	0：不是户主，1：户主	0.660	0.474
	是否为女性	*q_male*	0：男性，1：女性	0.233	0.423
	年龄	*q_age*	1：≤35，2：35~45（含），3：45~55（含），4：≥56	2.486	0.963
	受教育程度	*q_edu*	1：小学及以下，2：初中，3：高中及以上	1.854	0.695
	就业状态	*q_job*	1：兼业或非农就业　0：农业	0.273	0.446
	健康状况	*q_health*	1：较差，2：一般，3：较好，4：很好	2.905	0.912
	是否为村干部	*q_cadre*	0：否，1：是	0.363	0.481
	幸福感	*q_happy*	1：不太好，2：一般，3：比较顺心	2.322	0.645

续表

类型	定义	名称	赋值规则	平均值	标准差
家庭特征	人口数	*pop*	1：≤3 人，2：4 人，3：5 人，4：6 人及以上	2.728	1.099
	劳动人口数	*labor*	1：≤2 人，2：3 人，3：4 人，4：5 人及以上	2.211	0.994
	是否有高中及以上学历	*educ_m*	0：最高文化程度为高中以下 1：高中及以上	0.540	0.499
	是否拥有汽车	*own_car*	1：有，0：没有	0.391	0.488
	家庭收入	*ln_inc*	单位为元，取自然对数	10.680	0.756
	家庭支出	*ln_exp*	单位为元，取自然对数	10.530	0.780
	种植意愿	*willness*	0：不愿意，1：愿意	0.232	0.422
	技术培训	*train*	0：2018 年未参加技术培训，1：2018 年参加技术培训	0.358	0.480
橡胶园特征	橡胶收入占比	*inc_ru*	1：≤0.25，2：0.25~0.50（含），3：0.50~0.75（含），4：>0.75	2.304	1.216
	种植面积	*area_ru*	实有橡胶种植面积（亩），取自然对数	2.949	0.841
	面积平方项	$area\_ru^2$	*area_ru* 的平方项	9.405	5.124
	地块数	*block_ru*	1~4 为实际地块数，5：5 块及以上	2.106	1.132
地区	地区变量	*region*	0：云南，1：海南	0.493	0.500

针对橡胶种植户设计的政策选项偏好表达差异更为明显，但对整体农业政策类型的偏好表达差异小，如表 8-7 所示。两类政策的偏好表达基本是一致的，对于包括最低收购价、目标价格补贴等针对价格的支持政策更中意，不倾向于保险补贴和生产性服务补贴。

受访者是户主的相对多，女性较少；大部分受访者年龄大于 45 岁，学历教育以初中及以下为主，但家中最高文化程度则提高至高中及以上。对当前生活状况的评价总体比较乐观，不少家庭拥有汽车。参加技术培训和愿意继续种植橡胶的比重偏低，大多数受访家庭的橡胶收入占比高于 50%，这与调查实施地选择有关。家庭平均人口规模为 4.88 人，略高于 CFPS 的调查数据，海南高于云南；家中 16~60 岁人口平均为 3.21 人，海南低于云南，总体而言，云南家庭相对年轻些。云南橡胶种植户家庭收入和支出都相对较为集中，不少家庭的支出大于收入，但全部样本的收入平均值要大于支出平均值，海南天然橡胶主产区的支出弹性略大于云南。鉴于家庭支出和收入具有不同的规律，将两者同时纳入回归方程。从图 8-4 中可以发现一个比较有意思的现象：拥有较大面积橡胶园的受访者具有更高的幸福感，而健康状况较好的受访者种植了更多的橡胶树。

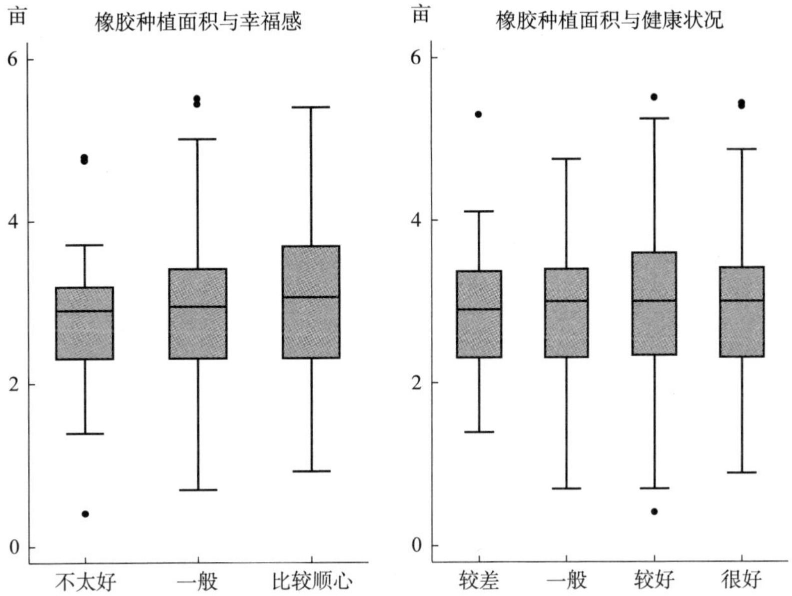

图 8-4　家庭橡胶种植面积与受访者幸福感、健康状况的散点图

8.3.3　政策选择行为的回归结果分析

总体而言，不同类型农户的政策类型偏好差异不是很明显，有序 Logit 模型估计结果显示，很少有通过显著性检验的估计参数（见表 8-8）。对于政策类型的选择，受访者的理解程度相对较低，有时会出现不知如何选择的情况。对橡胶收入依赖程度高、年龄较大的受访者更愿意选择更为直接的收入支持政策，而人口规模较大的则更希望获得投入要素补贴。海南省的受访者期望获得收入保障，而云南省的受访者更愿意获得生产要素投入补贴，以便促进生产发展。或许可以换一种说法，海南橡胶主产区农户更想要被“授之以鱼”，而云南的农户却更想要被“授之以渔”。

表 8-8　政策类型选择的有序 Logit 回归结果

变量	(a)	(b)	(c)	(d)	(e)
	市场支持	投入补贴	收入支持	保险保费补贴	生产性服务
q_decision （是否为户主）	0.3601* (0.2185)	0.1230 (0.2746)	−0.2877 (0.2414)	0.0820 (0.2377)	−0.2728 (0.2213)
q_male （性别）	0.3236 (0.2350)	0.3528 (0.2931)	0.0777 (0.2575)	0.0474 (0.2541)	−0.5904** (0.2395)
q_age （年龄）	−0.0616 (0.1073)	0.0693 (0.1305)	0.2030* (0.1167)	−0.0714 (0.1143)	−0.0557 (0.1065)

续表

变量	(a)	(b)	(c)	(d)	(e)
	市场支持	投入补贴	收入支持	保险保费补贴	生产性服务
q_edu (受教育程度)	0.1423 (0.1415)	-0.1010 (0.1719)	-0.1268 (0.1530)	0.0318 (0.1498)	0.0432 (0.1409)
q_job (非农或兼业)	0.2002 (0.1933)	-0.2900 (0.2392)	0.0038 (0.2093)	-0.0012 (0.2087)	-0.0114 (0.1909)
q_health (健康状况)	-0.0547 (0.0994)	0.1253 (0.1229)	-0.0192 (0.1086)	0.1112 (0.1067)	-0.0742 (0.0995)
q_cadre (是否为村干部)	-0.0955 (0.1934)	0.2462 (0.2376)	-0.1388 (0.2092)	0.0470 (0.2057)	0.0284 (0.1929)
q_happy (幸福感)	-0.0563 (0.1357)	-0.1538 (0.1691)	0.1958 (0.1501)	-0.0825 (0.1477)	0.0560 (0.1359)
pop (家庭人口数)	-0.0703 (0.0898)	0.2134* (0.1121)	-0.0533 (0.0988)	0.0522 (0.0971)	-0.0669 (0.0916)
labor (劳动人口数)	-0.0972 (0.0979)	-0.1647 (0.1225)	0.1138 (0.1093)	-0.1403 (0.1067)	0.2225** (0.0994)
educ_m (是否有高中及以上学历)	0.0411 (0.1818)	0.0197 (0.2282)	0.0439 (0.2015)	0.1405 (0.1989)	-0.1959 (0.1862)
own_car (是否拥有汽车)	-0.1433 (0.2012)	-0.0346 (0.2517)	-0.0988 (0.2194)	0.0271 (0.2191)	0.1942 (0.2011)
ln_inc (家庭收入)	-0.0927 (0.1477)	-0.0989 (0.1810)	-0.0504 (0.1605)	0.1460 (0.1574)	0.0754 (0.1477)
ln_exp (家庭支出)	0.0855 (0.1220)	0.0674 (0.1518)	0.0194 (0.1372)	-0.1617 (0.1333)	0.0145 (0.1231)
willness (种植意愿)	-0.1918 (0.1989)	0.3822 (0.2490)	-0.3237 (0.2232)	0.3461 (0.2183)	-0.0785 (0.2052)
train (是否参加技术培训)	0.2229 (0.1758)	-0.0313 (0.2146)	0.0977 (0.1906)	0.0630 (0.1871)	-0.3235* (0.1749)
inc_ru (橡胶收入比重)	0.0965 (0.1014)	0.0681 (0.1254)	0.2222** (0.1122)	-0.0985 (0.1085)	-0.1895* (0.1018)
area_ru (橡胶种植面积)	-0.1681 (0.4881)	-0.3007 (0.5923)	-0.0491 (0.5221)	0.3381 (0.5104)	-0.0108 (0.4796)
$area\_ru^2$ (面积平方项)	0.0412 (0.0831)	0.0155 (0.0993)	-0.0549 (0.0864)	-0.0474 (0.0846)	0.0455 (0.0798)

续表

变量	(a)	(b)	(c)	(d)	(e)
	市场支持	投入补贴	收入支持	保险保费补贴	生产性服务
block_ru（地块数）	-0.0260	-0.0067	0.1493*	-0.1180	0.0155
	(0.0725)	(0.0901)	(0.0812)	(0.0786)	(0.0732)
region（是否为云南）	-0.0736	0.6286**	-0.4259*	-0.3629	0.2416
	(0.2358)	(0.2984)	(0.2574)	(0.2557)	(0.2373)
样本数	553	553	553	553	553

注：省略了常数项。

以每个政策选项偏好的有序变量作为因变量，运用有序 Logit 模型，探索不同类型受访者对每项政策的偏好。回归结果如表 8-9 所示，只有方程（a）和方程（g）的门限值参数统计上（cut1 和 cut2）是显著的，即因变量的有序分类有效，偏好递进关系是统计显著的。计量分析结果在统计上总体效果不太好，选择最为集中的目标价格补贴、社会化服务补贴回归方程中，显著的估计系数少，这是因为大部分受访者选择了这两个选项，比较难以识别出不同类型农户的选择差异。但回归结果还是很有意义的，通过综合比较分析，大体可以得到以下结果。

（1）对于灾害保险补贴和价格（收入）保险补贴，受访者为户主（*q_decision*）或为女性（*q_male*）时，更倾向于选择灾害保险补贴，且明显不愿意选择价格（收入）保险补贴。这两个变量在方程（b）和方程（c）中都是显著的，但符号是相反的。根据描述统计分析可知，海南省已经在试点价格（收入）保险补贴，但农户偏好得分却非常低，对目标价格补贴的偏好程度都非常高，这可能表明大多数农户既想要市场风险应对政策支持，但又不想对此进行支付。有效需求不足是我国农业保险业发展缓慢的一个重要原因（唐德祥、周雪晴，2015），但这不仅发生在我国，在以家庭农场为主的美国亦是如此。从试点的情况看，价格（收入）保险的赔付机制比较复杂，获得赔付的农户大多不清楚具体的计算过程，特别是“期货+保险”项目，更为复杂。虽然灾害保险的实际参保率也非常低，但选择相对谨慎的户主和女性受访者还是更倾向于灾害保险补贴，显示出其选择的复杂性。另外，家庭人口较多、家里有高中及以上学历、橡胶园地块数多的受访者更不愿意选择价格（收入）保险补贴，但那些打算更长期从事割胶生产的农户倾向于选择。

（2）村干部身份对于政策偏好表达有重要的影响，更不愿意选择灾害保险补贴和割胶职业津贴，但倾向于在促进生产环节得到支持，如胶园地力保护补贴、新植或更新种植补助以及胶园基础设施建设。村干部往往兼具经济实力和一定的政治权威，特别是那些拥有较多财富的村干部逐渐成为村庄公共事务的主导型力量（张志原等，2019）。他们能够比一般村民获得更多的信息和公共资源，比如在实行配额制、配给制的情形中，村干部更容易获得全程的社会化服务（谢琳、钟文晶，2017），当然这与村干部的人格特征也有关系（周密、康壮，2019）。具有村干部身份的橡胶种植户受访者似乎看得更远些，期望政府在胶园投资方面给予支持，更加注重橡胶种植的投资属性。

（3）具有更多就业机会、当前生活状态较好、种植面积较大的受访者更加关注胶园基础设施建设。良种良苗良法、非生产期抚管、胶园基础设施是高标准胶园建设的重要内容，橡胶树生命周期长，一次品种选择会影响整个周期的产量及其分布；良好的基础设施，特别是道路，不仅有利于割胶生产，还有利于林下资源的开发与利用；我国民营橡胶种植大体起步于家庭联产承包责任制建立之后，第一代胶园部分已经进入更新阶段，胶园地力逐渐下降，适量的肥料投入成为保持生产潜力的重要方式之一。因此，胶园建设具有很强的投资属性，就业机会更广、生活更乐观的受访者可能更加能够关注到橡胶园的投资属性，这与非农就业机会增加提升农户平均投资水平的结论（方鸿，2013）一致，非农就业在一定程度上降低家庭对橡胶的收入依赖，提高其对胶园生产潜力和生产条件的关注，使其更期待获得这方面的支持。种植面积大会使得投资更具规模效应，促使较大规模农户更倾向于强化橡胶园投资，但这个关系受到其他因素的影响，比如农户所处的社会网络（杨芳等，2019）、土地权属关系（应瑞瑶等，2018）。从国有农场承租橡胶园的农户对生物资产的爱惜程度明显低于自有橡胶树的农户。

（4）对橡胶收入依赖程度更高的受访者更倾向于获得货币化的割胶职业津贴，而不是对胶园基础设施建设的支持。天然橡胶价格自 2011 年达到名义最高点后，急速下跌，2014 年以来持续低迷，在不考虑橡胶树资产折旧的情况下，种植成本约为 10 元/千克（刘锐金等，2018a），但实际销售价格有时低于此价格，导致那些依赖于割胶生产的农户家庭福利水平严重下降，让他们印象非常深刻。获得基于割胶生产的货币补偿，对于弥补当前收入损失具有重要的紧迫意义。

（5）海南省橡胶种植条件明显差于云南省，受台风的影响大，但对灾害保险补贴、价格（收入）保险补贴的偏向却弱于云南。这可能与灾害保险实施效果差有关。若一株橡胶树的保费为 1 元/年，500 株橡胶树每年就需要 500 元，如果断倒几株树，保险公司可能不赔付，即使可以赔付，也需要等待查验，可能就错过了最佳木材销售时机，造成的损失可能会超过保险赔付。根据 2019 年调查样本数据，海南户均胶园面积为 16.9 亩，云南为 37.6 亩；

根据统计数据，海南平均单产仅约为云南的 70%。虽然海南原料销售价格一般情况下会略高于云南，但这不足以造成两地的橡胶收入差异，不过有可能导致海南橡胶种植户对需付费的政策选项保持较高的谨慎。

（6）橡胶园面积对于胶园地力保护补贴的偏好表达曲线为“U”形，即面积适中的受访者对地力保护补贴的意愿相对低。地力保护补贴是农户较为熟悉的政策，类似于耕地地力保护补贴，按照面积计算补贴额。根据上述分析，种植面积大的农户更倾向于橡胶园投资支持，如胶园更新、林间道路建设，同时基于面积或割胶生产的货币补贴也很重要；面积小的农户有更大的概率选择基于生产的补贴政策，包括收入保险或割胶工人职业津贴等。

表 8-9　各政策选项偏好的影响因素的有序 Logit 模型回归结果

变量	(a) 目标价格补贴	(b) 灾害保险补贴	(c) 价格(收入)保险补贴	(d) 地力保护补贴	(e) 种植环节补助	(f) 割胶职业津贴	(g) 基础设施建设	(h) 社会化服务补贴
q_decision（是否为户主）	0.0354 (0.2557)	0.5372** (0.2204)	−0.4468** (0.2123)	−0.1631 (0.2166)	0.1558 (0.2180)	0.0183 (0.2110)	−0.0771 (0.2196)	−0.0929 (0.2637)
q_male（性别）	0.0550 (0.2758)	0.5549** (0.2365)	−0.5175** (0.2301)	0.0875 (0.2343)	0.2520 (0.2336)	0.0774 (0.2332)	−0.3487 (0.2391)	−0.1763 (0.2834)
q_age（年龄）	−0.0345 (0.1223)	−0.2161** (0.1058)	0.0111 (0.1040)	0.0951 (0.1028)	−0.1563 (0.1057)	0.2772*** (0.1046)	−0.0800 (0.1037)	0.1218 (0.1215)
q_edu（受教育程度）	0.3493** (0.1679)	0.1708 (0.1420)	0.1088 (0.1354)	−0.2308* (0.1355)	−0.1314 (0.1385)	0.1402 (0.1402)	0.1132 (0.1383)	−0.1684 (0.1641)
q_job（非农或兼业）	0.0656 (0.2243)	−0.0284 (0.1935)	−0.3890** (0.1872)	0.0107 (0.1848)	0.1367 (0.1918)	−0.2338 (0.1863)	0.5638*** (0.1897)	0.2575 (0.2209)
q_health（健康状况）	−0.2025* (0.1176)	0.0417 (0.0998)	0.0752 (0.0978)	0.1290 (0.0987)	−0.0519 (0.0986)	0.0757 (0.0996)	−0.1044 (0.0978)	0.0009 (0.1144)
q_cadre（是否是村干部）	−0.0973 (0.2230)	−0.4917** (0.1997)	0.2435 (0.1850)	0.4353** (0.1841)	0.3176* (0.1890)	−0.7468*** (0.1897)	0.3816** (0.1902)	−0.0401 (0.2227)
q_happy（幸福感）	0.1123 (0.1609)	0.1384 (0.1382)	−0.0791 (0.1342)	−0.1672 (0.1325)	−0.0271 (0.1349)	−0.1281 (0.1352)	0.3571*** (0.1350)	0.1935 (0.1576)
pop（家庭人口数）	−0.0846 (0.1062)	−0.1142 (0.0920)	−0.1581* (0.0879)	0.0558 (0.0893)	0.2442*** (0.0913)	−0.0335 (0.0898)	0.0318 (0.0904)	−0.1957* (0.1055)
labor（劳动人口数）	−0.0121 (0.1131)	0.0562 (0.1003)	−0.0561 (0.0956)	0.0404 (0.0969)	−0.0485 (0.0991)	0.1360 (0.0988)	−0.0417 (0.0987)	0.0289 (0.1163)
educ_m（是否有高中及以上学历）	0.2104 (0.2112)	0.1881 (0.1891)	−0.4230** (0.1820)	0.0910 (0.1804)	−0.1131 (0.1834)	0.0576 (0.1848)	−0.1988 (0.1832)	0.1519 (0.2130)

续表

变量	(a) 目标价格补贴	(b) 灾害保险补贴	(c) 价格(收入)保险补贴	(d) 地力保护补贴	(e) 种植环节补助	(f) 割胶职业津贴	(g) 基础设施建设	(h) 社会化服务补贴
own_car（是否拥有汽车）	−0.0762 (0.2383)	−0.2465 (0.2037)	0.0971 (0.1944)	0.2144 (0.1982)	0.1879 (0.1977)	0.1648 (0.1989)	−0.5058** (0.2019)	−0.2464 (0.2444)
ln_inc（家庭收入）	0.0001 (0.1754)	−0.0199 (0.1510)	0.0725 (0.1436)	0.0785 (0.1455)	0.1033 (0.1451)	−0.1949 (0.1539)	0.1119 (0.1451)	−0.0977 (0.1719)
ln_exp（家庭支出）	−0.1833 (0.1432)	−0.0525 (0.1284)	0.1148 (0.1241)	0.0504 (0.1213)	−0.1093 (0.1248)	0.0678 (0.1243)	0.0572 (0.1182)	0.0705 (0.1381)
willness（种植意愿）	−0.1023 (0.2316)	0.1703 (0.2050)	0.3786* (0.1933)	0.3630* (0.1950)	−0.1284 (0.1989)	−0.2903 (0.1987)	−0.0005 (0.1961)	0.1714 (0.2231)
train（是否参加技术培训）	−0.0514 (0.2050)	0.1061 (0.1774)	−0.0391 (0.1705)	0.1731 (0.1704)	−0.0069 (0.1738)	0.3298* (0.1738)	−0.2383 (0.1736)	−0.3943* (0.2062)
inc_ru（橡胶收入比重）	0.1909 (0.1217)	−0.0431 (0.1031)	−0.0290 (0.0987)	0.0122 (0.1018)	0.0209 (0.1016)	0.3137*** (0.1035)	−0.2117** (0.1022)	−0.0607 (0.1215)
area_ru（橡胶种植面积）	−0.2933 (0.5774)	0.1445 (0.4776)	0.1370 (0.4668)	−0.9704** (0.4704)	−0.1832 (0.5003)	0.0791 (0.4694)	1.0175** (0.4786)	−0.8006 (0.5489)
$area\_ru^2$（面积平方项）	−0.0005 (0.0951)	−0.0081 (0.0789)	−0.0220 (0.0769)	0.1361* (0.0783)	0.0401 (0.0833)	−0.0425 (0.0783)	−0.1273 (0.0798)	0.1300 (0.0950)
block_ru（地块数）	0.0731 (0.0852)	0.1026 (0.0737)	−0.1282* (0.0708)	−0.0830 (0.0722)	0.1256* (0.0733)	0.0328 (0.0717)	−0.0032 (0.0730)	−0.0861 (0.0861)
region（是否为云南）	−0.2221 (0.2832)	−0.5019** (0.2388)	−0.4502* (0.2298)	0.7600*** (0.2321)	−0.3854 (0.2355)	0.2996 (0.2411)	−0.3317 (0.2408)	0.9566*** (0.2832)
样本数	564	564	564	564	564	564	564	564

注：省略了常数项。

8.4 结论与讨论

本章运用通过 BWS 获得的橡胶种植户问卷调查数据，分析了农户的政策偏好，结果大致可总结为以下两点。

一是农户对生产领域政策的关注相对较少，最期盼的是直接应对价格风险的政策工具，因为生产领域的问题，农户大多可以依靠自身的努力解决。橡胶种植和非生产期抚管的投资较大，但民营胶园从 2003 年到 2016 年种植面积整整扩张了 2 倍，如图 8-5 所示，其间除了橡胶树良种补贴，没有其他覆盖全面的支持政策，都是依靠农民自己投资来完成。2014—2019 年原料销售价格在 10 元/千克上下波动，而 2011 年达 35 元/千克。面对市场风险，农户无能为力，只能被动接受，部分农户为了维持生计，提高采收频率，进入恶性循环。另外，农户持续多年在橡胶种植和生产方面加大投入，形成家庭资产和技术专有性，忽略了非农就业和经营结构多元化的重要性。

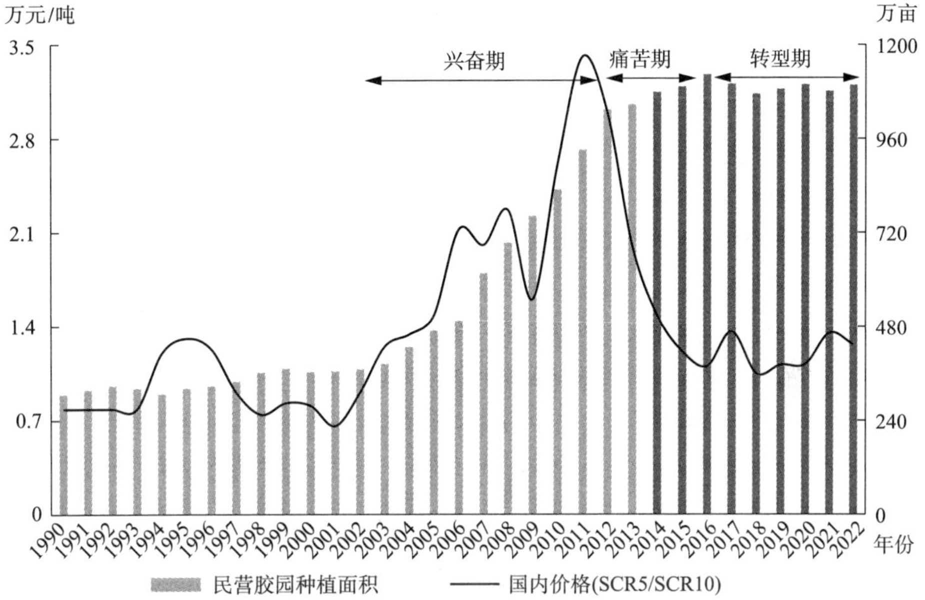

图 8-5　天然橡胶价格变动与民营胶园年末实有面积（1990—2022 年）

数据来源：农业农村部，海南民营橡胶网。

二是对于生产领域的支持政策，不同类型农户的关注点不同。海南橡胶种植户对需要自己缴费的政策的厌恶程度高于云南，源于橡胶树资产规模相对较小，单位面积产量相对较低。生活状态较好和具有非农就业机会的农户更为关注胶园基础设施建设，而不是基于割胶生产的职业津贴，这具有一定的政策含义。促进家庭生计策略在农业和非农之间平衡，可能比直接刺激生产更有利于促进胶园面积稳定，有利于天然橡胶生产保护区管护。生产主体发现市场信息①，并通过要素新组合来获取利润，但要实现这个过程并不容易，必须具有足够的知识。未来农业支持的政策，一方面要减少对生产环节的干预，增强对市场风险的管理；另一方面要增加市场主体的人力资本积累，扩展知识面，提升

① 信息分散理论是哈耶克的重要贡献，他早在 1936 年的《经济学与知识》中就首次取得了该理论的突破。市场信息和知识是分散的，资源也是分散的，各个市场主体依据自身的知识和环境去捕捉，需要给予其充分的自由选择。

专业知识，提升其收集和处理分散的市场信息、配置资源的能力和水平。

形式多样的农业保险被认为是未来我国农业支持政策的重点方向，农业生产同时面临着市场和自然的风险，而农业保险是分散农业经营风险的重要手段，但关键是这种自愿参与的风险分散机制几乎都面临着参与约束和激励相容的挑战。美国非常重视农业保险，在 1980 年出台的《联邦农业保险修改法案》中就提出要在 10 年时间内使其覆盖可耕种面积的 50%；可到 1988 年，中西部仅有 25% 的可耕种面积被保险覆盖，1993 年也只有 32%（张辉，2005），显然没达到预期的目标；1994 年《农业保险改革法》允许政府在补贴的基础上，通过强制性规定提高农业保险的参与率，参保率才有较大幅度的提高，但小型农场的参保率依旧低于 50%。

中美贸易摩擦发生时，美国农民在媒体上发声的主题是“要市场，不要政策”。我国以小农户为主，是否具备运用付费风险应对机制的能力是必须要面对的问题。从政策偏好调查结果来看，我国农户面对市场仍显得能力不足，对保险的有效需求非常弱，最期待的是政策能够完全承担市场风险。这充分显示了稻麦最低收购价对口粮生产的重要性，表明了国内农户偏好与 WTO 规则之间存在冲突的困境。市场风险是橡胶种植户自 2014 年以来面临的最大风险，海南省为打赢脱贫攻坚战，推出了价格（收入）保险，但主产区种植户抽样调查结果显示，农户对该政策的偏好程度非常低，甚至低于尚未试点的云南省。不过，从 2023 年抽样调查的情况看，大部分农户对天然橡胶价格保险的评价是正面的。

给予农民政策工具选择权具有必要性。一是差异客观存在。农业生产具有很强的地域性，不同地区农户的政策偏好具有差异性。近些年来，中国政府已经注意到这类问题，增强了地方政府在政策实施过程中的权衡力度。不同规模生产者对政策的偏好不同，例如美国规模奶牛养殖户倾向于取消乙醇补贴，而不是特定奶制品政策变动，小规模养殖户却更倾向于覆盖饲养成本利差的收入支持（Wolf，Tonsor，2013）。二是信息不对称。我国当前的粮食收购政策实施过程中，并不区分品种，导致不同的品种、品质粮食混合在一起储存，这严重影响了优质优价机制作用的发挥。三是需求多元化。每个家庭面临的约束条件具有较大的差异，对新技术采用持开放态度的农户更容易在农业经营中获得更高的回报。

调查员是否清晰地解释各个政策选项的含义，以及相互交流气氛对于分组集合内政策选项比较有一定的影响。由于设计随机分组时，未充分考虑配对的均衡性，组合（B5，B8）和（B6，B7）在 3 组中出现，而组合（B3，B6）、(B3，B7)、(B4，B5)、（B4、B8）在 6 个分组中都没有出现，无法考察这些组合的农户偏好情况。特别是 B4、B5 和 B8 均是生产领域的政策选项，分别为按面积计算的地力保护补贴、橡胶更新种植环节补贴和社会化服务补贴，无法开展这些组合的比较，是一个遗憾和缺陷。

第 9 章

天然橡胶产业支持政策体系构建①

2019 年 11 月 26 日，中共中央总书记、国家主席、中央军委主席、中央全面深化改革委员会主任习近平主持召开中央全面深化改革委员会第十一次会议。会议审议通过了《关于完善农业支持保护制度的意见》，提出：建立完善农业支持保护制度，要坚持农业农村优先发展，以实施乡村振兴战略为总抓手，从农业供给侧结构性改革、农业可持续发展、农业投入保障、农业补贴补偿、支农资金使用管理等方面深化改革，逐步构建符合国情、覆盖全面、指向明确、重点突出、措施配套、操作简便的农业支持保护制度，不断增强强农惠农富农政策的精准性、稳定性、实效性。

天然橡胶产业支持政策归根结底属于公共经济政策，是对公共经济资源进行权威分配，面对的关键问题是向谁分配、分配什么、分配多少以及何时分配，要兼顾公平与效率、稳定与发展、积累与消费、生态与经济。公共政策设计、执行、评估等是一个复杂的过程，不同政策间交互影响，经济主体行为的政策响应具有多样性，公共政策议程呈现数据化、电子化、智能化、中立化等趋势（陈鹏，2018）。公共政策构成要素主要有政策主体、政策客体、政策目标、政策工具、政策督查等，精准化实现途径包括精准调研、精准决策、精准执行、精准评估、精准问责（付超，2018），其中政策评估重点应关注政策客体构成及其层次性的内在关联（王春城，2019）。

9.1 主客体及目标识别

20 世纪 90 年代，我国放开天然橡胶市场后，快速融入国际市场，目前，

---

① 本研究是受农业农村部农垦局热带作物处委托而开展的，主体内容以《天然橡胶生产保护区精准支持政策体系研究》为题，于 2020 年 10 月 25 日提交至农业农村部农垦局，为推动构建天然橡胶产业支持政策体系提供参考。这里进行了缩减和补充完善。

《2020 年农业农村部农垦局工作要点》中提及，启动天然橡胶生产保护区精准支持政策研究。围绕建设好、管护好天然橡胶生产保护区，研究协调创设保护区精准支持政策，支持主产区开展天然橡胶收入保险试点，探索生态胶园建设模式，推动建立混合橡胶标准制度。网址：https://www.moa.gov.cn/ztzl/2020gzzd/gsjgzyd/202002/t20200220_6337435.htm。

天然橡胶是农产品中市场化程度最高的商品之一。考虑和设计支持政策，应当确保市场机制在资源配置中起决定性作用。根据公共经济政策的含义，其主要是对应解决外部性等问题。欧盟在2020年共同农业政策（post—2020 CAP）提案相关文件中提及，对农业生产提供支持是因为其在环境、气候、景观、多样性等方面的公共属性在市场中无法得到有效的补偿，所以需要政府进行干预。从现实来看，从事农业生产家庭的收入整体低于城市，这也是对农民进行直接支付和生产支持的原因之一。

我国天然橡胶产业存在以下几种成本收益不对等情形：一是种植投资。橡胶树属于高大乔木，是木材供应来源，具有良好的生态效应，种植当年和非生产期抚管以及林间基础设施建设等活动属于林业投资，具有正的外部性。二是割胶、林间管理等属于农业生产活动，与粮食等作物一样，面临着来自市场和自然的双重风险，对维持自然环境稳定具有重要意义，但实际结果是农民平均收入低于城市，处于劣势地位。三是割胶属于特殊工种，劳动作业时间特殊，作业环境差，对身体损伤较为严重，但橡胶价格并未包含这一成本。四是国内外生产效率差距引起的“外部成本”。我国处于非传统植胶区，虽然通过不断科技创新，突破植胶禁区的限制，实现了大规模种植，成为植胶区很大一部分农民的主要收入来源，但平均单产要低于马来西亚和泰国等植胶区。实际上，单产水平处于领先地位的泰国、马来西亚、印度也为橡胶种植业提供了较为全面的政策支持，详见本书第七章。

一般认为，公共政策系统自身要素主要包括政策主体、政策客体、政策目标、政策工具等，精准性源自对政策主体的精准规定、对政策客体的精准界定、对政策目标的精准设定、对政策工具的精准选定（王春城，2018）。精准扶贫政策的内容体系包括精准识别、精准帮扶、精准管理和精准考核四项内容（王介勇等，2016）。从政策的各环节看，一是研究制定，加强调查研究，听取多方意见；二是宣传推介，通过多渠道推送、介绍政策信息；三是执行落实，着力优化程序，提高效率；四是督查评估①，及时发现问题和风险点。综合分析，提出推动完善天然橡胶产业支持政策的框架性思路，如图9-1所示，接下来逐步开展。

9.1.1 明晰主体责任

明确中央与地方财政事权和支出责任是设计农业支持政策体系的基石，但农业农村领域中央和地方财政事权和支出责任划分改革方案尚未出台，现

---

① 提高各级政府政策的精准性和可操作性［EB/OL］.［2017-09-15］. 国务院新闻办公室网站，http：//www. scio. gov. cn.

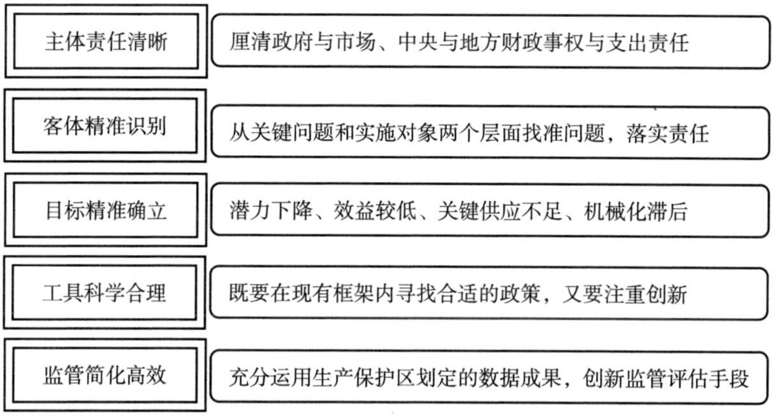

图 9-1　我国天然橡胶产业支持政策框架构建过程

实中还存在一些问题。《国务院关于推进中央与地方财政事权和支出责任划分改革的指导意见》（国发〔2016〕49 号）已明确，国家安全属于中央事权，粮食安全为中央和地方共同事权，但对天然橡胶等其他重要农产品没有作出安排。

农业农村领域中央和地方财政事权和支出责任还不够明晰。农业事权一般是指政府基于自身的地位和职能所享有的管理农业农村公共事务、提供农业农村公共服务的权力。受到传统体制惯性的影响，我国政府间共同事权较多，行政效率偏低（楼继伟，2018），地方政府的支出责任差别大（孙玉栋、庞伟，2017）。在农业生产领域，中央和地方财政事权与支出责任存在同样的问题（洪小东，2018），特别是地方农业支出责任多且与财力不匹配（张志华、谢元，2015）。以农业保险为例，列入中央险种的作物由中央、省级和县（市）级财政共同承担保费补贴，这是中央与地方的共同事权（何小伟等，2019），实践中事权和支出责任划分不明确，限制了农业保险的发展（熊志刚，2018），部分中央险种农户参与率极低，但却没有谁可承担责任。有学者建议按保障层级划分农业保险事权（熊志刚、安秀梅，2018）。有文献将中央和地方在农业领域的事权总结为农产品生产、农产品质量安全监管、农业资源与生态保护、农业科研与技术推广、农业防灾减灾、农产品市场服务调控、农业农村改革、其他事务等八个方面（杨军、张铁亮，2017）。发达国家通过清晰界定政府间农业事权、将农业事权划分法治化、配套强有力支持政策来推动农业领域事权改革（张铁亮等，2017）。

实施天然橡胶产业扶持政策的主体包括中央政府有关部门以及省、市、县和乡镇政府，需要厘清天然橡胶领域中央和地方政府财政事权和支出责任。

根据《国务院关于建立粮食生产功能区和重要农产品生产保护区的指导意见》（国发〔2017〕24 号），中央有关部门需要做好天然橡胶生产保护区指导、协调和监督检查，确保各项任务落实到位，国家发展改革委、财政部、农业部、国土资源部以及人民银行、银监会、保监会按分工职责推进有关工作，涉及统筹协调、第三方评估、补贴资金统筹与整合、管理办法制定、上图入库工作、金融支持政策完善[①]；省级政府负总责，需建立协调机制，逐级签订责任书，层层落实责任，“要根据当地实际情况，细化制定具体实施办法、管理细则，出台相关配套政策，抓好工作落实”，“根据当地实际需要，积极推动制定‘两区’监管方面的地方性法规或政府规章”，还需切实抓好监督检查，并将相关工作纳入地方政府绩效考评，建立绩效考核和责任追究制度。该文件中没有明确县（市）级政府具体职责，但提及了生产保护区任务指标细化到县（市）。县（市）级政府在划定、建设与管护中扮演着重要的角色，应给予足够的重视，加大对主产区县（市）财政的转移支付力度，制定责任清单；为确保支出责任履行，县（市）政府应当有财政事权安排，有合理的机构设置，人员定岗定责，避免出现“上面千条线，下面一根针”，导致政策执行难。

根据国发〔2017〕24 号文件，天然橡胶生产保护区支持政策体系至少需要包括基础设施建设、财政和金融支持。中央有关部门履行责任可能有三种方式：一是制定覆盖全部植胶区的统一政策，比如基于面积的补贴、基于产量和价格的收入保险项目补贴、基于割胶的特殊工种津贴、基于开垦或更新活动的补助，按照“一杆到底”的思路来设计，由中央部门制定具体实施方案，地方政府负责落实具体工作；二是参考欧盟共同农业政策框架，中央有关部门侧重于总体设计，为地方政府提供政策工具建议，同时做好政策监督和评估，地方政府则依据本地区的实际情况制定支持政策，满足各地区的差异化需求；三是参考美国农业保险项目，由中央财政出资组建中央控股或参股的企业集团，以资本为纽带、市场为手段、国内资源为基础，统筹国内国外两种资源、两个市场。当然，不同领域中财政事权和支出责任安排应当有所区别，主要是依据农业农村领域中央和地方财政事权和支出责任划分改革方案。保障国防和国民经济关键领域用胶需求应作为中央政府部门的支出

① 原文表述：国务院有关部门要加强指导、协调和监督检查，确保各项任务落实到位。国家发展改革委要会同有关部门做好统筹协调，适时组织第三方评估。财政部要会同有关部门加强财政补贴资金的统筹和整合，优化使用方向。农业部、国土资源部要会同有关部门确定各省（区、市）“两区”划定任务，制定相关划定、验收、评价考核操作规程和管理办法，做好上图入库工作。人民银行、银监会、保监会要创新和完善“两区”建设金融支持政策。

责任。

9.1.2　精准识别客体

政策客体包括实际问题、实施对象两个层面，既要找准制约产业发展且具有公共性的关键问题，又要针对所要解决的问题找准具体的实施对象。2016 年，国家将良种补贴、种粮直补和农资综合补贴整合为农业支持保护补贴，存量部分作为耕地地力保护补贴，增量部分则作为适度规模经营补贴。后者适用于以土地有序流转形成的土地适度规模经营以及土地股份合作和联合或土地托管方式、龙头企业与农民或合作社签订订单实现规模经营的方式、农业社会化服务组织提供专业的生产服务实现区域规模经营等其他形式的粮食适度规模经营，主体包括种粮大户、家庭农场、农民合作社和农业社会化服务组织。首先要准确识别出适度经营主体，掌握或监管经营合法性；其次要合理确定补贴标的，是针对面积还是产量或是其他指标；再次要确定补贴方式，是直接补贴到经营主体还是补贴生产要素或其他方式；最后要实施一定的监管和监察，防止腐败。规模经营户的主要诉求包括公平正义、直接补贴和简便易行（江苏省农村经济研究中心课题组，2015）。

9.1.2.1　国内供应在数量和结构上均存在隐患

一是稳面积稳产能压力大。20 世纪 80 年代末，农牧渔业部热带作物区划办公室出版的《中国热带作物种植业区划》指出，全国橡胶适宜土地资源 1500 万亩以上，其中较适宜面积 700 万亩以上。通过扩大种植规模提升产量的路径基本行不通，且由于割胶劳动在直接生产成本中的占比达 75%左右，难以实现机械化，比较效益下降，保住现有面积的难度大。2016 年全国年末实有植胶面积 1767 万亩，2019 年下降至 1718 万亩，2022 年进一步减少至 1695 万亩，如图 5-4 所示，与生产保护区划定面积 1800 万亩的差距不断拉大。2018 年以来，年均更新面积不足 15 万亩，赶不上老化速度，老龄残次胶园占比逐年上升，导致生产潜力预计在 2026 年开始下降，如图 9-2 所示。开割胶园和老龄胶园占比逐年增加，单位面积产量从 2003 年每亩 86.5 千克、2013 年每亩 84.1 千克（接近世界平均水平），下降至近年的每亩 72 千克左右，如图 9-3 所示，亟待启动实施单产提升行动。

二是对关键领域的保障力弱。国内生产的天然橡胶产品质量稳定性和一致性较差，长期困扰产业发展。国防兵器、航空轮胎、高铁减震、医用手套等关键制品的用胶严重依赖进口，已构成威胁国家安全和发展的“卡脖子”问题，极端情况下，关键领域用胶有被禁运的风险。当前国内生产的天然橡胶在国防工业和高端制造中的应用仍处于试验阶段，还没有形成持续供应能力。即使在商用车轮胎制造领域，大型企业也偏向使用进口胶，国产胶存在的问题主要是价格偏高、杂质偏多、供应量偏少。

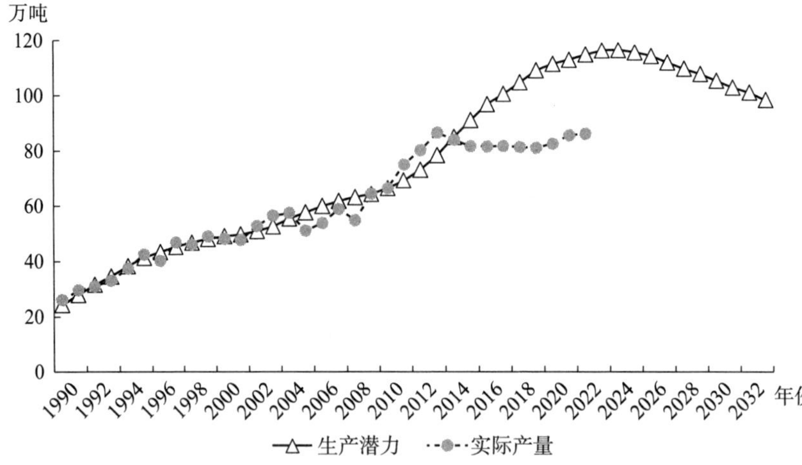

图 9-2　我国天然橡胶生产潜力测算与实际产量对比

数据来源：国家统计局、农业农村部等，作者计算。

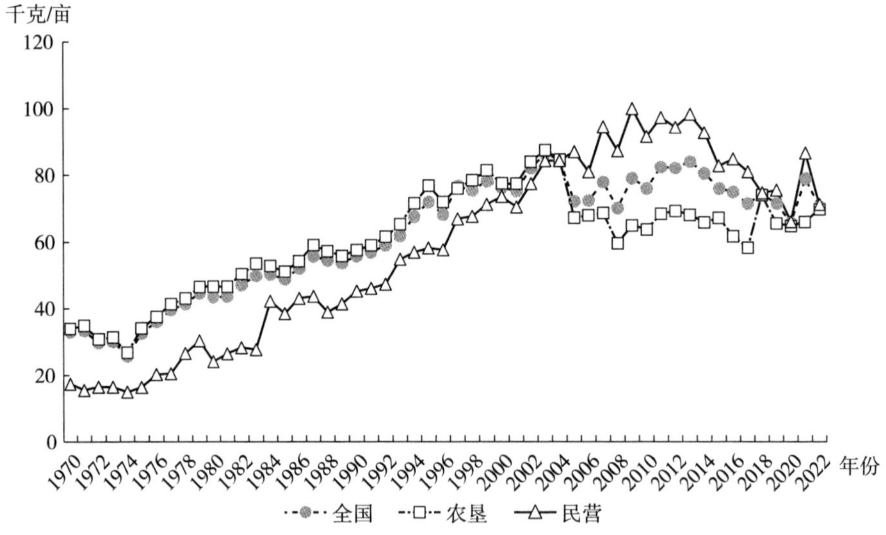

图 9-3　全国天然橡胶单位面积产量

数据来源：农业农村部。

9.1.2.2　产业发展的关键环节面临“瓶颈”性约束

一是种业创新滞后。国外引进的 PR107、RRIM600、GT1 等品种占比仍达 60%以上，自主选育的品种数量少，推广进度偏慢，知识产权保护力度弱。

符合特种胶需求的品种培育仍在起步阶段，满足宽行窄株种植模式和高性能胶、农艺融合需求的品种更少。资源收集质量不高，鉴定评价尤其是精准评价工作滞后，优异资源的挖掘和支撑育种的能力还较弱。橡胶树育种周期长，杂交育种难度大，当前缺少长期稳定的支持，育种机构较少，现代育种技术应用少，面临多重困境。

二是割胶智能化进展慢。割胶是天然橡胶生产的核心环节，技术要求高、劳动强度大，劳动成本占直接生产成本的 60%～80%。自 19 世纪末开展商业化种植以来，天然橡胶的采收模式一直没有发生根本性变革，时至今日仍依赖工人反复切割树皮获取原料，属于劳动密集型产业。橡胶树个体间差异大，加之我国植胶业是典型的山地农业，机械化难度大，尤其是割胶生产环节，机械化程度远远落后于棉花等其他工业原料作物。尽管电动胶刀研发与应用取得了较大突破，4GXJ 型等电动胶刀明显提高了割胶生产效率，降低了技术门槛，但仍然无法摆脱割胶环节对劳动力的依赖。“一树一机”自动割胶机小规模试验，关键技术尚未完全突破。2021 年 9 月，某农场以每台 420 元的价格购置 4000 台自动割胶机，2022 年株产不足人工割胶的 30%，机械故障率高，维修成本也高，且收胶仍需工人。此外，技术研发工作还涉及诸多理论和技术难题。

三是品质形成机理未明晰。现有研究成果无法完整准确解释天然橡胶质量及其一致性的形成过程，天然橡胶分子结构、非胶组分以及两者形成的物理网络结构与天然橡胶原料品质、制成品质量之间的关系不清晰。品质调控技术手段少，在一定程度上导致国产胶无法在国防工业和高端制品中持续应用。亟待开展特种天然橡胶相关基础研究，建设特种天然橡胶检测技术体系和标准体系，建立健全上下游协同创新机制，推动科技攻关。

9.1.2.3　天然橡胶对主产区经济社会的贡献不足

一是产区和销区分离。橡胶作为重要的工业原料，广泛运用于国防、交通运输、机械制造、医药卫生等领域，下游产品达 7 万余种，延伸出了轮胎、胶鞋、胶管、胶带、乳胶制品等橡胶产业链条。我国是橡胶制品制造和出口大国，生产企业主要分布在山东、江苏、浙江、广东等地。国内天然橡胶主产区的工业基础较薄弱，仅仅是输出原材料产品，产业链短、附加值低，天然橡胶产业无法为当地提供税收、非农就业机会等方面的激励。与此同时，大量天然橡胶通过零关税的“混合橡胶”进口，削弱了关税的保护作用。

二是产区附加值低。据估算，2022 年，海南省天然橡胶全产业链产值约 50 亿元，其中种植业 35 亿元、初加工 5 亿元、精深加工制品 6 亿元、木材 4 亿元，橡胶制品行业产值占比仅 12%，只有 1 家橡胶制品规上企业。云南省橡胶产业链条相对较为完善，橡胶制品企业数量比海南多，但相较于其经济体量，行业规模也偏小，营收规模不足百亿元，且未分布在西双版纳等主产州市。在买方市场力量等因素作用下，近10年种植业为下游企业提供低廉的天然橡胶原料，但无法给种植主体以合理的收益回报，且主产区利益补偿机制尚未建立，主产区部分地方政府对建设和管护生产保护区的激励不足。

另外，从政策受体看，首先是种植农户和农场，厘清生产保护区内每一块地的四至、权属关系，对涉及生产保护区地块的农户和农场（承包户）进行登记造册，形成动态数据库；其次是橡胶园地块的分级分类，如生态胶园、特种胶园、储备林、新型种植模式；再次是保障关键领域供应的研发活动，从胶园生产、初加工、原料改性到产品测试；最后是现代经营体系相关的经营主体，通过土地流转而成适度规模经营活动，生产性服务的规模经营活动，促进全产业链融合发展的试验活动。

9.1.3 合理确立目标

生产保护区政策目标主要包括四个方面：稳面积，提潜力；强科技，增能力；行绿色，促发展；提效益，保收入。

一是巩固国内天然橡胶生产能力。在当前形势下，既要对稳面积予以充分的重视，又要满足产区城镇化、产业结构调整的正常需求。近年来，胶园更新率一直低于正常水平，要为橡胶（更新）种植、非生产期抚管提供适当的支持，加大基础设施投入力度，确保完成2019年中央一号文件明确的任务——巩固天然橡胶生产能力。

二是全面提升国产天然橡胶质量及其一致性。通过构建基于全产业链的创新体系，加大研发投入，确保国产天然橡胶在国产大飞机轮胎、各系列战斗机轮胎、航空器和潜艇等的密封圈等关键橡胶部件以及高铁减震等高端领域中得以运用，补齐国内产业发展的关键短板。另外，做好国产胶质量分级管理，构建更完善的标准体系。

三是促进产业高效绿色发展。要在保障生产能力不下降的前提下，提高胶园生物多样性、降低生产各环节碳和污染物排放量，推动机械化智能化发展，支持主产区从林间胶乳到橡胶制品的全产业链融合发展。支持先进生产经营模式试点，鼓励专业合作社发展，通过土地和生产性服务的规模化经营强化小农户与现代农业的有机衔接。加强原料收购市场信息化建设，推动干含测定公开化、公平化，减少现金结算，减少原料加工对农村环境的污染。

四是采用多种方式提升产业效益。鼓励各地多渠道筹措资金，运用收入保险等方式合理有效地帮助农民应对自然和市场风险；通过低频割制和新型割胶工具推广、促进土地和服务的适度规模经营、开发利用林下资源等，提升土地和劳动生产率。

9.2　政策工具合理选择

农业支持政策工具比较丰富。一是市场支持，例如水稻和小麦最低收购价，已取消的玉米、棉花、油菜籽等农产品临时收储政策。实践证明，农产品临时收储机制难以稳定市场，或者说需要严格的外部条件，如水稻和小麦。二是形式多样的补贴政策，如基于面积、产量、户籍人口或目标价格的直接补贴，包括耕地地力保护补贴，先购买后补贴的农机购置补贴，水稻、玉米生产者补贴，棉花目标价格补贴，农业保险保费补贴，生态补贴。三是各类专项补助或项目支持，如农业基础设施建设、新型经营主体培育、农业技术推广等。除此之外，还有专项奖励、以奖代补、平台建设、专项转移支付等。市场支持政策在天然橡胶领域基本不可行，即使其直接简单，橡胶种植户也非常偏好该政策选项。

天然橡胶在国家统计年鉴中属于林产品，而行业管理归农业农村部，农业支持政策大部分没有覆盖天然橡胶，林业部门也没有把天然橡胶纳入其行业管理范畴。天然橡胶与棉花、糖料蔗同为重要农产品，与杉树等同为林木，但农业和林业支持政策均较少涉及天然橡胶。总体上看，天然橡胶处于全国农业和林业支持政策的边缘，种植地不属于农田建设范畴，种植户没有耕地地力保护补贴以及适度规模经营补贴，也没有类似水稻和玉米等作物的生产补贴，或者是类似于棉花的目标价格补贴。天然橡胶产业支持政策设计的一种重要考虑是，争取将天然橡胶纳入现有农业或林业支持政策中。纳入中央对地方转移支付的大专项中，在责任清单中予以明确。在各方的共同努力下，天然橡胶产业政策逐步在完善，2022 年启动良种良法补助，支持胶园更新和机械作业等，2024 年起实施作为中央险种的天然橡胶综合保险，后续章节介绍。

结合政策目标和工具，构建如图 9-4 所示的政策体系。地力保护补贴政策的主要目标是维持天然橡胶（面积）产能稳定，生产保护区内的所有胶园都可以按面积获得一定数额的补贴；胶园更新和非生产期抚管补贴、良种补贴是提高生产保护区内天然橡胶生产潜力的两个主要手段，是关键举措；适度规模经营补贴和农机购置补贴则是要促进当前生产，加快新技术应用。胶园基础设施建设、绿色发展计划、割胶工人职业津贴、社会化服务体系、技术研发推广、新型职业农民培训、市场信息化建设等生产性服务支持项目亦非常重要。

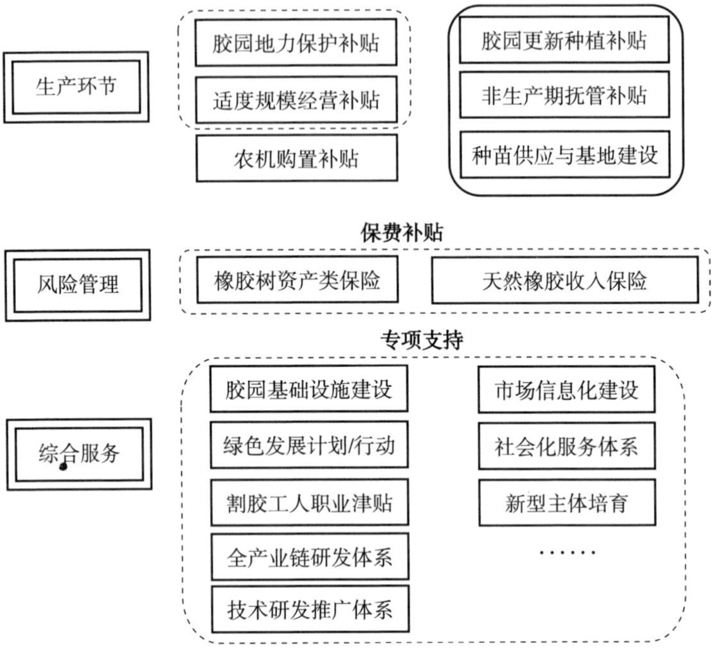

图 9-4　天然橡胶产业支持政策的重点内容

9.2.1　针对“稳面积、提潜力”的政策工具

9.2.1.1　基于面积的直接支付

建议参照耕地地力保护补贴的实施办法，设立胶园地力保护补贴政策，用于鼓励农户加强胶园地力保护，其补贴对象为所有在已划定的天然橡胶生产保护区内拥有土地承包权且地面物为橡胶树的农民；补贴依据是天然橡胶生产保护区内橡胶种植面积，且每亩定植株数不少于某一标准，如 25 株，直接补贴给农民；橡胶树已砍伐的或定植株数达不到标准的，不享受该补贴。在天然橡胶保护区内实施统一的地力保护补贴标准，鼓励农户或农场在胶园中施用有机肥等。天然橡胶地力保护补贴资金不挤占广东、海南和云南的耕地地力保护补贴资金，使用“三项补贴”改革之前（2015 年）天然橡胶良种补贴的资金额度，用于支持胶农增施有机肥和种植绿肥，对胶园土壤进行修复，改良土壤环境，提升土壤肥力，提高胶园生产潜力。要充分利用好生产保护区划定的成果以及现代信息技术。从种植户对政策选择的偏好表达来看，云南西双版纳地区农户更倾向于投入要素补贴。

9.2.1.2　胶园更新定植和非生产期抚管补贴

胶园更新是有效保障天然橡胶生产潜力的关键，提高优良品种的比重是增强潜力的基础，天然橡胶良种补贴实施的经验可以印证这一点；不同于短期作物，橡胶种植及其非生产期抚管期为 8 年左右，这一期间橡胶树不能提供收益，还需要一定投入。世界天然橡胶主产国都非常重视胶园种植和更新，给予种植户种苗、化肥、信用贷款等方面的支持。马来西亚和泰国都建立了橡胶产业（更新）基金，柬埔寨等经济发展较为落后的国家也对橡胶种植给予一定的补贴。国家财政可对新植或更新种植和非生产期抚管进行适当的补贴，合并称为天然橡胶生产保护区的（更新）种植与非生产期抚管补贴，提高胶园的生产潜力。新植或更新胶园要确保规划合理、品种优良、栽培方式合理、品质较好，鼓励探索创新全周期间作模式、生态胶园等种植模式。（更新）种植与非生产期抚管补贴对象原则上是天然橡胶生产保护区内土地承包人，补贴资金用于橡胶园的开垦种植和非生产期抚管。应确保种植与抚管的补贴资金应用于橡胶新植和更新以及非生产性抚管，鼓励各地开展多元化的生产性服务、种植模式探索，强化广东、海南和云南省级和县（市）政府的主体责任，将橡胶园建设成为高产、稳产、效益高的标准化胶园。

9.2.1.3　良种良苗定向供应补助

不同于短期作物，橡胶树经济周期长，优良种苗在一定程度上对胶园生产潜力具有决定性作用。如果实现更新胶园优良品种全覆盖，将大幅度提升我国未来天然橡胶产量以及品质，这个方面马来西亚可以提供很好的经验借鉴。中国热带农业科学院橡胶研究所选育的热研 879，在高级试验区，第 1~11 割年平均年产干胶 5.77 千克/株、167 千克/亩，分别比对照种类 RRIM600 高 52.0%和 51.0%。为了确保天然橡胶生产保护区内新植和更新胶园的优良品种纯度，建议由国家级科研机构和通过认定的种苗基地向种植农户或农场定向提供免费的优良种苗，费用由中央财政的造林补贴资金直接补贴或胶园更新专项资金支持。创新资金使用方式和方法，提高资金使用效率，降低寻租风险，制定良种定向免费供应的实施办法。

9.2.1.4　胶园基础设施建设

国发〔2017〕24 号文件明确指出，“两区”增加基础设施建设投入，应当重视解决民营胶园基础设施欠账多的问题。借鉴高标准农田建设经验，尽快在民营胶园实施国家天然橡胶基地建设项目，支持改善生产保护区内基础设施条件。根据抽样调查，民营胶园几乎没有硬化道路，全部胶园都没有建设林间生产性用房，作业环境差。胶园主干道路的建设标准为 3 米宽砼硬化路面，以及道路配套排水设施，每万亩胶园配套建设17公里道路。民营胶园基础设施建设项目的业主方可为乡镇政府、村集体经济组织，委托专业公司建设，固定资产纳入村集体管理。

9.2.1.5 割胶工人职业津贴制度试点

割胶生产属于特殊工种，技术要求高，作业环境差，对身体伤害程度较高。由于割胶生产大多在凌晨进行，导致不少胶工的视力受损严重，部分胶工风湿病较为严重，错过最佳的休息时段，对身体的伤害较大。根据2019年村庄调查，胶工大多有腰部和眼部疾病，风湿病发病率也较高。割胶是技术要求比较高的工种，需要花费较长时间来学习和积累经验，技术专业性强。须开展割胶生产的职业健康损失评估，探索建立健康损失补偿机制，对连续从事割胶生产20年以上的胶工提供职业津贴，在一定程度上实现“以人稳地”，这也看作对割胶生产对身体伤害的外部性补偿，或者率先在胶农中试点农民退休制度。

9.2.2 针对“强科技，增能力”的政策工具

9.2.2.1 设立基于全产业链的研发专项

积极争取农业农村部、科技部、国家国防科技工业局等部委或相关省级部门的支持，设立从种植材料到高性能原材料的研发专项。重点研究橡胶品系、胶树营养与施肥、胶园气候因子、胶乳非胶组分合成调控、采胶技术等主要因素对胶乳橡胶烃分子量大小及分布、干含、总干差，非胶组分如蛋白质、钙镁离子、铜锰离子、糖类、类脂物质含量等的影响及相互关系，研发和集成优质天然橡胶原料生产关键技术和调控技术，从原材料生产环节大幅提升胶乳品质一致性。研究不同原材料及配比对各类制品质量和性能的影响，探索材料复合对制品的影响机理和调节机制。

9.2.2.2 建立全产业链协调的高性能橡胶研发体系

对国家天然橡胶产业技术体系进行增岗扩站，增强天然橡胶新材料研发力量，增设橡胶树资源、高产抗逆、其他产胶植物资源岗位以及云南勐腊、临沧等主产县（市）的综合试验站；强化体系内各岗位和试验站之间的协作，将制约国产天然橡胶在国防工业和国民经济关键领域使用的关键技术研发纳入目标管理，将长期从事天然橡胶材料研发的团队纳入体系。支持上中下游科研机构、企业等主体联合申报天然橡胶技术创新中心、工程研究中心等国家级平台，推进天然橡胶大科学工程建设。

9.2.2.3 加强特种胶园和生产线建设

通过选择合适的品种、地块、采收和保存方式，科学划定特种胶园，为

特种橡胶研发和量产提供原料基础。由中央财政对特种胶园管护给予补贴，确保生产经营主体按照技术标准生产，满足高端特种用胶的原料需求。支持初加工企业或研发机构以需求为导向，建设特种胶生产线。对特种胶加工生产线建设改造、特种胶全过程质量追溯系统建设、特种胶生产加工技术熟化集成组织等工作给予支持，加快建立特种胶园—初加工厂—用胶单位定点供应机制，构建高效运转的应用协同体系。

9.2.3　针对“行绿色，促发展”的政策工具

9.2.3.1　适度规模经营补贴

2016 年，国家整合了农业“三项补贴”，存量部分主要用于耕地地力保护补贴，增量部分用于支持开展适度规模经营。根据调研，近年胶园弃割或不正常割胶的比重较大，但胶园流转少，社会化服务少。通过政策加强对适度规模经营的支持、扩大低频割制的使用范围，针对民营胶园中使用 4 天一刀及更低频率割制的种植大户、合作社等经营主体给予补贴。

9.2.3.2　绿色技术试验示范支持

胶园分级建设、分类管理。依据气候条件和立地条件，将生产保护区内胶园区分成若干类型，分别制定技术规程。不同类型胶园均以天然橡胶为主，侧重在生态功能、木材储备、农业多功能等方面的特性。重点支持构建以天然橡胶为主，多物种融合、共生共长、相互促进，具有经济功能和生态功能的多物种、多层次、立体型的橡胶园复合生态系统，研究各类胶园的理论基础、建设标准和评价体系。系统开展人工橡胶园的生态功能指标和评价模型、人工橡胶园与天然橡胶天然林的生态功能差异等方面的基础研究，为橡胶种植业绿色发展提供理论支持。对生态胶园、农林复合胶园、宽行窄株等种植模式给予支持，鼓励整村推进。加大现代农业产业园、产业集群、农业强镇等农业产业发展专项资金对天然橡胶的支持力度。

9.2.3.3　绿色生产技术推广补助

科技对天然橡胶产业绿色发展具有举足轻重的作用。种植材料的创新与运用，能够显著提高胶园生产潜力；创新种植模式，如采用全周期间种模式，能够明显提高胶园土地利用率；创新施肥和病虫害防治技术，能够改善胶园土壤，同时减少对环境的负面影响；创新采收工具，能够在一定程度上减轻劳动强度，有效应对胶工老龄化；创新初加工工艺，能够提高天然橡胶初级产品质量及其一致性，减少废气、废水污染，更好地保障国防和国民经济关键领域的用胶安全；实施天然橡胶新材料创新，既可提升材料质量及其均一

性，又能扩大天然橡胶用途；等等。应加大对橡胶种植、初加工和新材料各环节的研发投入，加强天然橡胶质量提升关键技术攻关。

9.2.4 针对“提效益，保收入”的政策工具

9.2.4.1 橡胶树资产保险保费补贴

与短期作物不同，橡胶树作为常年生作物，因灾受损之后，后期产量无法收回，而当年产量损失可以在很大程度上体现灾害程度。橡胶树灾害保险有助于种植农户和企业恢复生产，特别是对于较大规模的种植企业，综合灾害保险能够有效地降低其经营风险。当前，橡胶树资产类保险虽然纳入中央险种，但其在民营胶园的覆盖面小，须创新灾害保险产品，如巨灾保险、指数保险，在解决信息不对称、巨灾风险和保险行政成本方面寻找平衡点，显著提高农户的参保率。

9.2.4.2 价格及收入类保险项目支持

天然橡胶价格波动剧烈，且调整难度大，2001—2013 年，橡胶种植面积大幅度增长，导致产能超过需求，2014 年后价格持续低迷。为应对价格低迷对生产经营主体造成的冲击，海南省从 2018 年起探索实施天然橡胶价格（收入）保险，取得了良好的成效。应尽快开发价格及收入类保险项目，提高保费补贴比例，减轻经营主体保费负担，提高农民参保积极性，同时加快大数据技术应用，降低实施成本。

9.2.4.3 农机购置补贴

天然橡胶是一种劳动密集型产业，其中割胶劳动力成本约占直接生产成本的 70%。胶工短缺已成为天然橡胶产业可持续发展的主要制约因素之一，且以省工为目的的低频割胶技术在民营胶园的采用率低，造成劳动生产率低。我国已经成功研制出一款便携式电动胶刀，并在海南、云南及东南亚部分地区推广使用。虽然电动胶刀无法根本性地改变传统的割胶生产模式，但其能够有效降低割胶技术门槛，增加潜在的割胶劳动力数量，提高胶工割胶的效率，增加单位劳动力的产出。如果将电动胶刀全面纳入国家农机补贴范围，能够较大幅度地降低农户购买成本，扩大电动胶刀的使用范围。待自动割胶装备技术成熟并通过鉴定后，及时纳入补贴范围。

9.3 政策体系构建

图 9-5 对上述政策的目标、对象和措施做了简单归纳，最终是要稳定种

植面积，保障关键领域用胶需求，构建绿色高效经营体系，提升产业效益。支持政策涉及财政资金支出，就有绩效要求；要确保各项支持政策取得成效，同样需要科学合理的评价和监管。天然橡胶产业支持政策监管同样需要精准化，应建立政策实施的数据库，对各类支持对象进行分类和信用分级管理，大力提高监管的精准性和效率，降低行政成本。

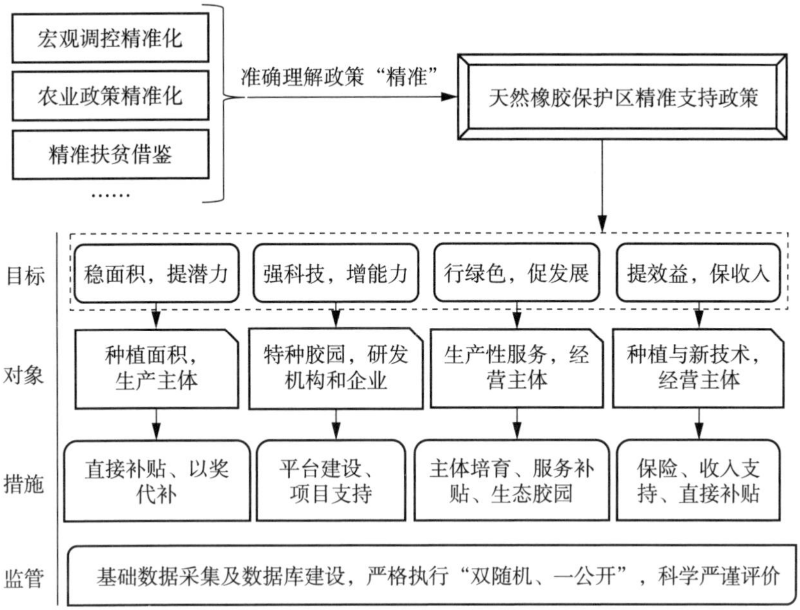

图 9-5　天然橡胶产业支持政策框架

9.4　完善支持政策的工作建议

一是构建多部门上下游统筹协调机制。以提升天然橡胶供应保障能力和产业发展效益为目标，建立健全天然橡胶产业发展各指导部门沟通协调机制，加强统筹协调，打通条块壁垒，凝聚政策合力，共同推动解决天然橡胶产业高质量发展中出现的各类问题。支持以中国热带农业科学院为代表的科研单位与天然橡胶生产企业开展科企协同创新，探索天然橡胶科研创新、人才培育、成果孵化等方面产学研一体化机制和模式，提升科技成果转化效率。促进天然橡胶产业链上下游企业有效对接，建立互认互通的标准体系，完善利益联结机制，打造稳定可靠的供应链，提升产业综合效益。

二是加大产业发展关键环节支持力度。尽快出台天然橡胶保护区相关法律法规，依法加强对生产保护区的建设和管护，理顺基层橡胶行业管理机制，解决多头管理问题。聚焦基础前沿热点、关键核心技术卡点、产业发展升级痛点和植胶区建设发展重点，加强橡胶树生物育种、智能割胶机研发、高性能胶研制、特种胶检验检测等重点领域的科技创新，解决制约产业发展的“卡脖子”问题。深化天然橡胶国际合作，以增强境外天然橡胶资源掌控力和供应能力为目标，拓展合作区域，扩大合作领域，创新合作方式，打造稳定可靠的天然橡胶跨国供应链。

三是加强产业扶持政策的系统性、稳定性。制定并出台新时代推动我国天然橡胶产业高质量发展的意见，以中央文件的形式明确未来较长一段时期内推动橡胶产业高质量发展的目标任务、思路举措和政策措施。加强对国内外天然橡胶产业发展形势的分析研判，强化各政策制定部门间的沟通协调，增强产业扶持政策的及时性、科学性和稳定性。加强对各项产业扶持政策的宣传解读，明确各产业主体的政策预期，稳固和促进各方对橡胶产业进行长期投资。

第 10 章

天然橡胶高效科技创新体系构建

据不完全统计，全球产胶植物达 2000 多种，但以产胶为目的、实现商业化种植的仅有巴西三叶橡胶树，它是目前世界上几乎所有的商用天然橡胶的来源。橡胶树起源于南美洲亚马孙雨林，所产的天然橡胶最初被用作游戏和祭祀。1763 年，法国人麦加发明了能够软化橡胶的溶剂，将其制成医疗用品和软管。之后天然橡胶在日常生活中的用途逐渐被人们“解锁”。1820 年，英国人汉考克通过反复挤压方法提高了橡胶材料塑性，奠定了橡胶加工基础。1852 年，美国化学家固特异发明了橡胶硫化法，天然橡胶正式成为重要工业原料并得到广泛运用，带动了橡胶种植面积的扩张。

10. 1　橡胶树栽培驯化和北移的关键技术

天然橡胶在汽车轮胎中成功应用，伴随汽车工业的兴起，需求量快速增长，19 世纪末到第一次世界大战期间，橡胶价格处于上涨趋势中，1 千克橡胶约可换 25 千克大米。野生橡胶树无法持续供应，栽培驯化势在必行。橡胶树栽培驯化总结起来就是“一粒种子，两项发明”。

10. 1. 1　栽培驯化

1876 年，英国人魏克汉将 7 万多颗橡胶树种子从巴西运往英国，这些种子中有 2899 粒发芽，育成 2397 株幼苗，被移栽到新加坡、斯里兰卡、马来半岛，拉开了世界天然橡胶产业快速发展的序幕。1887 年，英国科学家芮德勒发明了连续割胶法，既能采集到胶乳，又不会对橡胶树的健康产生严重影响，使得橡胶树的可利用周期从几年延长到了几十年，彻底改变了用斧头砍橡胶树的原始采收方式，大幅提高了橡胶园生产效率和投资回报率。1915 年，荷兰人赫尔屯发明了橡胶芽接法，使优良的橡胶树得以通过无性繁殖大规模推广种植。此后，优良的无性系种苗逐渐取代了实生苗，单位面积产量极大提高。

10.1.2 热带北缘栽培

中国最早引种橡胶树是在1904年，云南千崖（今盈江县）傣族土司刀安仁从新加坡引进8000株种苗，在云南省盈江县凤凰山南坡种植成功。1905年，日本人将橡胶树引入中国台湾恒春并种植成功。1906年，琼籍马来西亚华侨何书麟在现在的红异农场种植橡胶成功。1949年，全国橡胶种植面积4.5万亩，年产干胶199吨，主要集中在海南岛。1951年8月31日，周恩来总理主持召开政务院第100次会议，作出《关于扩大种植橡胶树的决定》，正式拉开了我国橡胶树种植的序幕。

我国通过三次科技创新助推橡胶产业发展。第一次是在北纬18~24度大面积种植天然橡胶，打破了“北纬17度以北不能种橡胶树”的论断，“橡胶树在北纬18~24度大面积种植技术”获得国家发明一等奖（1982年）。第二次是开展“国外橡胶树优良品种引种与利用研究”，于1999年荣获国家科学技术进步奖一等奖，成功赶超世界单产平均水平，使我国植胶业提前约30年实现了良种化。第三次是“中国橡胶树主栽区割胶技术体系改进及应用”研究带动了我国天然橡胶产业的跨越发展，于2006年获得了国家科学技术进步奖二等奖。该成果的推广应用极大地提高了割胶劳动生产率、产业效益和竞争能力，同时也为我国橡胶树新品种的培育打下了重要的物质基础。

经过长期科技研发和生产实践，我国在橡胶树遗传育种方法与技术、抗逆栽培、营养与施肥、采胶制度与技术、死皮防治、机械化生产与胶乳加工等领域均处于世界前列，为产业发展提供了强有力的科技支撑。橡胶种植面积从最初的不足5万亩发展到1700余万亩，从国有农场占绝对主导地位到民营胶园占比超60%，科技创新是最重要的驱动力。当前，品种创新和胶园建设是我国天然橡胶产业发展的“两个要害”，采收技术和品质提升是产业可持续发展的“两个关键”。种质资源及新品种育繁推是弥补自然条件短板的基础和根本，胶园建设是天然橡胶资源安全的重要保障，高效采收技术与装备是提升产业效益的关键渠道，高性能胶生产技术是满足国防工业与国民经济重要领域用胶需求的核心举措。

10.2 全产业链科技创新的关键问题

从一粒橡胶种子到形式各异的橡胶制品，每个环节的转变都离不开科学技术的支撑。首先是基于各类种质资源，采用杂交授粉等方式，或利用生物技术创制品种。然后是种苗种植，橡胶树种苗移栽大田需要种植规划、配套栽培措施、土壤养分管理、病害虫害防治，以及胶园土壤保持、林下资源开发利用等技术。进入割胶阶段后，则需要结合橡胶树生长规律开展采胶生理学研究，确保橡胶树处于合理状态。通过割胶工具采收初加工原料，为提高采胶效率需要充分研究割胶制度、改良割胶工具，为保证质量还需要探索原料保鲜技术。经过加工工艺，形成浓缩乳胶、技术分类橡胶、烟片胶，运用混合等办法得到混炼胶、恒黏胶等。这些材料配以合成橡胶、炭黑等，经过混炼、挤出、成型、硫化等工序就可以获得各种各样的橡胶制品，设计、结构、配方等是关键。这就是从种质资源到工业制成品的全过程，如图 10-1 所示。

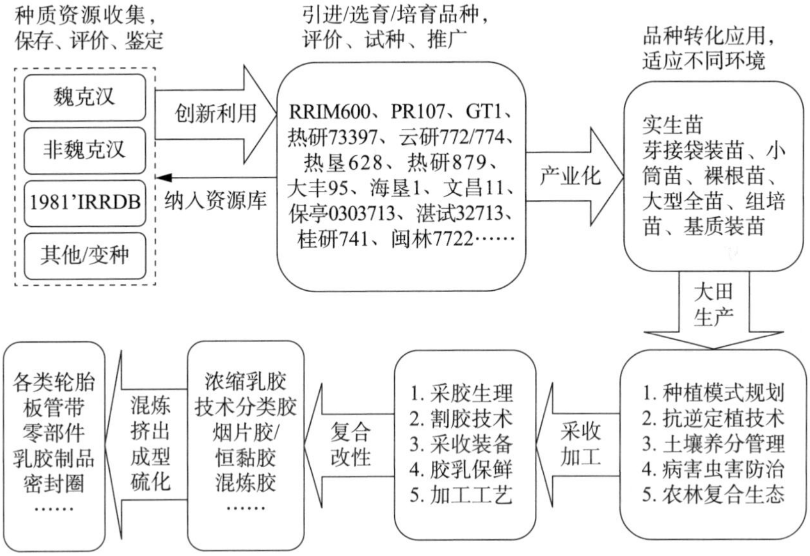

图 10-1　天然橡胶全产业链创新领域概念图

10.2.1　实用技术供给不足

我国围绕天然橡胶生产的各环节制定了一系列标准和规范，但随着经济社会条件的变化，要素相对价格显著变动，部分标准、规范已无法很好地满足生产的实际需求。西双版纳部分地区有农户将原来的凌晨割胶调整为傍晚或上半夜割胶，次日早上收胶，对于割胶时间调整，目前还没有相关技术规范或指导，只能由农户根据经验来选择，导致胶乳保鲜面临新的问题。干含度是鲜胶乳交易中的核心，没有快速准确的干含测定仪，很容易造成农户无法公平参与市场，在西双版纳州这种情况尤为严重。由于不信任原料收购商，农户选择委托工厂将橡胶加工成标准胶，再称重计价卖给工厂，根据农户估算，一桶 30 升的胶乳选择代加工方式，卖价能高出 8~15 元，一个月能增加

1000多元的收入，这其中既有市场管理的问题，也有技术供给不足的原因。另外，浓缩乳胶加工过程中，有助于减少氨污染的技术推广比较缓慢。

10.2.2 采收装备研制进展缓慢

橡胶树自实现商业化种植以来一直通过人工使用“V”形刀具切割树皮获得原料，相较于棉花、甘蔗等作物，采收环节的机械化和智能化水平滞后。采收环节的劳动力成本约占天然橡胶直接成本的70%，随着劳动力价格上升，这个比例会更高。马来西亚曾经是全球最大的产胶国，高峰期年产约180万吨，但近年年产量不足60万吨，大量土地转为种植油棕。发生这一转变的核心要素是资本对劳动的替代弹性接近于零，即割胶生产无法降低对劳动力的依赖，同时割胶生产的作业环境差、劳动强度大、技能要求高，且一般都在凌晨进行，对年轻劳动力的吸引力弱。根据抽样调查，海南主产县市2013年橡胶种植户户主平均年龄46.9岁，2016年为48.7岁，2019年为48.9岁。根据2019年橡胶种植村庄调查，眼部疾病、腰椎病、颈椎病等是胶工最为常见的疾病，不少胶工视力受损严重，风湿病也较为严重，但无职业病保障机制。还有些胶农在林间作业时摔伤、被蛇咬伤等，因无法参与工伤保险，得不到合理的补偿。近几年，低收入国家缅甸、柬埔寨、科特迪瓦等天然橡胶产业发展迅速，若不解决割胶环节的劳动可替代问题，天然橡胶从高劳动力成本地区向低劳动力成本地区转移就不可避免。受限于山地农业、树体特征不一等因素，割胶装备研制虽然有了进展，如国内出现了多款电动胶刀，并开展“一树一机”的自动割胶机示范，但电动胶刀采用率较低，自动割胶机要实现广泛运用还有很长的路要走。而且，实际上这一装备解决的是“割”的问题，“收”的问题依然没有解决。

10.2.3 产量和质量形成机制及调控机理尚未完全清晰

机理研究是调控技术的基础，高产、抗风、抗寒是我国橡胶树育种的最关键目标，RRIM600、GT1、PR107在引进品种中表现最优异，RRIM600、GT1在云南大部分产区占主导地位，RRIM600、PR107在海南垦区占主导地位。我国自主选育了热研73397、云研772/774等品种，逐步取代了纯引进品种，但对品质、耐刺激等方面的关注不足，还没有从机理层面上弄清楚橡胶树死皮、胶乳品质的形成过程。在技术方面，橡胶与水稻等作物的差距很大，对稻米形状、秸秆高度等的调控技术已经很成熟。其中一个原因是橡胶树属于高大乔木，木本作物的基因表达和编辑难度明显高于草本，但更为重要的是科技攻关不足。当前，关于国产天然橡胶质量及其一致性的影响因素众说纷纭，物候条件、品种品系、栽培措施、采收技术、保鲜方式、初加工工艺等都可能是影响因素，但作用机理却阐述不清，更不用说开发调控技术。这严重影响了国产胶的市场声誉，无法对下游提出的品质异议给出权威的回应。

10.3　科技创新体系的挑战

10.3.1　经费总量不大，存在结构性问题

天然橡胶作为小宗作物，在争取竞争性经费方面存在一定的短板。经过新一轮的科技经费管理制度改革，农业行业科技专项等并入国家重点研发计划，以天然橡胶为主的项目少，传统栽培、采收、初加工等领域难以获得支持。国家天然橡胶产业技术体系在主要植胶市县勐腊、白沙以及儋州等地未设置综合试验站，种质资源、产胶植物、精深加工等领域还未设置岗位，生物育种、采收技术与装备、初加工及其污染物处理、高性能胶等领域技术力量有待加强。橡胶树资源收集保存、新品种试种需要长期稳定的经费支持，但当前项目形式的资助体系无法满足需求，如中国热带农业科学院橡胶所作为主要育种单位，选育新品种后，还需要自行选地试种，在民营胶园和垦区试种均面临很大的压力，选择在村庄意味着协调成本高，在垦区生产单位也不容易找到合适的试种地块，更为重要的是育种单位缺乏稳定的经费支持。橡胶树育种需要长周期工作，只要中间一个环节或时段断开了，就会对试验造成不可挽回的影响，所以需要建立适合于橡胶树的育繁推体系。云南农垦下属的云南热带作物研究所、德宏热带农业科学研究所、红河热带农业科学研究所是云南省天然橡胶研究的主要力量，经过改革后，虽已成为全额拨款单位，但云南省一直按原来的差额拨款给予经费，却按一级事业单位来管理，即创收需要上缴，给单位运转造成很大的困难。

10.3.2　人才储量相对不足，高层次人才偏少

天然橡胶研究机构和团队研究对象单一，当前领域内没有院士专家团队，中国热带农业科学院是天然橡胶科技创新的核心机构，高层次专家、战略科学家偏少。国家天然橡胶产业技术体系依托单位橡胶所与中国农业科学院水稻所、棉花所、油料所、中国水产科学研究院黄海所等相比，在人才总量、结构等方面都存在短板。云南农垦所属 3 个研究所人才流失严重，天然橡胶方面多年来少有新的研究力量补充，创新能力总体呈下降趋势。海南农垦科学院及文昌橡胶研究所、保亭热作所等改革后，天然橡胶方面的研究力量严

重不足。海南大学在天然橡胶领域的研究力量相对偏重基础研究，偏向材料学。由于人才供给不足，橡胶树生物育种、死皮机制、采胶机械设计学、质量调控等方面的研究基础弱，天然橡胶分子结构、非胶组分以及两者形成物理网络结构与天然胶乳基础原料及制造工艺、加工成品质量之间的关系不清晰，天然橡胶产品质量形成机制研究不够深入，橡胶树品种、田间管理技术、营养与施肥、化学调控技术、胶园气候因子、胶乳非胶组分合成调控、采胶技术、加工工艺及后处理等对橡胶烃分子量大小、分布及各项产品质量技术指标的影响机理尚未阐明。

10.3.3 重大平台不足，上下游缺乏有效协调

目前，除育种外，在天然橡胶领域内还没有国家技术创新中心、国家工程研究中心、大科学装置等重大研发平台，还没有科技创新平台能够整合研究力量，开展科技协同创新。天然橡胶作为重要工业原料，产业链长，当前创新链对产业链的支撑作用还不够强，甚至存在“断链”“孤岛”情况，缺少覆盖全产业链的创新机制和平台，上、中、下游对天然橡胶质量及其一致性尚未形成有效沟通，以及协同攻关。以国产天然橡胶品质为例，下游企业发现部分质量指标在不同批次间波动大，上游科研机构也开展了对比实验，但双方始终没有真正地进行合作，以致市场上出现“国产胶不如进口胶”的说法，造成不必要的损失。近年来，在重大项目的支持下，青岛科技大学、青岛森麒麟、三橡股份等下游企业和研究机构参与了上游研发项目，但还需要重大平台来促进常态化的协作。

1982 年国家发明一等奖的获奖者是全国橡胶科研协作组，协作单位数量众多，包括云南热带作物研究所、德宏热带农业科学研究所、红河热带农业科学研究所，海南农垦橡胶研究所、保亭热带作物研究所、大丰农场、大岭农场、南俸农场，广东徐闻橡胶研究所、化州橡胶研究所，福建热带作物研究所，中国科学院遗传所海南试验站、中国林业科学院热带林业研究所、华南热带农业大学，是科研与生产协作的典范。农垦系统原来是天然橡胶科技创新尤其是育种的组成体系，仅 1952—1962 年，就有 18 个单位开展或参加过橡胶树选育种研究工作，但随着垦区集团化、农场企业化改革的深入推进，原来的科研协作体系已被破坏。2010 年云南农垦启动新一轮改革，在西双版纳国有农场布置的科研试验几乎就此终止；虽然在西双版纳、红河、德宏等地的科研机构还存在，但天然橡胶领域的研究力量弱化严重。海南农垦对农垦科学院以及文昌和保亭研究所等机构进行了企业化改革，大丰等农场的研发和推广力量明显减弱。广东农垦整合了化州、湛江等地的研究力量，结构

方面发生了很大的变化。协作体系弱化对新品种推广产生了重要影响，中国热带农业科学院橡胶所作为育种单位，需要投入大量精力找地开展适应性种植，但又缺乏足够稳定的经费支持。政府农业推广体系是当前农业技术扩散的主要渠道，存在数量偏少、层次偏低、工作精力分散、技术获取渠道窄等问题。只有勐腊县等少数县市设立了专门的橡胶推广或发展中心，其他大部分主产市县均没有专门的推广力量。

10.4　科技创新的重点方向

10.4.1　增潜力

选育适应性强的品种。种质资源收集保存利用和创新是一项长期性工作，我国已收集保存栽培品种、野生种质和同属种质材料 6000 余份，位居世界前列。橡胶树的生命周期长约 35 年，热研 73397 从 1966 年开始选育，到 1995 年开始大规模推广，再到进入 21 世纪后逐渐成为主栽品系，经历了约 40 年的时间。海南民营胶园 2000 年后种植的橡胶树中 50%以上是自主选育的热研 73397，有效提高了胶园的抗风能力和生产潜力，该品种亲本是 RRIM600、PR107 杂交选出的三生代无性系，其中 PR107 是印度尼西亚从来自亚马孙河流域的野生种质中选育出的初生代品种。我国自主选育的热研 879 是世界最高产的品种之一，亩产量可达 150 千克以上，但应用面积还比较小。热垦 628 以橡胶树胶木兼用型品种作为选育种，开割前生长非常快，在试验区内年均增长达 8.67 厘米，可提前 1 年开割，立木蓄积量大，10 龄树材积能达到 0.31 立方米。

提高抗逆性的橡胶树栽培技术。针对非传统植胶区的特性，构建高效抗逆防控体系，包括抗寒、抗风、抗旱栽培技术，探索胶园分级建设分类管理的技术和模式。提高抗风栽培技术的措施主要包括四项：一是营造防护林；二是因地制宜地选配品种和种植材料；三是采用适宜的种植形式、密度和间作第二线作物；四是修枝整形及预伤处理。对橡胶树寒害尚无很好的应对措施，大规模寒害胶园应对处理的六项原则：先调查再决策；待寒害症状基本稳定后再处理；不要人为扩大伤口；养、防、治综合处理；按先轻后重、先开割树后幼树、先高产树后低产树、先树干后树冠、先割面后树干顺序处理；高效、省工、低成本。在易发干旱灾害的胶园中，种植豆科覆盖地面，深翻、压青、改土，提高土壤持水力，降低割胶强度，严重时短期休割。橡胶苗“围洞法”节水抗旱定植技术适宜于季节性（短期）干旱地区，可节省用水

60%以上，降低生产成本 50%，同时提高苗木定植成活率。

须进一步加强种质资源收集保存利用，开发更丰富的新型种植材料，包括橡胶草等产胶植物。种质资源是天然橡胶种植材料创新的基础和根本，收集、保存、鉴定与创新利用是一项长期性工作，可利用海南全球动植物种质资源引进中转基地。除现在大规模种植的三叶橡胶树外，世界上至少还有 2000 多种产胶植物，学者们研究较多的有银胶菊、俄罗斯蒲公英（橡胶草）等；与橡胶树通过切割树皮获取原料显著不同，草本产胶植物的生产模式较容易实现机械化，但产胶效率有待提高。在常规育种的基础上，运用组织培养、基因编辑等技术研发橡胶树新品种和新型种植材料，尤其应该重视和加强以特殊用途橡胶材料为目的的育种研发。推进产胶植物资源圃的基础设施建设，在全球范围内收集资源，做好保存、利用和创新。

10.4.2 提效益

针对现实需求开发新技术。根据技术规程，一般要求上半年完成定植，以确保橡胶树苗能够应对冬季环境，但现实中却可能在 9 月左右定植。大型全苗可在很大程度上解决这个问题，还可提前 1~2 年开割，不过，大型全苗的价格相对高、重量大，不利于山地环境。此外，还有裸根苗、袋装苗、小筒苗等多种形式的苗木可供选择，近年热研 73397 组培技术取得突破，组培苗实现了量产，恢复了幼态无性系，消除了芽条与砧木之间的适应性问题，显著提高了橡胶林的齐整度，加快了其生长速度。林下间作是提高土地产出率的关键，但成龄胶园遮蔽度太大，限制了间种作物的选择范围。在平地和缓坡地采用“宽行窄株”配合直立型品种的种植模式，每亩定植株数从 33 株减少至 28 株，宽行达 20 米，可在不增加投资、不减少橡胶产量、减少橡胶树风害的前提下，用占胶园面积一半或以上的土地间种多种农作物。

采胶技术与装备。自 19 世纪末橡胶树实现商业化种植以来，天然橡胶的采收模式一直没有根本性变革，时至今日仍依赖工人反复切割树皮获取原料，属于劳动密集型产业。割胶约占天然橡胶直接生产成本的 70%，这一环节的研究重点在两个方面：一方面是降低割胶频率，缩短割线长度，增加人均割胶株数。目前研发的超低频割胶技术，割胶用工已减少到传统割胶的 20%，人均产值增加了 4 倍。另一方面是研制新型装备。电动割胶刀的研发应用，使割胶从手工高技术操作逐步向机械化的简易操作转变，极大降低了割胶技术要求，使割胶效率提高 30%~40%，降低劳动强度 60%，胶工培训时间由 20~25 天降到 3~5 天。初步试验了“一树一机”、轨道式“一机多树”等自动化割胶模式。

适应新形势新品种新模式的高效栽培技术。以亩产 250 千克为目标，采用高产、速生和抗逆优良亲本杂交选育高产新品种。构建橡胶树基因组编辑技术体系，通过分子设计创造“胶木兼优”和“量质兼优”品种，加快生物技术在橡胶树遗传改良中的应用。完善橡胶树苗木快速培育技术体系，加强优异砧木筛选的基础性研究和技术开发，增强橡胶组培苗规模化生产技术示范与推广，降低成本，提高扩繁率；改进或更新胶园橡胶种植材料繁育模式，推动我国甚至世界天然橡胶新型种苗产业化进程；研发新型全根型、高根冠比种苗种植技术，提高定植后生产速度，缩短田间非生产期 1～2 年；研发新一代橡胶树有机无机复混肥料、多元生物有机肥料、新型缓控施肥技术，促进橡胶树专用肥增效减施。

构建农艺与工艺相融合的采收体系。探析不同刺激强度下橡胶树胶乳再生过程的代谢变化；明晰化学调控机理，研发高效化学调控剂及其配套调控技术、采胶技术；构建橡胶树生长大数据监测模型，开展橡胶树信息感知、智能化精准定位与控制技术研究；研发橡胶树皮厚度无损探测技术及装备，研究切割仿形机构，集成优化采割收装备及其配套技术。通过对高效安全割胶技术、机械化采收胶装备等关键技术攻关与集成应用，构建一套安全高效、机械化程度高的橡胶树现代化采胶技术体系和集成模式，节约生产成本，提高劳动生产效率。由于制造和维护成本远高于产品产值，自动化割胶距离实现大规模应用还有很长的路要走，即使解决了自动“采”的问题，自动“收”的问题解决难度同样很大，需要建立新一代高效采胶技术体系。

10.4.3　优品质

从橡胶树割胶获取原料后，由初加工工厂加工成浓缩乳胶、标准胶等天然橡胶产品，加工工艺、污水处理、乳胶保存等会对产品品质及环境产生重要影响。由于天然橡胶含有一定量蛋白质，天然胶乳低氨及无氨保存技术可将浓缩胶乳中的氨含量控制在 0～0.3%，有效解决了高浓度氨水带来的污染问题，节省了浓缩胶乳除氨工序，降低了胶清橡胶的处理难度。此外，利用无氨胶乳制备生产了升空高度达到 3.125 万米、爆破直径达到 8.93 米的探空气球。模拟高品质烟片胶生产工艺，建立高性能胶片自动化生产线，能够提高加工生产效率、产品性能及质量一致性，其性能可达到航空轮胎专用胶要求，优于印尼 1 号烟胶片。在上级部门的大力支持下，相关人员针对航空轮胎、直升机橡胶零部件等专用天然橡胶开展了一系列研究，完成了 ARJ21 主轮胎的试制，初步制定特种胶园生产技术管理规程、航空轮胎专用天然橡胶标准化胶园管理规范等标准。

全面研究农艺因素（如遗传因素、气象因素、栽培措施、采收技术）、加工工艺因素（原料存放、凝固方式、贮存熟化、干燥温度）对天然橡胶分子量大小与分布、非橡胶组分组成与含量及物理机械性能、结晶性能、生热性能、动态疲劳寿命等的影响，明确天然橡胶熟化机理、凝胶形成机理、贮存硬化机理，阐明天然橡胶质量形成机制，研发质量调控关键技术，提升国产天然橡胶的品质及质量一致性。开展端基、分子链化学改性，分子链调节剂对天然橡胶物理机械性能影响的研究，形成高性能天然橡胶加工新技术，引领世界天然橡胶加工科技和新材料产业的发展。加快军工装备、重型卡车轮胎、民用航空轮胎、高铁及建筑物隔减震、医疗卫生制品、探空气球等高性能胶的研发，并实现规模化产业应用。制定生产技术规程及质量标准。

10. 4. 4 促绿色

围绕增加胶园生物多样性，云南省针对生态胶园、环境友好型胶园进行了有益的探索。云南农垦局制定了《云南农垦 2015 年环境友好型生态胶园建设指导意见》《云南农垦生态胶园示范基地认定规范（暂行）》；云南省热带作物科学研究所制定的《生态胶园建设技术规程》于 2015 年在西双版纳州发布实施，后来在全省发布实施。按照“山顶戴帽、腰间系带、脚底穿鞋”的林地规划布局和多作物配置方针，推行橡胶套种咖啡、百香果、菠萝、魔芋、柚子、中药材和林下养鸡等胶园立体复合种养模式，着力构建以橡胶为主的多物种、多层次胶园复合生态系统，实现地表生物覆盖化、群落物种多样化、系统要素相融化、效益协调统一化。

构建以天然橡胶为主，多物种融合、共生共长、相互促进，具有经济功能和生态功能的多物种、多层次、立体型的橡胶园复合生态系统，探索各类胶园的理论基础、建设标准和评价体系。全面分析天然橡胶的林业特征及其在主产区生态文明体系建设中的作用，提升其对主产区经济社会发展的贡献，为“两山理论”作贡献。加快橡胶园造林和经营的碳汇方法学研究，分析在不同机制下争取补偿的可能性。

10. 5 完善创新链的重点任务

10. 5. 1 建设天然橡胶国家工程研究中心

在现有海南省天然橡胶栽培与加工工程研究中心的基础上，联合云南、海南和广东农垦天然橡胶集团等种植与初加工企业，三橡股份、桂林曙光、青岛森麒麟等橡胶制品企业，青岛科技大学、北京化工大学、四川大学、海南大学等高等院校，以及中科院长春应用化学研究所等科研院所，筹建天然橡胶国家工程研究中心，开展橡胶树新品种培育、高效栽培与采胶、质量调控、高性能胶改性、专用工程胶创新利用等领域的研究与试验，构建从种质资源到橡胶制品的科技创新体系，推动天然橡胶质量形成机理和调控机制、天然橡胶质量指标一致性调节技术等行业共性关键技术研发，为天然橡胶新材料开发与应用提供整套技术解决方案。“一代材料、一代装备”，新装备的研制亟须国产高端材料的支撑，建设“高性能天然橡胶大科学装置”，研发性能全面超越进口的高性能国产天然橡胶及各种用途的新材料，为国防新装备与高端制造提供更新更优的材料。

10.5.2　在海南建设全球天然橡胶创新中心

习近平总书记在“4·13”讲话中，强调要加强国家南繁科研育种基地建设，打造国家热带农业科学中心，支持海南建设全球动植物种质资源引进中转基地。将依托海南自由贸易港政策，发挥省内天然橡胶科研机构聚集地和引进人才优势，将海南省建设成为世界天然橡胶科技硅谷、全球天然橡胶种质资源库，天然橡胶产品研发和加工基地、天然橡胶国际合作交流中心。中国热带农业科学院在种质资源保存利用创新、良种繁育推一体化、产胶生物学、高效栽培割胶技术、初加工技术、特种胶研发等方面，在国际上处于或接近国际领先地位；海南大学热带作物学学科和人才培养体系较为完善；海垦控股作为全国最大天然橡胶生产主体，具有明显的产业化优势；自由贸易港将吸引国内外科研机构、高等院校和大型企业在海南设立新型研发机构，强化海南省天然橡胶领域创新能力。继续加大科技体制改革，在平台建设、项目支持、科技服务等方面对天然橡胶加大支持力度。现阶段以天然橡胶新材料创新和天然胶乳精深加工技术创新为重点，着力提高海南省原料对国防工业和高端制造的用胶需求的满足程度。

10.5.3　完善国家天然橡胶产业技术体系

云南省西双版纳勐腊县、海南省白沙县是民营胶园面积最大的两个县，属于脱贫县，科技支撑能力较弱。对国家天然橡胶产业技术体系进行增岗扩站，增强天然橡胶新材料研发力量，增设橡胶树资源、高产抗逆、其他产胶植物资源岗位以及勐腊、白沙等主产县市的综合试验站；强化体系内各岗位和试验站之间的协作，将制约国产天然橡胶在国防工业和国民经济关键领域使用的关键技术研发纳入目标管理，将长期从事天然橡胶材料研发的团队纳入进来，有利于促进从橡胶树到天然橡胶新材料的研发体系构建。以国家天然橡胶产业技术体系为支撑，联合有关机构，着力推进天然橡胶全国实验室申报工作。

10.5.4 设立天然橡胶育种专项

支持更大范围内收集橡胶树及其他产胶植物资源，并进行保存、鉴定、评价、创新和利用，这是一项基础性工作，特别需要长期稳定的支持。通过杂交、基因编辑等技术手段，创新种植材料，选育出更多适合不同地区的新品种。加强产胶生理学的基础性研究，提高转基因的表达效率，加强以强化品质为目标的生物育种技术研发，优化组织培养体系，确保大部分品种均有包括组培苗在内的各类种苗。

10.5.5 基于全产业链的研发专项

在农业农村部支持下，中国热带农业科学院橡胶研究所开展了航空轮胎专用胶研究，获批关于高性能胶的省部合作重点研发专项，还需要积极争取相关部委、省份的支持，设立更多从种植材料到高性能原材料的研发专项，特别是获得基础研究领域的支持。深入探索天然橡胶制品形成机理，研发和集成优质天然橡胶原料生产关键技术和调控技术，从原材料生产环节大幅提升胶乳品质一致性。研究不同原材料及配比对各类制品质量和性能的影响，探索前端因素及材料复合对制品的影响机理和调节机制。通过全产业链科技创新，实现国产胶对国防工业、高端民用的用胶需求保障，促进国内主产区产业链延伸，增加天然橡胶产业对当地经济增长、税收、非农就业的贡献。

10.5.6 完善技术推广体系

建立橡胶树新品种试种协作网。鼓励广东、海南、云南及西双版纳州、普洱市等地方农垦单位积极承担橡胶树新品种试种、新技术示范等任务，建立利益分享机制，逐渐在全国范围内建立育繁推一体化的新型育种体系。

白沙、勐腊等主产县设有专门的天然橡胶产业管理和技术推广部门，已取得了良好的效果，但儋州、景洪等地还未设专门部门。整体上，基层天然橡胶技术推广力量薄弱。要多样化技术扩散渠道，充分发挥科研院所、高等学校等在技术推广中的作用，以及科技特派员、乡村振兴特派员和驻村干部等人员的积极性。将割胶技能比赛作为农民丰收节活动之一，将劳动技能与丰收主题结合起来，推动割胶装备新产品研发与推广，开展天然橡胶技术推广体系的摸底调研和研究。

10.5.7　加强国际产业与科技合作

天然橡胶主产国大多为“一带一路”共建国家，强化国际合作有利于更好地利用两个市场两种资源。与泰国、越南、马来西亚等主产国加强科技合作、贸易对话、标准对接等，共同应对产业共性关键技术难题，加强人才交流。充分发挥我国橡胶种植技术优势和投资资金优势，通过技术服务推广、人员培训等方式，促进老挝、缅甸、科特迪瓦、尼日利亚等国家橡胶种植业发展，为国内企业在当地投资初加工企业提供原料保障。

在澜湄合作等项目和机制的支持下，与柬埔寨橡胶研究所进行深度合作，共建实验室、示范基地等研究基础设施。重点加强与柬埔寨、老挝和缅甸资源调查、品种交换、试验站合建、示范基地建设、标准体系建设等方面的合作。积极引进国内外知名轮胎及其他橡胶制品企业，如法国米其林、美国固特异、日本普利司通、马来西亚顶级手套、山东玲珑、青岛森麒麟、安徽中鼎密封件、株洲时代新材料等，在主产区创办创新载体，转化科技成果，进而推动下游产业链发展。

第 11 章

天然橡胶边境保护政策及海南自贸港应对策略

自 2001 年加入 WTO 以来，我国关税总水平大幅降低，由 2001 年的 15.3%降至 2010 年的 9.8%，加入 WTO 的关税减让承诺全部履行完毕（余蔚平，2021）。2018 年先后四次实施大范围自主降税，2020 年关税总水平降至 7.4%。有研究表明，我国农产品关税水平也明显下降，低于加拿大、韩国等（李刚等，2017），我国还通过科学运用滑准税对棉花（范欣欣等，2013）、选择税对天然橡胶（刘锐金等，2023）实施精准调控。天然橡胶几乎都来自三叶橡胶树，原产于亚马孙河流域。我国天然橡胶产业起步于新中国成立初期那段特殊历史时期，当时天然橡胶等战略物资被禁运，无法从国际市场获得天然橡胶，中央决定在华南地区发展橡胶种植业（刘锐金，2016）。在周恩来、朱德、叶剑英、王震等党和国家主要领导人的直接关心和支持下，广大科技工作者与农垦职工共同努力，在北纬 18~24 度实现橡胶大规模种植。20 世纪 60—90 年代，我国天然橡胶产业在保障国内天然橡胶供应、节约外汇、支持我国橡胶工业发展等方面作出了重大贡献。当前，不同于美国、欧盟等发达经济体发展橡胶草、银胶菊等产胶植物，我国拥有橡胶种植面积 1700 多万亩，仅次于泰国、印度尼西亚和马来西亚，产量排全球第五，是全球天然橡胶生产大国。新形势下，稳定国内天然橡胶产业具有重要意义，需要合理设计支持保护政策。

11.1 维持天然橡胶进口关税的重要性

1999 年之前，国家对天然橡胶进口实行绝对配额管理。在 2000—2001 年加入 WTO 过渡期实行配额关税管理，配额内进口关税为 12%，配额外税率为 125%，最惠国税率为 90%。自 2002 年起，国家对配额内采用 20%的进口关税。加入 WTO 后我国天然橡胶消费量快速增长，为降低我国橡胶工业的原料成本，增强橡胶制品业的国际竞争力，2004 年关税配额管理制度提前取消，全部按最惠国税率 20%征收关税。2007 年开始采用暂定税率，对技术分类橡胶和烟片胶按 20%或 2600 元/吨从低征税，对天然胶乳按 10%或 750 元/吨从低征税，此后一直沿用，其间从价比例和从量金额多次调整。2023 年，技术分类橡胶和烟片胶的最惠国暂定税率为 20%或 1500 元/吨，两者从低；天然胶乳的最惠国暂定税率为 10%或 900 元/吨，两者从低。关于天然橡胶进口关税的争论已经持续了近 20 年，各方从不同角度提出诉求，但始终未达成共识。

11.1.1　天然橡胶因其战略属性被归类于敏感商品

天然橡胶作为原材料的战略资源属性不断强化。天然橡胶综合性能是众多弹性体材料中最好的，在拉伸强度、拉断伸长率、回弹性、抗撕裂性、耐屈挠龟裂性等弹性体关键指标上均有最优异的性能，欧盟和美国都给予天然橡胶很高的定位并全力保障有效供给（刘锐金等，2022）。我国历来非常重视天然橡胶供给安全，自 20 世纪 50 年代开始，国家统筹全国力量发展橡胶种植，通过科技创新实现橡胶大规模种植。21 世纪以来，《国务院办公厅关于促进我国天然橡胶产业发展的意见》（国办发〔2007〕10 号）进一步明确了“天然橡胶是重要的战略资源和工业原料”的定位，之后又有文件将天然橡胶与能源、矿产、水并列为国家战略资源。

天然橡胶在贸易谈判中属于高度敏感商品。尽管国产天然橡胶占全国总消费量的比重逐渐降低，2021 年国内产量占表观消费量的比重仅为 13.1%，但其对有效供给的“压舱石”作用越发重要，历次贸易谈判中，均对天然橡胶给予了充分关注。WTO 谈判中，天然橡胶被国家确定为高度敏感产品。中国—东盟自由贸易区协定及后来的区域全面经济伙伴关系协定（RCEP）谈判中，天然橡胶仍被列为敏感商品，排除在关税减让范围之外。进入新发展阶段，我国社会经济发展所面临的国内外环境发生深刻变化，2021 年中央经济工作会议指出，在世纪疫情冲击下，百年变局加速演进，外部环境更趋复杂严峻和不确定，需要增强国内资源生产保障能力，提高农业综合生产能力，全面加强初级产品的供应安全。

11.1.2　天然橡胶作为重要农产品同样需要适当的边境保护

天然橡胶与糖料蔗、棉花等重要农作物一样，属于弱质产业。根据《国务院关于建立粮食生产功能区和重要农产品生产保护区的指导意见》（国发〔2017〕24 号），天然橡胶与棉花、糖料蔗一起被确定为重要农产品，在广东、海南和云南划定 1800 万亩天然橡胶生产保护区。由于处于热带北缘地区，我国橡胶树容易受到低温寒害，在海南和广东植胶区还会受到台风的影响，非生产期比传统植胶国多 1~2 年，单位面积平均有效株数少 5~8 株。根据天然橡胶生产国联合会（ANRPC）统计，2021 年，国内天然橡胶单产每亩 79 千克，低于越南每亩产量 113 千克、泰国 93 千克、马来西亚 94 千克，这主要是自然客观条件造成的，而不是国内种植者的生产技术水平低造成的。

实际上，我国橡胶种植技术如品种选育、种植规划、割胶技术、病虫害防治等，已经处于世界前列，国内理论上可割胶天数仅约240天，而泰国、马来西亚等传统产胶国高达320天以上，我国单产水平略高于泰国和马来西亚的3/4。相较于我国长期种植的棉花、糖料蔗，天然橡胶产业的弱质性尤为突出。

甘蔗、棉花产业实施高强度边境保护和国内支持政策。根据农业农村部预计，2021/2022年榨季，食糖产量972万吨，其中蔗糖占90%，2021年进口食糖567万吨。食糖进口实施严格的配额管理，近些年进口关税配额194.5万吨，配额内关税税率为15%，配额外关税税率为85%。广西糖业协会曾于2016年7月27日代表国内食糖产业向商务部提交保障措施调查申请，2017年5月22日商务部裁定，进口食糖数量增加，使中国食糖产业受到严重损害，且进口产品数量增加与严重损害之间存在因果关系，因此对关税配额外进口食糖征收保障措施关税，分3年实施，保障措施关税税率分别为45%、40%、35%，逐年递减。糖料蔗种植集中在广西和云南，除了耕地地力保护补贴、适度规模经营补贴、社会化服务补贴、农机购置补贴等常规性补贴外，还实施了《糖料蔗主产区生产发展规划（2015—2020年）》以及生产能力建设规划，试点完全成本保险和种植收入保险。2021年，国内棉花产量573万吨，进口量215万吨，进口棉纱212万吨。我国棉花进口实行配额管理制度，配额内关税税率为1%，2021年配额89.4万吨，配额外普通税率为125%，最惠国税率为40%。配额外进口一定数量的棉花实施滑准税，以实现精准调控。棉花种植集中在新疆，除常规性农业补贴外，中央政府实施棉花目标价格补贴，根据《2020年全国一般公共预算支出决算表》，2020年此项财政支出271.22亿元，有效地促进了棉花生产（王利荣等，2021）。天然橡胶与棉花、糖料蔗一样，是国内重要农产品，也需要适当的边境保护。

11.1.3 天然橡胶进口关税与下游行业竞争力没有因果关系

国内本土轮胎制造企业很少使用含关税的天然橡胶。有人分析认为，国内天然橡胶产业规模小，轮胎及橡胶制品业规模大，长期实施天然橡胶进口关税严重限制了下游行业竞争力提升（王锋，2016）。实际情形并非如此，最好的印证是，在国内投资建厂的米其林、固特异、普利司通等国外品牌，实际缴纳天然橡胶进口关税，通过品牌溢价获取回报。而国内轮胎制品企业大多依赖低成本策略，产业升级转型慢，长期被发达国家和其他发展中国家实施贸易争端调查，如中美轮胎特保案、“双反”案等。国内轮胎行业平均销售净利润率在4%左右，远低于全球平均水平，国际品牌的轮胎销售价格比国内民族品牌高30%（徐文英，2017）。根据中国海关数据，2020年机动小客车用轮胎进口平均价 6166 美元/吨，而出口平均价仅 2500 美元/吨。长期以来，大量天然橡胶通过零关税产品形式进口，2020 年进口各类天然橡胶 590.3 万吨，仅 98.1 万吨缴纳关税，其中 57.0 万吨浓缩胶乳（未折干）、16.6 万吨烟片胶大部分正常缴纳关税，实际缴纳关税的各类标准胶仅约 30 万吨，这部分天然橡胶大多由外资品牌轮胎企业使用，国内轮胎行业几乎没有使用缴纳关税的原料。进口天然橡胶用量较大的制品企业，大多有相对稳定的混合橡胶来源渠道，能够比较准确地掌握混合橡胶中的添加物质及其配比量，并不会对生产造成实质性影响。

复合橡胶和混合橡胶大量进口的根本原因不在于关税本身，而是面对天然橡胶进口关税政策时，下游行业采取了不恰当的策略。税收制度是国家治理能力提升的基础性要素之一（高培勇，2015），关税属于中央税，主要用于国防、义务教育等纯公共品开支，大量的避税行为影响了中央财政的税基。2015 年 7 月 1 日前，天然橡胶含量达 98%以上的复合橡胶大量以零关税产品形式进口，之后受复合橡胶标准出台的影响，通过类似的混合橡胶形式零关税进口，如图 11-1 所示。复合橡胶、混合橡胶中添加的合成橡胶、炭黑等是轮胎等橡胶制品生产所需的原辅料。实际上，下游企业没必要通过这种方式避开天然橡胶进口关税，对于出口的橡胶制品，制造企业可以采取保税加工或出口退税的方式，以零关税方式参与国际竞争；在国内消费的橡胶制品，可适当地由企业、消费者等主体分担，或通过科技创新进行消化，若所有制品企业都缴纳天然橡胶进口关税，国内市场也是公平竞争的。但国内橡胶制品行业将大部分矛盾集中到天然橡胶进口关税上，认为大量天然橡胶以混合橡胶和复合橡胶方式进口，延滞了下游制品企业的创新活动，侵蚀了企业的利润（徐文英，2017）。此观点并不科学，两者之间没有必然的因果关系。蔗糖、棉花等农产品面临更加严格的关税政策，下游企业同样能有效面对，并不存在通过类似产品避开关税的现象。复合橡胶和混合橡胶大量进口，增加了海关监管成本，不少进口产品仅在天然橡胶表面添加一层合成橡胶或其他原辅料。2019 年 4 月 28 日，海关总署关税征管司下发税管函〔2019〕77 号文件，明确税则号 4002.8000 项下“混合胶”必须是天然橡胶与合成橡胶按一定比例的均匀混合。东南亚国家为了配合中国市场，唯独为中国生产不经过混炼的混合橡胶，缺乏相应的技术标准，扰乱了国际天然橡胶贸易秩序。

对关系国计民生且处于弱势地位的极少数特定敏感商品实施关税保护，符合国际惯例，与推进自由贸易并不冲突。美国是世界农业强国，也是食糖生产和消费大国，长期实行高度保护政策，对食糖进口实施了严格的配额管理，并实施国内价格支持，对生产者给予无追偿权的贷款，保护其国内食糖

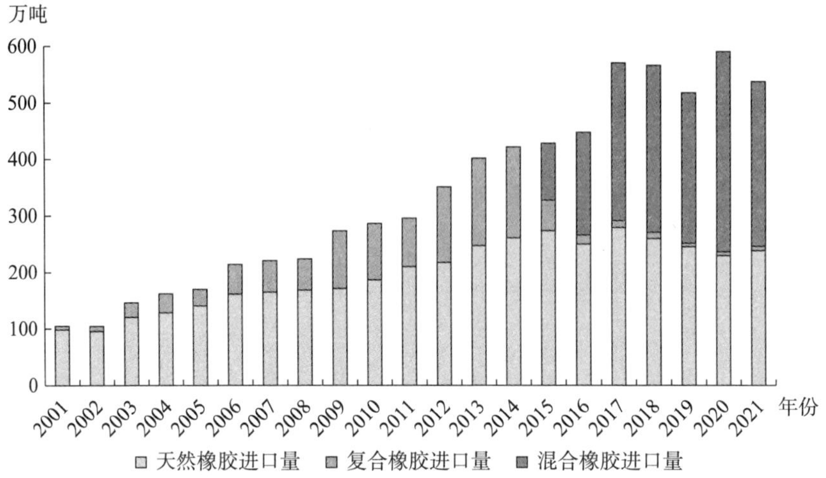

图 11-1 天然橡胶、复合橡胶和混合橡胶进口量

数据来源：中国海关，其中浓缩胶乳去除 40% 水分。

生产者利益，即使这项政策在 WTO 中属于“黄箱”政策，也依然实施，并向 WTO 报告。对具有很强比较优势的玉米、大豆等农产品，美国政府也给予高额的补贴，并鼓励出口。天然橡胶生产分布非常集中，泰国、印度尼西亚、越南、科特迪瓦、缅甸、柬埔寨等生产国是净出口国，部分征收出口关税。美国、欧盟、日本等消费国（地区）是净进口国（地区），无进口关税。印度是天然橡胶主要生产国和消费国，产量小于消费量，征收进口关税。天然橡胶属于具有碳汇功能的绿色工业原料且综合性能好，美国、欧盟、日本、韩国等不生产天然橡胶，不仅无须实施关税保护，而且积极鼓励进口，同时投入大量精力开发橡胶树以外的产胶植物。而中国依靠艰苦卓绝的努力，拥有了全球第四大种植面积的胶园，应该予以充分的保护。

11.2 海南自由贸易港推进天然橡胶关税改革的步骤

11.2.1 现阶段海南需维持天然橡胶进口关税

天然橡胶仍是海南橡胶主产市县农民收入的“稳定器”。受市场价格变动影响，相较于 2011 年前后，种植户的橡胶收入明显下降。一部分种植户放弃割胶生产，寻找其他就业机会，但大部分农户家庭依然从事割胶生产，部分家庭优化了劳动力资源效率，增加了除部分割胶生产以外的劳动投入。天然橡胶在儋州、白沙等市县农民收入中的作用依然显著，且还没有能大规模替代橡胶树的作物，保有一定面积的胶园对于稳定家庭现金收入具有重要意义（刘锐金等，2022a），在云南西双版纳州、普洱市等产区，天然橡胶产业的发展还涉及边疆稳定（李维锐等，2022）。虽然实际征收关税的进口天然橡胶比重不高，但其与是否有关税是两码事。尽管使用混合橡胶形式进口天然橡胶可省去关税成本，但由于混合橡胶含有其他物质，制品企业若没有与国外初加工企业直接订货，就无法完全掌握混合橡胶中其他的物质成分，导致使用成本增加。一旦全面放开天然橡胶进口关税，可能对企业造成直接而严重的冲击，进而传导到田间收购市场，导致农民减收，但目前零关税对产业的影响幅度和范围还缺乏有效的评估。

稳定天然橡胶产业是海南践行“国之大者”理念的体现。国家划定天然橡胶生产保护区，完善产业扶持政策，目的是更好地发挥国内生产在有效供给保障中的作用。当前及未来较长一段时期内，全球天然橡胶生产和贸易格局基本稳定，但国际形势复杂多变，国内资源的“压舱石”作用愈加凸显。海南建设自由贸易港须立足于现实，既要向新加坡、中国香港、迪拜等自贸港看齐，也要考虑到海南自由贸易港 80%的土地在农村、60%的户籍人口是农民、20%的 GDP 来自农业的“三农”问题现实（张治礼，2020）。岛内进口商品的关税政策调整，应按照“先立后破、不立不破”的原则，谨慎推进，切不可在对本地农民的利益损害不明晰情况下，主动呼吁放弃天然橡胶进口关税的保护，这并不是海南作为天然橡胶主产区的适当策略。实际上，海南是天然橡胶关税保护的主要受益方，全省产量中 70%以上是浓缩胶乳，而进口浓缩胶乳中绝大部分征收了关税，岛内鲜胶乳收购价比云南主产区每千克高约 0.5 元。海南浓缩胶乳价格比广东从泰国进口且含关税的浓缩胶乳每吨低约 1000 元，若没有每吨 900 元的关税保护，预计海南天然橡胶生产经营主体将面临直接且巨大的冲击。在全国范围内维持天然橡胶进口关税，可以使海南自由贸易港更加充分地利用境内关外的优势，吸引企业来琼投资下游行业，补齐全产业链的短板，促进岛内形成工农互补的局面。

11.2.2　自由贸易港封关运作后再研究如何逐步取消关税

天然橡胶暂不适宜进行封关运作前的压力测试。从国家层面看，天然橡胶作为国际贸易敏感商品，在实现封关运作之前放开天然橡胶进口关税，风险难以控制。受限于橡胶制品行业发展滞后，海南基本以原料输出为主，与世界天然橡胶主产区之间竞争关系总体超过互补关系，现有支持政策尚不完善，若完全取消各类天然橡胶进口关税，则柬埔寨、缅甸、科特迪瓦等初加工业发展相对滞后且生产成本低的产胶国，可能出口初加工原料到岛内，冲击省内原料市场。在冲击尚未充分评估之前，须对关税是否取消保持谨慎态度。与此同时，海南可积极推动设立混合橡胶国家标准，确保混合橡胶中天然橡胶的质量分数不高于 88%，简化优化橡胶制品出口退税手续，确保企业在国内和国际两个市场都公平参与竞争。

建立贸易损失评估和应对机制。借鉴蔗糖等农产品的经验，构建进口贸易对国内天然橡胶产业的影响评估机制，及时分析预警进口量及其进口方式和结构对省内产业的影响，包括产量、销售水平、市场份额、生产率、设备利用率、利润与亏损、就业等，科学测算天然橡胶进口关税变动造成的相关利益主体的福利损失。若经过科学评估，天然橡胶进口关税对省内产业的影响变弱或支撑政策能够有效帮助生产经营主体应对风险时，再考虑降低或取消省内天然橡胶进口关税。降低或取消进口关税后，及时关注省内生产者利益损失情况，并采取有效应对措施。

11.3 海南省产业支持政策简要分析

当前实施或试点的政策主要包括以下六个方面：一是橡胶树保险保费补贴，主要用于补偿自然灾害对橡胶树资产造成的损失，属于中央险种，但民营胶园参保率非常低。该政策主要是为农垦企业提供风险保障，对广东和海南垦区的开割橡胶树基本实现了全覆盖。二是国家天然橡胶生产能力建设项目，属于中央预算内投资项目，重点支持胶园道路、科技创新等方面的基础设施建设，均在垦区国有农场实施，在生产能力、基础设施、胶园结构和初加工布局等方面都取得了良好的成效。三是天然橡胶林业补贴试点，来自中央财政林业补助资金，补贴标准低且程序较复杂，造林每亩补贴 200 元，种植后森林抚育每亩 100 元，实施地区以垦区为主，在海南民营胶园的实施规模非常小，2023 年起停止。四是天然橡胶价格（收入）保险试点，在海南实施，属于地方优势特色农产品险种。2018 年海南省制定《海南省天然橡胶产业脱贫工程保险行动方案（2018—2020 年）》，并在全省范围内推开天然橡胶价格（收入）保险制度，中央财政采用以奖代补方式按 30%予以补贴，2024 年统一为收入保险。五是“保险+期货”，主要由上海期货交易所牵头组织实施。六是专项支持，包括儋州市国家现代农业产业园、海南省天然橡胶优势特色产业集群等。2022 年，中央财政启动了天然橡胶良种良法补助试点，支持老龄低产胶园更新改造，推动标准化胶园建设。另外，国家在科技创新、特色小镇等方面给予海南省天然橡胶产业支持。据不完全测算，2016—2021 年，中央财政为海南省天然橡胶造林和抚育、生产基地建设补助安排资金约

11 亿元，中央及海南省级财政安排橡胶保险保费补贴资金近 18 亿元。

海南省白沙县天然橡胶产业支持政策取得了良好成效。白沙县于 2018 年开始陆续实施天然橡胶价格保险保费补贴、割胶生产补贴、鲜胶乳销售奖励、产业投资贴息等政策，配套建设生产与销售信息系统、科技支撑体系，不仅助力打赢脱贫攻坚战，还有效地提升了生产者的信心和获得感。2021 年，白沙县参与割胶的农户约 2.2 万户，比上年增加 0.4 万户，平均单产比上年增加 4.6 千克/亩。农户销售数据实时采集、传输和处理，显著地提高了政策执行效率和精准度，减少了现金结算，促进了农村金融发展。白沙县成立橡胶产业发展中心，负责统筹协调全县产业管理，强化与科研院所合作，通过培训、示范等方式，提升种植农户的技术水平。

11.4　海南省完善天然橡胶产业扶持政策的对策①

与棉花、糖料蔗等一样，天然橡胶也属于重要农产品，生产同样面临自然和市场双重风险，完善产业扶持政策的最重要任务就是将天然橡胶融入现有农业支持政策体系。坚持全产业链布局的总要求，抓住农户和企业这两个关键主体，综合考虑中央和地方、省级和市县级的财政事权与支出责任，充分利用海南自由贸易港制度和政策优势，长短结合，逐步实现种植业、初加工业、制品业、生产性服务业协调发展，形成工农互动、以工补农的格局。

遵循的原则包括：一是全产业链谋划。夯实种植业发展基础，优化初加工业布局，向新材料、高端制品延拓，促进贸易、交易、仓储、物流、装备制造等关联行业发展。二是用足制度优势。海南自由贸易港是天然橡胶产业面临的最大机遇，尤其是高性能天然橡胶材料、高端制品以及贸易、仓储物流等，可深度融入儋州洋浦一体化。三是尊重市场规律。天然橡胶产业发展归根结底是国民经济的一个组成部分，必须依靠市场力量，遵循比较优势，由政府搭台、企业唱戏，最大限度地发挥企业家精神。四是合理划分权责。厘清不同层级政府在维护资源安全、促进产业发展等事项上的责任，积极争取中央政府支持生产基地建设，省、市、县政府多措并举推动全产业链发展。

11.4.1　财政补贴

将天然橡胶种植业全面纳入国家和地方农业支持政策体系，以中央财政支持为主，部分政策由省、市、县财政适当配套，同时建立起有效的协调机

---

① 对策建议的提出时间为 2022 年 5 月，部分建议已经落地实施。

制。一是实施胶园地力保护补贴。参照耕地地力保护补贴的实施办法，对划定的840万亩天然橡胶生产保护区按照每年每亩100元的标准给予补贴，每年需投入资金8.4亿元，争取以中央财政投入为主。二是全面实施天然橡胶价格（收入）保险。将天然橡胶价格（收入）保险从中央财政对地方以奖代补险种调整为中央财政固定补贴险种，中央财政保费补贴比例设为45%，同时继续实施橡胶树综合灾害保险保费补贴，优化保险合同设计，提高民营胶园参保率，更好地发挥其应对自然风险的作用，实现政策对自然和市场风险的有效覆盖。三是实施胶园更新（种植）补贴。常态化实施良种良法补助政策，按照每亩2000元的标准，对定植和非生产期抚管予以补贴，其中中央财政按1400元/亩继续实施补贴，地方财政配套600元/亩，有效应对老龄低产胶园比重过大的问题。四是实施胶园基础设施建设补贴。继续实施国家天然橡胶生产能力建设项目，以胶园道路等基础设施、科技示范基地建设为主，在中央财政支持的基础上，由省级财政给予适当的配套，着力改善民营胶园道路状况。五是实施农机购置补贴。2021年海南省已将电动割胶刀纳入农机创新产品，列入农机购置补贴范围，中央财政最高补贴30%，下一步是将胶园定植、施肥、病虫害防控等所需的机械装备纳入补贴目录范围。六是实施社会化服务补贴。积极培育社会化服务组织，制定橡胶树定植、割胶、施肥、病虫害防治等环节生产性服务标准，对服务产品给予支持。七是实施特种胶园及其生产体系建设补贴。按照中央有关部门的统一部署，划定一定规模的特种胶园，支持新建或升级改造特种胶生产线，以中央财政为主。八是完善技术推广体系，实施物化成本补贴。充实天然橡胶主产市县的技术推广力量，建设高标准示范胶园，推广以直立型品种为主的宽行窄株种植模式，以及林下资源开发与利用模式等。为科研机构、高等院校、企业等主体推广新技术提供物化成本补贴，提高新品种、新技术、新模式、新装备的利用效率。

11.4.2　金融支持

一是面向农户。向实际从事生产性社会化服务、鲜胶乳收购等业务的专业合作社提供一定额度的免息贷款，鼓励市县级银行机构为原料收购商、小农户等主体提供结算服务，尽可能减少现金交易。以天然橡胶生产保护区划定成果核查为契机，全面完成橡胶园的确权颁证，鼓励金融机构以橡胶树资产为抵押，为种植户提供小额优惠贷款。二是面向企业。对3万吨规模以上的天然橡胶初加工、先进橡胶制品、天然橡胶新材料、仓储物流等企业，更新改造生产线或引进新设备、改进污染处理设施等固定资产投资提供贴息贷款。三是服务国内企业“走出去”。支持各类金融企业、律师事务所在海南为从事天然橡胶货物贸易、海外企业并购、种植和加工项目直接投资等业务的市场主体提供业务咨询、尽职调查、资金结算、投融资、保证保险等服务，政府对部分业务给予补贴，将海南打造成为中国与东盟天然橡胶贸易与投资的交汇点。四是支持省内企业海外投资。通过贴息、资本金支持等方式，支持海南农垦企业继续在海外开拓加工、贸易、仓储等业务，培育在全球天然橡胶领域有竞争力的大型跨国企业。

11.4.3　生产要素保障

降低初加工业和制品企业用地、用工、用电、用水、用能等生产要素的成本。全面加大天然橡胶生产保护区内土地使用权保护力度，降低国有橡胶种植农场的土地维权成本。鼓励初加工业向规模化发展，支持企业发展天然橡胶仓储物流项目，吸引天然橡胶新材料、高端橡胶制品企业来海南投资，政府在排放、能耗等指标上给予适当的倾斜，调节建设用地指标，利用好村集体经营性建设用地、海南省农垦集团存量建设用地，以长期租赁、作价入股等灵活方式支持企业发展，下大力气推动下游产业发展。研究初加工企业高峰时段用电价格按农业用电计算的可行性。加快大数据技术在天然橡胶产业中的应用，建设全省统一的原料交易平台，以“公开促公平”，减少小农户与大市场衔接中的不公平现象。

11.4.4　人才政策

将割胶生产、加工技术、橡胶制品等纳入省内职业院校职业技能课程体系，加大对天然橡胶生产中割胶、病虫害防控尤其是飞防飞控、初加工、乳胶制品等方面的技能培训。将割胶职业技能竞赛纳入专项职业能力考核内容、年度农民丰收节的固定议题中，开展包括传统胶刀、电动胶刀、自动割胶和收胶装备在内的技能竞赛，将取得良好名次作为成为高层次人才的条件之一，享受人才落户、子女教育等方面的待遇。对本土或引进企业的高层次人才，参照新加坡的做法，按照市场化原则，达到一定年薪水平的，政府再额外给予人才激励补助。建立天然橡胶精深加工人才储备库，给予人才晋升高层次人才的机会，为下游产业发展提供人才支撑。

11.4.5　科技创新

利用自由贸易港机遇，将海南岛建设成为全球天然橡胶创新中心，集聚全球创新要素。一是推动科技攻关。全力支持天然橡胶质量形成机理及调控技术研究，鼓励飞机轮胎、密封件、超薄乳胶制品等领域高性能天然橡胶的研制和开发，提高省内天然橡胶原料对高端制品的保障能力。支持初加工或制品企业参与或承担省级科技项目。二是建设新型创新机构。积极引进国内外知名轮胎及其他橡胶制品企业，如法国米其林、美国固特异、日本普利司通、马来西亚顶级手套、山东玲珑、青岛森麒麟、安徽中鼎密封件、株洲时代新材料等，在海南创办创新载体，转化科技成果。研究在海南西部建设热带轮胎测试场的可行性。三是强化科研平台建设。支持省内天然橡胶创新主体争取落地建设天然橡胶大科学装置，联合省内外天然橡胶领域创新主体，申报建立天然橡胶国家工程研究中心，构建从种质资源到橡胶制品的科技创新体系，以创新链带动产业链延拓。四是实施“揭榜挂帅”制度。将全自动割胶和收胶装备、国产大飞机和舰载机轮胎专用胶、直升机和深海潜水器橡胶零部件用胶等高端用胶纳入“揭榜挂帅”榜单。

11.4.6 园区建设

要在儋洋一体化框架下推动天然橡胶全产业链发展。借鉴马来西亚吉打橡胶城、泰国宋卡橡胶城、泰国立盛橡胶工业园等的经验，按照“园中园”方式，在儋州市国家现代农业产业园中选址建设橡胶工业产业园，形成港（中国洋浦港）城（儋州城区）园（橡胶工业产业园）联动机制。园区分为初加工、新材料、乳胶制品、装备制造、轮胎及橡胶制品、研究与开发、橡胶木加工、仓储物流、产品展示、原辅料生产、检验检测认证等模块，打造从种苗到产品的产业集群。与中国洋浦港、洋浦经济开发区等互连互通，充分发挥洋浦港的支点作用，强化产业园与内陆地区、东盟市场的衔接。完善园区道路、水电及能源供应等基础设施，建设污染物处理设施，最大限度减少园区企业的污染物处理成本。对入园企业给予土地租金、设备购置、税收、人才、科技创新等方面的优惠政策，实现企业即来即开工。

园区企业入驻要有一定的顺序。首先吸引海南中西部初加工以及仓储物流企业入驻，既可以加快规模化生产，实现技术更新改造，又能降低初加工企业的环保成本。其次是乳胶制品企业，乳胶手套等产品的市场需求具有一定的刚性，以天然胶乳为原料的乳胶寝具制造符合国际消费中心定位，且这类产业项目投资额相对较小，所需辅料少，适合中小企业发展。再次是橡胶木加工和高性能胶研制企业，海南省橡胶木加工已初具规模，无害化处理技术创新加快，天然橡胶湿法混炼、脱蛋白恒黏度天然橡胶等已取得良好进展，争取先行引入天然橡胶混炼密炼生产线，带动原辅料产业发展，为橡胶制品业发展奠定基础。最后是轮胎、密封件等橡胶制品企业，尤其是引进米其林建设航空轮胎翻新线。

11.5 结论与讨论

首先，本章论述了保持天然橡胶进口关税的重要性和必要性。天然橡胶作为敏感商品，从自身的弱质性和横向比较看，均需继续维持进口关税，关税征收并未限制下游制品行业竞争力提升。其次，提出海南自由贸易港天然橡胶进口关税改革的步骤，建议兼顾省内生产经营主体切身利益和封关运作后的高水平开放战略，不断完善产业扶持政策，评估进口关税降低或取消对本地生产的影响，通过完善产业扶持政策、提升产业竞争力等方式，减弱负面影响，最终取消进口关税。再次，厘清国内天然橡胶支持政策现状，海南白沙的实践证明了政策支持的重要性，但天然橡胶还没有完全被纳入全国农业支持政策体系，支持力度较弱。最后，按照全产业链谋划，合理划分中央和地方财政事权与支出责任，提出完善扶持政策的建议，核心目标是夯实种植业和初加工业发展的基础，打通后端产业链，实现制造业在全省天然橡胶全产业链产值中的比重超过一半，进而实现真正转型升级。

海南推动天然橡胶产业健康发展，既是服务国家战略资源安全、保障战略物资有效供给的需求，也是海南推进乡村振兴战略实施、发展地方经济的需求。割胶生产具有平滑性，无滞销风险，可藏胶于林，可提供木材增加收入，在漫长的农村转型过程中，天然橡胶仍将是海南省农民收入的重要来源。从马来西亚等传统生产国的天然橡胶转型经验以及产业特性看，必须要在全产业链视角下推动转型升级，但海南作为岛屿，制造业发展基础弱，需要更好地发挥有为政府的作用，选择合适的环节，促进后端制造业发展。产业发展更需要市场的推动力，并发挥企业家精神，由于本章重点讨论政策，暂且忽略这方面的内容。

第三篇

专题建议报告

2022年初，中央财政开始对胶园更新给予良种良法补助，每亩补贴1400元，其中定植当年800元，随后两年每年300元，海南省每亩配套600元，每年200元。2024年起，中央财政对胶园更新的支持延长至4–6年。2023年，中央财政增加1亿元作为割胶机械作业补贴。2024年开始在海南和云南实施天然橡胶综合保险，包括橡胶树物化成本保险、橡胶树完全成本保险和天然橡胶收入保险，纳入中央险种，中央财政补贴达45%。

由本书第二篇可知，对胶园提供更新定植和非生产期抚管补贴是主产国的重要支持内容之一，在天然橡胶产业政策体系中也对其予以了充分的强调，良种良法补助政策实施有效地缓解了生产经营主体的胶园投资建设资金压力，但需要有其他政策共同支持。2018年海南省开始试点实施天然橡胶价格（收入）保险，其中在民营胶园实施的价格保险，从贫困户扩展至全覆盖，对促进割胶生产、稳定农民收入起到了重要作用，受到广大胶农的欢迎；在海南省天然橡胶产业集团实施的收入保险，同时保障生产和价格风险，有效降低了价格低迷对种植端的经营压力。笔者跟进天然橡胶及其他作物的农业保险实施进展，尝试提出天然橡胶收入保险方案，并为争取将其纳入中央险种，进而在全国范围内实施提供支持。地方政府是构建天然橡胶产业支持政策体系的重要主体，除了中央出台具有普惠性的政策外，地方结合自身实际，制定出台政策措施，更具针对性。

海南省是两大产区之一，一方面，要建设和管护好生产保护区；另一方面，要使天然橡胶更好地服务地区经济社会发展，这就要求延伸产业链，在全产业链中谋划转型。《海南省天然橡胶产业高质量发展行动方案》（琼府办〔2023〕25号）已出台，笔者团队全程参与了此方案的研究和起草工作，集成多项成果，撰写了建议报告，不少内容和观点已被采纳。

第 12 章

财政支持胶园建设的建议

胶园建设是保障胶园生产能力的基础，自 2014 年以来，我国橡胶园单产呈下降态势，其中老残低产胶园占比大、胶园投入不足是主要原因之一。本章从财政支持胶园更新、推动出台胶园地力保护补贴两个方面提出相应的建议以加强胶园建设，并对在民营胶园实施国家天然橡胶生产能力建设项目存在的问题进行分析，在此基础上提出相应建议。本章收集笔者团队在不同时间撰写的建议材料，针对当时具体情况进行分析，具体事项的建议与实际出台的政策也有一定差异。

12.1 财政支持胶园更新的建议①

12.1.1 支持胶园更新的必要性

我国已划定天然橡胶生产保护区 1800 万亩，在地方政府压实生产保护区的管护责任，林业部门合理安排采伐指标等管理措施实施后，虽然实有面积有所减少，但基本上可以控制天然橡胶种植面积下滑趋势。根据橡胶树更新标准，33 年及以上树龄的橡胶树被视为老龄橡胶树。从树龄结构看，目前全国超过 33 年树龄的老龄胶园约有 280 万亩，根据橡胶树生产周期规律，33 年树龄胶园单产水平大都低于开割胶园平均水平，不足盛产期树龄胶园的一半，超过 40 年树龄的胶园单产仅为盛产期树龄胶园的 1/3，生产上不再有经济可行性。另外，我国还有约 50 万亩台风、根病、寒害等造成的低产低质胶园，这部分胶园虽然树龄不足 33 年，但单产已接近或低于老龄胶园。

胶园更新是维持和提升天然橡胶生产潜力的根本。自 2014 年以来，胶价持续低迷，胶农种胶积极性严重受挫，胶园更新速度持续下降，当年更新种植面积从 2014 年的 38 万亩减少到 2019 年的 10 万亩，远低于维持生产能力稳定的理想更新率 3.3%。据了解，2021 年海南产区和云南产区计划更新胶园面

① 2021 年 5 月 26 日提交至农业农村部农垦局。支持胶园更新的天然橡胶良种良法补助政策已于 2022 年起正式实施。

积仅分别为 5 万亩和 2 万亩。老龄低产残次胶园比重过高，严重制约着我国天然橡胶可持续发展。我国迫切需要加大老残低产胶园更新力度，加强新品种、新模式、新技术的推广应用，夯实天然橡胶产业发展基础，保障我国天然橡胶可持续生产能力。

12.1.2 财政支持胶园更新的建议

由于橡胶树非生产期长，从胶园更新定植当年到可投入生产获得收益，需要种植者大量投入，支出负担重。据测算，胶园定植当年及非生产期抚管期间，需要清除树岜、平地定标、挖穴回穴、胶园覆盖、种苗、化肥农药、简单沟渠以及人工等成本，每亩约需投入 4300 元。其中，种植当年及其后 2 年抚管最为关键，而种植品种及前 3 年的抚管基本决定了胶园后期生产潜力。更新定植时合理的胶园规划有助于胶园内橡胶树齐整度，提高胶园抵抗自然灾害的能力，增加有效株数；幼苗期间，橡胶树与周边杂木、杂草等竞争营养的能力弱，需要充足的肥料和较大量的管护投入，有效的抚管有助于确保胶园早日投产并具备相应的生产能力。要加快老残低产胶园更新改造，仅依靠种植者是不够的，财政支持十分必要。

建议通过实施天然橡胶良种补助政策，对低产低质胶园更新进行补贴，主要是推广高产高抗逆品种及其优良新型种苗，加强新技术运用，提高胶园生产潜力和生产效益，比如在适宜区种植热研 879 可提高单产 50%以上，使用热垦 628 配套全周期间作模式可增加胶园土地利用率 50%以上，组培苗和大型全苗可提前 1~2 年投产。

建议每年财政支持胶园更新面积 50 万亩，并连续支持 5 年。中央财政给予胶园更新补助 900 元/亩，地方财政配套 300 元/亩，分 3 年实施，第一年中央财政补助 500 元/亩，第二年、第三年每年补助 200 元/亩，第三年抚管结束后，地方财政给予一次性补助 300 元/亩，用于后期非生产期抚管。

按此标准测算，胶园更新的中央财政投入：

第一年：500 元/亩×50 万亩=2. 5 亿元。

第二年：500 元/亩×50 万亩+200 元/亩×50 万亩=3. 5 亿元。

第三年：500 元/亩×50 万亩+200 元/亩×100 万亩=4. 5 亿元。

第四年：500 元/亩×50 万亩+200 元/亩×100 万亩=4. 5 亿元。

第五年：500 元/亩×50 万亩+200 元/亩×100 万亩=4. 5 亿元。

第六年：200 元/亩×100 万亩=2 亿元。

第七年：200 元/亩×50 万亩=1 亿元。

胶园更新的地方财政投入：

第三年：300 元/亩×50 万亩=1.5 亿元。

第四年：300 元/亩×50 万亩=1.5 亿元。

第五年：300 元/亩×50 万亩=1.5 亿元。

第六年：300 元/亩×50 万亩=1.5 亿元。

第七年：300 元/亩×50 万亩=1.5 亿元。

中央财政共计投入 22.5 亿元，地方财政投入共计 7.5 亿元，共计投入 30 亿元，如表 12-1 所示，可完成 250 万亩的更新，基本解决老残胶园占比过高的问题。

表 12-1　胶园更新所需的资金测算

项目	单位	第 1 年	第 2 年	第 3 年	第 4 年	第 5 年	第 6 年	第 7 年
定植面积	万亩	50	50	50	50	50		
第 2~3 年抚管	万亩		50	100	100	100	100	50
第 4~7 年抚管	万亩				50	100	150	200
定植投入	万元	75000	75000	75000	75000	75000	—	—
第 2~3 年抚管投入	万元	—	30000	60000	60000	60000	60000	30000
第 4~7 年抚管投入	万元	—	—	—	20000	40000	60000	80000
总投入	万元	75000	105000	135000	155000	175000	120000	110000
中央财政	万元	25000	35000	45000	45000	45000	20000	10000
地方财政	万元	—	—	15000	15000	15000	15000	15000
财政投入合计	万元	25000	35000	60000	60000	60000	35000	25000
财政补贴占比	%	33%	33%	44%	39%	34%	29%	23%

注：种植当年每亩投入 1500 元，第 2~3 年每年每亩投入 600 元，第 4~7 年每年每亩投入 400 元。

由于特种胶园对胶乳品质特性要求高，要根据实际需求选择特定品种，配套更高标准的栽培管理措施，如施用有机肥、挖标准的施肥沟、采用抗旱栽培技术和高效病虫害防治技术，以及采用特定的采收技术（如不使用刺激剂）等，投入较高，预计每亩投入比标准胶园高 30%~50%。建议每年建设特种胶园 5 万亩，中央财政按照 1200 元/亩、地方财政配套 500 元/亩给予补贴。

12.2 推动出台胶园地力保护补贴政策的建议①

天然橡胶作为重要农产品，由于种植地不在耕地上、兼具林业属性等，长期未完全纳入国家农业支持体系，相较于粮食、棉花、蔗糖等作物，天然橡胶生产经营主体未充分享受到惠农政策，本节重点探讨胶园地力保护补贴实施的必要性并提出建议。

12.2.1 耕地地力保护补贴政策的实施情况

耕地地力保护补贴是农业支持保护补贴政策的组成部分。自2004年起，国家先后实施农作物良种补贴、种粮农民直接补贴和农资综合补贴三项补贴政策（简称农业“三项补贴”）。为了转变农业发展方式、提高政策效能（财农〔2015〕31号），2016年农业“三项补贴”合并为农业支持保护补贴，政策目标调整为支持耕地地力保护和粮食适度规模经营（财农〔2016〕26号），农业支持保护补贴资金是中央财政公共预算安排的专项转移支付资金（财农〔2016〕74号）。农业“三项补贴”存量资金的大部分用于耕地地力保护补贴，2021年中央财政共安排转移支付资金1205亿元用于耕地地力保护补贴，安排200多亿元用于粮食适度规模经营。各级地方政府根据自身情况，确定本级政府的补贴金额。

（1）补贴对象

原则上为拥有耕地承包权的种地农民。地方实践中，部分省份规定，从国有农场承包耕地且签订协议的农场职工也可纳入补贴范围；已流转耕地，可直接补贴具有承包权的农户，也可在流转合同中加以约定。

（2）补贴依据

可为二轮承包耕地面积、计税耕地面积、确权耕地面积或粮食种植面积等，具体按照哪一种类型面积或哪几种类型面积实施补贴，由省级人民政府结合本地实际自定。主要以第二轮家庭土地承包合同面积为主，需核减不符合条件的耕地面积，如已转为设施农业用地、非农征（占）用耕地等已改变用途的耕地、长年抛荒地、质量达不到耕种条件的耕地、占补平衡中“补”的面积。相关政策文件鼓励各地创新方式方法，推动农业绿色发展，促进耕地地力提升。

（3）补贴标准

由地方根据补贴资金总量和确定的补贴依据综合测算确定。各地的补贴

① 2021年5月21日提交至农业农村部农垦局。

标准差别较大，每亩在50元至200元之间不等，可由省级层面确定补贴标准，也可由各县市自行确定补贴标准。2020年，黑龙江省补贴标准为每亩56.7245元（农垦单独管理）[①]，江苏省为每亩120元[②]，广东省为每亩81.7元（含省农垦总局）[③]，海南省级补贴标准为每亩135.836元[④]（其中儋州市每亩190元[⑤]），云南省大多县市为每亩60~70元。补贴资金可在年度间结转。补贴金额计算方式为耕地面积×补贴标准。

（4）发放方式

通过“一卡（折）通”直接发放给农户，一般要求在每年6月30日前完成支付。

（5）资金管理

中央财政农业支持保护补贴资金按照耕地面积、粮食产量等因素测算切块到省级财政，由各省份结合本地实际确定补贴对象、补贴方式和补贴标准。

（6）新的动向

财政部办公厅、农业农村部办公厅印发《关于进一步做好耕地地力保护补贴工作的通知》（财办农〔2021〕11号），要求各地区探索耕地地力保护补贴发放与耕地地力保护行为相挂钩的有效机制，加大耕地使用情况的核实力度，做到享受补贴农民的耕地不撂荒、地力不下降，遏制耕地“非农化”。

12.2.2 实施胶园地力保护补贴的必要性

一是可以促进产业健康发展。天然橡胶是重要的农产品和战略资源，已划定生产保护区，应当纳入全国农业支持政策体系。当前，虽然中央层面给予天然橡胶产业一定的支持，但在中央财政农业补贴政策中，仅有天然橡胶灾害保险保费补贴。实施胶园地力保护补贴有利于提高生产者的积极性，增强生产潜力，有利于胶农公平享受农业支持政策。

二是可以阻止胶园地力下降趋势。我国大规模种植橡胶始于20世纪50

---

① 黑龙江省财政厅关于下达2020年耕地地力保护补贴资金的通知［黑财指（农）〔2020〕104号］［EB/OL］.［2020-02-28］. 萝北县人民政府网，http://www.luobei.gov.cn/web/zwgk/article/39c95dcb80214a9d8e1e356bad58ea80.

② 扬中市2020年耕地地力保护补贴工作展开［EB/OL］.［2020-04-23］. 江苏省财政厅网，http://czt.jiangsu.gov.cn/art/2020/4/23/art_77300_9103458.html.

③ 广东省财政厅关于拨付2020年中央财政耕地地力保护补贴资金（第5批）的通知［EB/OL］.［2020-07-20］. 广东省财政厅网，http://czt.gd.gov.cn/tzgg/content/post_3048184.html.

④ 2020年海南省耕地地力保护补贴政策解读［EB/OL］.［2020-03-31］. 南海网，http://www.hinews.cn/news/system/2020/03/31/032314694.shtml.

⑤ 儋州市农业农村局，儋州市财政局。关于印发2020年儋州市耕地地力保护补贴实施方案的通知［EB/OL］.［2020-05-06］儋州市人民政府网，https://www.danzhou.gov.cn/danzhou/zfxxgkzl/bm/nlj/gkml/202005/t20200506_2784253.html.

年代，已有70年的历史，橡胶树生产周期约为33年，当前二代、三代胶园的比重逐年增加，胶园土壤自然肥力下降，土壤有机质减少，土壤酸化、根病等问题日趋严重，亟待增加投入来改善土壤。自2014年以来，天然橡胶价格持续低迷，农户对胶园投入减少。根据中国热带农业科学院橡胶研究所固定观察点数据，2013年亩均化肥投入125元，之后不足50元，其中2018—2019年不足20元，2020—2021年恢复至30元，部分农户连续多年不施肥。中国热带农业科学院橡胶研究所2019年在海南和云南问卷调查数据显示，22%的胶农连续5年没有给开割胶园施肥，25%的胶农在2014—2019年施肥次数为1次或2次。长期少量施肥或不施肥，导致胶园土壤地力明显下降。同时，由于投入不足、抚管欠缺，部分胶园投产推后，产胶能力弱。实施胶园地力补贴，可以促使农户增加胶园投入，加强胶园管理，有效防止胶园地力继续下降。

12.2.3 实施好胶园地力补贴政策的建议

建议新增18亿元用于天然橡胶生产保护区胶园地力保护补贴，总体按每亩100元。实施胶园地力补贴政策需要明确补贴对象、补贴依据、补贴标准、发放方式、技术应用及其他相关问题等内容。橡胶属于长期作物，种植后约7~8年进入割胶生产期，经过约25年割胶生产后，胶园进入老龄化阶段，即种植后第34年，胶园将进入待更新状态，完成一个生产经济周期。

（1）补贴对象

原则上是天然橡胶生产保护区内拥有土地承包权或经营权且地面种植物为橡胶树的农户。农户家庭从村集体或地方农场承包土地种植的胶园，补贴资金直接打入其账户；国有农场的胶园，未达到开割标准的，补贴资金由农场统一用于胶园抚管，开割胶园可直接支付给割胶工人，但应签订劳动合同并明确负责割胶的具体树位或地块，国有农场需每年报告补贴胶园施肥以及其他地力提升措施实施的情况。已流转给合作社、种植大户、企业等经营主体的胶园，原则上补贴给胶园实际拥有者，有协议商定的以协议为准。

（2）补贴依据

橡胶园面积可以是承包胶园面积、确权橡胶园面积或实际种植面积等，具体选择哪种或哪几种，由广东、海南和云南省政府确定。胶园补贴范围需严格限定于生产保护区内，风害侵袭严重、海拔高度超过900米的胶园不纳入补贴范围。以下几种情况也不纳入补贴范围：

第一，老龄低产残次胶园，树龄大于40年，每亩有效株数少于15株。

第二，中幼龄胶园，每亩株数少于25株。

第三，橡胶树砍伐后，未种植橡胶的，或已改种其他作物的。

第四，长期弃管的胶园，长期不除草、不施肥，杂木丛生。

（3）补贴标准

可设定为 100 元/亩，不区分胶园是否成龄开割。各级地方政府可根据结转资金、配套资金等情况，合理确定本地区的补贴标准。鼓励各省构建地力补贴与生产保护区管护成效、胶园地力提升等挂钩的机制，促进县市级政府积极做好产业管理工作。支持农户、农场在胶园中多施用有机肥等，做好胶园土壤的植物覆盖，防止水土流失。

（4）发放方式

参考耕地地力保护补贴资金的运行方式。农业农村部根据广东、海南和云南天然橡胶生产保护区面积、年末实有面积、胶园分布与树龄结构等因素，确定各省补贴资金总额。省级政府依据各县市和农垦的情况，进行资金分配。由各县市和农垦天然橡胶集团收集基础数据，确定补贴面积和标准，并做好补贴资金发放工作。

（5）技术应用

一是利用好大数据与信息化技术。建设胶园地力保护补贴数据库，申请补贴的农户或农场都需要在系统中录入胶园数据，包括家庭基本信息、胶园地块信息、产品销售情况等，具备条件的单位可率先关联销售模块。根据国发〔2017〕24 号文件，生产保护区划定需要具体到地块并统一编号，标明"四至"及拐点坐标、面积以及灌排工程条件、承包经营主体、土地流转情况等相关信息。可把胶农地块数据与生产保护区数据库关联起来，相互核验，提高数据准确率。建立胶农信用机制，农户、村委会将面积或生产主体变动信息直接在系统中填报上传，对于虚报信息的给予信用扣分及其他惩罚。通过先进技术手段和有关机制，显著减少基层工作量，让数据多跑路，群众少跑路。

二是应用遥感技术监测面积变动情况。充分利用好生产保护区划定的"一张图"作为底图的优势，借助遥感监测技术，识别胶园面积变化，及时核对面积变动的具体情况。中国热带农业科学院橡胶园遥感监测技术的准确率可达 90%以上，能够为精准识别补贴胶园面积变动、树龄结构等提供技术支撑，提高补贴的精准性、有效性和指向性。

（6）其他相关问题

由省级人民政府负总责，地方各级财政部门、农业/热作部门具体组织实施。省级和县市政府应制定具体实施方案，做好政策宣传和舆论引导工作。地方各级财政部门应安排相应经费，保障各项工作有序推进。对于骗取、套取、贪污、挤占、挪用胶园地力保护补贴资金的行为，或违规发放补贴资金的行为，要依法依规严肃处理。地方各级财政部门、农业/热作部门要密切跟踪胶园地力保护补贴政策实施情况，及时发现重大问题，研究解决措施，并上报财政部和农业农村部。鉴于胶园地力保护补贴不同于耕地地力保护补贴，财政部和农业农村部需要制定专门的绩效管理制度，适时组织第三方评估。

12.3 橡胶园地力保护补贴与保险保费补贴不冲突①

首先，耕地地力保护补贴是农业支持保护补贴政策的组成部分，由中央财政公共预算安排专项转移支付资金，补贴对象原则上为拥有耕地承包权的种地农民。在耕地上种植的水稻、小麦、玉米、糖料蔗等农作物，在享受耕地地力保护补贴的同时，也获得了中央财政支持的综合灾害保险、完全成本保险、种植收入保险保费补贴，水稻和玉米还有生产者补贴。新疆棉花生产者同时领取地力保护补贴和目标价格补贴，由中央财政给予经费保障。相比而言，天然橡胶还未完全纳入国家农业支持保护体系。

其次，地力保护补贴和保险保费补贴政策的实施目标和对象不同。地力保护补贴是为了提升地力，鼓励生产经营主体加强土壤养分管理，补贴标准可与土壤地力提升挂钩。农业保险是为了分散自然风险和市场风险，目前海南省天然橡胶实施的险种纳入中央直接补贴的有橡胶树综合灾害保险、省内试点实施的天然橡胶价格（收入）保险，前者拟改造为完全成本保险，优化保险方案，提高农户参保率；后者拟改造为种植收入保险，力争纳入中央财政直接补贴险种，补贴提高至45%。橡胶树属于长期性生物资产，而海南岛地处台风带，综合灾害保险可以帮助生产者应对各类自然灾害导致资产损失的风险。天然橡胶是市场化程度最高的农产品之一，价格波动剧烈，生产者应对市场变化的工具有限，价格（收入）保险可在一定程度上稳定生产者的收入预期，降低市场价格变动对种植户收入的直接影响。

综合而言，胶园地力保护补贴是为了提升地力，基于胶园面积对生产者的直接支付，是稳面积的重要工具。保险保费补贴是通过保险产品供给，为生产者提供应对自然风险和市场风险的政策性工具。两项政策服务于不同目标，从其他重要农产品来看，生产者同时享有两项政策是普遍的。

12.4 在民营胶园实施国家天然橡胶生产能力建设项目的问题与建议②

国家天然橡胶生产能力（基地）建设项目属于中央预算内投资，是胶园

① 2022年11月7日提交至海南省农业农村厅/财政厅。

② 2023年6月20日提交至农业农村部农垦局。

基础设施建设最重要的资金来源，但未能很好地惠及民营胶园。

12.4.1　国家天然橡胶生产能力建设项目实施情况

国家天然橡胶基地建设相关规划，以及原农业部 2008 年印发《开展农业建设项目前期工作加强项目储备的通知》，明确农垦天然橡胶基地建设项目纳入农业建设项目中的农业生产类项目进行储备、统一安排；明确项目实施主体限于广东、海南、云南垦区和中国热带农业科学院，主要建设内容包括胶园更新定植、非生产期抚管以及道路等配套设施建设①。"十二五"期间，完成国家天然橡胶基地建设项目 141 个，中央财政累计投资 6.35 亿元；更新和新植胶园 7.2 万亩，抚管胶园 55.2 万亩，建设胶园道路 1385 公里。"十三五"期间，中央财政累计投入天然橡胶基地建设资金 12.9 亿元，较"十二五"时期增长 103%，直接带动垦区投资 3.6 亿元，总投资 16.5 亿元；累计更新胶园 27 万亩，建设胶园道路 4000 余公里、储胶池 1229 座、管护用房 1498 套②。

2021 年，农业农村部和国家发展改革委印发《"十四五"天然橡胶生产能力建设规划》，提出要在 1800 万亩天然橡胶生产保护区内实施生产基地提升工程，建设内容包括更新和定植老龄残次胶园 46 万亩以上，抚管幼龄胶园 150 万亩以上，建设胶园道路 3880 公里、储胶池 430 座、管护用房 1700 套。与"十三五"相比，《"十四五"天然橡胶生产能力建设规划》的支持对象不再限定于垦区，而是延伸至民营胶园，提出"鼓励和支持生产稳定、管理规范的民营胶园承担示范性建设项目"。目前，民营胶园占全国橡胶种植面积的比重已超过 60%，但基础设施投入历史欠账太多，只有极少数胶园有硬化道路，收胶站简陋，卫生条件差，但生产能力建设项目仍未在民营胶园实施。根据中国热带农业科学院橡胶研究所抽样调查结果，胶农对建设胶园道路、改善生产条件的需求强烈，80% 以上调查农户选择了完善胶园基础设施的支持政策。

12.4.2　民营胶园实施天然橡胶生产能力建设项目存在的问题

（1）实施主体不明确

根据《中央预算内投资补助和贴息项目管理办法》（国家发展和改革委员会令第 45 号），天然橡胶生产能力建设项目需以项目单位为主体进行申报，

---

① 农业部办公厅关于开展农业建设项目前期工作加强项目储备的通知［EB/OL］.［2008-07-20］. 农业农村部网，http：//www.moa.gov.cn/nybgb/2008/dqq/201806/t20180611_6151616.htm.

② 农业农村部，国家发展改革委：《"十四五"天然橡胶生产能力建设规划》。

编制可行性研究报告。胶农、合作社、地方农场、小型企业等生产经营主体几乎没有资质和能力进行申请，即使项目能够获批，也难以按照项目管理要求组织项目建设、验收等工作。

（2）配套资金落实不到位

根据天然橡胶生产能力建设项目相关管理办法，中央预算内投资对项目的投资比例不高于总投资的80%，剩余部分由项目单位筹措，项目投资额包括项目设计等相关费用。这意味着在民营胶园实施生产能力建设项目，必须由地方政府或项目单位筹措至少20%的项目资金。以胶园道路为例，按照胶园主干道路的建设标准以及道路配套排水设施，每公里需投入48万元，按照每万亩胶园配套建设17公里道路的标准，每亩至少自筹163元，而民营胶园往往涉及众多生产经营主体，“搭便车”问题突出，资金筹措难度大。

（3）项目实施机制不健全

高标准农田建设项目以改善农田基础设施条件为主要目标，主要由市县区农业农村部门组织实施，实行招标投标制，中央财政以一定标准给予资金，地方政府适当配套，形成一套较为成熟的管理体系。国家天然橡胶生产能力建设项目需要由业主单位组织，尚未有文件明确各级地方政府的责任。民营胶园道路建设需要整村或整镇推进，离不开基层政府参与协调和胶农参与。

12.4.3 建议

针对上述存在的主要问题，提出以下三点建议：一是建机制，参考高标准农业农田建设的经验，明确地方政府在资金筹措、项目组织等方面的职责，细化和优化项目管理办法；二是优方式，采用“建用分离”模式，通过招投标方式确定施工单位，竣工验收后，资产划归村集体管理和经营，不仅要能建好，还要用好；三是抓落实，要求海南和云南两省入库项目中平衡垦区和民营，下达资金中明确民营胶园实施的项目资金占比，“倒逼”各地创新实施建设项目。

12.5 海南省天然橡胶产业面临的问题及中央财政予以支持的措施建议[①]

12.5.1 胶农收入下降，生计受到影响

天然橡胶名义价格在2011年达到每千克约40元的顶峰后开始下跌，2014

① 2020年10月21日提交至海南省农业农村厅，作为省主要领导向中央改革办领导来琼调研组汇报材料中橡胶部分的参考资料。

年以来持续低迷，2018 年至今，价格在每千克 11 元上下波动，与 2003 年左右相当。价格低迷的最直接影响是农户直接收入降低。根据 2013 年、2016 年、2019 年在海南省儋州、白沙、琼中、屯昌、万宁、琼海、澄迈、临高等地对橡胶种植户的抽样调查，2012 年 259 个农户的橡胶收入平均值为 2.13 万元，2015 年 195 个农户的橡胶收入平均值下降到 1.25 万元，较 2012 年减收 41%；2018 年 250 个农户的平均值为 1.24 万元，与 2015 年持平。胶价低迷严重影响主产区农户增收，但农户家庭支出是刚性的，三期抽样调查的户均家庭支出分别为 5.1 万元、4.7 万元、5.3 万元，家庭福利状况明显恶化。

2020 年，受暖冬、干旱等异常气候影响，加之过去多年胶园投入不足，橡胶树抵抗力下降，导致白粉病等灾害严重，对橡胶生产造成较大的负面影响，开割时间比正常年份推迟 50 天左右，占全年割胶天数的 20%。虽然第三季度天然橡胶价格较往年同期有所上涨，但仍未恢复到 2014 年的水平，且雨水偏多影响割胶生产。2020 年主产区农户割胶收入较 2019 年减少 3%，但考虑到新冠疫情造成外出就业机会减少，更多农民重新开始割胶，不过割胶收入难以弥补务工收入损失。

12.5.2　中央财政予以支持的措施建议

首先，建议中央财政为划入生产保护区的橡胶园的生产主体提供类似于耕地地力保护补贴的补贴。每亩地可按 50~100 元的标准进行补贴，海南省已划定生产保护区面积 840 万亩，若每亩 75 元，约需 6.3 亿元。目前已划定的面积中，有部分尚未种植橡胶或者现存株数达不到规定的，可先不予补贴。

其次，建议参照生猪等农产品，对海南省天然橡胶主产县市实行“以奖代补”的支持政策。白沙等部分县市成立了专门的橡胶管理机构，整合各方面资金，很好地开展了生产投入要素补贴、收入保险项目、原料市场信息化建设、生产技术培训、专业合作社建设、初加工项目建设等工作，对本地产业可持续发展作出了有益的探索。但这些主产县市本级财力有限，建议中央对天然橡胶生产保护区建设和管护工作做得好的县市给予适当奖励。参照白沙县每年天然橡胶产业投入 5000 万元资金，中央补贴 60%计算，每年拿出 1.5 亿元奖补儋州、白沙、琼中、屯昌、澄迈等县市，并根据各县市橡胶实有面积和工作成效进行适当的调整。

最后，建议中央财政对胶园更新和基础设施建设予以支持。橡胶种植及其非生产期抚管期长达 7 年左右，这期间橡胶树不能提供任何收益，每年还需要大量的投入。近年橡胶价格持续低迷，民营胶园更新率非常低，导致老龄低产残次胶园比重不断增加，严重影响全省天然橡胶生产能力，很难做到

2019年中央一号文件提及的“巩固天然橡胶生产能力”。资金来源可考虑三方面：一是林业财政资金；二是将橡胶园纳入基本农田建设范畴；三是扩大国家天然橡胶生产基地建设项目规模，使之覆盖民营胶园。目前全省约有800万亩胶园，每年按3%更新，按照当前物价和投入水平，每年更新和非生产期抚管约需10亿元，建议中央财政承担30%，即3亿元，剩余部分由地方财政和生产主体承担；新植胶园按每1万亩建设17公里主干道，每公里建设费用40万元计，更新胶园道路建设约需1.63亿元，建议全部由中央财政承担。

第13章

推动天然橡胶收入保险的建议①

天然橡胶是四大工业原料中唯一的可再生资源，也是国家战略资源，下游产品多达7万余种，在军用装备、航空航天、海洋工程等关键领域具有不可替代性。目前，我国是世界最大的天然橡胶消费国和进口国，2022年消费量占全球产量的比重为46.4%，而国内产量占消费量的比重不足15%。在如此大规模进口的情形下，如果完全没有可调节和对冲风险的产业，将很容易受到牵制，因此国内生产对有效供给发挥着“压舱石”作用，对进口贸易具有价格平抑作用。在市场和自然双重风险影响下，政策性农业保险能有效地服务于产业持续发展，稳定农户橡胶收入，提升其生产积极性。

13.1 大宗作物收入保险实施进展

13.1.1 我国农业保险发展演进过程

我国直到1982年才正式恢复农业保险经营，但2004年以前农业保险试验都不成功，基本处于停滞状态。2004年以来，连续多年的中央一号文件对农业保险发展提供了指引。我国农业保险发展大致可以分为四个阶段：①农业保险道路探索阶段（2004—2006年）。2004年中央一号文件提出，加快建立政策性农业保险制度，针对部分产品和地区进行试点，鼓励商业保险公司开展农业保险业务，支持农民、龙头企业参与农业保险。这一阶段侧重推动试点工作，引导和鼓励企业参与。②政策性农业保险试验阶段（2007—2012年）。2007年中央一号文件提出，按照政府引导、政策支持、市场运作、农民自愿的原则，建立完善农业保险体系，明确要求财政对农户参与农业保险给予保费补贴。其后财政部发布《中央财政农业保险保费补贴试点管理办法》，标志着我国政策性农业保险制度正式开始实施。试点范围稳步扩大，增加险

① 2022年11月，作者团队参与了海南省天然橡胶价格（收入）保险政策改造为收入保险的研究工作，以及争取列入中央险种的工作，撰写了《海南省天然橡胶政策性保险方案优化的建议》。2023年7月27日向农业农村部农垦局提交了《天然橡胶收入保险研究报告》。

种、扩大覆盖面等，提出对不同地区实行差异化的保费补贴。2012年国务院颁布实施《农业保险条例》，从制度和体制上确立了农业保险制度模式。③政策性农业保险初步规范阶段（2013—2019年）。农业保险进入快速发展阶段，价格保险、收入保险、“保险+期货”等产品涌现。2018年中央一号文件首次提出，积极探索开展稻谷、小麦、玉米三大粮食作物完全成本保险和收入保险试点，加快建立多层次农业保险体系。国家相关部委先后发布《关于开展三大粮食作物完全成本保险和收入保险试点工作的通知》和《关于加快农业保险高质量发展的指导意见》。④农业保险高质量发展阶段（2020年至今）。2023年中央一号文件强调，推进和扩大三大粮食作物完全成本保险和种植业收入保险，开展糖料蔗、大豆完全成本保险和种植业收入保险的试点。2023年12月，财政部等三部委发布《关于实施天然橡胶综合保险政策的通知》，扩大橡胶保险实施范围和增加保险品种。地方优势特色农产品保险以奖代补政策扩大到全国，中国农业再保险公司2020年获批开业。

13.1.2 种植业完全成本保险实施进展

财政部、农业农村部、银保监会于2018年发布《关于开展三大粮食作物完全成本保险和收入保险试点工作的通知》，选择内蒙古、辽宁、山东、河南、安徽、湖北6个粮食主产省份，每个省份选择4个产粮大县，开展完全成本保险和收入保险试点。2019年试点正式落地，保险产品基本情况如表13-1所示。在覆盖原有直接物化成本保险的基础上，完全成本保险保额将地租和劳动力成本考虑在内，保障水平可达80%，远高于直接物化成本保险最高40%的保障水平。

表13-1　三大粮食作物完全成本保险和收入保险基本情况

序号	试点省份	试点县	险种	每亩保额（元）	每亩保费（元）	费率（%）
1	内蒙古（玉米）	莫力达瓦旗	完全成本保险	水地，600	水地，36	6
				旱地，550	旱地，44	8
2		喀喇沁旗		水地，850	水地，51	6
				旱地，400	旱地，32	8
3		托克托县	收入保险	水地，600~870	水地，48~69.6	8
				旱地，430~650	旱地，43~65	10
4		扎鲁特旗		水地，730~870	水地，58.4~69.6	8
				旱地，370~510	旱地，37~51	10

续表

序号	试点省份	试点县	险种	每亩保额（元）	每亩保费（元）	费率（%）
5	辽宁（玉米）	岫岩县	完全成本保险	700	70	10
6		北票市				
7		义县	收入保险		77	11
8		铁岭县				
9	山东（小麦）	肥城市	完全成本保险	930	37	3.98
10		桓台县				
11		济阳区				
12		阳谷县				
13	河南（小麦）	兰考县	完全成本保险	900	45	5
14		鄢陵县				
15		汝州市				
16		项城市				
17	安徽（稻谷）	和县	完全成本保险	1000	60	6
18		太湖县				
19		宿松县			规模户，60	6
20		东至县			一般农户，50	5
21	湖北（稻谷）	公安县	完全成本保险	1100	66	6
22		沙洋县				
23		黄梅县				
24		枣阳市				

数据来源：各省公布的保险方案。

2019 年 6 个试点省份合计投入资金 7.51 亿元，其中，中央财政 2.97 亿元，地方财政 2.32 亿元，农户自交保费 2.22 亿元。2020 年合计投入 8.27 亿元，其中，中央财政 3.27 亿元，地方财政 2.55 亿元，农户自交保费 2.45 亿元。6 个试点省份 2019 年合计投保面积 1291.97 万亩，保障金额 110.41 亿元，理赔金额 4.73 亿元，2020 年合计投保面积 1411.91 万亩，保障金额 120.81 亿元，理赔金额 7.96 亿元。

完全成本保险和收入保险的保障水平较高，对补偿农户损失和恢复再生产起到了重要作用，受到普遍欢迎，试点效果良好。首批试点的内蒙古、辽宁、河南等省份推进全覆盖，江苏、山西、重庆、黑龙江等省市也开展完全成本保险或收入保险试点。2021 年，近 60%的产粮大县（约 500 个）被纳入保险保费补贴范围，2022 年实现 13 个粮食生产大省 826 个产粮大县全覆盖。2023 年三大粮食作物完全成本保险和收入保险实施范围扩大至全国所有产粮大县。

13.1.3 种植业收入保险实施进展

2016 年中央一号文件对农业保险提出了“扩面、增品、提标”的要求，提出发展农业收入保险。2018 年同步启动完全成本保险和农业收入保险试点，2019 年《关于加快农业保险高质量发展的指导意见》出台，到 2022 年收入保险成为我国农业保险的重要险种。2021 年 6 月，财政部、农业农村部、银保监会发文提出，进一步扩大收入保险试点。2022 年 5 月，《关于开展大豆完全成本保险和种植收入保险试点的通知》明确 2022—2024 年在内蒙古和黑龙江 10 个旗县开展大豆完全成本保险和种植收入保险试点。2023 年，中央一号文件强调，实施好大豆完全成本保险和种植收入保险试点。各地开始结合自身实际，开展农业收入保险试点。

2018 年，内蒙古和辽宁试点玉米收入保险，2019—2020 年累计承保 691.03 万亩，承保覆盖率 86.43%，保费收入 4.49 亿元，风险保障 48 亿元，赔付 3.63 亿元，2019 年简单赔付率为 62.51%，2020 年为 98.97%。2022 年，黑龙江省大豆完全成本保险和种植收入保险承保面积 900.92 万亩，风险保障 57.08 亿元，赔款 2.45 亿元。

13.2 天然橡胶政策性保险的必要性

与其他农业生产一样，天然橡胶生产经营者同样面临自然风险和市场风险。我国植胶环境不如东南亚主产区，橡胶树生长易受到风害和寒害侵袭，另外天然橡胶价格波动更加剧烈，亟须运用政策性保险给予支持。但橡胶树收获胶乳是一个连续过程，产量与割胶劳动力紧密相关，产量损失测度难，全球天然橡胶市场整合程度高，价格风险具有系统性，开发收入保险产品面临巨大的挑战。

13.2.1 自然和市场双重风险对橡胶生产影响大

橡胶树属于热带高大乔木，生命周期长达 30~40 年，我国属于非传统植胶区，橡胶树种植易受到台风、干旱、低温以及病虫害的影响。自然灾害特别是台风，往往导致单位面积有效株数减少，使橡胶树资产提前报废，导致后期产量损失，无法收回投资成本。干旱、病虫害等灾害会使生产经营主体在割胶期无法生产，造成当前产量损失。2022 年，受异常气候、白粉病等因素影响，海南产区大部分胶园推迟到 6 月中下旬才开始割胶，比正常年份推迟近 2 个月；2023 年，受白粉病和干旱影响，云南产区大量胶园推迟到 5 月中下旬才开始割胶。1998 年亚洲金融危机导致天然橡胶价格大跌之后，天然橡胶迎来了长达 15 年的曲折上涨，2011 年名义价格达到历史最高点——每吨 4 万元。此后价格持续下跌，2016 年跌破每吨 1 万元，2013—2020 年平均价仅为 2006—2013 年的 51.8%，2021 年价格有所提高，但仅为 2006—2013 年平均价的 56.0%，2022—2023 年又处于整体下跌的趋势。

13.2.2　价格低迷对生产和农民收入造成持续性影响

2014 年以来天然橡胶市场持续低迷，农户生产积极性降低，弃割弃管现象增加、胶园更新滞后、改种其他作物现象突出。据不完全统计，2021 年全国胶园弃割、弃管面积分别达到 102 万亩、149 万亩，分别占开割胶园面积的 8.5%、12.4%。生产经营主体种植橡胶意愿减弱，老龄残次胶园更新缓慢，2022 年海南省树龄超过 33 年的橡胶园面积达到 196 万亩、低产胶园约 40 万亩。部分胶园更新后改种其他作物，2021 年，海南种植面积为 768.9 万亩，相比 2017 年的峰值减少了 45 万亩，云南种植面积为 841.7 万亩，相比 2016 年 887.6 万亩的峰值减少了 46 万亩。胶园生产投入减少，单位面积产量下滑，2017—2022 年平均每亩产量 72 千克，比 2007—2012 年每亩减少了 6 千克，加之价格下跌，2017—2022 年胶园每亩收入比 2007—2012 年减少近 1000 元，若考虑通货膨胀等因素，实际收入下降更明显。因此，在缺少有效政策工具的情形下，市场条件变化容易导致区域性群体性农民减收。

13.3　海南省天然橡胶价格（收入）保险成效

海南省先行开展的天然橡胶价格（收入）保险试点，被列入地方特色农业保险品种，中央通过奖补方式给予支持。

13.3.1　发展过程

2018 年海南省发布《天然橡胶产业脱贫工程保险行动方案（2018—2020 年）》，提出试点并逐步推广天然橡胶价格（收入）保险，将其纳入全省政策性农业保险的范畴，保费由参保者自缴 40%，省级财政补贴 30%，市、县财政补贴 30%，重点针对贫困户，实际执行时农户自缴部分主要由市、县财政补贴。各市县民营胶园价格保险条款有所差异，多数市县设定目标价格为每吨 15000 元，约定最高赔付产量 60 千克/亩，保险金额 900 元/亩，保险费率为 13%，根据价格下跌程度实行阶梯赔付。海胶集团天然橡胶收入保险启动实施，自缴保费 60%，省级财政补贴 40%，覆盖全部有效已开割橡胶树产量，目标价格每吨 16000 元，参照上海期货交易所橡胶主力合约收盘价差额赔付，费率为 16.8%。2019 年天然橡胶价格（收入）保险入选首批海南自由贸易试验区制度创新案例。自 2019 年起，天然橡胶价格（收入）保险纳入“中央奖补”险种名录，中央财政给予 30%奖补支持，参保农户自缴比例降为 10%，海胶集团缴纳比例降为 30%。

2018 年，海南省在白沙、琼中、保亭、五指山等市县选择乡镇试点天然橡胶价格保险。2019 年，覆盖海南岛 18 个市县，参保面积 121.2 万亩，保费 1.22 亿元，8.56 万户参保，赔付 1.42 亿元，简单赔付率 113%。2020 年参保面积继续扩大，达到 173.94 万亩，保费 1.80 亿元，参保农户 10.61 万户，赔付 1.77 亿元，简单赔付率 99%。2021 年，参保面积 263 万亩，保费 2.77 亿元，参保农户 13.18 万户，开割胶园覆盖率 60%，赔付 2.55 亿元，简单赔付率 92%。2022 年，参保面积 271.69 万亩，保费 2.98 亿元，参保农户 12.14 万户，开割胶园覆盖率 65%，已决赔款 2.14 亿元，简单赔付率 71.81%。

2018 年 8 月 13 日至 2022 年 8 月 12 日，海胶集团天然橡胶收入保险的保费规模合计 11.4 亿元，其中自筹 4.3 亿元，中央财政和海南省财政保费补贴 7.1 亿元，共获得赔款 13.6 亿元，简单赔付率 127.4%。2021 年，海胶集团天然橡胶收入保险参保橡胶树 2821.92 万株，保费 2.78 亿元，提供风险保障金额 16.48 亿元，赔付率 107%。2022 年，投保 3021.92 万株，保费 2.96 亿元（见表 13-2）。海胶集团天然橡胶收入保险是全国最大的农业保险保单，为合理控制价格保险责任，引入了“基差调整系数”，适度降低赔付率。

表 13-2 海南省天然橡胶各险种保费及财政比例

序号	险种名称	年度	保费（万元）	财政补贴比例（%）			自缴比例（%）
				中央	省级	市县	
1	海胶综合灾害险	2021	13363	40	25	0	35
		2022	13246	45	25	0	30
2	海胶收入险	2021	27755	30	40	0	30
		2022	29649	30	40	0	30
3	民营橡胶风灾险	2021	3380	40	25	10	25
		2022	5829	45	25	5	25
4	民营橡胶收入险	2021	27670	30	30	30	10
		2022	29849	30	30	30	10

数据来源：海南省农业农村厅。

主要做法。一是物价部门标准化采价。为确保天然橡胶价格保险价格信息的权威性、公平性、公开性，天然橡胶价格的采集与发布实行全省联网，各销售网点的收购价格由海南省与市县物价部门共同监测，每周逢一逢四采价，并在县政府网站上发布，作为保险赔付的依据。二是信息技术支撑保险精准化实施。价格保险试点之初，参保农户通过纸质的保险手册记录交易信息，不仅容易丢失，而且数据记录整理效率低，影响保险赔付效果。2019 年，白沙县、人保财险海南分公司、海胶集团等参与主体建立交易信息平台，通过现代信息技术赋能保险，全省参保农户的交易数据大部分实现信息化记录，提升了交易速度和保险赔付的精准度。三是海胶集团的橡胶收入保险借助上海期货交易所天然橡胶品种收盘价，确定赔付触发价格，有效降低了保险项目运行成本。

13. 3. 2　价格保险稳定胶园生产：以白沙县为例

（1）基本情况

白沙县地处海南省中西部，橡胶种植面积约 104 万亩，占全省的 12. 3%，居全省第二，其中民营橡胶种植面积 68 万余亩，全县农业人口人均种植面积 5. 6 亩，人均保有橡胶产量居全国前列。农村人口家庭经济收入大部分来源于种植橡胶等生产经营性收入，橡胶收入是白沙县农民家庭收入的重要组成部分，占比 60%以上。

（2）实施情况

白沙县是海南省首批开展天然橡胶价格保险试点的县域之一。为精准、高效推动保险全覆盖，白沙县开发天然橡胶生产销售管理服务平台，准确掌握和规范天然橡胶胶乳数据，精准记录每一笔销售的胶乳数量，为保险和胶乳补贴等提供数据支撑。2018 年，在打安镇试点天然橡胶价格保险，为 4. 6 万亩开割胶园、2767 吨橡胶投保，惠及胶农 2087 户，其中贫困户 874 户，实现总赔付 502 万元，参保胶农户均增收 2405 元。2019—2022 年，逐步加大实施力度，保险覆盖面积从 32. 05 万亩增加到 59. 18 万亩，基本实现全覆盖，惠及农户从 17593 户增加到 22996 户，保费收入从 3077 万元增加到 6155 万元，赔付金额从 3301 万元增加到 5851 万元。2019—2022 年，分别带动参保胶农户均增收 2671 元、2264 元、2386 元和 2540 元。

（3）产业发展成效

天然橡胶价格保险等支持政策精准落地，有效推动了橡胶产业重回正轨、逆势增长，实现橡胶亩产、干胶总产量、胶乳销售总额和割胶率四项指标全面提升，扭转了胶价持续低迷导致胶农弃割、弃管、弃种困局。橡胶园亩产干胶由 2016 年的 60 千克提升至 2021 年的 75 千克，民营橡胶干胶总产量由 2. 4 万吨增加至 3. 9 万吨，胶乳销售总额由 2. 4 亿元增加至 4. 7 亿元，割胶率由 60%提升至 90%以上。

13.3.3 价格（收入）保险提振发展信心

天然橡胶价格（收入）保险在海南省 18 个市县全面推广，保险程序简单，企业和农户参保积极性高，保险覆盖面积快速增加，65%的民营橡胶面积参保，海胶集团基本实现全覆盖。近年，购买此项保险的农户每销售 1 千克干胶，能够得到约 2 元的赔付，参保胶农户均增收近 2000 元。海胶集团利用保险赔款与各基地分公司的保底结算价总体达 1.4 万元/吨，胶工上岗率从 2019 年的 65%提高至 2022 年的 80%以上，胶工平均工资从 2017 年的 1.80 万元提高到 2021 年的 3.92 万元。天然橡胶价格（收入）保险项目实施增强了胶农、胶企对橡胶种植业的发展信心，弃割、弃管现象得到缓解。

13.4 天然橡胶价格（收入）保险存在的主要问题

在实施天然橡胶价格收入保险过程中，也存在不少问题。从理念上看，设置的目标价格难以突破，容易被认为是补贴的通道产品，而不是真正意义上的保险产品。

13.4.1 价格保险未考虑产量损失风险

天然橡胶价格（收入）保险实际上是针对海胶集团实施收入保险和针对民营胶园实施价格保险的一种混合制度安排。在针对海胶集团的收入保险中，保障范围包含因遭受病虫害、寒害、10 级以上台风等灾害直接导致橡胶树灭失、停割或休割期间的减产损失和低于约定价格的差额赔偿两大部分。针对民营胶园的保险条款中未考虑产量损失的风险。海南省各市县橡胶单位面积产量存在较大差异，平均单产水平在每亩 40~80 千克不等。在现有保险方案下，可能会造成部分高产区橡胶价格保险激励效果有限，而在低产区则有可能诱发胶农过度割胶。

按照完全成本保险和种植收入保险合约，保险期间一般为作物出苗到成熟收获，不会超过 12 个月，但橡胶树从定植到收获再到更新长达 35 年左右。因此，橡胶保险一方面需要考虑橡胶树资产损失风险，为胶农橡胶树资产提供保险，增强其种植橡胶的意愿，稳定海南 840 万亩天然橡胶生产保护区的生产能力；另一方面需要考虑市场价格波动和灾害导致产量变动带来的风险，稳定农户橡胶收入，激励其充分挖掘橡胶树生产能力，提高资源利用效率，减少弃割、弃管现象。

13.4.2 海南省各市县参保率差异明显

2020 年海南省天然橡胶价格保险保障广度均值为 0.65 左右，各市县保障广度存在较大差异。白沙、五指山、三亚、琼中、海口、临高等市县保障广度较高，均值在 0.5 以上，其中白沙县保障广度为 0.93，居全省第一，如图 13-1 所示。儋州、澄迈、琼海和屯昌等市县民营橡胶收获面积均大于 25 万亩，居全省前列，但保障广度均低于 0.5，尤其是澄迈县，民营橡胶开割面积居全省第二，仅次于儋州，但保险保障广度仅有 0.05，为全省最低。此外，文昌、定安、陵水、万宁 4 个市县保险保障广度均低于 0.2，覆盖面小。

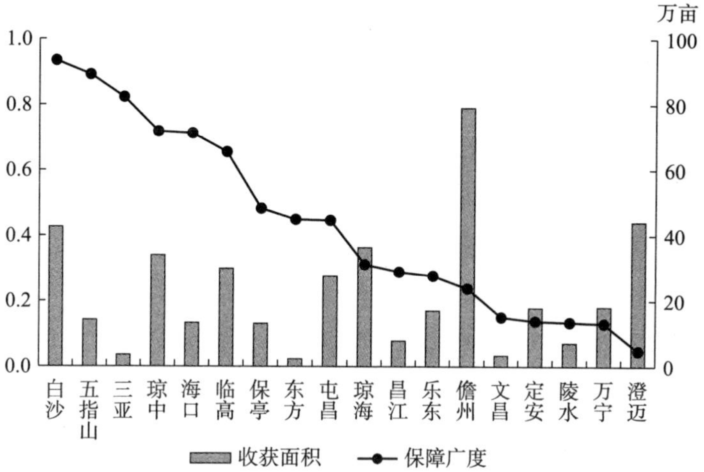

图 13-1 2020 年海南各市县橡胶价格保险保障广度与收获面积

数据来源：海南省统计局、中国人保财险海南分公司等，作者计算。

13.4.3 产量与市场价格之间的关联弱

通常情况下，农产品往往会面临增产不增收、产量大幅下降时价格会显著增加的情况，即价格和产量之间存在明显的负相关性。这也增强了种植业收入保险的可保性。然而，橡胶生产周期长的特性及产品采收的特殊性，使得影响橡胶产量的因素众多，特别是会受生产者预期影响。在价格持续走低情况下，胶农可能会减少生产投入或增强割胶随意性，导致产量下降，出现价格、产量均下降的情况，增加了保险公司的赔付风险。从全球来看，天然橡胶产量从 2015 年的 1200 万吨左右增加到 2022 年的 1400 万吨左右，而同期 10 号标准胶价格基本维持在 11000 元/吨左右，受产量影响很小。天然橡胶产量与价格的关联不紧密，实施天然橡胶收入保险增加了保险公司风险，要求更高的保险费率以维持保险产品的持续发展，而更高的费率可能会制约农户参与，不利于保险覆盖范围的扩大。

13.4.4 产量损失测定难度大

与大豆、棉花、油菜籽、糖料蔗等作物不同，橡胶树属于长期性生物资产，种植后有7年左右的非生产期，其间土地开垦、种苗、肥料、农药和人工等前期投入共同形成其价值，投产后每年橡胶园管护、施肥等投入都需纳入橡胶生产成本。橡胶树受自然灾害损害后，不仅会导致当年割胶产量和收入的减少，还可能导致树体被毁，丧失生产能力，未来收益归零。而一年生作物不形成长期生物资产，遭受自然灾害导致的损失只体现在当期产量。

《橡胶树栽培技术规程》（NY/T 221—2016，以下简称《规程》）对橡胶树生产过程、管理措施及物资投入等都给出了规范性指引，但生产实践中胶农很难按照《规程》要求进行生产管理。规范管理情况下，农户肥料投入占橡胶树物化成本的50%以上，而由于其为高大乔木，短期内不施肥对橡胶树产量影响不明显。根据中国热带农业科学院橡胶所2019年农户问卷调查数据，受橡胶价格低迷影响，约21.8%的胶农连续5年没有给开割胶园施肥，约25.1%的农户在过去5年中施肥次数为1次或2次，物化成本急剧减少，但割胶生产仍然持续。胶农进行割胶生产时所用各类割胶工具及辅助工具的使用周期往往取决于胶农自身爱惜程度和意外发生的可能性，使用周期的不确定性进一步增加了橡胶生产成本的弹性和成本核算的复杂性。

橡胶采收是一个持续的过程，通过切割橡胶树皮获得鲜胶乳，每采收一次获得一次收入，无法一次性获得所有产量。橡胶树的产量受气象因子、土壤养分、病虫害、采收技术、橡胶树品种、树龄以及胶园管理措施等一系列因素影响。这些都给产量定损测算工作带来较大的挑战。台风、死皮等因素造成的产量损失往往具有不可逆性，白粉病等主要病虫害以及寒害等灾害性天气对产量的影响可能存在一定的滞后性，而割胶技术水平、胶园管理等造成的产量损失往往不容易监测，胶农根据割胶环境或自身需要作出停割决策以及在必要情况下增加割胶频率、涂刺激剂增加产量等生产决策行为具有不可控性，其潜在的产量损失风险亦存在不确定性，这些都不同程度地影响了橡胶保险的实施。

13.5 与目标价格补贴的比选分析

2014年，中央在新疆试点棉花目标价格补贴，替代临时收储政策，减少政府对市场的直接干预。当市场价格低于目标价格时，根据目标价格与市场价格的差价和种植面积、产量或销售量等因素，对棉花生产者给予补贴；当市场价格高于目标价格时，不发放补贴。

13.5.1　新疆棉花目标价格补贴实施的基本情况

2014 年，新疆棉花目标价格定为每吨 19800 元，2015 年下调至每吨 19100 元，2016 年再次下调至每吨 18600 元。自 2017 年开始，目标价格从最初一年一定改为三年一定，均为每吨 18600 元，延续至 2025 年。2014 年，《新疆棉花市场价格监测实施方案》制定并发布，从当年 9 月 1 日起开展价格监测，同时进行成本监测。新疆维吾尔自治区发展改革委在全区范围内组织开展棉花成本收益情况直报调查，2022 年调查涉及 10 个地（州、市）、26 个调查县（市）和兵团所属 10 个团场、370 个调查户。

棉花实际种植者需申报面积，确保种植地块满足要求，未进行面积申报或棉花种植在明确退耕、禁止开垦等土地上，不补贴。棉花交售需实名登记，记录衣分率、回潮率、含杂率和结算重量等信息。2014 年，60%的中央资金按面积补贴，40%按实际籽棉交售量补贴，2015 年起改为主要按照产量来确定补贴额度①。补贴标准一年一定，根据中央补贴资金到位情况、信息平台统计交售量等测算确定。自 2017 年起，设定补贴数量上限，补贴额与质量挂钩，2023 年开始以固定产量 510 万吨/年进行补贴②，相关事项调整需报国务院批准同意。用于棉花质量补贴部分应为当年补贴资金总额的 5%左右，长绒棉交售量补贴标准按陆地棉交售量补贴标准的 1.5 倍核定。全国一般公共预算支出决算表显示，2018—2021 年棉花目标价格补贴支出分别为 107.09 亿元、184.73 亿元、271.22 亿元、244.63 亿元，如图 13-2 所示。2021 年新疆播种面积 3759.1 万亩、产量 512.85 万吨，按简单平均计算，亩均补贴 651 元。

13.5.2　新疆棉花目标价格补贴政策的成效

（1）有效地实现了新疆棉花种植不亏本

棉花目标价格补贴的最重要目标是：无论市场价格和生产成本如何变动，都可以保障农民种植不亏本、有收益，防止生产大幅滑坡。根据表 13-3，

---

① 2015 年，补贴总额的 90%用于兑付全区实际种植者交售量部分补贴，10%用于向南疆四地（州）（阿克苏、喀什、克州、和田）基本农户（含集体土地）兑付面积部分补贴。

② 根据《国家发展改革委　财政部关于完善棉花目标价格政策的通知》（发改价格〔2020〕474 号）和《关于印发新疆维吾尔自治区完善棉花目标价格政策实施方案的通知》（新政发〔2020〕41 号），2020—2022 年没有明确补贴数量上限。

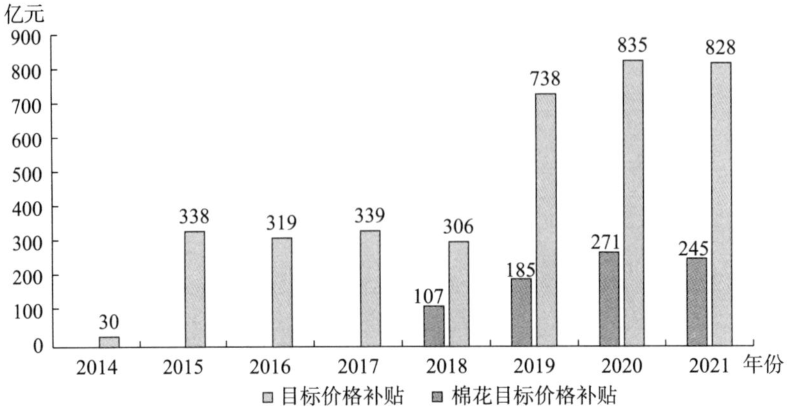

图 13-2 棉花目标价格政策的一般公共预算支出决算数

数据来源：财政部。

2018—2020 年，棉花销售价格处于较低位，但出售价格加上补贴额，都能够实现保本、微利。2019 年，出售价格明显低于生产成本，每吨相差 3170 元，但每吨补贴额约为 3690 元，目标价格补贴确保棉花种植基本不亏本，弥补植棉户在棉花市场中的损失。2020 年，平均出售价格与成本基本相当，补贴为种植户提供了较高的利润。2021 年，虽然平均出售价格高于成本，但简单计算的补贴额仍达每吨 4770 元，远高于 2019 年。在目标价格补贴政策激励下，新疆棉农种植积极性提高，全区棉花播种面积从 2014 年的 3256 万亩增加至 2021 年的 3559. 11 万亩，占全国播种面积的比重提高了 30. 8 个百分点，达到 82. 8%；产量从 2014 年的 415 万吨增加至 2022 年的 539 万吨，占全国产量的比重提高了 34. 3 个百分点，达到 90. 2%，区内棉花种植逐渐向优势的生产保护区集中；单位面积产量也在持续提高，从 2014 年每亩 127 千克提高至 2022 年每亩 144 千克，明显高于全国平均 133 千克/亩的水平。

表 13-3 新疆棉花目标价格补贴强度测算

指标	单位	2018 年	2019 年	2020 年	2021 年	数据来源
播种面积	万亩	3736. 95	3810. 75	3752. 88	3559. 11	国家统计局
年产量	万吨	511. 09	500. 20	516. 08	512. 85	
平均每亩补贴额	元	287	485	723	651	作者计算
平均每千克补贴额	元	2. 10	3. 69	5. 26	4. 77	
亩产值	元	2068	1718	2324	3753	全国农产品成本收益资料汇编
平均出售价格	元/公斤	14. 64	11. 84	13. 79	22. 68	
生产成本	元/公斤	15. 28	15. 01	13. 32	14. 39	

续表

指标	单位	2018 年	2019 年	2020 年	2021 年	数据来源
亩均补贴额占产值比例	%	13.86	28.22	31.10	17.34	作者计算
出售价格+补贴额	元/公斤	16.73	15.53	19.04	27.45	

（2）推动新疆棉花全产业链数据体系建设

推动全区棉花市场真正融合，促进“兵地”市场价格统一，实现棉花互交互认，做好补贴标准衔接。棉花目标价格补贴以籽棉交售量为核心依据发放，种植面积需要经申报、审核和公示等环节，确保所交售棉花来自符合规定的土地，同时防范“转圈”销售、区外流入的棉花。为此，新疆政府下大力气对棉花产销存进行全程监管，建立健全从皮棉到棉种、籽棉的质量追溯体系，全面采集棉农种植、籽棉交售、质量检验、库存、加工等全流程信息，建立了棉花目标价格政策信息平台，推动需求对接与数据整合，打破“兵地”棉花市场壁垒，实现种植、收购、加工、检验、仓储、物流等全产业链各环节信息采集与融合，各主体互相监督，对多环节数据进行逻辑比对分析，确保数据真实准确。全程信息化管理大幅简化了目标价格补贴政策实施工作流程，降低了操作成本，方便了农民售棉和补贴款兑付，确保将补贴资金发给棉花实际种植者。加快推动全区棉花统一市场建设，实施“专业仓储监管+在库公证检验”制度，并配套安排相关措施，保障市场价格高于目标价格时有关机制顺畅运行。

（3）促进新疆棉花产业高质量发展

统筹考虑当地水和耕地等资源状况，综合采取退地减水、轮作休耕等措施，引导次宜棉区退出棉花生产。采取棉花目标价格补贴与质量挂钩措施，按照“优质优补”引导优质棉花生产，不断总结补贴与质量挂钩的经验，推广到全区范围内，用于棉花质量补贴部分应为当年补贴资金总额的 5%左右，长绒棉交售量补贴标准按陆地棉交售量补贴标准的 1.5 倍核定。目标价格补贴政策支持优良品种规模化种植、绿色高质高效技术推广应用、地膜回收，鼓励和引导植棉者提高纤维一致性、减少异性纤维、提升棉花长度等，优化主要质量指标。棉农积极采用新品种，更加重视棉花质量，2023 年全区（含兵团）高品质棉花比重预计达到 30%，2025 年计划提高至 35%。

13.5.3　新疆棉花目标价格政策面临的主要问题及相关探索

棉花价格补贴政策面临 WTO 规则约束、国际诉讼风险等方面的挑战。新疆目标价格补贴与当期实际产量挂钩，多种多补，不种不补，按籽棉交售量确定补贴额。虽然已对补贴总产量作出明确规定，2023 年开始确定为 510 万吨，但根据 WTO《农业协定》，此类目标价格补贴仍属于较为典型的“黄箱”政策，对生产具有明显的直接扭曲作用。棉花目标价格补贴的国内支持水平远超过 8.5%，2020 年亩均补贴额占产值的比重甚至超过 30%，2019 年接近 30%，如表 13-3 所示。2014—2017 年试点结束后，中央取消了大豆目标价格补贴政策，转向生产者补贴，同时也没有对其他农产品实施此项政策。2020 年 9 月 10 日，国家发展改革委在对有关杂粮支持政策的政协提案回复中提及，从改革方向看，要充分发挥市场配置资源的决定性作用，凡是能由市场形成价格的都交给市场，政府不进行不当干预，国家层面不宜针对杂粮实施目标价格政策。

中央和新疆维吾尔自治区都在积极探索可持续的新型支持政策。《关于深化棉花目标价格改革的通知》（发改价格〔2017〕516 号）明确提出，合理利用保险、期货等金融工具，择机开展目标价格保险、“保险+期货”试点，探索建立期货和保险联动机制。《关于完善棉花目标价格政策的通知》（发改价格〔2020〕474 号）进一步要求，探索完善农业支持保护新方式，积极稳妥推进棉花保险试点，因地制宜开展价格保险、收入保险等多种模式试点，完善机制设计，充分利用期货、再保险等工具分散风险，探索可持续、可推广的经验做法，健全操作方式。《完善棉花目标价格政策实施措施的通知》（发改价格〔2023〕369 号）再次强调，因地制宜开展保险试点。《新疆维吾尔自治区 2023—2025 年棉花目标价格政策实施方案》明确，中央补贴资金用于当年交售量补贴、质量补贴、保险试点区域保费补贴，由自治区财政厅牵头，制定保险试点方案，鼓励和支持保险公司等市场主体开展多种保险模式探索。农业保险从最初的物化成本保险，逐渐转向完全成本保险和收入保险，风险覆盖范围扩大，从粗放式经营向精细化管理转型。

13.5.4 实施天然橡胶目标价格补贴的优势和困难

天然橡胶与棉花同属工业原料，采收后必须经过工厂加工才能成为初级产品，棉花进入轧棉厂，鲜胶乳、胶块等原料则进入橡胶初加工厂。从产品特性看，天然橡胶也适合于目标价格补贴，尤其是原料收购环节的数字技术应用，能有效降低政策成本，提高生产经营者的获得感。

相较于收入保险保费补贴，天然橡胶目标价格补贴政策也存在明显的劣势。一是与国内农业支持政策改革方向的符合度相对较低，三大主粮完全成本保险和收入保险项目已覆盖全部产粮大县，糖料蔗也在广西启动了这两项保险试点，其已成为国内农业支持政策改革的主要方向之一。2014 年国家曾在东北地区和内蒙古启动大豆目标价格补贴试点，2017 年不再实施，转向偏向“蓝箱”的生产者补贴，之后中央层面没有在其他农作物和其他棉花产区实施目标价格补贴。《新疆维吾尔自治区 2023—2025 年棉花目标价格政策实施方案》鼓励和支持保险公司等市场主体开展多种保险模式探索，如果棉花目标价格补贴有可能改为保险保费补贴，则申请设立天然橡胶目标价格补贴的难度较大。

二是目标价格补贴不能撬动多方投入。新疆棉花目标价格补贴是临时收储政策的替代，是价格机制改革的重要方面，《关于“十四五”时期深化价格机制改革行动方案的通知》（发改价格〔2021〕689 号）明确，完善棉花目标价格政策，健全风险分担机制，合理调整棉花目标价格水平。新疆棉花价格补贴资金主要由中央财政转移支付给自治区政府，地方政府为政策实施提供保障，无明确的资金配套比例。作为直接补贴项目，目标价格补贴无法平衡丰年、歉年的收入，不提供风险保障，也无法通过资金运用，如期权市场、再保险，撬动社会资本参与政策项目。在天然橡胶价格保险项目实践中，地方政府可通过平衡本地区保险产品，促使承保公司将赔付率控制在较高水平，而补贴项目中地方政府更多的是扮演执行者角色，如耕地地力保护补贴、生态补贴。

三是天然橡胶目标价格补贴政策体量小。棉花长期以来都是国家重要农作物，2022 年种植面积 4500 万亩，产量 598 万吨，其中新疆产量占比 90%，且其作为边疆民族地区，区位特殊。全国一般公共预算支出决算表中单列棉花目标价格补贴，支出额度超过 200 亿元。天然橡胶产业前端产值仅约 100 亿元，假如实施天然橡胶目标价格补贴，中央财政补贴估计额度仅 25 亿元，资金规模不大。天然橡胶虽然是国家战略物资，但从体量上看，与棉花差距大，受关注程度也明显不如棉花，单独实施目标价格补贴政策，会产生诸多现实层面的问题。从新疆棉花的补贴政策实施经验看，目标价格补贴政策实施初期需要大量的政府资金、人力投入，进而影响基层工作，这部分成本可能与保险运行成本相当，涉及地方政府的激励相容问题。即使确定实施天然橡胶目标价格补贴政策，具体补贴数额或许很难有明确且稳定的约定，当财政预算紧张时，是否能够足额保障，也是个现实问题。因此，须正视天然橡胶作为小宗作物的现实，在大盘子中争取最大利益，实施政策性收入保险，同时争取其他政策支持。

13.6　发展天然橡胶收入保险的建议

从农业支持政策的国际规则、发展趋势看，接近市场化政策工具——收入保险保费补贴，更适合天然橡胶产业的需求。

收入保险是发达国家农业支持政策的方向。美国联邦农作物保险产品从保障功能上可划分为基于产量的保险产品和基于收入的保险产品，主流产品多年前就已经从传统的产量保险过渡到收入保险，通常以农产品期货价格作为价格风险的赔偿依据。加拿大农业保险也逐渐转向以收入保险为主。自2019年1月1日起，日本在全国范围内推行以农业经营者的整体销售收入作为保险对象的农业收入保险，引入市场风险，拓宽了农业保险适用范围，为农业经营者提供收入保障。农业收入保险通过风险管理的名义，可符合国际规则地给予农业生产补贴，有利于日本国内支持“减黄增绿”，又不损伤农业经营者既得利益，成为提升小农竞争力的重要风险保障工具。当然，在WTO规则实践中，农业保险也并不都是按“绿箱”申报，仍有可能被视为“黄箱”，但发展农业保险确实是主要国家农业支持政策的方向。

在市场化程度高的情形下，价格风险具有明显的系统性特征，相较于价格保险，农作物收入保险项目具有相对可行性，其内在逻辑是：由于产量和价格之间的负相关性，丰收年份产品价格下降的可能性大，导致丰产不丰收；灾害年份产量损失大，供给不足诱使价格上涨。天然橡胶是市场化程度最高的农产品之一，国内产量变动对市场价格的基本走势影响有限。期货在天然橡胶定价机制方面的作用明显，国内外期现货价格间价格波动联动性强，全球定价主要以大阪证券交易所、新加坡商品交易所、上海期货交易所三大期货交易所为参考基准，上海期货交易所在全球天然橡胶定价中的作用不断增强，价格发现功能也在增强。

海胶集团自2018年以来实施天然橡胶收入保险，覆盖产量损失和价格损失。保险合同规定：在保险期间内，针对产量损失，因灾害导致被保险天然橡胶树灭失、停割或休割期间的减产损失，保险人按照本保险合同的约定承担赔偿责任。针对价格风险，当自然日橡胶实际价格与基差乘以基差调整系数的差额小于约定价格（2021年条款）时，视为保险事故发生，保险人按照本保险合同的约定负责补偿。其中，实际价格约定为上海期货交易所天然橡胶主力合约当日收盘价，节假日则按节假日前最后一个交易日的结算价。从实际实施结果看，保险公司赔付以价格损失为主，产量损失保障范围和赔偿标准相对稳定。

建议在全国实施天然橡胶收入保险，以保障价格风险为主、产量风险为辅，总体遵循“二八”原则，即约20%保障额以产量损失作为赔付依据，80%用于赔付价格风险造成的损失，同时保留并优化橡胶树综合灾害保险，作为橡胶树生物资产的风险保障。采用上海期货交易所天然橡胶品种收盘价作为收入保险赔付的触发价格，一方面，价格信号公开透明，无须自行采集和发布，减少运营成本；另一方面，避免因本地价格采集导致价格失真，生产经营主体销售收入由重量、干胶含量、价格确定，通过田间采集价格，可能引致收购商采取提高干胶含量、降低价格的策略。因实际价格低于保障价格而导致的收入损失，采用实际产量乘以应赔付价差的公式计算，设定最高赔付的亩产量，建议按每亩 60 千克。

以割胶生产期内因保险事故导致无法割胶的天数作为计算产量损失的依据。橡胶树作为高大乔木，其生产可调节性强，不采收也不存在腐烂的问题，若按家庭确定产量损失，可能引致道德风险，建议使用区域产量损失确定赔付额。停割天数与产量损失之间并非简单线性关系，几天的短暂降雨一般不会对全年产量造成影响，可不计入产量损失，上半年推迟割胶，下半年若物候正常，可以挽回部分损失。每亩 60 千克产量，年可割胶 260 天，若推迟 60 天割胶，直接计算的产量损失为每亩 13. 85 千克，若按 20%赔付，按每千克 15 元，应赔付 41. 55 元。

海南省民营胶园现行的保险方案中，大部分市县按每千克 15 元、每亩产量 60 千克计算，建议天然橡胶收入保险大体基于现有方案，每亩产量损失不超过 3 千克，最多赔付 45 元。现有价格保险保费每亩 108 元，加上产量损失保险保费 10 元，合计按 118 元计算保费，费率 13. 1%，略高于玉米收入保险。全国达到开割标准的面积约 1200 万亩，按 70%参保率计算，每年保费 10. 62 亿元，若中央财政按 45%比例予以补贴，每年需 4. 78 亿元。

13. 7 完善天然橡胶政策性保险的建议

13. 7. 1 橡胶树综合保险与橡胶种植收入保险同步发展

橡胶树综合保险已经被纳入中央财政农业保险保费补贴范围，以保橡胶树资产为核心，当务之急是扩大覆盖范围，提高保险额度。可考虑按照《橡胶树栽培技术规程》要求，结合当前市场价格测算规范种植、管理和生产条件下橡胶树的生产成本；然后选择各市县抽样调查近 3 年或 5 年实际生产成本，根据各市县实际情况按一个系数确定橡胶树综合保险保额，使其覆盖橡胶树前期成本投入。由于农户橡胶产量难以精确计算，可考虑采用以市县为单位综合测算单位面积产量，结合参保面积对参保农户预期干胶产量进行测算。在橡胶价格保险和橡胶树综合保险参与差异巨大的情况下，可以考虑在推广橡胶价格保险的同时积极推介橡胶树综合保险，甚至二者按照一定比例打包购买，增加农户参与比例，争取更多的中央财政保费补贴。保险遵循保本微利原则，在正常年景保障保险公司一定利润水平的情况下，用超出部分设立橡胶树综合保险保障基金，以便应对大灾风险。

橡胶价格保险属于海南地方特色险种，因保费补贴政策调整，中央财政奖补资金波动较大，易给地方财政和保险带来负面影响，因此考虑推动橡胶价格保险向橡胶种植收入保险转变，纳入现有完全成本保险和种植收入保险试点范围，成为中央财政保费补贴险种，争取稳定的支持。

13.7.2 合理设置保险合约

在保险合约方面，建议橡胶树综合保险着力提升保险保障水平，简化理赔定损程序，通过聘请第三方发布风灾指数、干旱指数等减少保险核损的难度和时间；通过合约优化来提高胶农参与的积极性。此外，可以考虑灵活设置保险周期，结合橡胶树长周期的特点，将保险期间延长至3~5年，平抑风险，降低保险购买次数，减少交易成本。

橡胶价格保险转变为橡胶种植收入保险后，考虑保险的延续性，一方面沿用现有橡胶价格保险体系，通过修改保险合约和调整保费补贴进行完善，使橡胶种植收入保险兼具保产量和保价格的功能。针对橡胶产量可调节性强的特点，可以考虑结合各地区资源禀赋特征，由第三方开展市县区域单产抽样监测，结合当年自然灾害发生情况，按照区域产量对胶农产量损失进行赔偿，即农户每亩获得的产量损失赔付是一样的，不计算单个农户的产量损失。针对橡胶价格保险实施过程中采价不透明、区域差异大、成本高等问题，可以上海期货交易所期货合约价格作为参考价，对胶农售价与参考价之间的差额按比例赔付。

13.7.3 借助数字信息技术规范原料交易市场

数字技术与农业农村经济融合发展可以有效增强数据的资源属性，降低交易成本，高效配置生产要素，促进农业高质量发展。随着橡胶价格保险工作的推进，数字信息技术在橡胶保险中的应用越来越深入。

天然橡胶收入保险稳步实施，还需要加强田头市场基础设施建设，利用信息技术赋能保险发展，开展相关的基础性研究。首先，建立统一的天然橡胶销售信息采集平台，在每个收胶站点设置信息采集终端，确保胶农每一笔胶乳销售记录都能够实时传送，为收入保险的实施提供基础数据支撑。其次，对国内天然橡胶收购商尽可能实行注册管理，要求所有收胶站点按照统一的干含测定标准进行交易，并规范报送交易信息，实行黑名单制度，避免收购商与胶农合谋，通过重复交易等方式骗取保险赔款。再次，合理布局收胶站点，既要避免收胶站点过于集中造成资源浪费和无序竞争，也要避免收胶站点密度太低，增加胶农销售成本，影响胶农参与保险的积极性。复次，加强各地橡胶收购站收胶池、站点建设，配备电子秤、信息采集终端等，加强基础网络建设，确保信息畅通。最后，支持开展涉及天然橡胶收入保险的基础性研究工作，建立保险灾害与橡胶树产量损失之间的函数关系，优化保险合同设计，推动橡胶树风灾（综合灾害）保险与收入保险融合发展，总结“保险+期货”项目经验，合理运用期权市场分散价格变动风险。

白沙县建立橡胶生产销售管理服务平台服务橡胶保险业务发展，通过信息平台实现数据采集、数据传输、数据分析和人脸支付等多重功能，大大提高了保险工作效率，降低了道德风险。人保财险公司开发“胶农通”App，为胶农参与橡胶价格保险提供服务，已有 14 万户胶农注册登记。海胶集团开发的橡胶智慧收购平台在民营橡胶收购过程中发挥着积极作用。

可统筹考虑在海南和云南建立橡胶保险大数据平台，加强基础信息采集，服务现有橡胶价格保险和橡胶树综合保险工作；与天然橡胶生产保护区划定时地块信息上图入库结合起来，不断完善相关指标，比如树龄、品种等，提升保险标的的标准化水平，为橡胶保险升级优化做好前期数据积累工作。数据平台应该无差别地对所有符合准入条件的收胶站开放，逐步采集所有参保农户的地块数据，进行数据核查，避免出现骗保行为。参考新疆棉花目标价格的全产业链数据平台，主产区从省级统筹建设天然橡胶全产业链数据平台，将胶农、胶企、收胶站、初加工厂、贸易商等主体纳入进来。

13.7.4 推进橡胶生产成本收益监测工作

天然橡胶生产成本和产量可调节性强，并且暂未形成有效的成本、收益监测体系，导致橡胶种植收入保险和橡胶树综合保险缺乏权威参考数据，制约保险政策优化发展。国家发展改革委价格司未监测天然橡胶生产成本收益，海南省也未建立完善的橡胶生产成本收益监测体系。《中央财政农业保险保费补贴管理办法》明确，农业生产总成本、单产和价格数据以相关部门认可的数据或最新发布的《全国农产品成本收益资料汇编》为准。推动橡胶树综合保险和橡胶种植收入保险不断优化发展，需要加强橡胶生产成本、收益信息监测工作，并争取纳入《全国农产品成本收益资料汇编》。

第 14 章

海南省推动天然橡胶全产业链发展的政策建议[①]

天然橡胶是四大工业原料中唯一的可再生资源，广泛运用于交通运输、机械制造、医疗卫生等领域，下游产品多达 7 万余种，在航空航天、海洋工程等关键领域具有不可替代性。海南省是我国两大天然橡胶生产基地之一，对保障我国天然橡胶安全有效供应具有“压舱石”的作用。当前，海南省天然橡胶产业发展面临产业链条短、附加值低、比较效益差等挑战，需从全产业链视角谋划，推动产业链垂直一体化发展，拓展深加工空间。

14.1　海南省天然橡胶产业发展的基本事实

14.1.1　国内橡胶种植发展空间有限

2021 年全球橡胶种植面积约 2.3 亿亩，我国为 1682 万亩，占全球比重为 7.2%，其中海南 769 万亩，在国内占比为 45.7%；全球天然橡胶产量 1384 万吨，国内产量 87.2 万吨，占全球比重为 6.2%，其中海南产量 34.6 万吨，在国内占比为 39.7%。国内适宜种植橡胶树的土地资源基本已开发完全，海南和云南作为两大天然橡胶生产基地，对稳产保供起到“压舱石”的作用。

14.1.2　消费需求仍将保持增长

2001 年我国成为全球最大的天然橡胶消费国，2021 年消费量约 600 万吨，占全球比重为 43%，主要集中分布在山东、长三角地区、粤港澳大湾区的橡胶制品企业。海南天然橡胶用于省内制品生产的不足 1 万吨，原料主要销往省外，用于普通橡胶制品生产。由于汽车产业在国内仍具有很大的发展空间，天然橡胶基本需求仍将保持增长。

① 2022 年 11 月 17 日提交至海南省发展改革委，主体内容纳入 2023 年印发的《天然橡胶产业高质量发展行动方案》（琼办发〔2023〕25 号）。

14.1.3　供应主要依靠进口

由于国内天然橡胶资源约束和工程应用领域较大，我国天然橡胶的自给率逐年下降，已从 1999 年的 58%下降至 2021 年的不足 15%。进口是我国天然橡胶供应的主要来源，但来源地相对单一，主要集中在东南亚，2021 年来自泰国、越南、马来西亚、印度尼西亚四国的进口份额占比达 85%。

高端用胶亟须国产化。在高端用胶上，由于国产天然橡胶产品结构与性能指标无法达到高端制造的性能要求，我国军民两用高端制品用胶几乎全部依赖进口，尤其是航空轮胎专用天然橡胶进口率达 100%，成为我国航空工业发展最严重的问题之一，亟待聚焦重点领域技术攻关。

鉴于未来较长一段时期，我国天然橡胶市场仍将维持消费量大、自给率低的状态，海南既要承担起稳定天然橡胶有效供给、保障国家战略资源安全的使命担当，又要促进省内产业健康均衡发展，急需解决的问题主要有：一是生产能力逐年减弱。单位面积产量连续 8 年不足每亩 70 千克，而云南天然橡胶亩产近 90 千克。实有种植面积逐年减少，2021 年末比最高峰减少了 44 万亩。二是初加工效益低。产能明显过剩，小、散、弱及环保问题突出，产品质量和效益亟待提高，泰国进口品牌浓缩胶乳价格较海南产品每吨高约 3000 元。三是高性能胶研发遭遇“瓶颈”。目前，海南省高性能胶的研发及产业化支撑力量不足，高端制品企业长期使用进口天然橡胶，对国产化的关注和投入不足。四是自由贸易港政策利用不足。贸易量少，仓储物流、金融等配套服务不足，对下游制造行业发展的支撑力度弱。五是稳定国家供应链安全作用有待加强。海南省橡胶企业对境外天然橡胶资源市场竞争力较弱，维护天然橡胶供应链稳定性的能力有待加强。

14.2　天然橡胶全链条化发展的经验借鉴

14.2.1　拓展下游产业链是推动产业转型升级的必由之路

马来西亚曾是全球最大产胶国，最高峰年产 180 万吨。2016 年以来，马来西亚通过调整种植结构、优化种植规模、延伸产业链条等一系列措施促进产业转型，2021 年天然橡胶产量虽然减少到了 47 万吨，但形成了以橡胶制品为主，以天然橡胶和橡胶木制品为辅的贸易格局。2021 年橡胶行业出口值 810.9 亿林吉特（折合人民币约 1300 亿元），较 2000 年增长约 6.11 倍，对国家出口总额的贡献率达 6.5%。马来西亚选择了具有产业优势的乳胶制品业，推动马来西亚成为乳胶制品大国和世界最大的乳胶手套生产国，乳胶手套产量占世界份额超过60%，占国内橡胶制品出口比重高达90%以上。泰国、越南等天然橡胶主产国也在积极探索和推动通过全产业链发展来实现产业转型。

14.2.2 综合管理机构是实现产业链融合发展的基础保障

我国天然橡胶的种植、加工、制品、贸易分属于农业、林业、工信、工商等多个部门，行政管理权分割导致各部门在信息联动、业务协同、规划制定上衔接不足，不利于全产业链发展。泰国、马来西亚和印度均组建了橡胶管理局，专门统筹管理天然橡胶产业链。相较于印度尼西亚、越南等主产国，泰国、马来西亚拥有相对完善的产业支持政策体系，覆盖了科技研发、金融服务、生产管理、风险管理、生产激励等方面。海南省白沙县设立了橡胶产业发展中心（现已更名为农业产业发展中心），在推动区域橡胶产业发展和胶农增收等方面起到积极作用。

14.2.3 集群化发展是产业固链强链延链补链的重要抓手

泰国宋卡橡胶城集聚了13家实验室、89家加工厂、366家经销商以及88家贸易商的优质要素资源。马来西亚吉打橡胶城集合了轮胎橡胶、汽车橡胶、工程橡胶、新型材料、高端制品、生物技术、增值服务等多个板块，计划到2030年贡献147亿林吉特（折合人民币约230亿元）的GDP。泰国立盛橡胶工业园实施天然橡胶出口“零关税”和“零库存”管理模式，为入驻企业节约了原材料成本以及烘胶设施建设与管理、能源使用等费用，每条载重轮胎生产成本优势在20元以上①，吸引了华谊集团、森麒麟、今世缘等知名企业入驻。国内橡胶产业也呈现集群化发展趋势，山东形成了以青岛、烟台、威海为主的半岛轮胎产业集群和以广饶、寿光为主的鲁北轮胎产业集群以及橡胶新材料与制品产业集群，具备从材料、制品到贸易的良好发展生态。

14.3 思路、原则与目标

14.3.1 基本思路

融入国内国际“双循环”，打造三个中心——高端制品制造中心、全产业

---

① 林立盛：轮胎企业投资橡胶基地渐成风［EB/OL］.（2012-11-13）［2022-05-06］. http://www.tireworld.com.cn/comment/interview/20121113/2642.html.

链创新中心、产供储加销中心，以科技创新链带动产业链发展，提升价值链地位，增强供应链韧性，培育核心竞争力；切中两个发力点——特种胶生产应用体系、橡胶混炼基地建设，提高产业战略地位，充分利用海南省产业结构、下游行业趋势和要素结构优势，形成实实在在的独特竞争力；稳住一个基础——生产能力，夯实海南天然橡胶全产业链发展基础。

首先，建设和管护好 840 万亩生产保护区，稳定生产能力，这是产业链延伸的基础、农民收入保障的要点，也是必须完成的政治任务，须从以下三个方面重点推进：一是挖掘生产潜力，加快推进良种良苗良法，加强基础设施建设等；二是提高劳动生产率，采用新技术新装备，鼓励适度规模经营，特别是生产性服务，让小农户与现代农业有机衔接；三是提高土地产出率，开发多样化生产模式，发展林下经济，挖掘橡胶园的多功能性，推进降碳减排等。

其次，要优化和提升初加工和新材料产业，从材料端提高增加值，让海南生产的天然橡胶能够在高端民用等领域形成持续工业能力，这是天然橡胶战略性的最关键环节，比如国产大飞机轮胎、舰载机轮胎。如果海南省生产的天然橡胶都用于中低端生产，高端民用等制品领域仍依赖于进口，就无法很好地体现国家战略意图。当务之急是要改变“国产胶不如进口胶”的市场信号，明晰天然橡胶品质形成机制，研发调控技术，全面提高国产天然橡胶的质量及其一致性，提高产品价值。2022 年 6 月，海南产区民营浓缩胶乳每吨 10975 元，泰国进口的黄春发和泰华浓缩胶乳在广东、上海和山东平均价格为每吨 14770 元，每吨相差 3795 元，折合干胶每吨相差 6325 元。

再次，延伸产业链，关键在于橡胶制造业或者其中某个环节，还包括木材、仓储、物流、交易等。每消耗 1 万吨天然橡胶，后端对应着 10 亿~15 亿元规模以上工业企业销售产值。近年来，国内轮胎制造企业不断加大在东南亚天然橡胶主产国投资。据公开报道，2022 年上半年，赛轮轮胎宣布，计划在越南继续投资 14. 6 亿元，在柬埔寨投资 14. 26 亿元，兴建或扩大全钢子午线轮胎等产品生产线；通用股份拟募集资金 10. 28 亿元，用于柬埔寨轮胎项目建设及补充流动资金；森麒麟在泰国的一期、二期项目，形成半钢轮胎产能 1600 万条、全钢轮胎产能 200 万条。研究推出吸引国内在东南亚的投资回流到海南和吸引合成橡胶以及橡胶制品原料生产企业来琼投资的政策措施。橡胶园贡献了海南省 3/4 的实木锯材，但成品家具制造企业却很少，故向橡胶木制品业延伸也是重点方向之一。

最后，科技创新链，以创新链带动全产业链发展是有效路径。产业链和创新链之间是互为支撑、共生发展的关系，以科技创新链促进海南天然橡胶全产业链高质量发展，是有利于产业发展的战略选择。充分利用好全球优质资本、人才、技术、管理、数据等创新要素，努力打造全球天然橡胶创新高地，成为中国橡胶工业的大脑。海南在这方面有优势，拥有全球收集保存最齐全、最完整、创新利用能力最强的天然橡胶种质资源和生物育种中心与割胶装备、新材料、新型橡胶制品研发基地。

14.3.2 基本原则

坚持全产业链谋划。夯实种植业优势，优化初加工布局，突出胶园功能性和产品差异化。以橡胶混炼中心建设带动配套原辅料流动和企业进驻，促进贸易、仓储、物流等产业发展。坚持协同推进。做好产业链各环节利益主体、资源要素、配套政策的协调与衔接。坚持创新驱动。围绕产业链布局创新链，围绕创新链配置资金链、资源链，聚焦重大“瓶颈”问题以及关键“卡脖子”技术，以科技创新链带动产业链发展。坚持开放引领。以合资合作和并购重组等方式开展境外合作，完善全球供应链，形成保障国家天然橡胶战略资源安全的产供储加销中心。

14.3.3 总体目标

到2025年，天然橡胶全产业链发展格局初步构建，总产值力争达到100亿元，特种胶生产体系基本构建，种植面积稳定。2030年，实现全产业链布局，其中种植业占比降至30%以下，总产值达到300亿元，实现特种胶国产化并具有持续供应能力，生产保护区建设和管护工作稳步推进，力争将全省种植面积稳定在820万亩左右，生产能力明显提升，现代经营体系成熟运行。

14.4 重点任务、工程与项目

14.4.1 优先强链延链补链

着眼于现有产业基础和资源优势，用活用好自由贸易港生产设备进口免关税、进口原辅料加工增值30%进内陆免关税、低税率、简税制等自由贸易港优惠政策，遵循要素禀赋优势，以橡胶混炼、绿色轮胎制造、乳胶制品、橡胶木家具为突破口，打通产业链，做大下游制品端。

（1）天然橡胶复合材料制造

混炼是橡胶材料加工工艺的第一道工序，也是关键工序之一。抓住混炼外包的行业趋势、混炼新技术不断成熟的契机，在儋州洋浦布局橡胶混炼中心，利用国际船籍港、绿色能源充足等优势，吸引国内大型橡胶制品企业采用联合新建、升级改造等多种方式，投资橡胶混炼密炼企业实体，采用湿法混炼、串联式混炼等新型技术，建成高端橡胶制品混炼密炼中心，为下游高端橡胶制品企业提供定制化的天然橡胶复合材料。支持天然橡胶复合材料生产企业的市场推广活动，建立新产品应用网络，以此带动橡胶制品原辅料行业发展，推动省内生产的天然橡胶以复合材料方式输出岛外。在此基础上，争取吸引高端绿色轮胎、高品质橡胶板管带和零部件、橡胶隔减震支垫等橡胶制品企业来琼投资，逐步在儋州洋浦形成天然橡胶产业集群。

（2）绿色轮胎制造

聚焦绿色轮胎制造业，依托洋浦新能源汽车制造基地等优势，建设绿色轮胎生产基地。鼓励轮胎行业头部企业独资或联合省内龙头企业，建设免充气轮胎、新能源汽车轮胎等类型轮胎生产线，配套服务海南新能源汽车制造业，以及 2030 年全面禁售燃油车政策。航空轮胎是轮胎制造领域的尖端产品，要适时加大力度进行航空轮胎生产和翻新生产线建设，完善飞机维修产业体系。

（3）乳胶制品制造

充分利用海南乳胶产品的绿色理念，结合海南天然橡胶制品 70% 为浓缩胶乳的原料优势、国际旅游消费中心的市场优势，引导本土浓缩胶乳生产企业、吸引外来企业，投资生产医用乳胶手套、避孕套、乳胶寝具等日用消费品，提升产品附加值。鼓励省内乳胶制品企业更新改造生产线，扩大产能，开拓市场。

（4）橡胶木加工制造

海南省 3/4 的实木锯材来自橡胶园，未来很长一段时期内，橡胶木依然是实木锯材的最重要来源。要优化海南省木材加工产能布局，在儋州建设立体式木材加工生产基地，以热改性绿色处理橡胶木为重点，向中高端家具、木地板、室外用材等领域拓展。支持企业发展橡胶木制品生产和营销，减少橡胶木锯材输出，逐步在儋州形成橡胶木产业集群。加大绿色橡胶木加工技术集成与运用。

（5）产业创新中心

支持天然橡胶下游制品企业及省内龙头企业，尤其是来琼投资实体经济的企业，在海南生态软件园、洋浦科创园等园区内，建设新型研发机构，充分利用全球创新要素，促进国内外更多科技成果在海南落地转化，孵化“专精特新”企业。完善轮胎等橡胶制品研发、检测等相关科研基础设施，适时启动建设以法人实体形式运行的省级橡胶产业创新中心，攻破更多的“卡脖子”技术难题，加速从研发端到应用端的成果转化。探索以风投、产城结合、产融结合等模式，吸引和提高上下游龙头企业、科研单位、军工企业等参与度，重点打通科研成果与市场化应用的堵点，在成果市场化推广应用方面给予引导和扶持。

专栏 1　产业链延伸工程

1. 橡胶混炼中心。引进企业投资橡胶混炼生产线，建设 2~3 家年产能 10 万吨以上的橡胶混炼工厂。

2. 乳胶制品生产示范基地。建设 3~5 条乳胶床垫、枕头、文胸杯垫、医用手套、避孕套等乳胶制品生产线。

3. 绿色轮胎制造生产线。建设年产免充气轮胎 50 万条以上的生产线。

4. 橡胶木加工基地。在儋州选址建设橡胶木加工集群，建设年产橡胶木 10 万立方米的热改性处理加工线，以及具备相应产能的成品生产车间。

5. 热带轮胎测试场。以海南汽车试验场为基础，升级建设兼容国际赛车赛事的轮胎测试场 1 个，满足国际旅游消费中心对国际赛车等各类赛事的需求，提高轮胎制造的科研基础设施水平，吸引大型企业进驻设立研发基地。

6. 橡胶工业产业园。借鉴马来西亚吉打橡胶城、泰国宋卡橡胶城和立盛橡胶工业园等橡胶主产国园区的经验，在橡胶产业园内设置天然橡胶新型材料、工程橡胶、乳胶制品、橡胶零部件、新能源汽车轮胎、橡胶木加工、研究与开发、仓储与展示等板块。借鉴新加坡政府投资工业园区的开发模式，建设标准化厂房，降低企业初始投资成本。支持龙头企业牵头设立橡胶产业园管理平台。

14.4.2　抢先推动高性能胶生产和应用

聚焦航空轮胎等关键领域用胶需求，建设国家级创新平台，构建高性能胶生产和应用体系，形成持续满足国产大飞机等用胶需求的能力。

（1）划定特种胶园

按照优中选优的原则，以海南农垦控股集团为主，以民营胶园为辅，从优势种植区中划定 30 万亩橡胶生产基地。根据特种用胶的品质要求，选择不同树龄、品系的胶园，确保持续稳定供应。按生产技术规范要求，选择胶园环境优良、品种纯度高、种植规模相对集中的胶园，划定特种天然橡胶生产基地。构建特种胶园生产经营体系，确保生产主体按照特种胶的要求开展胶园管理、割胶生产等活动。

（2）建设特种胶生产线

针对民用航空轮胎、探空气球等关键领域用胶需求，合理选择特种胶园，支持初加工企业、研究机构等主体新增或改造特种胶生产线，将其纳入国家天然橡胶生产能力建设范围。鼓励科研院所开展特种胶技术集成应用，在用地、资金等方面支持建设中试基地，推动成果落地转化，尽快形成生产能力。完善特种胶质量标准体系，建设特种胶检测实验室。

（3）构建特种胶应用体系

支持省内研发机构、企业、高校等主体联合高端制造企业以及相关领域科研院所、高等院校，成立国产高性能天然橡胶创新联盟，构建海南特种胶应用体系。争取高端制品企业将海南产特种胶纳入采购清单，建立全面准确的质量追溯体系，为国产天然橡胶质量及其一致性形成机制研究、调控技术研发提供支撑。支持高端橡胶制品企业参与特种胶园认定、特种胶生产线建设，构建从胶园到产品的研发体系。

（4）建设天然橡胶国家工程研究中心

以服务国家天然橡胶战略资源安全和航空轮胎胶国产化为导向，加速突破重大科学难题和产业技术“瓶颈”，强化国内天然橡胶产业的战略定位。发挥海南天然橡胶科技核心战略优势，融合国内领军经营主体的创新力量，以中国热带农业科学研究院为依托，联合青岛科技大学、北京化工大学、海南大学、海南省天然橡胶产业集团、三橡股份有限公司、中国化工株洲橡胶研究设计院、中国化工集团曙光橡胶工业研究设计院有限公司等院校和企业，筹建天然橡胶国家工程研究中心。

天然橡胶国家工程研究中心聚焦航空轮胎专用橡胶树新品种培育、采收技术及装备、高性能天然橡胶加工工艺研发技术等，完善科研基础设施，攻克高性能天然橡胶在航空轮胎制造中应用、经济适用割胶装备研发等难题。积极谋划设立橡胶产业上下游联合实验室，加强橡胶领域基础研究，从源头上提升国产橡胶质量稳定性。建设天然橡胶大科学装置。吸引大型企业参与国家工程研究中心建设，推动更多科技成果在海南转化应用，培育形成百亿级产业集群。

专栏 2　高性能胶特供保供行动

1. 建立特种天然橡胶生产基地。充分考虑种植环境、品系、集中连片和树龄结构等因素，建设特种胶生产基地，制定严格的生产管理规范，建立完善的补贴体系。

2. 建立高性能胶生产线。建设或改造3~5条高性能胶生产线，对标国际高性能胶品质，建立高性能胶初加工标准体系，确保每年2万吨质量合格的高性能胶生产能力。

3. 高性能胶应用体系。构建上中下游参与的创新联盟。将海南特种胶列入高端制品用胶目录，构建“研产推”协作体系，加快实现从实验室到成品的应用。

4. 天然橡胶国家工程研究中心。中国热带农业科学院牵头组建团队，搭建全产业链创新平台，完善科研基础设施，重点突破航空轮胎胶国产化应用等技术难题。

14.4.3 增强国内国外两种资源两个市场的掌控力

支持龙头企业与东南亚、非洲等地区深化合作，推动其直接投资橡胶种植和初加工，推动海南与东盟构建天然橡胶共同市场，加强海南与国内大市场的联动，加快仓储、结算、展示等配套服务业发展。

（1）培育大型跨国企业

坚持全球化视野，立足全球配置天然橡胶资源，整合国内资源，拓展贸易业务，提高省内龙头企业对外投资质量和效益，加快形成推动橡胶产业对外合作的高水平双向开放格局，培育具有国际竞争力的大型跨国天然橡胶企业，打造以客户和市场需求为导向的供应链体系。鼓励省内大型跨国企业实施海外直接投资、并购等，增强风险管控能力，提升对国家天然橡胶供应链的保障能力。支持省内企业对下游乳胶制品、高端轮胎、橡胶制品等优质企业进行并购，补齐深加工领域短板，打造全产业链大型跨国企业。

（2）海外投资多元化

鼓励省内企业通过直接投资、并购等方式，在非洲、东南亚优势区域适度发展橡胶种植业，加大初加工、贸易等环节投资力度。加大对橡胶产业链高端环节的投资，优化在天然橡胶生产国的投资布局，形成集产供储加销于一体的全球产业链体系。对天然橡胶“走出去”项目给予资金、金融、信贷等支持，研究对海外投资企业天然橡胶产品回运海南的运费补贴政策。

（3）仓储物流基地

支持省内贸易企业将其国际贸易货物经由海南集散，完善仓储、物流、结算等配套服务体系，逐步将海南岛打造成为进口橡胶、木材以及原辅料集散和加工基地。统筹布局仓储物流网络，加大基础设施投入，在洋浦港等重要流通节点建设天然橡胶标准化仓库，形成与贸易网络相适应的海陆空运输网络，提供高效仓储、快准运输、精益配送、国际货代、个性化增值等服务，培育联动快递、物流、跨境、仓储与供应链的综合性物流供应商。支持省内龙头企业建立天然橡胶商业收储机制，探索国有企业参与特种及高端天然橡胶储备的机制，服务国家高端领域用胶安全。

（4）交易展示服务中心

充分利用封关运作后人员进出自由便利，提供产品展示、检验检测认证等服务，在儋州洋浦建设天然橡胶及制品展示场所，促成国内外市场主体交易，打造交易中心。推进天然橡胶跨境货物贸易、服务贸易和新型国际贸易结算，发展天然橡胶、橡胶木离岸贸易、保税交割业务。为有计划在东南亚投资的企业提供法律、资金、信息等方面的服务，促进天然橡胶对外投资和国际贸易。研究推动海南自由贸易港—东盟天然橡胶共同市场建设。

专栏 3　产业链供应链建设行动

1. 建设海外生产基地。以直接投资、并购收购等方式，在东南半岛、非洲橡胶种植优势区建设 3 万亩以上种植基地，加工产能达到 150 万吨以上。

2. 建设现代仓库。建设现代化、标准化商储仓库 3~5 个，单体储量达 3 万吨以上。

3. 建设橡胶贸易平台。建设集物流、报关、信保、融资、退税、跨境电商于一体的“一站式”贸易服务平台。

4. 海南自由贸易港—东盟天然橡胶共同市场。与泰国、马来西亚、越南等主产国联合研究海南自由贸易港—东盟天然橡胶共同市场的可行性，构建互认的标准体系、交易规则及纠纷解决机制，推动东盟出口内陆的天然橡胶在海南岛交易和集散。

14.4.4　推动初加工业转型升级

按照规模化、标准化、绿色化、智能化方向，鼓励实施技改，促进初加工转型升级。

（1）推动产能整合

充分考虑各市县橡胶种植规模、产量水平、运输条件，科学布局数量适中的大型现代化初加工厂。通过规模化、集约化、标准化生产，提高产品品质量，促进降本增效和节能减排，提升质量一致性。鼓励初加工企业充分利用自由贸易港政策，更新设备设施，加大环保投入，提高生产车间智能化和绿色化水平，引导初加工厂向种植优势区域集中。

（2）促进技术升级

支持科研单位、设备厂家与初加工企业合作，增强技术升级改造的源头供给。鼓励初加工企业改良生产工艺和技术标准，优化初加工流程，提高产品整体性能及其质量稳定性。以下游客户需求为中心，创新产品工艺，优化产品结构。鼓励初加工企业从以供应原料为主向供应中间产品及其配套方案转变，从低端原料供应向高端转变，增强与下游制品企业的合作关系。以技术升级提升产品品质，带动市场升级，从低端向高端市场发展。

（3）优化标准体系

对接国际市场和行业需求，优化天然橡胶初加工生产技术标准、环保标准和产品质量标准，提高国内标准与国际标准的一致性。鼓励企业实施国际互认的质量管理标准体系，整体提升海南天然橡胶初加工产品的质量。鼓励大型企业、区域行业协会商会等主体建立团体标准，促进产业链上下游标准有效衔接，为不同细分行业的用胶需求建立标准体系。依据标准体系，研究初加工企业针对每批次产品提供质量清单的可行性，确保下游企业用户能够全面掌握产品质量信息。加强对初加工企业的质量管理服务，为企业标准化建设提供业务指导和培训。

专栏4　初加工提升行动

1. 初加工产能整合。通过多种方式推动初加工行业整合，推进集约化发展，逐步淘汰环保不达标、产品质量差的初加工厂。优化全省初加工厂布局，逐步向优势生产区域转移。

2. 技术升级改造。每年支持2~3家初加工企业更新设施设备、改良加工工艺、试行环保型加工、进行信息化改造。

3. 标准体系建设。建立一套以国家标准、行业标准和地方标准为基础，企业标准为补充的初加工生产标准体系。鼓励企业采用国际互认的质量标准管理体系。

14.4.5　强化规模化基地供给保障

稳定天然橡胶产能，对现有胶园实施分类管理、分级建设，管护好天然橡胶生产保护区，构建现代经营体系。

（1）现代经营体系

全面落实橡胶园确权颁证工作，明晰产权，鼓励通过形式多样的流转方式，如租赁、托管、入股等，形成多种形式的适度规模经营。引导和规范新型经营主体发展，提高规模经营效益。培育专业化社会化服务组织，开展橡胶生产性服务试点示范，带动胶农与现代农业有机衔接。在儋州、白沙试点推进生产性社会化服务，由国有农场、专业合作社、种植大户、科研院所等主体向广大胶农提供专业化服务，如胶园更新定植、割胶“统采统收”、病虫害“统防统治”、施肥“统测统施”。推进橡胶生产性服务标准体系，建立橡胶专业化服务组织名录库，加强服务价格监测，促进服务市场良性发展，形成合理的利益分享机制。

（2）胶园功能化建设

在中西部优势区，建设集中连片的高标准胶园，以高产为核心目标，配套良好的基础设施。特种胶园主要保障航空轮胎等高端领域用胶需求，依据目标终端需求，选择品种、区域以及生产管理措施。鼓励在次适宜区采用丛林橡胶、多树种间种等模式，认定并建设一批生态胶园，着力提高生物多样性，实施“藏胶于林”策略。在儋州国家现代农业产业园、海胶集团生产基地打造标准化、机械化、智能化采胶、加工示范基地，推动农机农艺融合。加快数字技术在天然橡胶产业中的运用，整合全省天然橡胶生产销售数据平台，利用生产保护区划定成果，逐步实现全省天然橡胶产业精准化、信息化、智能化管理。鼓励发展形式多样的林下经济，完善配套体系，采取“公司+合作社+农户”等模式，加大与林下产品生产企业合作力度。

（3）提升生产能力

出台《天然橡胶生产保护区管理办法》，建设和管护好 840 万亩生产保护区。按照《橡胶树种植基地建设标准》，更新改造老龄低产胶园，建成高产稳产的标准化生产基地。实施好良种良法补助政策，鼓励生产经营主体选择新品种、新技术、新模式，合理确定单位面积株数，提高土地利用率。启动实施橡胶园地力保护补贴，鼓励生产主体增加施肥量，提升胶园地力。实施好国家天然橡胶生产能力建设项目，整体推进全省胶园道路等基础设施建设，完善胶园路网。参考高标准农田建设的经验，建用分离，加快民营胶园道路建设。提高橡胶种苗繁育基地准入门槛，认定和管理一批优质种苗生产基地，推动生产经营主体与育苗基地签订供苗协议，构建质量追溯体系。

（4）强化科技支撑

种业、割胶、质量一致性是制约海南省天然橡胶产业的三个关键环节。

种质资源是种业创新的基础，应充分利用全球动植物种质资源引进中转基地，在全球范围内收集橡胶树及其他产胶植物资源，将海南建设成为全球天然橡胶种质资源创新中心。在生物育种技术、割胶自动化装备、天然橡胶高性能化等方面，通过“揭榜挂帅”、科技专项等方式，集中力量，争取尽快实现突破性进展，破解产业发展的“瓶颈”。加大人才培养力度，推动高等院校加强橡胶作物学、材料学等学科建设，打造专业化科技人才队伍。完善天然橡胶产业技术推广体系。

专栏5　生产能力提升行动

1. 完善现代经营体系。培育专业合作社等新型经营主体，增强龙头企业联农带农的能力。在白沙、儋州两大橡胶主产市县试点橡胶生产性社会化服务，逐步扩大社会化服务试点范围，推动橡胶生产社会化服务体系建设。

2. 胶园分类建设。以《海南省天然橡胶产业发展规划（2019—2025）》所划定核心胶园为重点，建设高标准胶园600万亩左右。建设环境友好型生态胶园200万亩左右，增加胶园生态多样性，构建以橡胶树为主的复合农林生态系统。

3. 老龄低产胶园改造。按照每年更新15万亩的进度对全省老龄低产胶园进行更新改造，做好更新胶园土壤肥力提升工作，力争优良新品种覆盖率达到100%，推广高产配套生产技术。

4. 胶园基础设施建设。按照特种胶园、高标准胶园、生态胶园和其他胶园的顺序逐步推进胶园道路建设。按每年800公里推进胶园道路建设，到2030年实现全省天然橡胶生产保护区胶园道路全覆盖。

14.5　保障措施

14.5.1　加强组织协调

省政府成立海南省推动橡胶产业发展领导小组，由省领导担任组长，办公室设在省发展改革委，负责制定年度任务清单和工作台账，明确任务分工，统筹研究解决规划实施过程中的重要问题，推进各项任务的组织落实、跟踪调度、检查评估。建立专家咨询委员会，组织全产业链各环节大型企业、行业协会、科研院所、高等院校、咨询公司等机构提供发展战略、技术创新等方面的咨询服务。协调推动天然橡胶全产业链发展所需的各类项目建设用地指标及胶园更新的林木采伐指标，简化审批手续。

14.5.2　加强招商引资

充分调动和发挥省内龙头企业的引领作用，加大省级部门、市县开展重大项目招商引资力度，精准引进国内外头部企业和独角兽企业，孵化培育科技型初创企业。支持国内大型橡胶制品企业联合在海南设立企业实体，开展混炼、仓储等业务。鼓励省内初加工企业加强与国内外大型橡胶制品企业合作，成为稳定的供应商，在长期供应中提升产品品质，增强海南省天然橡胶在高端制品中的使用率。统筹现有海南自由贸易港产业优惠和产业高质量发展奖补政策等，优化园区营商环境，从要素保障、科技支撑等方面，完善园区用水、用电、用地、用工、环保等配套支持政策，统筹全省排放、能耗等指标，为企业充分利用自由贸易港政策、RCEP 规则等提供“店小二”式服务。

14.5.3　完善扶持政策

建立健全中央与地方财政事权和支出责任相匹配的投入保障机制。种植端以常规补贴为主，最大限度地争取中央财政支持。初加工、复合材料、制品端以奖补、优惠税率、低息贷款等为主，支持资金由地方财政保障。企业境外投资以贴息直接投资、资本金注入等支持方式为主，便利化境外投资项目审批、运保费补贴、贷款贴息优惠政策申请等手续。降低企业用地、用电、用水、用能等生产要素成本，吸引天然橡胶新材料、高端橡胶制品企业来海南投资，在排放、能耗、人才等指标上给予适当倾斜。资规、财政、工信、林业、金融等相关部门落实土地、财税等支持政策，优先保障重大项目和重大科研平台等的用地需求。人才、人社、教育、科技、农业农村等部门加大高端人才引进和培养力度，加强天然橡胶学科建设和人才培养，夯实人才建设基础。市场监管、知识产权、科技等部门加强种苗、肥料、初级产品等生产要素和产品市场管理，强化知识产权保护。

14.5.4　强化项目支撑

坚持以项目落实规划，压实各市县促进天然橡胶全链条化发展的责任，尤其是儋州、海口、白沙、琼中、屯昌、琼海、昌江等市县政府，在橡胶混炼、高端橡胶制品、高性能胶、仓储展示、初加工技术改造、胶园生产能力等方面，谋划一批重大项目，建立项目库，确保在库项目数不少于10个。加大中央财政、省及市县财政、海南农垦控股集团投资的统筹力度，优化支出和投资结构，地方财政优先保障下游产业投资。细化重点项目，落实前期工作经费保障，提高前期工作质量。加强对重点项目的跟踪管理和协调服务，推进项目顺利实施。

第四篇

海南省天然橡胶产业发展研究专题

海南是国内三大橡胶产区之一，省委省政府责无旁贷地承担起推动天然橡胶产业发展的义务，冯飞书记多次对天然橡胶产业作出批示，厘清了目标，明晰了思路，提出了对策。2023年，省委将“持续深化海南农垦改革、推进农垦高质量发展”作为主题教育重要调研课题，由冯飞书记牵头，成立了6个专题调研组，其中包括橡胶产业发展专题组。根据海南省政府工作安排（关于转办《橡胶产业发展专题调研工作方案》的公文处理单），橡胶产业发展专题组分设了种植现状、品种资源、胶园更新、采收装备、林下经济、产品品质、合成橡胶替代、下游产业、生产成本与补贴政策、国际贸易与定价机制、税收政策11个专题，涉及方方面面。

作者所在单位积极开展调查研究和分析工作，牵头完成4个研究项目——“海南省天然橡胶种质资源及种苗培育研究”“天然橡胶进出口及定价机制研究”“天然橡胶税收政策研究”“天然橡胶替代问题研究”；协助完成农业农村厅承担的4个研究项目——“海南省天然橡胶种植现状”“海南省胶园更新现状计划”“海南省天然橡胶成本分析和补贴政策研究”“天然橡胶林下经济发展问题”；协助完成发展改革委负责的“天然橡胶下游产业化市场化研究”；同时，对海垦集团承担的2个专题——“海南省天然橡胶原料及初加工产品品质提升”“海南省天然橡胶采收工作可持续发展问题”开展了研究。这些成果为撰写专题调研报告、出台政策文件提供了基础支撑作用。

本书将作者团队研究列入本书，供读者参考，接下来第15~25章分别是11个专题的研究报告，文中按照产业链的顺序调整了专题顺序。需要说明的是，这里的研究报告不是提交省政府的最终稿，对不适宜公开的数据和表述进行了调整，对前文已有的论述或建议作了简化处理。

第 15 章

海南省天然橡胶种植现状分析

国内有海南、云南和广东三大天然橡胶产区，2022 年末海南天然橡胶实有面积 777.9 万亩（其中农垦 327.5 万亩，地方 450.4 万亩），产量 31.5 万吨（其中农垦 14.5 万吨，民营 17.0 万吨），面积、产量占全国的比重分别为 45.9%、36.5%。云南天然橡胶面积、产量占全国的比重分别为 49.9%、61.5%，单产水平明显优于海南和广东。整体而言，海南省胶园中老龄胶园占比偏高，单产水平持续下降。

15.1 天然橡胶产业发展概况

天然橡胶种植区域主要分布在热带国家。橡胶树原产于巴西亚马孙河流域马拉岳西部地区，现主要分布在亚洲、非洲、大洋洲、拉丁美洲南纬 10 度至北纬 15 度之间的热带地区。2022 年，全球约有 64 个国家种植橡胶，种植面积共 23958 万亩。

全球天然橡胶产能集中在亚洲。2022 年全球天然橡胶产量 1460.9 万吨，基本集中在亚洲，产量占比达 87%，非洲和美洲相对较少，产量占比分别为 10%和 3%。泰国、印度尼西亚、越南、科特迪瓦、印度、中国是全球前六大天然橡胶生产国，为全球提供了 83.7%的天然橡胶。

中国属于非传统植胶国家。橡胶树属于多年生热带高大乔木，受自然条件限制，我国橡胶种植区域主要分布在云南、海南和广东，福建、广西曾经种植过橡胶，但由于气候环境不适应，基本被淘汰。福建最近一次报告产量是在 2006 年，广西 2019 年产量为 10 吨，此后再无产量报告。

海南省是中国第二大天然橡胶生产基地。2022 年，全国橡胶种植面积 1695.0 万亩，其中云南 845.1 万亩、海南 777.9 万亩、广东 70.7 万亩，其他地区 1.3 万亩；全国干胶产量 86.2 万吨，其中云南 53.0 万吨、海南 31.5 万吨、广东 1.7 万吨。海南种植面积和产量占全国的比重分别为 45.9%和 36.5%，位居全国第二。

天然橡胶是海南热带农业的主导产业。海南是中国唯一的热带省份，全省 18 个市县均可种植橡胶，2022 年种植面积占国土面积的 14.5%，占热带作物面积的68.4%。西双版纳是云南省橡胶主产区，面积和产量占云南橡胶总面积、总产量的比重分别为53.6%、65.8%，普洱、临沧、红河、德宏有少量种植，但云南橡胶种植面积仅占其全省土地面积的1.4%。

15.2 海南省发展橡胶种植业的优劣势

15.2.1 优势

一是气候资源优势。海南省是全国优势植胶区，年平均降水量约1640毫米，大部分地区年平均气温在22.5~25.6℃，均高于云南和广东，低温寒害较少。低温会对橡胶树造成严重伤害，海南三亚、陵水、保亭、乐东等南部县市的气候优势较为明显。

二是规模优势。2022年末，全省橡胶种植面积少于云南，但远超过广东。全国种植面积达到50万亩以上的市县共9个，其中6个位于海南。海南种植规模比柬埔寨、菲律宾、老挝、斯里兰卡等要大，产量略低于柬埔寨，略高于缅甸。

三是组织优势。海胶集团是全球种植基地最大的天然橡胶企业，具有明显优势。

四是技术优势。中国热带农业科学院在产胶生物学、高效栽培割胶技术、初加工技术、特种胶研发等方面，接近国际领先水平，“橡胶树在北纬18~24度大面积种植技术”“国外橡胶树优良品种引种与利用研究”“中国橡胶树主栽区割胶技术体系改进及应用”三个获国家奖的技术推动了产业的三次飞跃。海南建设有国家种质资源圃，收集保存资源6190份，构建了较为完善的橡胶树种质资源保存体系，创立了橡胶树高效育种程序，将橡胶树育种周期由41年缩短至27年，还开发了多款电动胶刀、试验了自动割胶机、建立了低频割胶技术体系、实现了组培苗工厂化生产、集成了轻简化高效栽培技术、研制了飞防飞控无人机。相比之下，云南仅有农垦三个科研单位从事天然橡胶研究，仅限于抗寒育种和高海拔种植技术；广东天然橡胶种植环节的科研力量相对较弱，主要集中在制品领域。受限于经济发展水平，除马来西亚外，绝大部分橡胶种植国家的研发投入有限，而柬埔寨、老挝、缅甸等是海南天然橡胶技术输出的主要目的地。由此可知，海南在橡胶种植环节的技术和标准体系上具有显著的比较优势。

五是政策优势。海南省试点实施了天然橡胶价格（收入）保险保费补贴政策，较好地稳定了胶农收入，促进胶企增效，而云南和广东均未实施。

15.2.2　劣势

一是风害侵袭多。橡胶树易折断，喜静风，而海南省处于台风区，成龄胶园平均每亩有效株数约 22 株，低于西双版纳的 28 株左右。马来西亚、泰国南部等优势产区，长年高温高湿，没有冬季，风害也少，与之相比，海南整体明显处于劣势。但相较于印度尼西亚采用丛林橡胶模式，海南受益于规范栽培技术，弥补了气候因子导致的不足，单产水平与印度尼西亚相当。

二是种植基地综合生产能力较低。肥料投入明显减少，土壤地力下降，全省胶园开割率接近 75%，老龄胶园面积大、占比高，还有一定面积的低产低质的低龄胶园，实有面积逐年减少。马来西亚天然橡胶研究起步早，培育的品种多，能够很好地适应不同类型种植园的需求。同时，马来西亚将橡胶园作为实木锯材的重要来源，橡胶木是马来西亚天然橡胶全产业链的三大支柱之一，该国大力鼓励更新定植，其开割率仅为 35.2%。而海南省橡胶种植户可选择的品种偏少，橡胶木产业以供给原木为主，木制品少，未能充分发挥橡胶园的林业特性。

三是劳动力成本偏高。当前海南农村地区农业用工每天约 150 元，即使每月按 22.5 个工作日计算，月工资仍达 3375 元，相当于曼谷及周边普通工人工资，明显高于马来西亚农场工人每月约 2600 元的工资，明显高于缅甸、柬埔寨和越南工人工资。马来西亚和泰国产区有不少来自缅甸、孟加拉国等低收入国家的外籍劳工，帮助当地胶园经营者降低了生产成本。

四是新技术新模式应用不足。民营胶园普遍实行“两天一刀”割制，白沙县 2022 年每个割胶工产量不足 1.5 吨，而广东农垦国有农场全面采用“6 天 1 刀”或“7 天 1 刀”的超低频割制，胶工人均产量超 5 吨，直接成本控制在 1.15 万元/吨以内，完全生产成本在 1.4 万元/吨以内。马来西亚是天然橡胶研究体系最为完整的国家，收集保存的种质资源数量全球最多，育种目标多元化，选育了 RRIM 系列品种，研发了多款电动胶刀和自动割胶机，最早创立标准胶加工技术体系。欧盟、美国和日本在天然橡胶分子生物学、基因组学、胶乳生理学、加工工艺以及高端橡胶制品等方面也颇有建树，联合东南亚国家开展了一系列研究。当前，种业资源开发利用和机械化采胶是制约海南省及全球橡胶种植业的关键，在琼科研单位虽然在多个领域处于或接近世界先进水平，但科研基础设施发展相对滞后，尤其是大科学装置。

15.3 海南省胶园面积核定与树龄结构分析

15.3.1 胶园面积核定

关于胶园面积，统计部门数据小于资规部门和农业农村部门。准确掌握橡胶实有种植面积是海南省服务国家战略红线的前提条件，是实现天然橡胶产业“一张图”管理的基础保障。当前，海南省橡胶种植面积存在数出多门的情况。2022年统计部门数据显示，全省橡胶种植面积为777.9万亩，省自然资源和规划厅第三次全国土地调查（以下简称“三调”）测定胶园面积为1086.0万亩，农业农村厅实际划定的天然橡胶保护区面积则为840万亩。与统计部门相比，省自然资源和规划厅、农业农村厅数据分别多308.1万亩和62.1万亩，差异率为28.4%和7.4%。

统计口径、范围、采集手段和计算方法均可能导致数据差异。统计部门按照实际种植面积统计，对无连片面积的橡胶树采取以株折亩的方式，混种、套种的胶园按各品种种植比例计算。而自然资源和规划部门按照土地利用现状分类标准，将最小400平方米以种植橡胶为主的地块划定为橡胶园，其中包含了内部道路、厂房等基础设施面积，导致胶园面积数据偏大。

统计部门数据更趋近于实际种植面积。针对海南省胶园面积数据差异问题，省统计局对2021年全省天然橡胶种植面积进行了核查，核实橡胶种植面积760.9万亩，与2020年所报种植面积778.8万亩相差17.9万亩，更新砍伐、灾害损坏、承租种植、林场漏统、瞒报漏报等是造成数据差异的主要原因，但差异率为-2.3%，处于相对合理范围内。

15.3.2 树龄结构分析

树龄结构总体处于相对旺产期。树龄结构是天然橡胶生产潜力评价的重要指标，合理的树龄结构是实现“稳产保供”和产业可持续发展的重要保障。按照橡胶树产胶规律，可将达到开割标准的橡胶树划分为初产期（8~12年树龄）、旺产期（13~32年树龄）和降产衰老期（33年及以上树龄）。据海南省农业农村厅的数据，1990年及以前种植的橡胶树基本进入衰老期，达到更新标准，胶园面积196.3万亩，占比25.2%。1991—2010年种植的胶园处于产胶能力旺盛期，累计种植 389.1 万亩，占比 50.0%，其中农垦 145.3 万亩，民营企业 243.8 万亩。2011—2015 年种植的胶园处于从低产向高产过渡阶段，产胶能力逐步提升，胶园面积 140.8 万亩，占比 18.1%，其中农垦 37.7 万亩，民营企业 103.1 万亩。2016 年以后种植的胶园尚处于非生产期，全省约有 51.7 万亩，占总面积的 6.6%。总体来看，民营胶园大多处于旺产阶段，农垦胶园更新压力相对较大，目前，树龄结构仍处于相对旺产期，但未来 10~20 年内，如果更新速度不及橡胶树衰老的速度，全省天然橡胶生产能力将明显降低。

15.4　基于微观调查的海南民营胶园现状分析

2013 年以来，中国热带农业科学院橡胶研究所 4 次组织科研团队对海南省主要橡胶种植市县的民营胶园进行农户问卷调查，2013 年调查 294 户，有效问卷 289 份；2016 年调查 273 户，有效问卷 261 份；2019 年调查 303 户，有效问卷 300 份；2023 年调查 315 户，有效问卷 312 份。调查地点主要覆盖儋州、白沙、琼中、屯昌、万宁、琼海、澄迈、临高等市县。2023 年共收集到 937 片胶园地块面积、橡胶树品种和种植年份等信息。

15.4.1　海南民营胶园面积变化情况

根据受访农户反馈的胶园地块面积、数量和各地块橡胶树种植年份等信息，基于 2023 年抽样调查的海南民营橡胶园发展历程如图 15-1 所示。可以看出，受访农户橡胶园面积分布与《海南统计年鉴》公布的民营胶园当年更新面积变化趋势基本吻合。1980 年以前海南几乎没有民营胶园，以国有胶园为主。1980 年以后靠近国有农场的农户开始种植橡胶树，随后逐步扩大。与海南省统计数据略有差异的是海南民营胶园大面积扩张集中在 2003—2015 年，样本农户大面积种植橡胶则几乎从 1995 年就开始了，2008 年后样本农户每年新定植胶园面积占比开始持续减少。

15.4.2　海南民营胶园树龄结构

基于 2013—2023 年 4 次农户调查数据，海南民营胶园树龄结构变化情况如图 15-2 所示。受天然橡胶收购价格及可种植橡胶树的土地资源影响，橡胶树树龄老化趋势十分明显。近年来，海南民营胶园更新面积大幅减少，造成 8 年及以下树龄胶园面积占比持续减少。样本农户中，2013 年 8 年及以下树龄

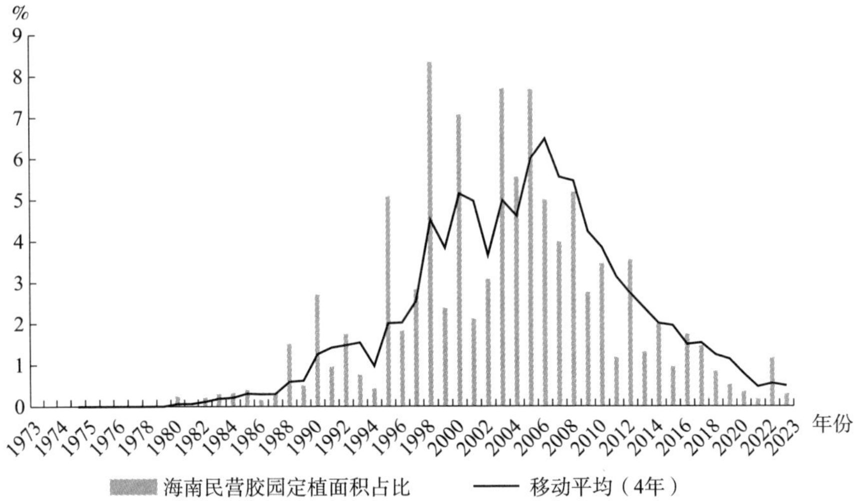

图 15-1 基于 2023 年抽样调查的海南民营橡胶园发展历程

数据来源：2023 年中国热带农业科学院橡胶研究所农户调查数据。

胶园面积占比达 37%，而 2023 年该树龄段胶园面积占比仅为 7%。9~15 年树龄胶园面积整体也呈下降趋势，16~25 年树龄胶园面积占比则持续增加，26~33 年树龄胶园面积占比基本不变，33 年以上树龄胶园面积占比虽然较小，但也呈上升趋势。

2013 年样本农户中 8 年及以下树龄胶园面积占比最大，2016 年则是 9~15 年树龄胶园面积占比最大，2019 年和 2023 年则是 16~25 年树龄胶园面积占比最大。可见样本农户胶园面积变化情况在较大程度上能够代表海南省民营胶园整体树龄结构的变化趋势，胶园老龄化情况越来越突出。

15.4.3 海南民营胶园品种结构

根据 4 次农户调查数据整理的海南省民营胶园主栽品种结构变化情况如图 15-3 所示。RRIM600、PR107、热研 73397 和大丰 95 是海南民营胶园橡胶树主要种植品种，其中 RRIM600 和 PR107 是国外引进品种，热研 73397 和大丰 95 是自主选育的优良品种。在 1995 年以前，前两者为我国橡胶主要种植品种，1995 年以后热研 73397 大面积推广，在新定植胶园中占比逐步增加。根据连续 4 次农户调查数据，近 10 年来 RRIM600 在主栽品种中占比逐步减少，2023 年已经不足 10%；PR107 占比总体比较稳定，在 25%左右；热研 73397 占比最高，在 40%以上，2023 年甚至超过 50%；大丰 95 占比逐步减少，2019 年和 2023 年调研显示其占比均不足 10%。

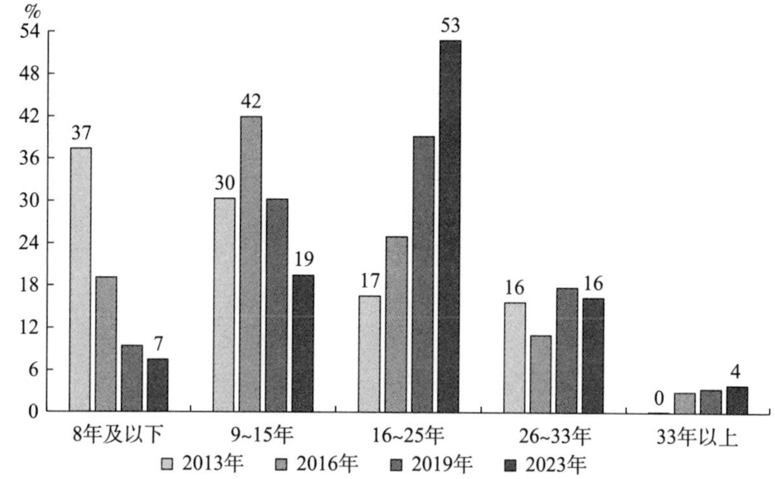

图 15-2　海南省民营胶园的树龄结构变化

数据来源：中国热带农业科学院橡胶研究所农户调查数据。

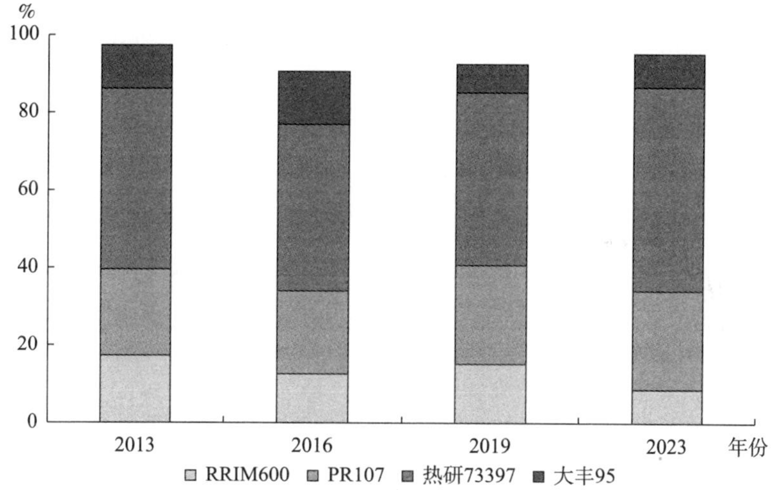

图 15-3　海南省民营胶园的主栽品种结构

数据来源：中国热带农业科学院橡胶研究所农户调查数据。

15.5　海南省天然橡胶产业发展存在的问题

一是老残低产胶园占比偏高。橡胶树的经济周期在 33 年左右，而海南省 1990 年及以前种植（33 年及以上树龄）胶园面积占比较大，达到 25.2%，其中农垦 110 万亩，占比 56%，民营企业 86.3 万亩，占比 44%。2014 年以来，天然橡胶价格持续低迷，胶园生产投入有所减少，土壤地力有所下降，台风、病虫害等因素也导致胶园生产能力下滑。据估计，全省有低产胶园 40 万亩，合计有近 240 万亩胶园亟待更新。

二是弃割、弃管现象仍有发生。2014 年，海南省天然橡胶产业首次出现弃管现象，胶价下跌导致胶农生产性投入减少，当年约有 10%的胶园未进行橡胶树冬春管理，2015 年，该比例上升到 20%左右。弃割现象自 2014 年起逐年加剧。国家统计局海南调查总队于 2016 年对海南省 144 户胶农进行调查，有 37.5%的胶农没有进行冬春管理，49.3%的胶农有弃割情况。2018 年实施天然橡胶价格（收入）保险以来，弃管、弃割现象下降约 10%，但情况并未得到显著改善，2022 年，弃割、弃管比例仍高达将近 20%。

三是民营胶园存在“小、散、弱、低”等问题。民营胶园是海南省天然橡胶生产的主力军，2022 年全省民营胶园面积 450.5 万亩，占比 57.9%，但种植规模普遍偏小，且布局分散，无法形成规模经济。根据中国热带农业科学院橡胶研究所 2019 年抽样调查数据，海南省户均橡胶种植面积为 17.2 亩，而云南产区户均面积为 36.3 亩。种植主体的抵御市场风险能力较弱，尤其是 2014 年以来价格持续低迷以及劳动力、农资等成本上升，种植主体遭受价格与成本的双重挤压，收入水平相对较低，产业比较效益低下。

15.6 建议

一是加快老残低产胶园更新改造。依托天然橡胶良种良法补贴等相关政策，积极开展老龄胶园更新工作，按照胶园的功能性，有序推进高标准胶园、生态胶园、特种胶园建设，夯实产业发展基础，完善天然橡胶生产保护区建设。加快低产低质胶园更新改造，因地制宜发展林下种植，推广宽行窄株种植模式及与之匹配的橡胶树品种，推进“林—药、林—果、林—菌、林—花、林—蔬、林—苗、林—粮、林—禽、林—畜、林—蚯”等经营模式，“以短养长、一地多收”，提升胶园的综合效益。

二是推动橡胶园土地经营权流转。全面落实橡胶园地确权颁证工作，完善胶园土地流转的产权标的。试点橡胶树资源资产化，探索土地互换、反租倒包、土地股份合作制、“土地银行+土地超市”等流转模式和收益分配机制，提高胶园土地流转的可行性。健全胶园土地流转市场和产权交易机制，开发“林地流转”“转地不转林”“转林不转地”的交易模式，鼓励流转双方签订规范的流转合同，明确双方的权利义务。针对橡胶树长期性资产的特性，鼓励金融、保险机构开发橡胶园承包经营权流转履约保证保险等多种形式保险服务。

三是构建具有产业特色的社会化服务体系。充分发挥国有农场、科研院所、生产性服务企业、专业合作社等组织机构优势，集成与推广应用高效割胶、测土配方施肥、病虫害综合防治等先进适用技术，培育新型社会化割胶队伍和服务主体，建设集统防统治、统供统施、统测统配、统割统销为一体的生产社会化服务体系，推动橡胶产业专业化、标准化、集约化发展。创新服务补贴机制，参照水稻等粮食作物保姆式生产全程托管、机械化服务式生产全程托管、土地入股分红等模式的补贴标准，设计具有产业特色的生产关键环节托管服务补贴标准。

第 16 章

天然橡胶种质资源、品种与种苗调查分析①

目前，我国橡胶树种质资源保存数量仅次于马来西亚，针对海南产区特点，选育了多个品种并推广应用；同时，设置了其他产胶植物种质资源圃，建设了全球第一座组培苗生产工厂。当前，种质资源还无法很好地满足多元化育种需求，如适合宽行窄株的直立型品种、适合细分领域用胶需求的品种等新品种应用面积小，种苗供应能力受价格长期低迷影响，产能严重萎缩，仍在恢复之中。

16.1 种质资源与种苗培育现状

16.1.1 种质资源与品种选育

依托作者所在单位——中国热带农业科学院橡胶研究所（简称橡胶所）建立的国家橡胶树种质资源圃位于儋州市，占地 540 亩（其中保存苗圃 140 亩，大田鉴定圃 400 亩），是国内最大的橡胶树种质资源圃，保存橡胶树品种资源 6190 份，包括了橡胶树属的 5 个种、1 个变种，保存总量居世界前列。我国收集和保存橡胶树种质资源，除了想要提升产量以外，较多关注适宜我国植胶环境特点的抗风、抗寒等资源，通过保存苗圃和大田鉴定圃相结合，开展生长、产量、抗寒、抗风、抗病等农艺性状的鉴定。另外，其他产胶植物种质圃已收集到包含橡胶草、杜仲、海南鹿角藤等产胶作物 20 余种，其中橡胶草种质资源 600 余份，居国内领先水平。其他植物生产的天然橡胶材料具有特殊性，比如来自橡胶草的弹性体玻璃化温度更低，杜仲橡胶是反式聚异戊二烯，可降低飞机轮胎爆裂的风险。橡胶所拓展了胶乳特性和品质方面的鉴定内容，获得了国际上已报道的最完整的橡胶树基因组图谱，牵头完成“国际橡胶树基因组数据中心”建设，在天然橡胶分子生物学研究领域处于国际领先地位。

---

① 中国热带农业科学院橡胶研究所新品种培育、种苗培育、组培与转基因等团队为本章提供了基础材料。

橡胶所品种选育技术力量在国际上处于领先地位。由于植胶环境相对不具备优势，我国天然橡胶育种目标需要在充分考虑品种抗风、抗寒、抗旱等特性的基础上，追求高产、优质、胶木兼优等特性，产量目标尤为突出。东南亚主产国因为地理位置优势，不需要考虑品种抗性特征。马来西亚在育苗方面更具优势，成功选育了 RRIM2000、RRIM3000 系列高产、优质品种（见表 16-1），但其选育的大部分新品种难以适应我国植胶环境，表现不佳甚至无法成活。2022 年，PR107、RRIM600 和热研 73397 3 个品种种植面积占海南省的 95.5%，分别种植 276.7 万亩（占比 35.6%）、210.0 万亩（占比 27.0%）和 255.8 万亩（占比 32.9%），前两个品种是从国外引进的优良品种，热研 73397 是我国自主选育的优良品种，在民营胶园中的占比约为 50%；另外两个自主选育的优良品种大丰 95（占比 1.1%）和热研 917（占比 0.8%）种植面积均较小。

表 16-1　橡胶树品种选育的国际比较

机构名称	主要研究成果	成果在国际中的地位
印度橡胶研究所（RRII）	RRII 400 系列品种	并跑；研究基础好
马来西亚橡胶局（MRB）	RRIM2000、RRIM3000 系列	并跑；研发起步早，成果多，但后劲不足
泰国橡胶研究所（RRIT）	RRIT 200、RRIT400 系列品种	跟跑
印度尼西亚橡胶研究所（IRRI）	IRR100~300 系列	并跑
越南橡胶研究所（RRIV）	RRIV 100 系列	跟跑

注：中国热带农业科学院橡胶研究所新品种培育团队整理。

16.1.2　天然橡胶种苗培育现状

按育苗技术划分，橡胶树种苗以运用芽接技术培育的芽接苗为主，以运用组培技术培育的组培苗为辅；根据砧木大小，芽接技术分为以培育 1~2 年左右的橡胶树实生苗为砧木的常规芽接技术，以 10 天大小橡胶树实生苗籽苗为砧木的籽苗芽接技术，主要应用于广东、云南。海南省在橡胶树籽苗芽接技术方面的研发成果世界领先，但受天气影响，海南生产上的主推技术不是籽苗芽接技术，而是常规芽接技术。海南省橡胶树组培苗规模化繁育技术也处于世界领先地位，在儋州建成了全球首个橡胶树组培苗规模化繁育工厂。

海胶集团是海南省天然橡胶生产龙头企业，也是开展橡胶种苗繁育的主要企业。海胶集团拥有 7 个橡胶种苗繁育基地，总面积达 3600 余亩，分布在澄迈、儋州、白沙、乐东、万宁、琼中 6 个市县，年生产种苗能力约 500 万株。橡胶所具备常规芽接苗和组培苗生产能力，拥有两个种苗生产基地，年种苗生产能力约 300 万株。橡胶树良种苗木繁育基地核心区面积约 300 亩，天然橡胶新型种植材料创新基地占地 30 余亩，有近 3000 平方米的现代化洁净组培创新大楼 1 座，组培苗品种均为热研 73397，常规芽接苗以热研 73397、热研 917、热垦 628 等自主选育的优良品种为主；苗木类型包括橡胶树小筒苗、袋育苗、大型苗等，以袋育苗为主。民营橡胶苗木生产基地主要分布在儋州、琼海、临高、白沙等地，整体生产能力约为 350 万株，生产基地普遍存在生产规模小、技术不规范、芽条和砧木质量较差等问题，部分基地没有芽条增殖圃。综上所述，海南省天然橡胶种苗的最大生产能力约 1150 万株，其中组培苗生产 100 万株，2023 年各类种苗实际生产量约 480 万株。

16.2 存在的主要问题

一是种质资源育种支撑能力弱。由于资源收集质量不高，鉴定评价尤其是精准评价工作滞后，优异资源的挖掘和支撑育种的能力还较弱。早期胶乳特性与后期加工性能间的关系尚未厘清，无法确定胶乳特性指标及建立其分级体系，以产品品质为方向的育种工作尚未全面开展。胶乳获取必须等待橡胶树成龄，且需要足够的数量，占地大，目前进入大田圃的资源仅有约 10%可供开展鉴定。

二是品种结构老化问题突出。海南省橡胶树主栽品种中，PR107、RRIM600 是 20 世纪二三十年代从印度尼西亚、马来西亚引进的优良品种，核心性状指标已明显落后，但保有面积仍在 60%以上，除热研 73397 外，其他新品种占比极低，显著制约了产业竞争力的提升。虽然热研 917、热垦 628 等优良新品种推广力度在加大，但整体推广进度仍然较慢。

三是有特定用途的品种少。首先，长期以来，我国橡胶树品种选育以高产和高抗逆性为主要目标，对天然橡胶质量形成机理的知识储备不足，特种天然橡胶的品种培育仍在起步阶段。其次，宜机化品种缺乏，缺少适配于电动割胶等机械使用的品种。最后，适合于宽行窄株、胶木兼优等品种少，当前选用热垦 628 等作为全周期间作胶园的树种，但效果仍未达到最佳。

四是种苗供应能力不足。目前海南省 33 年及以上树龄胶园占比 25. 2%，要提升胶园生产能力，亟须加大胶园更新力度，而 2016 年以来，年均更新定植面积都不足 10 万亩。要维持胶园生产能力，每年约需更新 20 万亩，与之配套则每年需要约 800 万株橡胶种苗。

五是品种知识产权保护力度弱。橡胶树新品种知识产权保护工作处于起步阶段。部分品种获得了新品种保护权和品种登记，但在生产实践方面仍然缺乏有效的知识产权保护手段。橡胶树作为高大乔木，品种繁育主要通过枝条芽接进行，相比通过种子繁殖的作物，需要更加有力和复杂的知识产权保护机制。据初步估算，多个自主选育的橡胶树新品种已获得较大面积的推广应用，但育种机构几乎无法从中获取收益，品种保护的工作与执法维权机制均缺乏。

16.3　待解决的关键技术

一是突破性种质资源的创制筛选。橡胶树栽培种质遗传基础非常狭窄，基因源自十几株魏克汉种质，对 PR107、RRIM600 等骨干亲本的挖掘利用已基本完成，急需重返亚马孙河流域引进新种质，应用多组学手段筛选新种质，以生物育种创制新种质，为新品种选育提供材料基础。海南橡胶树杂交授粉的坐果率仅在 1.5%左右，且人工杂交授粉效率低，因此获得的杂交后代有限，筛选优良品种受限，亟待建立种子园或突破介质授粉等技术，获得大量子一代，扩大选择群体。

二是品种全基因组选择育种技术。基于表型的品种选育效率较低，准确性不高，亟待通过高通量、全基因组选择技术提高育种效率。需开展特种胶种质资源精准鉴定，结合基因组学和重测序等多组学手段，挖掘形成特种天然橡胶的主要农艺性状关联位点；构建橡胶树特种天然橡胶的分子设计育种技术，筛选创制适应我国植胶区特点的特种天然橡胶种质资源，推动天然橡胶种植提质增效。

三是橡胶树多品种体胚苗规模化繁育技术。不同的植胶环境需种植不同的品种，单一的热研 73397 不能满足品种的多元化需求，需开发生产上主栽品种和潜力品种的初生体胚高效诱导和次生体胚高效反应技术，实现组培苗品种全覆盖。研发超声波等促进体胚发育的方式，以及次生体胚诱导能力和技术、体胚同步发育技术，促使体胚高效萌发、成苗；发掘促使橡胶树体细胞向胚性细胞转变、胚性细胞发育为成熟子叶胚的关键基因，研发体胚苗高效微繁技术；研发低成本培养基、育苗容器、一步驯化育苗技术；提高体胚苗繁育效率，建立更多主栽品种体胚苗规模化繁育技术，将低胚苗生产成本。

四是橡胶树根团苗培育技术。开展容器苗育苗基质配比筛选、橡胶树苗木根冠比及长势调控技术、橡胶树芽接苗芽条质量调控技术、橡胶树芽接苗优良砧木选择及砧穗关系等基础理论和技术研发。

五是育苗机械化技术。针对橡胶树育苗劳动密集、机械化程度低等问题，研发创新组培试管苗室内生产环节育苗设备，芽接苗从芽接至出圃育苗设备，提高育苗效率。

16.4 建议

一是加大对种质资源、品种选育推广的支持力度。橡胶种植资源与种苗培育是植胶业的起点，但整体上财政性项目支持强度低，橡胶育种周期长与项目执行需要短期快速见效矛盾突出，影响了育种的持续稳定性与产出成效。当前，海南省新品种推广示范类项目支持渠道少、经费少、竞争大、周期短，导致品种推广应用进度缓慢。建议加大中央财政对国外优异种质资源引进收集、种质资源安全保存及精准评价、品种选育及生物育种、新型种植材料培育的长期支持力度，国家重点研发计划等科技专项设立天然橡胶生物育种项目。推动国家天然橡胶产业技术体系增设橡胶树种质资源、其他产胶植物育种等岗位，构建品种试种推广体系。支持育种科研基础设施建设，扩建国家橡胶树种质资源圃、组培苗生产工厂，购置橡胶树大型表型鉴定装置等科研设备。

二是建立砧木种子园。橡胶树芽接苗和芽接繁育技术将是未来一段时间内橡胶树良种良苗基地的主流产品和生产技术，因此需要一定数量的橡胶树种子用作砧木，我国每年因橡胶树苗木培育需要的优良砧木种子 25 万~30 万千克，应建设砧木采种区，保障种子来源和质量，解决橡胶树砧木种子日渐短缺的问题，保障种苗繁育的基本需求。

三是完善种苗基地配套设施。加大育苗基地基础设施投资力度，支持基地更新改造设施设备，扩大基地规模，提高生产能力。支持组培苗生产能力提升，开展室内机械自动化育苗设备的创新研发与应用，建设智能温室、立体炼苗设施，提高组培苗生产效率，使组培苗生产不受季节限制，实现全年生产。配套完善供水、供电、道路以及育苗棚室等设施，建设一流的橡胶种苗繁育基地。

四是试点推动种苗订单生产模式。橡胶树种苗生产需 2 年时间，建立“政府+基地+企业（农户）”的订单式产销模式，增强基地生产的计划性，保证良种良苗的供应。苗木出圃时间与胶园更新时间的供需时间差是导致橡胶树良种良苗供应紧张的主要原因之一。生产计划性差也是目前基地苗木生产面临的主要实际困难。种苗进入大田定植需提前规划，涉及企业农户更新计划制定、种植时间、基地出圃时间等，需要各相关部门相互配合。

五是建立品种与种苗溯源体系。应用区块链等加密技术以及物联网、大数据和人工智能技术，建立从品种选育、种苗繁育、种苗流通到种植、收获的全链条溯源技术体系，逐步打造天然橡胶“数字种业”，实现品种知识产权和种苗质量的高效科学监管。在此基础上，保障育种机构在知识产权方面的合理收益。

第 17 章

海南省橡胶园更新现状和计划

2022 年，海南省 33 年及以上树龄胶园面积达 196.3 万亩，亟待更新。2022—2023 年，种苗供应不足严重制约海南省实施良种良法更新种植进程。2026—2035 年每年更新 33 万亩才能实现 2035 年老龄胶园全部更新，每年种苗需求量约 1300 万株（按 40 株/亩计算）。据估计，2023 年全省种苗供应量为 480 万株，其中，海胶集团供应 260 万株，中国热带农业科学院和民营橡胶苗木生产基地供应 220 万株。按 40 株/亩计算（含苗木损失），可更新种植面积 12 万亩。随着种苗生产关键基础设施的升级改造和育苗体系的逐步健全，供苗问题可以得到有效缓解。后续胶园更新改造过程中，一方面，采伐限额要与更新需求相匹配，提高更新采伐效率和灵活性；另一方面，需要积极推广新型种植模式，加强政策支持，提高胶园更新的积极性。

17.1 胶园更新标准

橡胶树的生命周期包括苗期、非生产抚管期、初产期、旺产期和衰退期。进入衰退期，橡胶产量逐渐下降，失去割胶生产的经济性，后期可进行强割，然后开始更新种植。根据《橡胶树栽培技术规程》（NY/T221—2016），胶园更新标准为：①常规胶园单位面积产量低于该类型区平均单产的 60%的低产胶园应予以更新；②有效割株少于 225 株/公顷（15 株/亩）的残旧胶园应予以更新；③达到或超过割胶年限，更新后可以明显提高生产效益，且符合区域内整体胶园更新计划的老龄胶园可以更新。

针对老龄残次胶园，海胶集团设置的更新标准更为具体：①树龄 30 周年以上，低产连片 100 亩以上；②受风害、寒害等影响，每亩正常树（有效割株）不足 10 株的；③亩产干胶产量较低，并连续 3 年呈下降趋势。划分标准为：一类型区亩产不足 45 千克，如儋州、白沙、临高；二类型区亩产不足 40 千克，如琼海、昌江、东方、琼中；三类型区亩产不足 35 千克，如屯昌、澄迈、定安、乐东、文昌；四类型区亩产不足 30 千克，如万宁、陵水、三亚、保亭、五指山。

根据橡胶树更新标准，33 年及以上树龄的橡胶树应被视为老龄橡胶树，需要更新。为确保天然橡胶综合生产能力，稳步推进橡胶树更新，需要制订可行的更新计划，做好品种布局，加大新品种和新型苗木利用水平，做好胶园抚管。

17.2 胶园更新的必要性分析

17.2.1 老龄胶园产出水平低

根据中国热带农业科学院试验监测热研 73397 生命周期产量数据（见图 17-1）可以比较直观地判断橡胶树生命周期内产量变化趋势。橡胶树种植后一般第 8 年开割，第 13~25 年达到高产期，第 33 年前后橡胶树产量开始低于第 8 年开割时的产量，随着时间推移，产量进一步下降。在橡胶树长达 30 多年的生命周期内，风害、病虫害、死皮等因素会导致单位面积内橡胶树有效割株减少，也会导致产量下滑。从经济效益角度考虑，33 年及以上树龄的橡胶树已经不适合继续经营，应及时更新，以便提升胶园整体生产能力，提高经济效益。

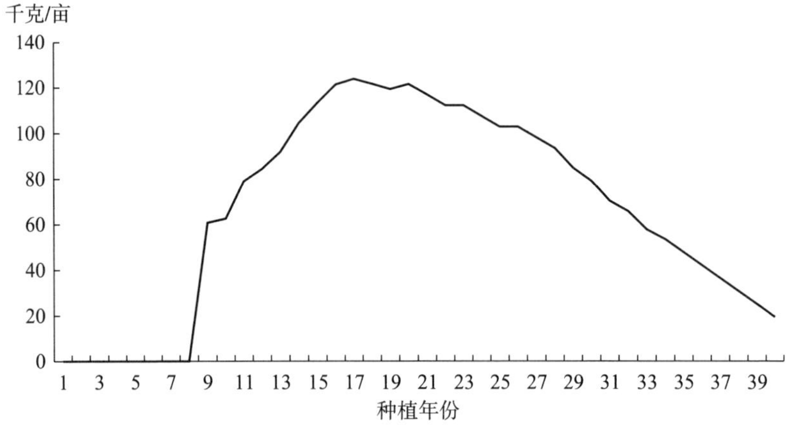

图 17-1 热研 73397 生命周期产量分布

数据来源：中国热带农业科学院橡胶研究所采胶团队试验观测数据。

17.2.2 老龄残次胶园占比偏大

2022 年，海南橡胶种植面积 777.9 万亩，1990 年及以前（33 年及以上树龄）种植的胶园 196.3 万亩，占总面积的 25.2%，其中农垦 110.0 万亩，民营 86.3 万亩，面积占比明显偏高。1991—2010 年橡胶定植面积逐年增加，期间累计种植 389.1 万亩，占比 50.0%，其中农垦 145.3 万亩，民营 243.8 万亩。2011 年以后定植面积逐年减少，2011—2022 年种植 192.5 万亩，占比

24.7%，其中农垦 72.2 万亩，民营 120.3 万亩。2016 年以后，每年更新定植面积减少，基本不超过 10 万亩（见图 17-2）。2016—2022 年全省橡胶累计种植面积仅 51.7 万亩，占总面积的 5.9%，平均每年更新 7.4 万亩，这部分胶园尚处于非生产期，未来 10~20 年内全省天然橡胶生产能力将明显降低。此外，因台风、病虫害等因素造成的低产低质胶园约 40 万亩。整体而言，全省有约 240 万亩胶园亟待更新，若按当前更新速度，老龄树更新不及时，2010 年以前大规模种植的橡胶树变成老龄树，老龄低产胶园的比重将进一步加大。如果更新不及时，海南省天然橡胶生产能力将持续降低。

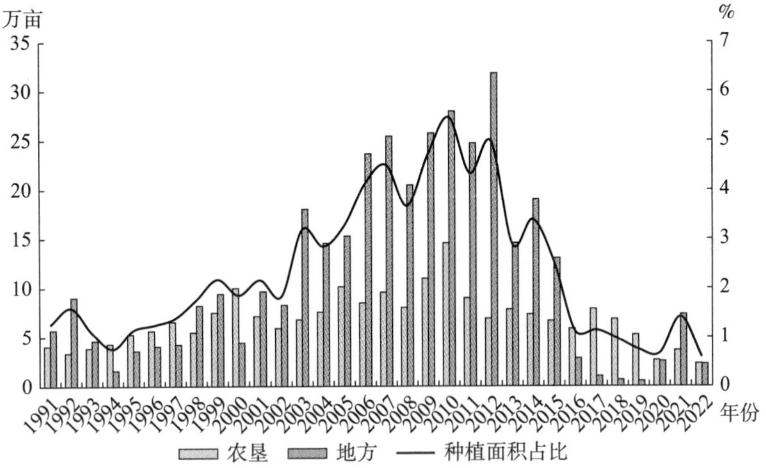

图 17-2　海南省历年橡胶树定植面积

数据来源：海南省统计局，农业农村部农垦局。

17.3　胶园更新面临的问题

17.3.1　种苗供应制约更新发展

一是种苗供应量制约。橡胶树育苗周期长，袋育苗周期约为 18 个月，组培苗周期约为 15 个月。现有种苗繁育基地设施设备老化，生产能力不足，2022 年种苗实际产量约为 150 万株，能够供应更新面积不足 5 万亩。海胶集团育苗基地种苗出圃量占全省的 75%以上，现有的 7 个橡胶树种苗繁育基地设施设备老化严重，育苗量短期内难以快速提升。当前橡胶树育种普遍以 GT1 种子繁育的幼苗作为砧木，海南省没有 GT1 采种基地，均从云南采购。由此可知，短期内影响育苗供应的关键是橡胶树种苗生产能力，育种材料的培育周期无法改变，种苗繁育基地基础设施建设也需要一定的时间；长期影响育苗供应的关键则是砧木种植材料的供给。

二是种苗质量制约。橡胶树生命周期长达 30 多年，种苗质量直接关系橡胶树生长速度和未来几十年胶乳产量。《橡胶树育苗技术规程》对芽条、种子来源和采集方式等都作出了明确要求，但橡胶树种苗芽接技术门槛较低，部分农户可以自己通过芽接方式育苗，由于育种材料把关不严，种苗质量不佳。在农户调查过程中，部分农户表示自己育苗长成的橡胶树产量参差不齐。在 2000—2015 年种苗供不应求的时期，部分民营种苗繁育基地以次充好，兜售劣质种苗，导致部分胶农损失惨重。因此，规范民营橡胶种苗基地建设，提升种苗质量也是保障橡胶园更新发展的关键。

17.3.2 新种植模式推广受阻

目前，胶园更新主要采用传统的种植模式，行距株距相对均匀，待 7 年左右橡胶树长大后遮蔽度大，不利于发展林下经济，影响胶园综合效益。中国热带农业科学院橡胶研究所主推的全周期间作模式，每亩种植橡胶树 28 株，同时还能在宽行种植其他作物，提升单位面积综合产出，且胶乳产量不会明显减少。该种植模式仅在海胶集团有小范围生产实践，面积约为 3 万亩；民营胶园还处于试点示范阶段，试点面积一般在 30 亩以上。要想在生产上达到规模效应，应在面积更大的连片胶园推广，但农户胶园规模小且散，户均种植不足 18 亩，且土地整合难度大，阻碍了全周期间作模式的推广。

17.3.3 胶农更新意愿不强

胶农不愿意更新，主要原因有三个：一是投资回收不匹配，天然橡胶价格持续多年低位运行，根据测算，胶农生产成本（含劳动力）约为 1.2 万元/吨，但 2022 年干胶售价仅有 1.1 万元/吨左右。成本收益倒挂降低了胶农对未来割胶收入的预期，且橡胶树更新投资回收期长，农户更希望改种“短平快”的作物，比如槟榔。二是劳动力供给不足，割胶生产劳动强度大，农村年轻劳动力不愿意从事割胶生产，现有劳动力老龄化趋势明显，年龄多在 50 岁以上，即便现在更新，未来也没人割胶。三是对政策缺乏认识，部分橡胶树达到更新标准，但由于胶农不知道如何办理采伐指标而推迟更新或不更新。2022 年海南省试点良种良法补贴，但知道该项政策的农户比例极小，使得政策未能发挥应有的激励效果。

17.3.4 采伐因素限制胶园更新

一是林木采伐许可证。橡胶树更新需要到林业部门办理林木采伐许可证，各市县每年有采伐限额，如果某一地区出现集中大面积更新，可能会受采伐限额指标影响，导致部分胶园无法及时更新。特别是在下游林木销售市场行情好的情况下，采伐指标对胶园更新的约束更为明显。2021 年以来，海垦集团每年采伐限额为 86 万立方米，占全省下达总林地定额的 21.4%，约合 11.6 万亩胶园。海垦集团下属的海胶集团基地分公司要向所在地林业主管部门申请林木采伐许可证，在申请过程中可能存在采伐限额指标人为控制的现象，前期指标少、年底指标多，造成不同年份指标挤占，影响更新进度。

二是林地坡度约束。《森林采伐作业规程》对皆伐（将伐区的林木一次全部伐除）面积限度做了规范，林地坡度大于 35 度不能采伐；坡度在 26~35 度时，采伐面积不超过 75 亩。1990—2011 年橡胶种植快速扩张期，民营胶园有一定比例种植在坡度大于 35 度的坡地。前期不规范种植一定程度上制约了胶园更新。

三是公益林约束。部分胶园被划为公益林，海胶集团目前公益林面积为 74 万亩，占其橡胶种植总面积的 29.6%，而公益林采伐限额比商品林严格，单次审批更新面积不超过 75 亩，集团每年可更新面积共 5000 余亩，影响胶园更新进度。采伐天然林 500 立方米以下须经省林业局批准，500 立方米以上则须由省林业局向国家林业局单报单批。

17.4　推动胶园更新的方案选择

按照常规，将树龄 33 年作为老龄树判断标准，不考虑历年所定植橡胶树面积的损耗，按照树龄依次更新，树龄大的胶园先更新。根据国有橡胶更新计划以及民营胶园更新趋势，2023—2025 年，海胶集团更新面积预计 24 万亩，除海胶集团以外，垦区还有 77.5 万亩胶园，按照每年更新 0.5 万亩计算；民营胶园按照 2016—2022 年更新的平均水平，每年更新 2.5 万亩。因此，2023—2025 年全省预计累计更新 33 万亩。接下来，在不寻求规模扩张的情况下，设置不同情境测算 2026—2035 年需要更新的胶园面积，并提出可行的更新计划。

方案一：老龄胶园全部更新需每年更新 33 万亩。

根据历年橡胶种植面积定植数据，到 2035 年时，2003 年及以前定植的橡胶树均成为老龄树，届时需要更新的胶园面积达到 363.1 万亩。按照前述安排，2023—2025 年累计更新 33 万亩，则仍有 330.1 万亩胶园需要更新。2026—2035 年的 10 年间，平均每年需要更新约 33 万亩胶园才能实现 2035 年全部老龄胶园更新的目标，其中民营胶园每年更新约 17 万亩，农垦胶园每年更新约 16 万亩。

方案二：老龄胶园占比10%以内需每年更新25万亩以上。

如果2035年33年及以上胶园面积控制在10%以内，则在2023—2025年更新基础上还需要更新252万亩胶园，2026—2035年平均每年需更新胶园25万亩以上，农垦胶园和民营胶园各占一半。每年约需种苗1000万株以上。

方案三：老龄胶园占比15%以内需每年更新21万亩。

如果2035年33年及以上胶园面积控制在15%以内，则在2023—2025年更新基础上还需要更新213.1万亩胶园，2026—2035年平均每年需更新胶园21万亩以上，农垦胶园和民营胶园每年分别需要更新11万亩和10万亩。每年约需种苗840万株以上。

方案四：老龄胶园占比20%以内需每年更新17.4万亩。

如果2035年33年及以上胶园面积控制在20%以内，则在2023—2025年更新基础上还需要更新174.2万亩胶园，2026—2035年平均每年需更新胶园17.4万亩以上，农垦胶园和民营胶园每年分别需更新9.4万亩和8万亩。每年约需种苗700万株。

方案五：每年更新10万亩，2035年老龄胶园占比将接近30%。

如果2023—2035年按计划更新33万亩胶园后，2026—2035年每年更新10万亩胶园，则2023—2035年累计更新133万亩。这意味着届时1988年及以前年份定植的153万亩胶园仍未全部更新。而2003年以前定植的橡胶树进入老龄期，累计面积将达到229.8万亩，占橡胶总面积的29.5%。橡胶树老龄化程度将比目前更严重。

综合比较以上方案，当前海南省老龄胶园面积占比约为25%，在不扩大全省植胶面积的情况下，要想显著提高海南省天然橡胶综合生产能力，老龄胶园面积控制在15%以内为宜。2026—2035年需每年更新胶园21万亩，其中农垦胶园11万亩，民营胶园10万亩。

17.5 建议

要实现2026—2035年的更新目标，2025年后需继续实施良种良法补助，增强生产经营主体更新意愿；实施天然橡胶收入保险或目标价格补贴等政策，稳定胶农收入预期；创设胶园地力补贴，提升地力，确保生产能力提升。同时，迫切需要解决种苗供应难题，加强种苗培育科研攻关和科技创新能力。对此，提出以下建议：

一是加大政策支持力度。2025年以后继续实施天然橡胶良种良法补贴，并争取使该项补贴政策覆盖橡胶树整个非生产期。市县及基层政府积极宣传良种良法补贴政策，提高胶农对政策的认知和了解，规范补贴申报程序，加强监管。

降低更新定植成本，提高胶农更新老龄残次胶园的积极性，确保政策实施效果。继续实施和优化天然橡胶价格收入保险保费补贴政策，提高保险的保障水平，稳定胶农收入预期，进一步提升其割胶生产积极性。加强民营胶园道路建设，争取中央加大支持力度，省级和地方财政给予补贴，为胶农运输胶乳和胶园更新提供便利。创设胶园地力补贴，给予开割期胶园每年固定金额的补贴，引导胶农施肥，提高胶园土壤肥力水平，提升橡胶树生产能力。

二是提升种苗供应能力。支持海南天然橡胶产业集团（海胶集团）、中国热带农业科学院及其他具备资质的民营橡胶育种基地设施设备改造升级，适度扩大建设规模，提升种苗培育能力；采取组培快繁、嫁接等高效繁育技术，加速种苗繁育，满足胶园更新需求；加强基地标准化建设，健全天然橡胶种苗质量标准和生产技术规程，开展示范基地认定；建立健全质量追溯机制，提高种苗产供销一体化服务水平。提升组培苗生产能力，支持炼苗、育苗等基础设施建设，加大轻简化育苗技术和机械化、自动化育苗设备集成应用，提高橡胶树组培苗成活率和生产率。提高小筒苗、束根苗等新兴苗木形态在生产上的应用水平，满足不同更新需求。支持育苗龙头企业建立天然橡胶 GT1 采种园，改变海南省橡胶砧木材料完全依靠云南供应的局面。

三是加大新模式、新技术推广力度。积极推动胶园土地或橡胶树资产流转，促进胶园适度规模经营，为全周期间作模式推广利用创造条件。加大力度宣传推广低频割胶技术，推动胶农割胶从 2 天一刀向 4 天一刀或 5 天一刀转变，试点推广胶园社会化服务，保障割胶劳动力需求，提高单位劳动生产效率，促进胶农增收。

四是提高科技创新能力。加快落实全省农业关键核心技术攻关工作部署，构建橡胶树高效遗传转化体系，突破良种良苗培育技术“瓶颈”；开展橡胶树高产、优质、抗病虫、抗逆、适宜精简作业等重要性状的种质资源表型精准鉴定，培育综合性状优良的新品种。针对橡胶树组培苗品种单一问题，依托全国重点实验室、中国热带农业科学院等科研平台，加快推进橡胶树多品种组培苗规模化繁育技术研发，争取早日突破热研 917、热研 879、热垦 628、PR107 等优良品种组培苗规模化生产技术“瓶颈”。

五是加大沟通协调力度。农业主管部门、龙头企业要在更新采伐方面加强与林业部门的沟通协调，确保采伐限额能够满足未来更新需求。针对纳入公益林的胶园探索更加灵活、高效的采伐方式，努力实现老龄残次胶园更新改造目标。超坡度种植的民营胶园，在尽可能保护生态环境的情况下，寻求更新改造的突破。进一步简化林木采伐许可证申报程序，提高审批效率，为胶园更新提供更加高效的支持。

第 18 章

天然橡胶采收技术可持续发展①

自 19 世纪末实现商业化种植以来，天然橡胶生产一直依赖于人工使用刀具获得初加工原料。割胶劳动力占天然橡胶种植环节直接生产成本的比重约为 70%，劳动强度大，且需凌晨在胶园作业，环境差。部分胶农割胶意愿不强，割胶环节的劳动生产效率低，低频割胶技术应用少。电动胶刀技术相对成熟，能够有效降低割胶劳动强度，自动割胶机仍处于研发阶段，产业化的难度大。

18.1 割胶生产和技术创新

割胶意愿弱。自 2014 年橡胶价格持续低迷以来，胶农割胶生产积极性持续下降。针对胶农生产意愿，2019 年中国热带农业科学院橡胶研究所在海南省儋州、白沙、琼中、澄迈、琼海、屯昌、临高 7 个市县开展农户调查，样本总量为 303 户，受访者平均年龄为 46.5 岁（受访者多为家庭割胶的主要劳动力）。仅有 25%的农户表示在当时的价格水平下愿意割胶，约 75%的胶农表示不愿意割胶，但约一半农户表示即便不愿意割胶也不得不割胶，因为没有其他更好的选择。仅有不足 20%的农户表示愿意让子女继续割胶，55.5%的受访农户表示不愿意让子女继续割胶，其他受访者则表示由子女自己决定，占比 23.4%。

割胶生产效率低。2022 年，海南省达到开割标准的胶园面积为 594.0 万亩，其中农垦胶园为 255.1 万亩，民营胶园为 338.9 万亩；年内实际开割面积为 552.4 万亩，其中农垦胶园为 229.0 万亩，民营胶园为 323.4 万亩。按照 2 天 1 刀（d2），一个人一天割胶 330 株，一个树位为 10 亩，1 个割胶劳动力可以覆盖 20 亩橡胶园，则共需要 30.33 万名胶工。农业农村部农垦局统计数据显示，2022 年海南省胶工数量为 41.09 万人，其中农垦为 2.35 万人，民营橡胶为 38.74 万人。若全部采用 3~4 天 1 刀，每个胶工负责 36 亩，全部开割仅需 16.8 万人，可节省大量的劳动力。海胶集团主要采用 4 天 1 刀（d4）低频

① 中国热带农业科学院橡胶研究所机械化装备与自动化研究团队为本章提供了基础材料。

采胶技术，人均年产量 3 吨左右，产值 3 万元以上，部分胶工极度紧缺的生产队采用了 5 天 1 刀（d5）或超低频采胶技术，但低频采胶技术应用面积不足 20 万亩。海南民营胶园受规模小、技术弱限制，大多采用 2 天 1 刀（d2）或 3 天 2 刀（2d3）等低产低效采胶技术，人均年产量 1.5~1.8 吨，产值不足 2 万元。

低频采胶技术成熟。低频采胶基于乙烯利刺激，割胶频率可从 2 天 1 刀降到 3~7 天 1 刀，随着频率的不断降低，胶工可在不增加日劳动量的情况下，通过扩岗成倍增加人均采胶株数和产量。目前，最先进的 7 天 1 刀可较 2 天 1 刀提高胶工的人均割株 2.5 倍，人均产量 2 倍左右。短线采胶技术基于乙烯气体刺激，将传统 1/2 树位割线缩短到 1/8 树位，可显著提高每天采胶定额，达到高效高产的目的。该技术在老龄胶树上推广应用，可增加胶工承割株数 50%以上，提升人均年产量 35%以上，节约树皮 50%以上，解决了老龄胶树双线割胶劳动强度大的问题。相对国外，我国开展低频和短线采胶技术研究起步较晚，但发展迅速，目前已经基本突破了关键技术要点，建立了完善的低频和气体刺激短线采胶技术规范《橡胶树割胶技术规程》（NY/T 1088—2020），并进行了大规模的推广应用。

18.2　割胶工具创新

自橡胶树商业化种植以来，割胶工具几乎没有变化，一直采用传统“V”形割胶刀割胶。由于割胶生产劳动强度大，技术门槛高，作业时间为凌晨，年轻农村劳动力不愿意从事割胶生产，流向城镇从事非农行业或在农村从事其他农业生产活动。为降低割胶生产劳动强度和技术门槛，减少割胶对劳动力的依赖，加强割胶工具创新就成为必然选择，机械化、自动化、智能化割胶工具是当前割胶工具创新的主要方向。

按照目前研究方向，机械化割胶设备主要有三大类：便携式采收机械、一树一机固定式采收机械、移动式采收机械。便携式采收机械主要分为旋切式和往复式两种，主要优点是携带方便、简单易操作，以电池作为动力割胶，能够有效降低割胶技术难度，提高割胶速度，提升割胶产量。4GXJ-2 型电动割胶刀已经在海南、云南、广东推广应用，应用推广面积约 160 万亩，其中海南省应用推广面积超过 100 万亩。此外，缅甸、老挝、越南、泰国、印度尼西亚、马来西亚等 13 个主要产胶国也有一定数量应用。但电动割胶刀成本高和胶农割胶习惯难以改变制约了电动割胶刀的推广使用。目前，电动割胶刀价格为 1300 元/把，尽管已经纳入农机补贴范围，每把补贴 380 元，农民仍需要负担920元；而且，实际上补贴资金尚未真正落实。按照当前海南省橡胶平均单产60千克/亩、10元/千克计算，每亩胶园产值仅600元。当前海南割胶工年龄普遍偏大，45岁以上居多，学习和适应新技术能力较弱。传统割胶刀为推式割胶刀，4GXJ-2型电动割胶刀为拉式割胶刀，电动割胶刀的使用意味着胶农割胶习惯的改变，这对大部分农户而言存在不小的难度。

一树一机固定式采收机械不需要人力辅助割胶，将该装备捆绑在橡胶树的开割面上即可自动完成割胶作业，可以大幅降低人力割胶成本，但机械割胶成本较高。2019年海胶集团在红光基地分公司配套2.5代智能割胶机器，覆盖胶园面积300亩，安装7000多台割胶机开展试点应用。目前一树一机固定式采收机械仍处于小范围试点应用阶段，有望解决胶工短缺问题。但目前单台机器成本约为300元，而单株橡胶树平均产量仅约为4千克，按照10元/千克售价计算，每株橡胶树每年产值仅40元，在不考虑机器维修和电池更新，以及不计算收胶劳动力成本、橡胶价格稳定的情况下，一棵橡胶树需要割7.5年才能覆盖机器成本。自动割胶机当前割胶产量不足人工产量的40%，要覆盖机器成本的时间更长。从成本收益角度考虑，如果单机成本无法大幅降低，该项产品和配套技术推广难度非常大。除此之外，海南大学张喜瑞团队正在研发异向曲柄自动夹紧定心割胶机，中国热带农业科学院农业机械研究所邓怡国团队研发了双刀刃结构割胶设备，中国热带农业科学院橡胶研究所郑勇团队研发了由割胶刀、导轨、第一驱动装置和控制器组成的固定式电动割胶机，徐振昆团队研发了由支撑钢管、螺旋导轨、电机、刀架等组成的固定式割胶机。

18.3 亟待解决的问题

当前，各单位在全自动割胶装备研发方面进行了诸多有益的探索，摸清了不少关键技术的研制路线，实现了自动化割（采）胶，部分机型实现了量产并小规模试验试用，但尚存在诸多共性技术问题。

一是固定式割胶机只能对树干表面仿形，难以适应树干轮廓、树皮厚度不均一的复杂工况，割胶深度、耗皮厚度不易控制，易导致伤树或减产；树干轮廓径围上下不同，容易使安装位置出现偏差，导致割线发生变化、出现吊角皮等问题；切割刀片会挤压割线，影响排胶产量。同时，每株树安装一台割胶机也导致了使用成本的增加。

二是移动式割胶机虽然在树株定位、割胶位置搜索、运动姿态调节、割胶深度和耗皮厚度控制等方面技术有所提升，但搭载这些技术需各式传感器、控制器、芯片集成等硬软件的开发，导致每台机器的研制成本较高，且在相同的单位作业面积下，割胶速度明显低于其他形式的割胶装备。

18.4　建议

全自动割胶机远不能达到规模化的产业应用与推广程度，仅在小范围试验、示范、试用等，要在生产上大面积应用，仍然任重而道远。特提出以下建议。

一是继续支持电动割胶刀的应用推广。电动割胶刀作为现阶段较成熟的科研产品，在传统割胶工具与全自动割胶装备之间起到重要的过渡作用，尤其是 4GXJ 型系列电动割胶刀在国内外市场上占据着一定的市场份额，获得了 2021 年海南省科技进步一等奖，入选 2022 年中国农业农村重大新装备，且被纳入海南省农机专项补贴范围，说明其无论是在市场上还是在科研上都获得了一定的认可。因此，建议从政府层面出发制定相关政策，让电动割胶刀的农机补贴早日落实；成立专项资金，用于电动割胶刀的产品购置、作业补贴、技术培训等方面，希望这项技术能够让更多胶农受益，稳定热区胶工收入，服务乡村振兴。

二是设立科技攻关专项。建议设立机械化割胶装备的重大专项课题，由天然橡胶专业科研单位牵头，集合相关科研院校、生产部门、企业单位各自的技术优势，重点围绕农艺农机深度融合，解决割胶深度、耗皮厚度、树干仿形等科学问题，探究产排胶机理与机械结构设计的耦合形式，突破轻简化割胶原理技术，创新集成低成本装备，完善相关的加工制造工艺，也加快科研成果的落地速度，以实现“有机可用、有机能用、有机好用”。

三是支持建设应用示范基地。对于技术相对成熟的机型，投入科研经费并建立专项课题，支持建设小面积应用示范基地，连续开展大田割胶测试，进一步发现存在的问题，为优化升级、熟化装备提供数据支撑，并为科学评价装备的经济效益提供参考依据。

四是加快成熟、高效、省工采收技术的集成。采胶效益差而高效采胶技术推广率低是当前国内采收生产的突出矛盾。建议加快超低频采胶、气体刺激短线采胶、手持式电动采胶机、田间凝固等成熟技术的集成应用，在中幼龄胶园大力推广超低频采胶和电动采胶机；推动老龄胶园广泛采用递进式气体刺激短线采胶技术，形成全生产期的高效省工采胶模式，力争将人均年产量提升到 12 吨以上，胶园用工密度减少至 80 人/万亩。民营小胶园应积极探索胶园流转或割胶外包等方式，推动规模经营和低频割胶技术应用，促进胶农增收，减少胶园弃割、弃管现象。

五是推进农机农艺融合的自动化采收研究。农机农艺融合是建立和完善机械化生产技术体系的关键。例如，为实现高效机械化采收棉花，建立了包括采前的化学脱叶催熟技术、机械采棉技术和机采棉的清理加工等相配套的农机农艺融合技术体系。近几年，天然橡胶自动化采收研究越来越受到重视，但大多集中在仿真割胶机研究上，在缺乏必要的农艺改进或创新的情况下，普遍存在产品技术不达标或成本过高等问题。建议从品种、种植模式、刺激技术、机械采胶、机械收胶等多方面开展天然橡胶采收的农机农艺融合研究，同时探索产量和质量的精细调控技术。通过农艺创新指导农机发展，再由农机作业实现农艺的相关要求，相互配合形成高质高效机械化采收技术体系，推进天然橡胶采收的自动化和智能化。

第 19 章

天然橡胶林下经济发展问题

天然橡胶林下经济是以橡胶林地的生态环境为依托，利用林地下土地资源、光热资源和林荫优势，发展林下种植或养殖等复合产业的一种资源共享、优势互利、协调共生的经济产业模式。发展橡胶林下经济，既能提升橡胶林的土地空间资源利用率，又能增加就业机会和提高综合经济效益，特别是在当前天然橡胶价格低迷背景下，对稳定胶农增收、胶企增效具有重要意义。

海南省天然橡胶种植面积为 777.89 万亩，可用于发展林下经济的土地资源丰富，年平均气温高、年降水量大，光、热、水资源充足，十分适宜发展橡胶林下经济。当前，橡胶林下经济已初步探索并形成了林—药、林—果、林—菌、林—花、林—蔬、林—苗、林—粮、林—禽、林—畜、林—蚯、林—蜂等模式，“以短养长、一地多收”的产业效益逐渐显现，这对胶农增收和胶企增效具有重要意义。但目前还存在适宜发展的橡胶林下经济规模化产业化程度偏低、林下经济种养管理技术不足和产业链短、附加值低等问题。本章针对问题，靶向发力，提出建立健全政策引导和支持体系、加大林下种养和加工技术研发力度、推进橡胶林下经济产业化和规模化发展和加强品牌建设的对策建议。

19.1　橡胶林经济发展模式

从全国看，按照种植的对象以及经营方式的差异，林下经济可分为林—药、林—果、林—菌、林—花、林—蔬、林—苗、林—粮等种植模式，林—禽、林—畜、林—蚯、林—蜂等养殖模式（陈双飞，2022）。据调查，海南省橡胶林下资源丰富，品种繁多，根据全省橡胶林下经济的发展规模和发展前景，将海南省橡胶林下十大主要种养模式的现状总结如下。

19.1.1　主要种植模式

19.1.1.1　林—药模式

海南省是四大南药的主产地，南药产量占全国的 90% 以上。南药植物大多属于耐阴作物，一般较适宜在已开割的成熟橡胶林地下种植。据统计，海南省在成熟橡胶林下种植的南药主要有益智、砂仁、巴戟天、牛大力、五指毛桃、藿香、穿心莲、灵芝草、金钱草、地胆草等品种（张华林等，2019）。全省橡胶林下种植益智等南药25万亩，主要集中在白沙、琼中和保亭等中部市县，每亩可为胶农增加600~1500元收入①。

19.1.1.2 林—果模式

林—果模式是充分利用幼龄橡胶林的空间优势发展热带特色多年生作物的一种模式。天然橡胶非生产期长，从种植到开割一般需要7~8年，这意味着六七年内胶农没有任何收入，还要垫付肥料等管理成本，而通过间种香蕉、菠萝等成熟期较短的热带作物，可以弥补橡胶生长周期长带来的损失，且不影响橡胶苗生产，既可减少橡胶行间锄草的作业量，又因香蕉、菠萝常年浇水施肥而促使胶苗快速生长。在橡胶林下间作香蕉和菠萝，一般可种香蕉三造、菠萝两造（吴红萍等，2022）。全省已在非生产期胶园套种香蕉、菠萝各3万亩，每亩平均可增加收入3000元。

19.1.1.3 林—菌模式

海南野生食药用菌资源丰富。据统计，海南野生可食用或药用的食用菌达200多种，适合林下人工栽培菌种可选性大（林从神、许能锐，2010）。开割橡胶林下空气湿度大、光照强度低，昼夜温差小，可为林下菌菇栽培提供较好的生长环境。目前，海南省在橡胶林下试种竹荪、猪肚菇、虎乳灵芝、虎奶菇、黑皮鸡枞、灵芝等食药用菌均获得成功。在橡胶林下复合种植食药用菌，不但成本低、收益好，种菇培菌后的废料还可以还林作为有机肥（黎青松、傅国华，2013），而且菌类生长时多采用节水滴灌，有助于调节胶园的湿度，促进橡胶林的生长。研究表明，在供用充足水分的情况下，采用林菌模式的橡胶林段的胶水产量可提高20%左右（林运萍等，2008）。林—菌模式主要分布在海南省的白沙、定安和儋州等市县。如在橡胶林下种植虎乳灵芝，每亩可种植3500个菌包，每个菌包成本为5.5元左右，可产110多克虎乳灵芝，按市场价90元/千克计算，单次利润有1.5万元左右，每年种植2轮有3万元左右利润；虎奶菇每年可种3轮，年亩利润可达到5万元左右；红托竹

① 南海网．海南林下生态扶贫样本：一块地种出两份收益　益智、粽叶……橡胶林下种［EB/OL］.（2019-11-26）［2023-03-03］. http：//www.hinews.cn/news/system/2019/11/26/032223146.shtml.

苏每年单种 1 次，年亩利润可达到 4.5 万元左右，经济效益可观①。

19.1.1.4 林—花模式

林—花模式是利用橡胶林下自然荫蔽的温、湿小气候环境和空间条件开展经济花卉的繁殖与培育。在橡胶林下种植阴生植物对橡胶林生长基本无影响。海南省观赏植物资源得天独厚、种类繁多，可开发潜力大，适宜在橡胶林下种植的花卉品种主要包括切叶（枝）花卉和观叶花卉两大类，前者包括散尾葵、巴西铁、龟背竹、富贵竹、朱蕉和百合竹；后者包括发财树、龙血树、绿萝、合果芋和海芋（王存等，2015）。橡胶林下种植花卉的模式主要集中在海南海口和儋州。

19.1.1.5 林—蔬模式

在幼龄或者不易积水、郁闭度较低、株行距较大的林下，十分适宜辣椒、南瓜、茄子、魔芋等传统蔬菜生长。由于大部分蔬菜生长周期短，一年内可分批连续播种，多次采收，产量较高，经济效益可观。在橡胶林下种植南瓜、辣椒和茄子的模式在海南东方分布居多，儋州也有一定面积的林下辣椒。另外，利用开割橡胶林下风速低、温度低、光害少特点，可以大力发展山苏和木耳菜等耐阴类蔬菜，同时，橡胶林下因含有较多萜烯类物质和负氧离子等，可以起到杀菌保鲜的作用，有利于延长采收期和销售期，培育无公害蔬菜。目前，在海口市琼山区三门坡镇政府的引导下，通过“公司+村集体+农户”的方式积极发展橡胶林下种植山苏，由于山苏的市场价格较高，且可以连续多年采摘，年亩产经济效益可达 1.5 万元以上②。

19.1.1.6 林—苗模式

利用林下空间发展苗木产业，是近几年在海南省兴起的一种林下经济新模式。在幼龄橡胶林下种植苗木主要是利用其郁闭度较低的特点来培育苗木。橡胶林下育苗的时间一般为橡胶树定植后的 1~4 年，在橡胶林树冠郁闭以前出圃。目前，海南省在橡胶林下种植的苗木主要有椰子苗、油茶苗等苗木，主要分布在文昌和儋州地区。

19.1.1.7 林—粮模式

利用橡胶林幼树时期郁闭度较低的特点，主要在橡胶幼林下间种花生、

---

① 新海南客户端．媒体海南行丨橡胶林下种蘑菇每年提供 3 万人次就业岗位［EB/OL］．（2023-08-14）［2023-11-03］．https：//rm-xhn.hinews.cn/page.html? newsId=2306185&mediumTypeId=1&siteLayoutModuleArticleStyleId=1044.html.

② 南海网．海口琼山区三门坡镇乐来村委会林下山苏种植示范基地开工［EB/OL］．（2023-05-28）［2023-11-03］．http：//www.hinews.cn/news/system/2023/06/28/032999494.shtml.

大豆、绿豆、甜玉米、山兰稻等农作物，为避免伤及橡胶幼树根系，故选择根系较浅的农作物与橡胶树间作种植，不与根系争夺养分，且可以改良土壤，不会影响到橡胶林的生长发育。林—粮种植模式在全省分布较散，且多为农民自发种植，规模小。

19.1.2 主要养殖模式

19.1.2.1 林—禽模式

林—禽模式指在橡胶林下种植饲草、放养家禽。利用橡胶林的遮阴功能进行降温，林下种植饲草或保留自然生长的杂草为禽类提供无公害饲料（孙连荣，2020）。目前，橡胶林下养鸡模式较为普遍。海南比较优质的家禽，如文昌鸡、儋州鸡、霸王乌鸡等地方特色的禽类，基本上实现了橡胶林下的放养。橡胶林下养殖的家禽肉质好、风味佳，符合人们对高品质食品的需求，契合海南发展橡胶林下生态养殖家禽产业的定位（冀春花等，2012）。林下养殖的家禽，可以充分利用林下土地资源，不仅提高了林地整体施用，而且改善了橡胶种植生态环境；留下的鸡粪作为有机肥，不仅可以增加土壤养分、改善土壤理化性质，还可以优化土壤微生物群落的结构，提高土壤生物化学特性。

19.1.2.2 林—畜模式

林—畜模式主要是指以橡胶林下自然存在的野生草本植物或利用林下土地资源人工种植饲料植物为猪、牛等家畜提供饲料（邓静飞、汪秀华，2013）。当前，海南省橡胶林下养殖的主要家畜是黄牛和五脚猪。在橡胶林下种植牧草后放牧式散养是最可行、最经济、最实用的养殖模式，橡胶林养殖解决了家畜无运动场的矛盾，有利于家畜的生长和繁育；并且橡胶林下温度比外界气温平均低2~3℃，比普通封闭畜舍平均低4~8℃，为畜群提供了优越的生活环境，有利于防疫。同时，通过牧草种植和家畜粪便提升了橡胶林地力，从而提高天然橡胶生产能力。另外，海胶集团经过多年在胶林养牛实践探索，总结出“白天放养、晚上归栏”的散养经验，同时，黄牛产生的粪便分解后给橡胶林提供了肥力，橡胶林、草与黄牛三者实现了生态循环，胶林里孕育出的高品质牛肉不仅能够满足岛内消费者的需求，还将远销岛外，形成具有海南特色的牛肉品牌。

19.1.2.3 林—蚯模式

橡胶林下遮阴度高，非常适合蚯蚓生长。在橡胶林下可实现全年蚯蚓养殖，可以大量消化处理有机废弃物，同时，蚯蚓排出的粪便与常规的有机肥相比，含有更多的有机微生物、微量元素和天然生长激素，属于高效肥料（周美荣等，2012）。一方面，能长期有效地为橡胶树增肥，保水保肥，改良土壤、提升地力，增强橡胶树抗病能力，促进橡胶树健康生长，提高橡胶品质；另一方面，还能减少人工、肥料等成本投入。蚯蚓种苗一次性投放，便可持续繁殖，投资少、见效快、效益高（莫运书，2020）。目前，林—蚯模式已经列入万宁市着力发展的八大产业之一，每亩橡胶林可培育出 500 千克蚯蚓种苗，每年每亩可实现 4 万~5 万元收入①。

19.2　发展橡胶林下经济面临的主要问题

一是种植基础设施较差，养殖设施用地保障不足。橡胶林下缺乏基础设施，间作生产基本上是“靠天吃饭”，价格随行就市，导致经济效益不高。橡胶林下发展禽类养殖，需要建设栏舍等生产用房，缺乏稳定的政策支持，易被列入违建“图斑”，尚未获得收益就可能面临被拆除的风险。

二是种养管理技术不足。林下间套作模式涉及物种间的竞争与协作，复杂程度高。不同的间套作植物与橡胶林协同生长的程度不同，其水肥管理、病虫害防治方法也不同。发展林下经济需要加强对农民经营管理技术的指导。但在实际生产中，农民得不到有效的技术指导，种养过程大多凭经验，管理相对粗放，品质存在较大的差异，导致生产成本比较高，效益却比较差（韦立权，2012）。与此同时，由于种养和管理技术缺乏统一的标准，无法执行规范的管理，未能形成成套的林下种养技术，且难以推广应用。

三是规模化、产业化程度偏低。海南省橡胶林下经济起步晚、基础差、底子薄、力量弱、规模小，林下种养多为胶农自行发展，缺乏龙头企业和行业协会带动，规模化、产业化程度不足。传统林下经济产品如益智、砂仁等南药一定程度上还存在盲目跟风的现象，“一增产就滞销”的问题时有发生，产品效益下滑，且抗风险能力差，对经济发展带动能力不强。富有地方特色的品牌产品不多，没有形成产业，财政扶持资金规模小，投资不足，难以形成规模效应和品牌效应。

四是产业链短，附加值低。海南省林下经济产品多为原料和初加工品，附加值低，市场竞争能力弱，产业链处于一个相对较低的水平，产品精深加工能力不足。例如，以益智为主的南药占林下种植比重较大，但省内相关林

---

① 南海网．广地龙产业列入万宁“八大产业链”　小蚯蚓串起生态经济链［EB/OL］．（2022-05-25）［2023-11-03］．http：//www.hinews.cn/news/system/2022/05/25/032763433.shtml.

下产品加工企业偏少偏弱，长期以来以出售原材料为主，缺乏高附加值的加工品，导致市场收购价格不稳定，挫伤了胶农的种植积极性。

19.3 推动橡胶林下经济的建议

一是建立健全橡胶林下经济政策引导和支持体系。进一步细化完善橡胶林下经济“一张图”，明确全省可以发展橡胶林下经济的地块。加大橡胶林下经济产业基础设施的投入，将其纳入行业发展规划并优先安排。加大财政和金融的保障力度，重点支持良种繁育、病虫害防控、精深加工、科技服务、人才培训、品牌打造、市场销售等橡胶林下经济种养模式全产业链发展的关键环节；遴选一批橡胶林下种养主推模式，通过设立项目资金支持不同区域典型林下经济种养模式示范基地的建设，发挥示范基地的带动效应；鼓励支持相关市县探索实施橡胶林下经济种养模式产品的价格保险。结合天然橡胶更新改造，大力推广在新植胶园发展全周期间作模式，适当放宽林地密度限制，改善林地微环境，逐步优化调整林地结构，促进橡胶林下种养多元化发展。加大橡胶林下经济产品产销信息平台建设，及时向农户和企业发布，确保相关信息的及时性、有效性，降低市场不确定性风险。

二是加大橡胶林下种养和加工技术研发力度。加大橡胶林下经济种养技术研发的投入，依托中国热带农业科学院、海南大学等科研单位和高等院校的优势科研力量，重点对全省范围内的橡胶林下气候、地形、土壤、光照和温度等条件开展调查和分类定级，研究筛选适宜不同地区、不同树龄橡胶林下间（套）作的优势种养品种和模式，制定橡胶林下种养技术标准或规范，促进橡胶林下种养标准化发展。打造橡胶林下经济十大模式示范点，培育壮大区域主导橡胶林下经济产业，辐射带动全省橡胶林下经济科学发展。支持龙头企业和科研院校开展产学研合作，加快推动林下经济产品精深加工研发，提升林产品加工能力。

三是推进橡胶林下经济的产业化和规模化发展。加大培育林下种养龙头企业的力度，促进林下产品产业化和经营水平，壮大林下经济规模。鼓励各类民营企业、专业合作社和家庭农场等适度规模化发展橡胶林下经济；支持胶农进行土地流转、转包倒租胶园，培育专业大户、家庭农场等中小型经营主体。组建林下经济种养产业联盟，整合产品资源及市场资源，集中资源、集群加工、集约营销，实现规模化和标准化。支持发展订单生产，探索保价收购、加工、销售一体化模式；完善加工建设用地政策，鼓励和扶持林下经济产品的加工园区或加工厂建设，延伸产业链，提高林下产品附加值和收益。

引导龙头企业与合作社合作，构建以加工企业为龙头、合作社为依托、农户为主体的按标准管护的产业化经营模式，建立稳定供货关系，增强林下产品抵御市场风险的能力。

四是加强橡胶林下经济的品牌建设。以塑造海南橡胶林下经济品牌为目标，以生态、绿色、环保为核心，推行橡胶林下经济产品认证，建立健全橡胶林下经济绿色有机产品质量标准和产品检测体系，重点打造省市（县）两级林下产品公共品牌，提升海南省橡胶林下产品知名度和影响力。支持海南农垦、林场、农村合作社等主体充分发挥组织化、规模化的经营优势，在发展林下种养的基础上，加快提高农产品加工水平和价值，扩展销售渠道，推进产业化进程。加大对重点品牌的营销推广支持力度，支持培育具有海南特色的橡胶林下经济产品和企业品牌。

第 20 章

海南省天然橡胶原料及初加工产品品质提升

国产天然橡胶性能指标并不比进口胶差，但国产天然橡胶部分质量指标确实在区域、批次和季节间变动较大。虽然不能将某项指标变动作为质量好坏的标准，但这一点确实给下游橡胶制品企业带来影响。造成质量一致性出现问题的主客观原因包括气候、农艺、加工工艺、制造技术等，但由于对天然橡胶质量形成机制缺乏系统和深入研究，影响国产天然橡胶品质及其一致性的关键因素一直存在争议。本章围绕海南省初加工产品品质提升问题，从产能整合、技术升级、标准体系建设、品牌培育等层面提出相关建议，以期能为有关部门决策提供参考依据。

20.1 原料市场概况

全省以鲜胶乳为原料，农户销售鲜胶乳比例在 95%以上，在加工厂进行混合，减少了单个种植主体造成的质量缺陷。

20.1.1 原料市场具有层级化特征

从市场主体来看，种植户、收购商和初加工工厂是天然橡胶原料市场的参与主体，其中收购商是连接种植户和初加工工厂的纽带，随着种植户→原料收购商→初加工工厂层级的不断深入，市场参与者的数量也逐级递减。初加工工厂综合往期价格、当地港口价格、期货价格等信息给出每日报价，价格信息经过不同级别收购商逐级传递，最终形成田间收购价。从产品结构来看，天然橡胶应用广泛，下游制品品种众多，不同制品对原料的要求也存在层级化，高端制品对原料的品质以及定制化的需求更为强烈。

20.1.2 原料市场具有一定的优势

白沙县橡胶生产销售管理智能系统和海胶集团“智慧橡胶”收购平台的上线，实现了原料市场的信息电子化、交易赔付线上化、资金管理信息化、收胶流程一体化。同时，当地政府、企业与海南邮储银行联合发行白沙“橡胶丰收卡”，覆盖了胶商胶农间资金交易的主要功能。初级产品有溢价，海南省 70%以上的原料加工成浓缩乳胶，浓缩胶乳价格折干胶价格比 10 号标胶、子午轮胎胶每吨高 1500 元左右，农户销售鲜胶乳价格比西双版纳每千克高 0.5~1 元，与泰国、马来西亚田间收购价的价格差更大，有明显的溢价。

20.1.3　价格风险管理日趋市场化

天然橡胶“期货+保险”和天然橡胶价格（收入）保险有效地提振了产业发展信心，创新了农村金融服务形式和价格风险管理手段。2021 年，天然橡胶价格保险已承保面积 263.5 万亩，覆盖率为 62%，为 13.2 万户胶农提供 25.55 亿元的保额，累计签单保费为 2.77 亿元；2022 年，全省民营天然橡胶价格保险参保面积 272 万亩，保费为 2.98 亿元，12.14 万户参保，开割胶林覆盖率为 65%。海南天然橡胶产业集团收入保险覆盖了所有有效已开割橡胶树。

20.2　初加工产品存在的问题

从初加工设备设施看，海南初加工业整体发展水平与马来西亚已无差异，甚至更高。相对缅甸、柬埔寨等新兴种植国家，海南初加工业也具有明显的优势，但仍存在较多需要解决的问题。

20.2.1　初加工产能明显过剩

2022 年底，全省正常运转的天然橡胶初加工工厂 52 座，年设计生产能力 98 万吨，其中海胶集团 10 座，产能二者之和为 97.9 万吨，民营企业 42 座，产能二者之和为 97.9 万吨；浓缩胶乳工厂 31 座，产能 45.2 万吨，其中海胶集团 6 座，产能 17.5 万吨，民营企业 25 座，产能 27.7 万吨；标准胶工厂 33 座，产能 52.8 万吨，其中海胶集团 10 座，产能 21.3 万吨，民营企业 23 座，产能 31.5 万吨。2022 年全省初加工产量仅占设计产能的 32.1%，产能利用率低。2022 年马来西亚天然橡胶产量 37.7 万吨，但其进口量为 116.55 万吨，出口量为 102.66 万吨，主要从科特迪瓦、缅甸等国进口原料加工，以缓解国内产量不足而导致加工产能利用不充分的问题。越南的情况类似，出口量为 203.11 万吨，进口量为 122.57 万吨，而其国内产量为 129.2 万吨，消费量为 46.3 万吨，大量从柬埔寨、老挝等国购买胶块、生胶片等原料，在国内工厂加工成标准胶等再出口，创造税收和就业机会。

20.2.2　初加工效益相对较低

海南省以初级加工品输出为主，70%以上的原料加工成浓缩胶乳，当前浓缩胶乳价格折干胶价格每吨约为13500元，而10号标胶、子午轮胎胶价格每吨为12000元左右，农户销售鲜胶乳价格比西双版纳每千克高0.5~1元，但相较于泰国进口品牌浓缩胶乳，每吨低3000元，比较效益较低。另外，产品质量不稳定，海南省生产的天然橡胶质量指标在批次间有波动，下游企业需要针对批次调整工艺，增加了生产成本，也使得下游大型企业不倾向于使用国产胶。

20.2.3 品牌品质有待提升

广泛采用的快速凝固、干燥工艺，使得橡胶树品系、栽培措施、割胶制度等引起的非胶组分的差异保留在生胶中，导致生胶质量一致性较差。下游企业需要针对批次调整工艺，导致海南省产品主要用于中低端制品供应。民营胶品牌建设相对滞后，除农垦、中化国际的产品外，还没有民营胶加工厂产品成为上海期货交易所交割品，而云南西双版纳曼列加工厂生产的全乳胶可在上海期货交易所交割。泰国、马来西亚、印度尼西亚等主产国形成了品牌优势，如印度尼西亚和马来西亚烟片胶在高端制品领域具有良好的声誉，泰国有泰华、诗董、宏曼丽、黄春发等品牌，为米其林、普利司通、固特异等大型国际企业提供原料。

20.2.4 浓缩天然胶乳“合规不合用”问题突出

离心出来的浓缩胶乳在加工厂停放时间过短，预处理少，浓缩胶乳的机械稳定度靠添加月桂酸进行调控，以致后期在制品厂中浓缩胶乳的机械稳定性波动非常大，安全套、医疗检查手套、乳胶发泡枕头床垫等高端制品生产的专用胶乳长期依赖进口。东南亚主产国气候因子稳定，具有大规模混合加工的优势，能够提供大量品质较为一致的天然橡胶，国内外大型轮胎企业均从东南亚主产国进口原料。马来西亚国内产量较低，故会从多渠道收集原料，以便扩大加工规模。与马来西亚等相比，海南每批次产品质量信息不全，追溯系统尚未构建，下游企业往往“用不好”，进而“不愿用”。

20.3 国产橡胶品质争议的问题分析

20.3.1 影响天然橡胶质量及其一致性的因素多

天然橡胶是天然合成的高聚物，质量形成机制非常复杂，受气候、农艺、加工工艺、制造技术等多重因素影响。①从气候因子看，热带北缘地区年积温明显低于马来西亚等主产国，每年割胶期少 3~4 个月，需要经历冬季的低温。②从农艺因子看，树龄、割制、割胶方式对天然橡胶的品质都有影响，其中树龄对橡胶品质影响较大，幼龄树的天然胶乳分子量较小，热稳定性差，但非胶组分较高（范丹等，2015）。4 年割龄橡胶树生胶分子量较高，2 年割龄且不使用化学刺激剂割胶的橡胶树，浓缩胶乳机械稳定性较高。相比其他割制，6 天 1 刀割制所产鲜胶乳非胶固体含量、生胶门尼黏度和浓缩胶乳的热稳定性均较高（孙东华等，2021）。③从加工工艺看，东南亚胶园在割胶后胶乳大多采用田间自然凝固方式形成杯凝胶，在林间胶杯中，微生物分解了部分非胶组分，改善了分子间结构。国内大多数鲜胶乳直接收集后送往加工厂，或在农户家中添加甲酸或乙酸凝固。橡胶材料和制品领域部分专家指出，农艺因子不是关键，重要的是加工工艺。④从制造环节看，国内制品企业在生产中一般不会针对国产胶特性进行生产工艺调整，这可能是国内制品企业“用不好国产胶”的原因。

20.3.2　国产天然橡胶性能指标并不比进口胶差

2012—2016 年，桂林曙光橡胶工业研究设计院等单位使用国产天然橡胶制造航空轮胎，检测结果显示，其与现有应用的进口天然橡胶轮胎水平相当（钱伯章，2015）。21 世纪初，宁夏有关企业以马来西亚进口烟片胶为比照，选用国产优质天然橡胶（SCR RT），通过适当调整配方来改善整体性能，并进行装机试验，发现能满足航空轮胎生产使用要求，可替代进口烟片胶（刘志辉等，2004）。对比分析国产 SCR20 与泰国 STR20、马来西亚 SMR20 后发现，SMR20、STR20 的加工性能、低滚动阻力特性优于 SCR20，而在拉伸力学、动态力学、耐屈挠龟裂、抗硫化返原等性能方面，SCR20 与 STR20、SMR20 相近（许体文等，2015）。海南天然橡胶的杂质质量分数及氮质量分数均低于马来西亚 SMR20，替代 SMR20 用于越野轮胎胎面胶，拉伸性能、抗撕裂性能和抗切割性能稍好，脆性温度基本相同，生热较低，高速性能较好（韩慧等，2017）。有学者对比国产和泰国进口的 2 个品牌浓缩胶乳发现，国产的相对分子质量较低，分子量分布较宽；进口的平均粒径较大，粒径分布相对较窄，钙、镁、锌离子浓度较低，稳定性较好，机械稳定度较高（雷根珠等，2018）。

20.3.3　国产天然橡胶部分质量指标在区域、批次和季节间变动较大

以浓缩胶乳为例，有研究检测了海南、云南、广东垦区和泰国、越南、

菲律宾、喀麦隆的17个样品，发现综合质量最好和最差的均来自国内（丁丽等，2018），其中泰国产浓缩胶乳较海南的非胶物质含量低，稳定性较高（赵立广等，2017）。不同季节生产的浓缩胶乳质量指标也存在差异，夏季天然胶乳的总固含量和分子量最大，而冬季天然胶乳氮含量、抗热氧化指数最高，热稳定性最强，在定伸应力、拉伸强度、断裂伸长率、回弹系数、力学性能方面，夏季>秋季>冬季（孔令伟，2018）。

20.3.4 关于国产胶质量一致性差的原因尚无定论

原料未经过充分混合、生产工艺管理差异被认为是国产天然橡胶一致性较差的原因（杨春等，2019），保存时间也是关键参数，泰国等进口浓缩胶乳在经过较长时间的海运后熟化，而国内部分小型企业在胶乳保存环节存在瑕疵，造成下游产品的次品率显著提高。除此之外，橡胶树品种对浓缩胶乳质量也有影响，如云研774蔗糖含量最高，热研73397硫醇含量最高，RRIM600挥发脂肪酸值最高，热垦525胶膜的物理机械性能最好（王开典等，2013）；热研879浓缩胶乳的总固含量最高，热研8813钙镁含量最高，RRIM600分子量最大，硫化胶膜物理机械性能最好（廖小雪等，2011）。此外，土壤、施肥、割胶季节、胶乳早期保存等对产品质量均有不同程度的影响（曹海燕，2014）。造成国产胶质量一致性问题的主客观因素均有，但由于缺乏相关系统的研究，影响国产天然橡胶品质及其一致性的关键因素一直未有定论。

20.4 天然橡胶产品的去向

国内和省内生产的绝大部分天然橡胶可以满足乳胶制品、轮胎、橡胶板管带等产品的用胶需求，这些领域的市场竞争是比较充分的。解决种植端和加工端的问题，根本还是要按照“在商言商”的原则，从原料、初加工工艺等环节提升品质，积极寻找大型企业客户，形成良好的合作关系。同时，应该适度考虑天然橡胶的战略资源属性，2010年美国国防分析研究所曾在一套国防规划方案（包括战时）中评估了国防系统所需的51种原材料，天然橡胶便是其中之一。天然橡胶在美国国防产品中的使用量仅次于铝（27.5万吨）、铜（10.6万吨）、铅（8.8万吨）、氟酸（5.7万吨）、锌（5.1万吨），是第六大原材料。因此，我国天然橡胶产业应尽快破解“品质密码”，保障国内关键核心经济领域的用胶需求。

20.5　建议

一是推动产能整合，优化加工布局。鼓励行业龙头企业通过股权合作、兼并重组等模式实施产业链整合，加大投资力度，提升产品质量，优化全岛加工厂布局。充分考虑各市县橡胶种植规模、产量水平、运输条件，科学布局数量适中的大型现代化初加工工厂，降低收胶站运输成本，降低胶乳保鲜运输加氨对产品质量的负面影响。支持初加工工厂提升生产能力，在改造和新建生产线方面给予政策和资金支持，引导初加工工厂向种植优势区域集中。

二是鼓励技术升级，推动绿色生产。依托天然橡胶国家工程研究中心，搭建初加工行业科技合作平台，支持科研单位、设备厂家与初加工企业合作，加速技术改造源头供给。支持初加工企业改良生产工艺，提升技术标准，优化初加工流程，提高产品整体性能及其质量稳定性；支持初加工企业更新设备设施，扩大生产线，提高生产效率和生产能力；支持企业加大环保技术投入和研发，形成橡胶环保加工新模式、新机制，提升初加工企业绿色发展水平。

三是构建质量标准体系，建立产地溯源系统。依托浓缩胶乳、技术分类天然橡胶等国家标准，研究制定同类型产品质量等级标准。鼓励大型企业、区域行业协会商会等主体建立团体标准，为不同细分行业的用胶需求建立标准体系。依据标准体系，初加工企业针对每批次产品提供质量清单。配套建立健全快速检测体系，培育社会化检测机构，建立高效运行的质量追溯平台。

四是培育区域品牌，提升品牌溢价能力。支持初加工企业建立区域品牌，提升产品质量，提高影响力。鼓励企业通过标准化生产提升产品质量，打造企业品牌，提高企业竞争力。支持中小企业共享大企业品牌、设计研发能力、仪器设备等各类创新资源要素，深度融入大企业产业链。引导初加工企业建立行业协会，协调行业内部成员及相关主体，充分发挥海南自然资源优势和加工能力，实行区域化布局、标准化生产和规范化管理，培育区域橡胶品牌。

五是加快新技术应用，提高整体性能水平。针对高浓度氨水对浓缩胶乳、乳胶制品生产造成较为严重的环境污染问题，中国热带农业科学院研发出天然胶乳低氨、无氨保存技术，生产的低氨、无氨浓缩胶乳已成功应用于乳胶发泡枕头、床垫，制鞋胶黏剂，建筑涂料等乳胶制品的生产，效果良好。研发了天然橡胶单螺杆脱水、造粒技术与微波干燥技术，并集成了天然橡胶低碳、绿色加工技术。海南信荣橡胶机械有限公司、海南大学研发出天然橡胶自动化干燥、包装生产线，每条生产线仅需 4~6 名工人，可节省 50%的劳动力，降低能耗 30%，大幅提高了天然橡胶干燥、包装设备的自动化水平。设立初加工和天然橡胶新材料新技术应用专项，减少对环境的影响，增强科技支撑能力。由省科技厅设立重大研发专项，联合天然橡胶生产、加工与应用领域科研院所、龙头企业进行协调攻关，优先解决天然橡胶（含高端制品专用胶）质量一致性调控技术及 SCR10、SCR20 质量调控技术，并尽快启动天然橡胶自动化加工技术与装备的研发。

第21章

天然橡胶与合成橡胶的替代性分析

合成橡胶中的丁苯橡胶和顺丁橡胶等对天然橡胶具有一定的替代性，氟橡胶等特种合成橡胶无法用天然橡胶替代，但在航空轮胎、载重轮胎、工程轮胎、坦克负重轮等众多领域中，天然橡胶具有不可替代性。另外，天然橡胶是绿色工业原料，而合成橡胶生产中有明显的碳排放，天然橡胶在绿色转型中同样具有不可替代的作用。

21.1 合成橡胶生产情况

合成橡胶是以石油为基础原料的弹性体，品种繁多，主要有丁苯橡胶、顺丁橡胶、丁基橡胶、丁腈橡胶等。合成橡胶也有胶乳，可用于工业手套生产。合成橡胶与天然橡胶具有完全不同的生产模式，合成橡胶属于工业生产范畴，可进行严格工艺管控，属于资本密集型产品；天然橡胶主要来自三叶橡胶树，在生物体内自然合成，具有农产品和工业原料的双重属性，其生物合成机理尚未完全明晰，属于劳动密集型产品。

国家统计局数据显示，2022年，我国合成橡胶（含热塑性弹性体TPE/TPR）产量为836.21万吨，较上年增长1.9%，各类合成橡胶均可在国内生产。根据中国合成橡胶工业协会统计，2022年会员单位合成橡胶产能达678.4万吨（中国合成橡胶工业协会秘书处，2023），包括：①丁苯橡胶SBR（冷法聚合ESBR、溶液聚合SSBR）占26.8%。②顺丁橡胶BR占26.5%。③苯乙烯系嵌段共聚物SBCs占25.9%[①]。④丁基橡胶IIR占7.4%。⑤乙丙橡胶EPR占5.8%。⑥丁腈橡胶NBR占4.0%。⑦异戊二烯橡胶IR占2.4%。⑧氯丁橡胶CR占1.1%。⑨其他0.1%（包括硅橡胶、氟橡胶、丙烯酸酯橡胶、氯磺化聚乙烯等）。丁苯橡胶、顺丁橡胶是合成橡胶中消耗量最大的种类，2022年中国合成橡胶工业协会成员企业产量中，丁苯橡胶占32.9%，顺

① SBCs（也称为苯乙烯类热塑性弹性体）系列品种主要有4种类型：苯乙烯-丁二烯-苯乙烯嵌段共聚物SBS；苯乙烯-异戊二烯-苯乙烯嵌段共聚物SIS；苯乙烯-乙烯-丁烯-苯乙烯嵌段共聚物SEBS；苯乙烯-乙烯-丙烯-苯乙烯嵌段共聚物SEPS。主要用于制鞋、沥青改性、树脂改性、橡胶改性、胶黏剂、食品包装、医疗器械、运动器材、汽车和消费类电子等领域。

丁橡胶占27.9%，作为通用橡胶，这两种橡胶对天然橡胶的替代程度相对较高，其余大部分合成橡胶有相对固定的用途，可替代程度低、产量小。海南巴陵SBCs项目由中国石化海南炼化公司和巴陵石化公司共同出资建设，2023年4月6日17万吨SBCs项目一次投产成功①，其中SBS产品12万吨/年、SEBS产品5万吨/年，产出合格SBS产品。中国石化海南炼化公司100万吨/年乙烯项目也于2023年2月16日建成投产，实现了海南乙烯工业的“零突破”②。

21.2 合成橡胶进口贸易

据中国海关统计，我国2022年合成橡胶进口量136.5万吨，出口量72万吨。进口合成橡胶中，丁苯橡胶43.5万吨，占比31.9%；顺丁橡胶19.5万吨，占比14.3%；丁基橡胶10.7万吨，占比7.8%；卤代丁基橡胶18.5万吨，占比13.6%；氯丁橡胶1.9万吨，占比1.4%；丁腈橡胶16.7万吨，占比12.2%；异戊二烯橡胶4.8万吨，占比3.5%；三元乙丙橡胶15.2万吨，占比11.1%；其他合成橡胶5.6万吨，占比4.1%。进口地主要包括俄罗斯（24.3%）、韩国（23.1%）、日本（12.8%）、美国（3.7%）、中国台湾地区（3.5%）。

出口的合成橡胶中，丁苯橡胶21.2万吨，占比29.4%；顺丁橡胶14.4万吨，占比20%；丁基橡胶3.2万吨，占比4.4%；卤代丁基橡胶4.7万吨，占比6.5%；氯丁橡胶2.3万吨，占比3.2%；丁腈橡胶5.6万吨，占比7.8%；异戊二烯橡胶1.6万吨，占比2.2%；三元乙丙橡胶3.0万吨，占比4.2%；其他合成橡胶16.0万吨，占比22.2%。出口目的地主要有越南（16.6%）、泰国（14.1%）、印度（6.8%）、马来西亚（6.7%）、韩国（6.5%）、印度尼西亚（4.9%）。

21.3 天然橡胶的不可替代性分析

一是天然橡胶特殊属性不可替代。天然橡胶是从含胶植物中收集胶乳并

---

① 中国石化17万吨/年苯乙烯类热塑性弹性体项目建成投产［EB/OL］.［2023-04-06］.新华网，http://www.xinhuanet.com/energy/20230406/21d3a7c0281c4a0f96e7cb51b7ed6eb2/c.html.

② 海南自贸港建设发展新“引擎”海南炼化百万吨乙烯项目建成投产［EB/OL］.［2023-02-22］.搜狐网，https://www.sohu.com/a/644681616_121106994.

加工而成的高分子有机聚合物，具有两大特性：①结构特殊。天然橡胶主要成分为具有高立构规整度的橡胶分子（约占 96%），还具有由非橡胶组分（蛋白质、磷脂等）所构成的独特末端结构及物理网络结构，这些化合物组成的化学结构，使天然橡胶具有独特的拉伸诱导结晶特性，不仅高强度、高弹性、高抗撕，还兼具耐疲劳低生热、耐高温恒模量和长寿命低蠕变等性能，是合成橡胶（以石油化工为主要原料，由人工合成的高弹性聚合物）等化学材料无法比拟、无法替代的。国内有关机构研发仿生橡胶，其中一个研究路径是在合成橡胶中加入相关的蛋白质等物质，使其具备天然橡胶的综合性能。②黏合性极强。天然橡胶可以与金属完美黏合，使其在重要领域，比如航空轮胎、载重汽车轮胎、矿山机械轮胎和国防装备等高端制造中具有不可替代的优越性能。以航空器轮胎为例，作为起飞、降落和滑行过程中唯一接地的部件，航空轮胎负荷能力比工程胎大、速度比赛车高，充气压力是载重车轮胎的 10 倍，下沉量是汽车轮胎的 2 倍，需应对极端温度和气压的挑战，曾被中科院列入“卡脖子”清单。天然橡胶是生产航空轮胎必不可少的原料，也是合成橡胶无法替代的。2010 年 4 月 12 日，时任国家副主席习近平视察海南农垦西联农场时指出“天然橡胶是不会被彻底代替的，我国橡胶的需求量大，其发展形势很好，农垦一定要发展好橡胶产业”。中央政治局 2015 年审议通过的《国家安全战略纲要》将天然橡胶与能源、矿产、水并列为国家战略资源。

二是天然橡胶在多个应用领域不可替代。天然橡胶与煤炭、钢铁、石油并称四大基础工业原料，广泛应用于工业、农业、国防、交通、运输、机械制造、医药卫生、日常生活等领域，下游产品达 7 万余种。目前，全球天然橡胶与合成橡胶的应用比例为 48∶52。2022 年我国天然橡胶、合成橡胶表观消费量分别为 635 万吨、889 万吨，比例为 42∶57。合成橡胶的消费结构与天然橡胶大体相同，最重要的用途是生产轮胎，近年来在乳胶制品业中应用增加。据 2022 年统计数据分析，天然橡胶用于各类轮胎制造占比 75%、乳胶制品占比 9%、橡胶板管带占比 7%、橡胶零部件占比 4%、胶鞋类占比 3%、其他占比 2%。从实际需求看，天然橡胶在一些领域无法被合成橡胶取代，如航空轮胎、载重轮胎、矿山机械轮胎、探空气球、建筑与桥梁减震支垫、高铁减震、飞机旋翼轴承、坦克负重轮、宇宙飞船传动部件、医用手套、安全套、海绵制品等。在卡（客）车、非公路工程轮胎制造中，对弹性材料应力拉伸度等指标要求高，天然橡胶用量大，合成橡胶能替代的空间有限。中国科学院长春应用化学研究所采用在合成橡胶中加入非胶组分的技术路线，研制接近天然橡胶性能的仿生橡胶，但从现有报道看，实际应用仍有很长的路要走。

实际上，第二次世界大战后，美国、俄罗斯等国持续开展合成橡胶研发投入，以减少对天然橡胶的依赖，而这一举动并未减少这些国家的天然橡胶进口量，其作用和地位仍未变化，甚至有所提高。欧盟2020年对关键原料进行新一轮评价，将天然橡胶的经济重要性提高至第三位，仅次于金属钨、铬（EU，2020），这也表明，天然橡胶作为材料的战略地位不仅没有减弱，反而有所加强。

三是橡胶园的生态功能不可替代。在四大基础工业原料中，只有天然橡胶是可再生资源。橡胶园是生产天然橡胶的绿色工厂，具有较强的碳汇功能。20世纪80年代，中国科学院等科研机构对海南等地农垦天然橡胶种植区进行调查研究后表示："植胶成林后，降雨量增加，水土流失减少，小河流水不断，橡胶园起到了调节小气候、保持水土、涵养水源和生物自肥的作用，具有良好的生态效益。"2020年，海南天然橡胶园面积占全省森林面积的16.7%。联合国粮农组织曾将海南农垦天然橡胶种植区誉为最有生态价值的人工热带雨林群落系统（郑文荣，2016）。合成橡胶是石化产品，据专家介绍，生产1吨合成橡胶约排放17.5吨二氧化碳，不但不具备天然橡胶园的生态功能，进一步扩大规模还将造成气候变化与环境污染，而天然橡胶的生物合成过程生产则是一个吸收二氧化碳的过程。

第 22 章

海南省天然橡胶下游产业发展策略

海南省具有下游产业发展的原料优势和地理区位市场优势，但橡胶制品工业发展相对滞后，马来西亚、泰国等主产国转型经验可为海南天然橡胶产业发展提供重要借鉴。下游产业转型的基本路径是以乳胶制品业的发展为突破口，逐步向航空轮胎等高端橡胶制品业延伸，同时加快橡胶木产业提质增效。

22.1 全产业链发展概况

22.1.1 我国天然橡胶产业链发展概况

一是产业链条较为完整。橡胶树是具有多重开发价值的经济作物，经济周期长达 30~40 年，其所分泌的胶乳是重要的可再生工业原料，广泛运用于交通运输、机械制造、医疗卫生等领域，下游产品多达 7 万余种，延伸出了轮胎、胶鞋、胶管、胶带、乳胶制品等橡胶产业链条。我国是橡胶工业大国，也是主要橡胶制品的出口大国，橡胶工业体系相对比较成熟。2022 年，橡胶制品行业规模以上企业 4037 家，其中轮胎制造企业 370 家，橡胶板管带制造企业 737 家，橡胶零件制造企业 878 家，再生橡胶制造企业 125 家，日用及医用橡胶制品制造企业 346 家，运动场地用塑胶制造企业 72 家，橡胶鞋制造企业 508 家，其他橡胶制品企业 1001 家。2022 年，全国橡胶制品行业消耗天然橡胶约 600 万吨，实现营业收入 7509 亿元，其中轮胎行业占比 45. 9%，轮胎用天然橡胶消耗量占 70%以上；行业利润约 350 亿元，轮胎制造和橡胶鞋制造利润回升明显，日用及医用橡胶制品利润同比下滑接近 90%。国内制品企业更加关注品牌建设，积极提高品牌竞争力。

二是产业布局集群化。国内主导产业布局大体呈现集群化发展趋势，橡胶制品所需的原料多，适合集群式发展，有利于降低企业生产成本。轮胎制造基本形成了以山东、浙江、江苏为主导的产能布局，其中山东轮胎产量占全国总产量的一半以上，打造了以青岛、烟台、威海为主的半岛轮胎产业集群和以广饶、寿光为主的鲁北轮胎产业集群。胶鞋生产企业主要分布在东部沿海省份，其中以福建、广东分布最为集中，在国内形成了以广州、东莞为代表的中高端鞋生产基地，以温州、台州为代表的中档鞋生产基地，以成都、重庆为代表的女鞋生产基地和以泉州、晋江为代表的运动鞋生产基地。胶管胶带市场集中度相对较高，企业优势明显，产品呈现出具有地区特色的差异化布局，形成了中国（景州）橡塑管业基地、中国（三门）胶带生产基地、中国（天台）胶带生产基地、中国（博野）输送带工业城四大管带特色产业集群。乳胶制品企业分布相对分散，医用手套生产企业主要分布在扬州、青岛、新乡等地，避孕套生产企业则集中在桂林、广州、大连等，而以乳胶气球为主导产品的河北雄县，由于雄安新区建设的需要，生产基地转移到山西左权。

三是下游用胶需求以轮胎为主。天然橡胶是优质的弹性体材料，应用领域广泛。中国热带农业科学院根据2022年天然橡胶消费量估算下游产业的用胶结构，发现天然橡胶消费量中各类轮胎制造占比75%，乳胶制品占比9%，板管带占比7%，橡胶零部件占比4%，胶鞋胶带占比3%，如表22-1所示。由于乳胶寝具产品的大力开发，天然橡胶中浓缩胶乳用量占比有所提高。受国内劳动力成本及欧美国家贸易壁垒影响，玲珑轮胎、中策橡胶、赛轮轮胎等大型轮胎企业纷纷选择在泰国、越南、马来西亚等国家投资轮胎生产，产品以全钢胎和半钢胎为主。

表22-1　我国天然橡胶在不同领域的消费结构

产品	用量（万吨）	占比（%）	说明
轮胎	450	75	卡（客）车、工程胎等对天然橡胶的需求量大，我国全钢轮胎产能较大
其中：卡（客）车	315	52	
乘用车	89	15	
其他轮胎	45.5	8	
航空轮胎	0.5		航空轮胎消费量较小
乳胶制品	66	9	疫情缓解后，占比有所下降
板管带	36	7	
橡胶零部件	18	4	
胶鞋胶带	18	3	
其他	12	2	
合计	600	100	

注：此处消费量是由中国热带农业科学院橡胶研究所根据天然橡胶产量、进口量、库存变化估算得到的，与国际机构公布的数据有偏差。

22.1.2　海南省天然橡胶下游产业发展情况

一是初加工产业逐步拓展。海南省初加工结构逐步优化，在关停并转落后产能后，2022 年底，全省正常运转的天然橡胶初加工工厂 52 座，年设计生产能力 98 万吨，其中浓缩胶乳工厂 31 座，产能 45.2 万吨，标准胶工厂 33 座，产能 52.8 万吨。海垦集团在马来西亚、印度尼西亚、新加坡、老挝等国进行产能布局，先后收购或控股新加坡 R1 公司、印度尼西亚 KM 公司及其关联企业 ART 公司，2023 年并购中化国际橡胶业务，年加工能力达 260 万吨，年加工量 180 万吨，拥有或控股胶园约 150 万亩。

二是精深加工逐步延伸。依托浓缩胶乳、橡胶木等资源优势，海南省逐步深耕下游产业，初步形成橡胶衬板、医用橡胶、乳胶丝、橡胶木四大板块的产业链条和以儋州国家现代农业产业园为核心的综合型橡胶园区和天然橡胶产业集群，橡胶制品企业包括海南经纬乳胶丝有限责任公司等企业。2022 年，海南省天然橡胶全产业链产值约 50 亿元（其中种植业 35 亿元、初加工业5 亿元、精深加工制品 6 亿元、木材 4 亿元），其中橡胶制品行业产值占比 12%。

三是科技支撑能力有所增强。依托省域内研发机构和创新平台，海南省在智能割胶、智慧胶园、自动化加工、环保天然橡胶加工工艺、军工高端用胶等应用型科技研发方面已走在行业前列，开发出纳米黏土胶、国产航空轮胎胶、军用气象气球专用浓乳、高弹减震胶、无氨乳胶等先进产品，填补了国内相关领域的空白。

四是橡胶木开发技术取得积极进展。橡胶木防腐防虫和干燥技术的研究推广促使橡胶木迅速成为海南省可合法砍伐的人工林商品材。橡胶木是天然橡胶产业重要的副产资源，中国每年生产量约 150 万立方米，海南产量近 80 万立方米，从东南亚进口约 400 万立方米。海南橡胶木产业相关企业上百家，集中在儋州、琼中、白沙、昌江、乐东和万宁等市县。中国热带农业科学院橡胶研究所研发的环保型和功能型橡胶木加工新技术在海南橡胶木材加工中的应用比例达到 70%。

22.2　制约海南延伸产业链的主要因素

（1）产业“缺链”制约要素聚集

轮胎、板管带、零部件等产品的生产需要配套各类原材料以及模具制造企业，适合集群式发展。海南省以初级产品输出为主，制品业发展滞后，省内所消耗的天然橡胶不足1万吨，产业链条短，产品附加值低，对人才、资本、资源等各类要素的吸引力较弱。贸易量少，仓储物流、金融等配套服务不足，进口天然橡胶极少在海南仓储，还没有形成天然橡胶进口贸易的集散地。

（2）基础“缺钙”制约产业延伸

海南天然橡胶单位面积产量连续8年不足每亩70千克，而云南天然橡胶亩产近90千克。海南天然橡胶实有种植面积逐年减少，2021年末比最高峰减少了44万亩，而云南面积相对稳定，广东则略有增加。初加工产能过剩明显，环保问题突出，产品质量和效益亟待提高。相较于广东、山东等省份，海南省缺少原辅料产业基础，在橡胶制品制造方面仅有天然橡胶和少量合成橡胶企业，绝大部分原料都需从外地运输。

（3）科技“缺芯”制约创新进程

海南省高性能胶的研发及产业化支撑力量不足，缺乏国家级重大创新平台，创新链集中在种植和初加工端。产品质量及其一致性形成机理尚不清晰，航空轮胎以及核心部件等高端制品用胶国产化的关键技术基础薄弱，关键技术人才、研发团队、项目基金、创新平台支撑不够，科技引领产业动力不足。上下游联动不够，高端制品企业长期使用进口天然橡胶，对国产化的关注和投入不足。

22.3 主产国天然橡胶产业发展的经验借鉴

22.3.1 马来西亚橡胶产业转型经验

一是产业结构向优势产业调整。马来西亚曾是全球第一大天然橡胶生产国，以橡胶原料输出为主，产业附加值低，比较效益相对较低。2006年，马来西亚橡胶局通过调结构、延链条、提效益等系列措施推动产业升级。橡胶种植面积和产量从2006年的1896万亩和128.4万吨减少到2021年的1677.75万亩和46.97万吨，分别减少了11.51%和63.42%，天然橡胶对出口的贡献率也从2006年的1.6%下降至2021年的0.57%，但2021年橡胶行业出口值为810.9亿林吉特（折合人民币约1300亿元），是2000年的6.11倍，天然橡胶、橡胶制品、橡胶木在天然橡胶产业出口额中占比依次为7.69%、78.74%、10.90%，包含天然橡胶、橡胶制品、橡胶木在内的全产业链对国家出口的贡献为6.5%，较2020年提高了2.11个百分点。2022年，乳胶手套出口需求减弱，但全产业链产值仍达474.9亿林吉特（折合人民币约800亿元），如图 22-1 所示。马来西亚已基本构建了以天然橡胶安全供给为保障，以橡胶木制品为补充，以工业反哺农业为联结的全产业链融合发展模式，形成了天然橡胶、橡胶制品、橡胶木制品三足鼎立的贸易格局，完成了从传统橡胶原料生产大国向橡胶制品大国的蜕变，其中马来西亚橡胶局在统筹全链条发展中发挥着重要作用。

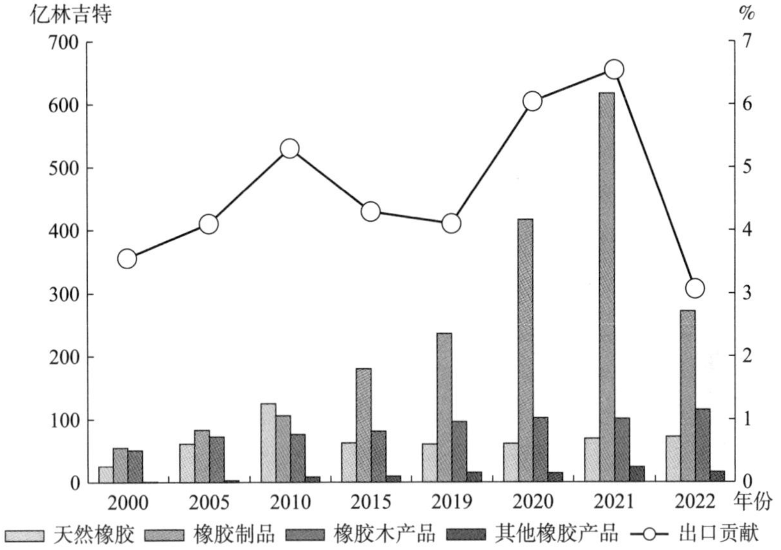

图 22-1　马来西亚橡胶细分行业出口值及其贡献

数据来源：马来西亚橡胶局。

二是差异化定位抢占市场先机。马来西亚根据全球橡胶产业结构以及分布特点，积极谋划下游主导产业，巧妙避开竞争激烈的轮胎产业，发展具有原料优势的乳胶制品业。2021 年，马来西亚天然橡胶消费量 50.20 万吨，其中有 88.27%用于乳胶产品，而橡胶手套的天然橡胶消费量占总消费量的 75.8%。当前马来西亚已成为乳胶制品生产大国和世界最大的乳胶手套生产国，乳胶手套产量占世界的份额超过 60%，对国内总出口的贡献在 2%左右。2019 年以来，受新冠疫情对医用乳胶手套需求增长的影响，其出口贡献率有所提升，2021 年达 5.9%。

三是通过橡胶工业园区继续推动发展。吉打橡胶城（KRC）是印度尼西亚、马来西亚、泰国在其边境的增长三角地区（IMT-GT）合建“橡胶走廊”的项目之一，马来西亚政府高度重视，将吉打橡胶城纳入《北部走廊经济区战略发展计划（2021—2025）》的国家项目中，拟通过建设国内第一家专业橡胶工业园，打造区域性高价值橡胶制造中心。吉打橡胶城占地近 7588 亩，是马来西亚首个橡胶工业园，建有集轮胎橡胶、汽车橡胶零部件、工程橡胶、新型材料、高端制品、生物技术、增值服务于一体的产业集群，预计到2030年能提供1.45万个就业机会和147亿林吉特（折人民币合约230亿元）的GDP。据马来西亚媒体2021年4月19日报道，吉打橡胶城已吸引了超过22亿林吉特（折合人民币约35亿元）的承诺投资，用于先进的乳胶产品开发、原料生产、制造、仓储和物流，已经准备好在第一阶段基础设施工程完成后接受投资。为促进小农场主与橡胶城发展相协调，北部经济走廊执行机构（NCIA）与橡胶业小园主发展局（RISDA）签署备忘录，同时NCIA在简化投资申请手续、吸引投资商、提升金融服务以及科技服务推广等方面进行了优化，助力橡胶产业集聚化发展。

22.3.2 泰国橡胶工业园区发展经验

22.3.2.1 泰国宋卡橡胶城

为了促进橡胶出口和加工，提高产品附加值，推动泰国由橡胶原材料出口国向东盟橡胶加工大国转变，泰国工业部指派泰国工业园区管理局（IEAT）建立橡胶城（Rubber City），这是泰国唯一的官方橡胶专业工业园。橡胶城位于泰国宋卡府南部工业区（Southern Industrial Estate）的第二期和第三期，占地面积5400亩，其中工业区面积1440亩，包含普通加工区、普通加工优质区、中游橡胶产品加工区和下游橡胶产品加工区；商业区71亩；公共设施区1412亩。橡胶城被定位为橡胶中下游产品行业的集聚区，以橡胶创新产业、乳胶制品产业（如乳胶手套、安全套）、复合胶产品以及运输包装等配套产业为主导。

泰南地区是泰国天然橡胶传统优势生产基地，接近60%的橡胶产量来自泰南地区，宋卡府是仅次于素叻府的泰国第二大橡胶生产基地，2021年种植面积和产量分别为525.6万亩和44.49万吨，占泰南地区橡胶产业的比重分别为15.5%和9.06%。宋卡府集聚科研力量，拥有橡胶实验室13家，数量居全国之首，占全国橡胶实验室的14.77%；橡胶加工厂89家，仅次于素叻府，位居全国第二；拥有出口贸易商88家，数量远超其他省府，橡胶经销商366家，位居全国第三。基于宋卡府丰富的橡胶资源优势，橡胶城在建设初期，积极整合本地资源，以引进本地初加工工厂为主，形成原料的集聚优势，吸引下游制品企业进驻园区。橡胶城计划建设70家加工厂，打造泰国最大的橡胶产业园和研发生产中心。目前米其林暹罗公司等知名公司进驻泰国宋卡橡胶城。

22.3.2.2 泰国立盛橡胶工业园

立盛橡胶工业园是经泰国工业园区管理局批准，由泰国泰华橡胶公司在

2013 年投资建设的泰国首家橡胶制造专业工业园，目标是建设以橡胶科技为主的橡胶科技生态工业园。园区位于泰国东部经济走廊（EEC）区域内，享受泰国 EEC 和泰国投资促进委员会（BOI）双重优惠政策。泰国工业园开发分为政府担保型和完全企业型，比例为 1∶3。立盛橡胶工业园是以政府担保方式建设的，园区的开发按照泰国法律及政府规定，在政府监督下实施，同时，政府还承担为园区提供配套橡胶价格服务的责任。在中国“一带一路”倡议和泰国“工业 4.0”政策的契机下，2016 年青岛森麒麟集团以 35 亿泰铢并购立盛橡胶工业园，并将其更名为“立龙橡胶工业园”，引进轮胎加工企业及下游配套企业，打造橡胶轮胎专业工业园。

立盛高新技术经济开发区（LK-RICH）是在原立盛橡胶工业园基础上扩建而成，现有合法土地 5326 亩，配套设施 1000 亩，可用租售土地 4326 亩，投资服务交由泰国温商产业园集团负责，形成“一区九园”的产业布局，以高新技术经济开发区为主体，下设东部经济走廊数码园，航空工业与物流产业园，IT 大数据产业园：智能电子工业（含机器人），出口加工产业园（含海关、保税、食品加工业、物流、中小企业），旅游文化创意产业园：旅游业，生物化学与生物燃料产业园，高端装备制造产业园：数码产业园（含机器人），高新技术材料产业园：机器人制造业（含高新材料），生命健康产业园：集成式医疗健康产业等九大园区，由橡胶轮胎专业工业园逐步转型为“世界科技与信息硅谷”。

成本优势是吸引企业入驻园区的亮点，根据泰国政府规定，天然橡胶出口需缴纳专项关税，而园区企业则无须缴纳关税，每条载重轮胎的原材料成本将减少约 15 元。园区采取“零库存”管理，企业无须承担烘胶设施和能源费用，可节省大笔建设、管理和财务费用，生产载重轮胎的成本优势在每条 20 元以上。目前华谊集团（泰国）有限公司、森麒麟轮胎（泰国）有限公司、金世缘乳胶制品（泰国）有限公司、中国广东广垦橡胶集团等知名企业已入驻园区，投资运营生产规模、产能约 388 亿泰铢以上。

22.3.2.3　泰中罗勇工业园

泰中罗勇工业园成立于 2006 年，是泰国政府着力打造的“东部经济走廊”核心区域，是中国首批境外经贸合作区之一以及中泰“一带一路”产能合作的重要载体。园区由中国华立集团与泰国安美德集团联合开发，依托廉差邦深水港的优势以及区域全面经济伙伴关系协定（RCEP）的便利，旨在打造产业集群中心和制造业出口基地。园区规划总面积 18000 亩，分 3 期建成，规划占地依次为 2250 亩、3750 亩和 12000 亩。园区基础设施完善，配套建设一般工业区、保税区、会展中心、物流基地以及商业生活设施，目前园区已完成一期、二期的“七通一平”基础设施建设，三期也已开始招商。园区产业布局以汽配、机械、建材、家电等中国优势产业为主，其中橡胶制品业是园区主导产业，园区周边拥有橡胶加工厂33家，集中了宏曼历、泰华、诗董、联益等世界橡胶生产知名企业，为入园企业提供充足优异的原料和质量保证。

园区的企业实施属地化管理，企业员工本地化，园区现有员工45000多人，中方员工仅占10%，泰籍员工达3万余人。优化招商引资服务是园区的重点工作之一，依托泰国减免13年所得税和免缴机器、原材料进口关税以及土地所有权等优惠政策，园区为企业提供园区考察、政策资源、产权办理、公司注册、优惠申请、员工招聘、会计税务、金融贷款等24小时全天候“一站式”中英泰三语服务。此外，园区积极开展数字化创新，开创云考察、云注册、云开户、云答辩、云奠基等系列模式。2021年，园区通过推动“云招商”服务，吸引了15家企业入园，大大缩短企业投资考察及项目落地周期。据统计，有170家中国企业入驻园区，总投资额41亿美元以上，园区工业总产值220亿美元，带动了当地经济的发展。

22.4 海南省天然橡胶下游主导产业选择及可行性分析

22.4.1 航空轮胎等高端用胶行业

航空轮胎国产化趋势增强。航空轮胎是国内“卡脖子”技术项目，对我国工业领域具有核心意义。2020年，中科院将光刻机、航空轮胎、高端芯片等核心技术列入率先行动科研清单。国家相关部委配套支持“航空轮胎专用天然橡胶生产加工技术熟化、集成与示范”等项目，推动关键技术攻关。

航空轮胎等关键技术趋于熟化。2008年，曙光院研制成功了我国首条装机使用的航空子午线轮胎，打破了国际三大轮胎巨头军用轮胎技术垄断。2017年，森麒麟成功研发并推出完全自主知识产权的国内首款民用航空轮胎。2023年，宁夏神州轮胎研发成功适配C919国产大飞机新型轮胎，曙光院10万条/年高性能民用航空轮胎项目将于年底建成，为ARJ21、C919、空客A320和波音737-800等飞机提供配套轮胎、替换轮胎和轮胎翻新服务。

国产大飞机投产使用后，航空轮胎需求将会增加。C919飞机是我国首款完全按照国际先进适航标准研制的单通道大型干线客机。截至2021年，C919的订单数量超过850架，订单量涵盖了全球28家航空公司。有专家预计2018—2037年中国商用飞机新机交付将达到9008架，机队规模持续扩大，未来我国对航空轮胎的需求将呈刚性增长态势。

海南省具有发展航空轮胎行业的原料和技术优势。为推进航空航天等专用胶国产化进程，2014 年空军航空橡胶科研生产中心在海南成立，结合全省资源和产能优势，配套建设航空橡胶的专供生产原料基地、军用高标准特种橡胶的专供加工基地和空军航空天然胶研发基地，为建设航空航天专用胶材料国产化的替代供应中心提供重要保障。由海南橡胶集团和曙光橡胶工业设计研究院共同研发、使用国产天然橡胶材料制造的军用航空轮胎，通过了军方装机评审①。中国航发北京航空材料研究院在海南成立“特种天然橡胶联合实验室”。

在质量达标的情况下，海南省基本能保障航空轮胎等高端用胶的供应。天然橡胶约占航空轮胎总重量的 50%左右，占航空轮胎中弹性体重量的比例约为 75%。在航空轮胎制造领域，合成橡胶无法替代天然橡胶，但天然橡胶实际使用量不大，国产天然橡胶若达到使用标准和技术要求，足以满足这一领域的需求。海南省天然橡胶产量 35 万吨左右，按照优中选优的原则，划定一定数量的特种胶园，也能够保障高端用胶需求。

22. 4. 2　乳胶制品行业

全球乳胶制品市场规模稳步增长。2020 年全球乳胶制品市场规模为 202. 23 亿美元，同比增长 4. 72%；2021 年市场规模为 213. 59 亿美元，同比增长 5. 61%。美国、欧洲、日本、中国是全球主要的乳胶制品市场，2020 年中国乳胶制品市场规模为 240. 12 亿元，同比增长 6. 24%；2021 年市场规模为 255. 86 亿元，同比增长 6. 55%。国内乳胶制品市场规模仍不断扩大，行业发展前景较好。

国内乳胶制品需求空间较大。随着经济水平的提高，我国人民对生活水平和质量均提出了较高的要求。2021 年国内主要乳胶制品市场规模达 214. 39 亿元，其中乳胶避孕套市场规模为 109. 32 亿元；乳胶床垫市场规模为 79. 16 亿元；乳胶手套市场规模为 25. 91 亿元，同比增长 36. 15%。

以鲜胶乳采收为乳胶制品业的发展提供原料保障。海南省以初级加工品输出为主，70%以上原料加工成浓缩胶乳。2022 年底海南省有浓缩胶乳工厂，产能 45. 2 万吨，其中海胶集团 6 座，产能 17. 5 万吨，民营企业 25 座，产能 27. 7 万吨，全省浓缩胶乳产量 26. 3 万吨。

已有相关制品企业在琼设厂。省内共有海南南橡乳胶制品有限公司、海

---

① 谷家福. 海南橡胶航空橡胶研发取得突破［EB/OL］.（2015 - 07 - 13）［2022 - 05 - 03］. http：//www. hirub. cn/show-2368. html.

南好舒福天然乳胶制品有限公司、海南经纬乳胶丝有限责任公司、海南知知乳胶制品有限公司、海南维力医疗科技开发有限公司 5 家企业，其中海南经纬乳胶丝有限责任公司是国内最大的乳胶丝生产销售企业，拥有 8 条先进的乳胶丝生产线，年产能达 2 万吨，国内市场占有率超 16.67%。全省生产的乳胶产品主要包括天然乳胶床垫、枕头等乳胶发泡制品、乳胶环保健康制品、乳胶丝、各类乳胶手套、医用乳胶产品等。

低氨、无氨浓缩胶乳生产工艺日趋熟化。低氨、无氨浓缩胶乳产品是符合“双碳”战略发展目标的行业发展新方向，可应用于乳胶床垫、乳胶手套和乳胶胶黏剂等乳胶制品的生产，且质量指标均能达到或超过高氨乳胶制品，同时可节约 200 元/吨的除氨成本。海南橡胶是国内最大的无氨、低氨浓缩胶乳等绿色胶乳生产企业，拥有宝岛、美联等知名品牌。使用中国热带农业科学院橡胶研究所研发的低氨浓缩天然胶乳生产的乳胶枕成功下线，且该种胶乳在江苏爱德福乳胶制品有限公司成功应用，生产工艺日趋熟化。

22.5 推动橡胶混炼业务发展

22.5.1 推动橡胶混炼业务发展的意义

（1）有利于促进优质要素集聚

天然橡胶是四大工业原料之一，广泛应用于交通运输、医疗卫生等国民经济领域，产业链发育趋于成熟。天然橡胶是轮胎、板管带、零部件、乳胶制品等行业所需的主要材料之一，也是综合性能最优的弹性体材料，但其仅是众多原辅料之一，橡胶产品生产需要配套各类原材料以及模具、机械等，适合集群化发展，如山东青岛和东营、河北衡水、浙江宁波的橡胶产业集群。混炼是将天然橡胶/合成橡胶与其他原辅料按照一定比例均匀混合的过程，使填料、各种配合剂和硫化剂在橡胶基体中均匀分散，保证生产的各批次胶料质量一致，具有均匀、稳定的胶料性能（《中国橡胶》编辑部，2021）。可通过发展橡胶混炼业务，带动配套原辅料产业发展，促进人才、技术等生产要素向海南聚集，促进上游和下游需求对接，进而为吸引高端绿色轮胎、高品质橡胶板管带和零部件、橡胶隔减震支垫等橡胶制品企业来琼投资，打下坚实的基础。

（2）有利于提升天然橡胶材料质量一致性

受限于气候因子季节波动大等因素，海南省生产的天然橡胶在应用中存在批次间质量指标不稳定的负面言论（刘锐金等，2022b）。天然橡胶质量及其一致性对橡胶制品的综合性能和企业加工成本有重要影响，若不同批次天然橡胶的门尼粘度、定力拉伸度等指标有较大的差异，在没有及时调整配方和工艺的情况下，会导致次品率提高，而配方和工艺调整均会产生额外成本。混炼是橡胶制品生产的重要工序之一，在混炼环节，可根据各种材料的特性，按照下游企业的需求对配方进行调整优化，弥补海南产天然橡胶品质一致性相对较差而导致的缺陷。省内生产的天然橡胶以复合材料方式输出岛外，可明显提高价格。2022 年，我国进口复合橡胶平均价 5324 美元/吨，而进口技术分类橡胶平均价 1677 美元/吨、烟片胶平均价 1839 美元/吨、浓缩胶乳折合干胶平均价 2067 美元/吨。

（3）有利于助推橡胶制品业全产业链“减碳”

混炼环节是橡胶加工中能耗最高的工序，占轮胎生产过程全部能耗的 40%，绿色化已成为橡胶制品业高质量发展的主要内容。建设专注于混炼的生产线，为不同需求的企业提供定制化橡胶材料，实现混炼业务朝规模化、专业化、智能化等方向发展，有助于加快湿法混炼、连续混炼等新技术、新工艺应用，加速纳米黏土天然橡胶、白炭黑天然橡胶、高性能航空轮胎胶等新产品的转化和采用。当前，橡胶制品业混炼环节呈现独立化发展和外购需求增强的趋势（祝斌，2021）。海南省橡胶种植农户和企业几乎都销售新鲜胶乳，对于发展橡胶混炼业务来说具有明显的原料优势，且湿法混炼技术的采用在能耗上比干法混炼平均下降 30%（孙国华等，2017），同时可减少设备投入达 50%以上（陈元荣，2022）。另外，海南省风能、核能等绿色能源优势明显，引入新技术、新装备，建设混炼胶生产线，有利于利用先进的低碳绿色环保工艺改进橡胶产品品质，从原料端先行实现“减碳”目标，从整体上减少橡胶制品业的碳排放量。

22. 5. 2　推动橡胶混炼项目落地的有利条件

（1）具有 RCEP 和自由贸易港的叠加优势

“无工不富”，在 RCEP 规则和自由贸易港制度下，海南省迎来了推动先进制造业发展的难得机遇。当前，海南省相继发布了加工增值免关税、零关税等贸易投资自由化便利化政策，以及企业所得税与个人所得税减免政策，为先进制造业导入和发展提供支撑。《海南自由贸易港鼓励类产业目录（2020 年本）》中，将生物质材料研发与应用列入优惠目录，《海南自由贸易港投资新政三年行动方案（2021—2023 年）》明确提出以应用和市场为导向，鼓励和支持国内外大型装备企业在海南实施技术成果转化，开展省内企业绿色、智能化技术改造。《海南省高新技术产业“十四五”发展规划》强调，加速商品、技术、服务、资本、人员的跨区域流动，加快海南高新技术产业的集聚和高质量发展。瞄准高端橡胶制品的混炼中心建设属于海南省鼓励类的项目，能带动高端橡胶制造业发展，国内橡胶制品行业正在推动从成本优势转向高质量发展，以满足市场对高端产品的需求。以机动小客车用轮胎为例，2022 年出口平均价 2831 美元/吨，而进口平均价 4331 美元/吨，在全球价值链中处于中低端。

（2）风电、核电等清洁能源供应充足

海南省依托风能、光热、核能等优势，积极发展海上风电、核电、光伏产业。根据《海南省“十四五”海上风电规划》，将分别在临高西北部、儋州西北部、东方西部、乐东西部和万宁东南部海域选址建厂 11 个，总开发容量为 1230 万千瓦；中海油海南 CZ7 海上风电示范项目、大唐海南洋浦海上风电产业园项目等系列项目顺利推进。昌江核电站是海南历史上投资最大、技术先进、工艺环保的能源建设项目，自 2015 年开启商业运营以来，每年发电量约占海南省统调发电量的 30%；二期工程进展顺利，预计 2026 年投入使用，总装机容量 240 万千瓦。这些新能源项目为发展橡胶混炼产业提供了良好条件。

（3）混炼行业新技术不断熟化

间歇法向连续法的转变是混炼工艺的重要创新，其中低温一次法混炼和湿法混炼技术是发展前景最好、节能效果最显著的工艺技术。以天然胶乳为原料的湿法混炼工艺概念由美国卡波特公司于 2001 年率先提出（唐帆等，2021），此技术是以橡胶胶乳为主要原料，在炭黑、白炭黑等填料液态化的基础上进行混炼。与干法混炼相比，湿法混炼能明显提升硫化、耐屈挠疲劳、耐磨等性能，而且能有效节能减污。杭州中策橡胶公司、海胶集团、中化集团均在海南试制湿法混炼胶，有一定的产业基础，为我国橡胶工业节能降耗和绿色轮胎产业的发展提供了有力的支撑。不过，该技术还存在门尼粘度和硬度偏高、对填料网络影响不明晰等问题（孙泉等，2020）。

22.5.3 关键举措

（1）尽快推动混炼胶项目落地

紧抓海南自由贸易港加工增值 30% 和自用生产设备、原辅料进口“零关税”的政策优势以及风电、核电等绿色能源优势，充分利用 RCEP 原产地累积等规则，发挥洋浦港作为船籍港的优势，在儋州洋浦选址建设高端橡胶制品混炼密炼中心。以高端橡胶制品为主要服务对象，鼓励原辅料进口，吸引国内以及韩国、日本等跨国大型橡胶制品企业联合，投资设立橡胶混炼密炼企业实体，采用湿法混炼、串联式混炼等新工艺，引进最新装备，尽快落地建设混炼生产线。以混炼为切入点，补强复合材料增值关键环节，补齐橡胶制品原辅料关键链条，补全高品质橡胶板管带和零部件、橡胶隔减震支垫等橡胶制品配套领域，逐步形成天然橡胶产业链集群。发挥儋州洋浦一体化的优势，支持儋州市加快谋划，在规划、土地等要素供给上，为橡胶混炼业务提供支持。

（2）支持提供整体解决方法

瞄准混炼外包的行业趋势，精准对接下游制品企业品质需求和供给缺口，尤其是高、精、尖、特企业的用胶需求，通过培育共享制造、个性化定制等新型服务业态，为下游高端橡胶制品企业提供定制化的天然橡胶复合材料以及相关配方和工艺的一整套服务。充分利用海南自贸港国际人才流动便利等优势，支持国内外大型橡胶企业在海南设立新型研发机构，建设区域服务总部。为在琼落户的企业，在拓展业务、人才引进、技术创新等方面，尤其是天然橡胶新材料的试用推广阶段，提供适当的支持。以定制化天然橡胶材料供应为起点，逐步向标准化制造转型，引进制品企业和先进生产线，打造从原料到高端制品的智慧工厂，进而实现制造业产值在全产业链中的比重达到 50%。

（3）多渠道强化技术保障

整合中国热带农业科学院、海南大学、海南农垦集团等省内科技创新力量，联合北京化工大学、青岛科技大学、中国科学院长春应用化学研究所、沈阳三橡股份、青岛森麒麟等单位，筹建国家天然橡胶技术创新中心，建设天然橡胶大科学装备，形成创新合力。重点研制满足特种需求的橡胶树新品种及其他产胶植物新品种，研发并集成配套栽培技术，开发天然橡胶质量调控技术和生产装备，推广应用加工与检测技术，研制适合于细分领域的天然橡胶复合材料、功能材料，为生产航空轮胎、轨道交通减震、潜艇密封圈等特种装备所需的天然橡胶提供技术支撑，服务各类相关企业。完善技术转移转化机制，推动产业信息、设备平台、智力及技术等资源共享，形成产学研用推一体化的技术创新、成果应用和商业化体系。

22.6　对策建议

一是推进“大浓乳”发展策略。以天然胶乳为原料的乳胶寝具市场发展迅速，已形成了百亿级体量的市场规模。在产能和消费优势的驱动下，我国成为全球最大的乳胶寝具生产基地，产能集中分布在温州和南通。海南省以浓缩胶乳生产为主，在原料供应和消费上优势明显。以自由贸易港海南国际消费中心定位和投资贸易便利化政策为契机，依托龙头企业推行“大浓乳”计划，重点引进乳胶寝具制造生产线，推广天然胶乳低氨/无氨保存加工工艺，打绿色健康牌，突出“拳头”产品。在做大做强乳胶寝具的基础上，适度布局医用手套、超薄制品等行业，全面发展高端乳胶制品业，提高产品附加值。

二是探索新材料研发与创新。省域内汇聚以中国热带农业科学院和海南省先进天然橡胶复合材料工程研究中心为代表的多个科研机构和创新平台，在橡胶种质资源收集保存利用方面仅次于马来西亚橡胶研究所，具有一定研发实力和研究基础。可利用全球动植物种质资源引进中转基地和新材料临港工业园区的平台以及自由贸易港生产设备进口免税、增值30%进入内地免税、超低所得税税率等优惠政策，发展以种质资源创新和共混改性、混炼密炼为主的天然橡胶新材料创新工程，服务国家战略需求，提升橡胶产业在国家关键领域的供给保障能力。

三是形成高端制造业新业态。海南省作为国防专用胶国产化替代供应中心，可依托空军航空橡胶科研生产中心和国产大飞机研发项目，发展以专用橡胶元器件国产化和民用航空轮胎为主的高端制造业，结合全省资源和产能优势，积极推动航空橡胶的专供生产原料基地、军用高标准特种橡胶的专供加工基地和空军航空橡胶天然胶研发基地商业化应用，形成以热带轮胎测试、飞机轮胎翻新、替换等服务业为主的新型业态，积极参与高端制造业的价值链分配。

四是发展高端配套服务业。用活用好 RCEP 原产地积累规则和橡胶延迟中转业务，依托儋州—洋浦“环新英湾”一体化发展，积极推动天然橡胶、橡胶制品、木材等大宗商品现货离岸交易和保税交割、橡胶物流仓储基地建设、“大数据”信息服务、检验检测认证以及服务外包等业务，适度发展天然橡胶转口贸易和加工贸易，探索橡胶园生态补偿机制，研发碳汇交易品种，做强做大橡胶高端服务业。利用海南联通东南亚关键节点优势，在儋州设立总部，打造中国东盟天然橡胶技术研发与检测基地，开展以天然橡胶产业技术研发、技术转移、检测服务为主导的科技服务业，促进橡胶技术交流。

五是加快橡胶木新技术应用。中国热科院橡胶所研发了无化学添加生产橡胶木锯材新技术等低成本环保型橡胶木加工技术，研制了户外用防腐防白蚁橡胶木加工技术，开发了橡胶木胶合板类产品，建议加大相关项目支持，加速技术推广应用。

第 23 章

海南省天然橡胶生产成本和补贴政策

割胶劳动力成本占天然橡胶直接生产成本的比重高，民营胶园可达 85%以上，导致橡胶种植向低收入国家转移。2022 年，海南省中西部地区民营胶园生产成本 11.6 元/千克，海胶集团年报数据显示，自有产品生产成本约 15 元/千克；按适量投入、全省平均单产测算，民营胶园种植环节生产成本 15.22 元/千克，高于近年平均收购价格，导致非优势产区弃割率高。下一步，须优化现有政策，推动良种良法补助实现非生产期全覆盖，争取价格（收入）保险纳入中央险种，促成国家天然橡胶生产能力建设项目在民营胶园实施；创设一批补贴政策，如开割胶园管护补贴、特种胶园补贴等。

23.1 生产成本构成

天然橡胶种植环节的生产成本主要包括两大类：一是人工成本。橡胶树更新、抚管、割胶等不同阶段都需要大量人工投入。定植当年需投入劳动或购买机械服务完成倒树、清除树岜、平地定标、挖穴、施肥、打药等工作。非生产期抚管阶段，补苗、施肥、打药、除草、挖肥坑、压青等生产活动都需要投入一定人工。定植约 8 年后的割胶生产阶段，每次割胶和收胶都需要投入人工，胶园施肥、除草、病虫害防治、涂刺激剂等生产活动也需要一定人工投入。二是物质成本。包括更新定植阶段的种苗、肥料、农药购买，非生产期抚管阶段肥料、农药购买、砍草机械等费用。胶园开割后的物质投入可分为三类：第一类是割胶辅助工具投入，包括购置胶杯、胶舌、胶架、胶刀、头灯、水鞋、胶桶、磨刀石等；第二类是胶园管理，包括各类肥料、除草剂、硫黄粉、割面保护剂、死皮防治药物、乙烯利（刺激割胶、低频割胶采用）、病虫害防治药物等，卖胶片的农户还会购买甲酸用于凝固胶乳；第三类是胶水运输的摩托车及汽油费、喷硫黄粉机器费用、砍草或除草的机械费用等。

23.2 生产成本分析

根据海南天然橡胶产业集团年报，2022 年天然橡胶产量 11.62 万吨，橡胶产品成本中职工薪酬 11.75 亿元、直接材料 1.10 亿元、制造费用 4.80 亿元，若不考虑贸易成本，计算得到成本 15192 元/吨；2021 年产量 10.20 万吨，职工薪酬 10.04 亿元、直接材料 1.08 亿元、制造费用 3.73 亿元，成本 14552 元/吨；2020 年产量 9.50 万吨，职工薪酬 9.60 亿元、直接材料 1.06 亿元、制造费用 3.33 亿元，成本 14728 元/吨。由于海胶集团部分生产单元实行对外承包，产量统计为自有产品，但实际计入贸易成本，因此这里的成本可能是低估的。由于缺乏海胶集团的实际投入数据，无法进行深入全面的分析。

民营胶园生产成本利用中国热带农业科学院橡胶研究所橡胶种植户固定观察点数据测算，结果如表 23-1 所示。按每人每天 120 元计算用工成本，2013—2022 年割胶人工成本 6.82~9.23 元/千克，非割胶用工成本 0.26~0.62 元/千克，物质投入成本 0.24~1.33 元/千克，割胶劳动力成本占比约 90%。2022 年，天然橡胶种植环节成本 9.10 元/千克，其中：物质投入成本 0.87 元，人工成本 8.23 元，包括割胶人工成本 7.78 元，非割胶人工成本 0.45 元。在此情形下，割胶生产仍有利可图。2013—2022 年，胶农销售干胶平均价格从 15.56 元/千克逐年下降，其中 2019 年仅 10.64 元/千克，近年回升到 12 元/千克左右，但仍处于较低水平。按每人每天 150 元计算用工成本，生产成本提高至 11.16 元/千克，割胶生产只能获得一定劳动回报。

由于在主产区选择稳定生产的橡胶种植户作为固定观察点，自然条件相对较好，观察点数据在一定程度上体现局部生产的情况。2019—2021 年，海南产区固定观察点平均株产达 3.4 千克，而全省平均实际单产仅约每亩 60 千克，株产明显不足 3 千克。据 2013 年、2016 年、2019 年三轮入户调查，海南产区户均面积约 17 亩，固定观察点户均橡胶面积大于平均水平。

根据 2023 年对儋州等 7 个主产市县入户调查的 973 个地块信息，民营胶园 1990 年以前定植的很少，即树龄基本都小于 33 年，1998—2008 年是民营橡胶种植业快速发展阶段，树龄结构总体上相对均衡。为了简化计算，对 1 亩地从种植到应更新的 33 年全生命周期，采用重置成本法，结合橡胶树生命周期内产量分布和胶园有效割株变化，依据橡胶种植户固定观察点 2020—2023 年数据，以及 2023 年抽样调查数据，确定胶农割胶合理收益、合理投入水平，测算全周期加权平均成本。

基于品种结构与产量周期，考虑橡胶树资产折旧和余值，单产按 60 千克/亩测算生产成本，海南省民营胶园生产的完全成本为 15.85 元/千克，结果如表 23-2 所示。若不考虑生产期内地租，成本降至 15.18 元/千克。据《海南统计年鉴》数据，2022 年末橡胶种植面积 777.88 万亩，收获面积（达到割胶标准）594.05 万亩，占比 76.37%，产量 31.49 万吨，按收获面积计算得到单产 53.01 千克/亩，按此单产且不考虑地租，单位产品成本 17.18 元/千克。

表 23-1　海南省胶农固定观察点生产及成本收益情况

项目/指标	单位	计算逻辑	2013[①]年	2014 年	2015 年	2016 年	2017 年	2018 年	2019 年	2020 年	2021 年	2022 年
样本量	户	（1）	6	7	7	11	12	10	11	11	9	12
户均种植面积	亩	（2）	33. 17	33. 43	34. 14	28. 64	29. 73	28. 13	30. 15	29. 55	32. 84	34. 74
户均胶园地块数	块	（3）	3. 7	3. 6	3. 7	3. 4	3. 7	3. 7	3. 6	3. 4	3. 8	3. 5
户均割胶株数	株	（4）	703	707	686	761	831	766	808	784	988	896
户均割胶地块数	块	（5）	2. 5	2. 4	2. 6	2. 7	3. 1	3. 1	3. 1	3	3. 7	2. 6
户均胶乳产量	千克	（6）	8585	8360	7083	6750	5589	7001	8703	7223	10322	6102
户均干含值	%	（7）	32. 24	34. 94	37. 59	38. 27	42. 24	38. 55	39. 49	41. 7	42. 09	44. 03
户均干胶产量[②]	千克	（8）	2789	2916	2656	2587	2230	2736	3440	3060	4494	2705
户均单株产量	千克/株	（9）=（8）/（4）	3. 97	4. 13	3. 87	3. 4	2. 68	3. 57	4. 26	3. 9	4. 55	2. 94
户均干胶产量（干含按 33%）	千克	（10）=（6）×0. 33+其他	2833	2759	2337	2289	1966	2310	2928	2383	3406	2014
户均单株产量（干含按 33%）	千克/株	（11）=（10）/（4）	4. 03	3. 9	3. 41	3. 01	2. 37	3. 02	3. 62	3. 04	3. 45	2. 25
最低价均值	元/千克	（12）	14. 17	9. 13	8. 07	8. 73	8. 36	7. 71	7. 85	8. 24	8. 77	7. 56
最高价均值	元/千克	（13）	17. 43	13. 76	12. 63	13. 42	13. 94	10. 87	11. 3	15. 47	13. 46	11. 71
户均橡胶收入	元	（14）	44074	34298	26538	28359	24768	24913	31162	30774	45688	24012
割胶日均收入	元/人・天	（15）=（14）/（22）	213	162	158	165	176	171	177	227	234	184
单位干胶收入	元/千克	（16）=（14）/（10）	15. 56	12. 43	11. 35	12. 39	12. 6	10. 78	10. 64	12. 91	13. 41	11. 92
户均割胶天数	天	（17）	123	141	110	106	85	83	100	79	109	82
户均割胶人数	人	（18）	1. 7	1. 6	1. 6	1. 6	1. 6	1. 7	1. 7	1. 7	1. 8	1. 6

续表

项目/指标	单位	计算逻辑	2013[①]年	2014 年	2015 年	2016 年	2017 年	2018 年	2019 年	2020 年	2021 年	2022 年
户均肥料投入	元	(19)	3579	1378	1052	1318	1573	517	293	750	1189	849
户均农药投入	元	(20)	42	204	292	149	238	144	139	262	303	258
户均生产工具与服务投入[③]	元	(21)	143	265	444	307	393	709	261	752	1312	652
户均割胶用工数	人·天	(22)	207	212	168	172	141	145	176	135	195	131
户均非割胶用工数[④]	人·天	(23)							6.45	12.23	7.44	7.58
单位干胶肥料投入	元/千克	(24)=(19)/(10)	1.26	0.5	0.45	0.58	0.8	0.22	0.1	0.32	0.35	0.42
单位干胶农药投入	元/千克	(25)=(20)/(10)	0.02	0.07	0.13	0.07	0.12	0.06	0.05	0.11	0.09	0.13
单位干胶生产工具与服务投入	元/千克	(26)=(21)/(10)	0.05	0.1	0.19	0.13	0.2	0.31	0.09	0.32	0.39	0.32
单位干胶物质投入	元/千克	(27)=(24)+(25)+(26)	1.33	0.67	0.77	0.78	1.12	0.59	0.24	0.74	0.82	0.87
单位割胶用工（120 元/人·天）	元/千克	(28)=(22)×120÷(10)	8.76	9.23	8.64	9.02	8.58	7.55	7.21	6.82	6.88	7.78
单位非割胶用工（120 元/人·天）	元/千克	(29)=(23)×120÷(10)							0.26	0.62	0.26	0.45
生产成本（120 元/人·天）	元/千克	(30)=(27)+(28)+(29)	10.09	9.9	9.41	9.8	9.7	8.14	7.71	8.18	7.97	9.10
生产成本（150 元/人·天）	元/千克	(31)=(27)+((28)+(29))×1.25	12.28	12.21	11.56	12.05	11.85	10.03	9.51	9.88	9.68	11.16

注：

①2011 年和 2012 年只针对部分地块采样，无法反映家庭经营的情况，因此没有体现出来；2013 年开始统计样本家庭全部橡胶成本收益信息。

②按每天售胶干含计算产量，部分收胶站会压低价格，抬高干含，导致产量虚高。这里产量还包括胶块、生胶片、杂胶等，海南以销售鲜胶乳为主。

③包括胶杯、胶架、胶桶、胶舌、头灯、水鞋、汽油等。

④包括施肥、除草、涂抹刺激剂、病虫害防治等。

表 23-2　海南省民营胶园全周期生产成本测算（按亩产 60 千克）

项目	计量单位	投入单位	投入数量	第 1~8 年	第 9 年	第 10 年	第 15 年	第 20 年	第 25 年	第 30 年	第 33 年	平均/合计	单株成本（元/株）	干胶成本（元/千克）
非生产期完全成本	元/亩			4885										
橡胶树资产折旧	元/亩				489	440	260	153	91			4285	6. 79	2. 86
有效割株	株/亩				33	32	29	26	23	19	18	631		
割胶劳动力投入	元/亩	元/株	22. 8		752. 4	729. 6	661. 2	592. 8	524. 4	433. 2	410. 4	14387	22. 80	9. 59
非割胶劳动力投入	元/亩	元/株	1. 2		39. 6	38. 4	34. 8	31. 2	27. 6	22. 8	21. 6	757	1. 20	0. 50
施用化肥投入	元/亩	元/株	3. 6		118. 8	115. 2	104. 4	93. 6	82. 8	68. 4	64. 8	2272	3. 60	1. 51
施用农药投入	元/亩	元/株	0. 7		23. 1	22. 4	20. 3	18. 2	16. 1	13. 3	12. 6	442	0. 70	0. 29
工具、燃料等其他投入	元/亩	元/株	1		33	32	29	26	23	19	18	631	1. 00	0. 42
管理费等间接费用	元/亩	元/株	0											
地租	元/亩	元/亩・年	40		40	40	40	40	40	40	40	1000	1. 58	0. 67
单位面积产量	千克/亩		60		34. 0	48. 9	70. 9	70. 9	64. 7	46. 9	38. 9	1500		
物化成本	元/亩				174. 9	169. 6	153. 7	137. 8	121. 9	100. 7	95. 4	3344	5. 30	2. 23
完全成本	元/亩				1495	1417	1149	955	804	597	567	23773	37. 68	15. 85
完全成本（不含折旧）	元/亩				1007	978	890	802	714	597	567	19488	30. 88	12. 99
完全成本（不含地租）	元/亩				1455	1377	1109	915	764	557	527	22773	36. 09	15. 18
单位产品成本	元/千克				44. 0	28. 96	16. 21	13. 47	12. 43	12. 71	14. 60	15. 85		
割胶劳动力成本占比	%				50	51	58	62	65	73	72			

注：

①橡胶定植及非生产期抚管成本来自橡胶树非生产期完全成本测算。

②橡胶树资产残值为600元/亩，采用双倍余额递减法在20年内完成橡胶树资产的折旧。

③橡胶树开割之后，受台风等因素的影响，有效割胶株数按1.95%的速度减少，整个生命周期内平均25.24株，与主产区抽样调查的843个地块的25.28株匹配。橡胶树在非生产期内可能会有极少量的损失，这里不做考虑。

④胶杯、胶架、胶桶、胶刀、乙烯利、氨水等物质投入，根据固定观察点2020—2022年数据计算，平均每株橡胶树每年需投入1元。

⑤不考虑货币的时间价值，在当前价格水平下测算静态成本。

⑥固定观察点2020—2022年数据显示，劳动力按150元/人·天计算，每年平均割胶成本25.3元/株。考虑到部分农户橡胶种植面积较少，割胶的同时可能从事其他生产活动，且割胶生产属于连续性作业，相当于较为稳定的一项工作，将零工工价的90%作为割胶劳动力成本，每年割胶成本22.8元/株，本报告按此数计算。实际上，由于割胶作业在凌晨开展，且需要良好的技能，应获得更高的回报。根据村庄调查，农村地区零工平均每天157元，技术工人274元，取两者的均值216元，橡胶树每年割胶劳动力成本达36.4元/株。

⑦橡胶树生命周期为33年，割胶生产25年，各年龄段的面积分布相对均匀。

⑧中国热带农业科学院橡胶研究所固定观察点2020—2022年数据显示，病虫害防治以及除草所需的农药，每株树每年仅0.3元，但根据315个种植户调查数据，仅除草环节的农药投入就0.7元，两者相比取其大者。

⑨按照《橡胶树生产技术规程》，生产期最低化肥施用量1.43千克/株，中国热带农业科学院橡胶研究所在主产区24个村庄问卷调查数据显示，2022年每千克复合肥5.28元，仅施用化肥需7.55元/株。根据固定观察点2020—2022年施肥数据，每株开割橡胶树化肥投入仅0.94元；2023年315个种植户调查数据显示，每株施肥金额仅2.2元；若仅考虑施肥的家庭，每株树施肥3.6元，按此数据测算，即认为现阶段如果农民施肥，平均施肥强度为3.6元，不足标准的一半。

⑩全周期的产量分布通过PR107、RRIM600、GT1、热研73397按一定比例折合计算得到，根据此产量分布将亩产量分解至各年度。

⑪若一个家庭的种植规模确定，当橡胶园老龄化程度提高时，亩均有效割株减少，平均每棵树的割胶劳动力成本会上升，这里没有考虑。

⑫此测算表的前提是橡胶树的树龄分布比较均衡，民营胶园只有4%是1990年以前定植的，绝大部分是最近25年定植的。

23.3　天然橡胶生产面临的问题

23.3.1　物质投入明显减少

橡胶树的乔木属性、生产的长周期性和产品存在方式的特殊性，使得橡胶树生产成本具有高度可调节性，因而会出现橡胶生产物资成本的大幅波动，特别是肥料投入。从中国热带农业科学院橡胶研究所固定观察点数据看，2013 年每千克天然橡胶肥料投入成本为 1.26 元，而 2019 年仅为 0.1 元，相差 1.25 元。许多农户长期不施肥、不打药，仍然继续从事割胶生产，橡胶树株产整体呈现下滑趋势。

23.3.2　未纳入成本收益监测范围

改革开放之前，绝大部分天然橡胶生产在国有农场，有较为完善的统计体系。当前，全国民营胶园面积占比已经超过 60%，针对农户经营的成本调查和统计标准一直缺位，垦区生产成本已无法反映整体情况。天然橡胶作为重要农产品，纳入了“两区”划定范围，却没有纳入全国农产品成本收益调查体系，各方计算的成本差别大。

23.3.3　生产成本与市场价格倒挂

割胶人工成本占直接生产总成本的比重大，劳动力成本上涨、单产下降、低频割胶技术应用慢等导致降成本难度大。按天然橡胶生产技术规程、单产水平等因素测算的生产成本远高于市场价格，生产成本与市场价格严重倒挂，导致部分胶园弃割、弃管，缺少必要的物质投入，土壤地力下降，形成恶性循环。

23.4　国内外天然橡胶及国内重要农产品补贴政策分析

23.4.1　现行天然橡胶产业支持政策[①]

当前，在海南省实施的天然橡胶产业支持政策主要包括生产性补贴和一般性服务支持政策以及部分主产县市自主实施的创新政策。

生产性补贴政策主要有：①天然橡胶林业补贴试点，仅在垦区实施。

---

① 详细内容见第 6 章，为了完整性，此部分保留。

②天然橡胶良种良法补助，2022 年试点实施。③电动胶刀农机购置补贴，2021 年开始实施。④橡胶树综合灾害保险保费补贴，属于中央补贴险种，海胶集团实现了全覆盖，而民营胶园参保率极低。⑤天然橡胶价格（收入）保险保费补贴，2018 年开始实施。

一般性服务支持政策主要有：①国家天然橡胶生产能力（基地）建设项目。属于中央预算内投资项目，主要在广东、海南和云南垦区实施。②农业产业专项资金，例如儋州国家现代农业产业园、海南省天然橡胶优势特色产业集群等项目。

主产市县自主创新政策主要在海南省白沙县实施。白沙县结合产业实际，大胆探索了割胶生产补贴、鲜胶乳销售奖励、产业投资贴息等政策，对稳定胶农生产信心和产业发展发挥了积极作用。

总的来看，政策主要集中在生产环节，着力点主要体现在保障天然橡胶资源安全与战略供给、稳定植胶主体生产积极性等方面。但目前政策体系不够完善、政策覆盖面窄、政策保障度低、财政资金规模有限，政策支持力度与天然橡胶战略性资源地位不相匹配。在市场价格长期低迷的情况下，难以解决经济收益这个根本问题，不利于产业持续向好发展。

23.4.2 国外天然橡胶主产国补贴政策分析①

泰国的补贴政策主要有：①胶园种植及非生产期抚管补贴。②橡胶种植农户收入保障项目。③临时性支持政策，如实际割胶补贴、国家收储、出口关税补贴、贴息贷款等政策。

马来西亚的补贴政策主要有：①胶园种植及非生产期抚管补贴。②生产激励机制（IPG）。③临时性补贴补助，比如对小农户进行一次性补贴、季风季节援助（BMT）、优惠贷款等。

印度的补贴政策主要有：①种植及非生产期抚管补贴。②生产环节补贴，比如采用低频割制补贴以及农机、储存和加工设施、胶工培训等方面的补贴。

23.4.3 国内重要农产品补贴政策

（1）粮食作物

①耕地地力保护补贴政策。设置中央及省级财政专项资金对拥有耕地承包权的种地农民给予补贴。②高标准农田建设。通过中央财政转移支付和中央预算内投资两个渠道共同支持高标准农田建设。③农机购置与应用补贴政

① 详细内容见第 7 章和第 8 章，为了完整性，此部分保留。

策。自 2004 年起，中央财政安排专项资金对从事农业生产的个人和农业生产经营组织购置农机给予补贴。④玉米和大豆生产者补贴政策。中央财政将补贴资金拨付到省区，由地方政府统筹将补贴资金兑付给玉米实际种植者。⑤实际种粮农民一次性补贴政策。设置中央财政专项资金对种粮农民、种粮大户、家庭农场、农民合作社、农业企业等新型经营主体给予一次性补贴。⑥保险保费支持政策。根据《中央财政农业保险保费补贴管理办法》（财金〔2021〕130 号），在省级财政至少补贴 25%的基础上，中央财政对中西部地区和东部地区种植业分别补贴 45%和 35%。其他还有耕地深松补助政策、产粮大县奖励政策、轮作休耕政策等特殊以及区域补贴政策。

（2）棉花

①目标价格补贴政策。此项政策与质量挂钩，原则上达到标准的细绒棉可获得质量补贴 0.35 元/千克。②种植补贴政策。根据国家发展改革委等六部门联合发布的《关于印发 2022 年农业生产资料补贴标准的通知》，按照棉花实际种植面积，采取后补贴的方式，2022 年补贴 400 元/亩。③农机购置与应用补贴政策。2018 年 12 月，《国务院关于加快推进农业机械化和农机装备产业转型升级的指导意见》提出，稳定实施农机购置补贴政策，最大限度发挥政策效益。

（3）糖料作物

①优良品种补贴。对糖料蔗脱毒健康种苗推广按 350 元/亩的标准给予补贴。②机械化作业补贴。广西将甘蔗机械化作业补贴项目统一整合为耕作综合补贴，补贴标准为 90 元/亩。③良种良苗研发支持。广西明确对开展甘蔗优良品种选育工作取得重大经济、社会效益的育种者给予奖励补助。

23.5　主要建议

一是优化和强化现有政策。实施好天然橡胶良种良法补助政策，争取其成为长期稳定的支持政策，持续推动我国天然橡胶生产保护区老旧胶园、低产低质胶园更新改造，加快高产优质新品种、新技术、新模式的推广应用，不断稳定和提高我国天然橡胶生产能力。完善总结海南实施价格（收入）保险项目的经验，将天然橡胶价格（收入）保险从中央财政对地方特色以奖代补的险种调整为中央财政固定险种，中央财政保费补贴不低于 45%，并向全国天然橡胶生产保护区推广，做到应保尽保，同时确保保障水平不降低；完善橡胶树灾害保险方案设计，让更多胶农享受此项政策。进一步扩大天然橡胶基地建设项目的支持范围，对民营胶园予以适当配套，改善民营胶园生产基础条件。争取中央财政连续5年每年安排5000万元支持海南省发展橡胶林下经济。加快探索天然橡胶碳汇交易机制，推动以市场化的生态补偿机制反哺天然橡胶产业，持续支持天然橡胶种植和抚育。

二是生产种植全周期补贴。借鉴东南亚主产国经验，加大橡胶非生产期抚管投入补贴，在良种良法补助政策的基础上，争取对天然橡胶生产保护区内4~8年树龄的胶园给予全额抚管补贴；创新天然橡胶生产期补贴政策，对开割期胶园每亩每年给予一定补贴，用于支持胶农开展增施有机肥、种植绿肥和精准施用化肥等行动，通过提升胶园土壤地力，进一步提高胶园产胶潜力。

三是研究目标价格补贴的可行性。天然橡胶具备测产机制，具有良好的数据基础，可为核算成本收益、确定目标价格保障水平提供依据。建议借鉴棉花目标价格补贴政策，研究实施天然橡胶目标价格补贴政策，稳定橡胶种植者收入和预期。当天然橡胶市场价格低于目标价格时，根据橡胶目标价格与市场价格的差价、实际种植面积、产量等因素，由中央财政安排专项补贴资金逐级兑付给橡胶种植者。

四是特种胶园专项补贴。在《特种胶园生产技术规范》的基础上，加快研究制定特种胶园的建设标准，选择生产条件较好的胶园进行改造，划定一定数量的特种胶园，按每年每亩500元给予专项补贴，支持高端特种天然橡胶专供生产基地建设，谋划建设国家特种天然橡胶技术创新中心，提升天然橡胶品质，以满足国防和高端民用特种用胶原料安全。对于满足特种用胶原料要求，并实现供应的特种胶园生产主体给予额外应用奖励或补贴。

五是实施适度规模经营补贴。探索试行适度规模经营补贴，重点对种植大户、家庭农场、农民合作社和农业社会化服务组织等新型经营主体和新型服务主体进行补贴，引导生产经营者不断提高天然橡胶生产的规模化水平、生产社会化服务水平和新品种新技术新模式的推广应用水平，同时降低弃管、弃割率，促进天然橡胶综合生产能力提升。

第 24 章

天然橡胶贸易及定价机制研究

我国是天然橡胶进口大国和消费大国，天然橡胶进口量连续 20 年稳居世界第一。进口来源相对集中，近年来，以混合胶进口为主，以一般贸易方式进口的比重逐年提高，但在高端用胶领域进口依赖大，天然橡胶安全供应保障仍存在一定风险。在全球高度整合的天然橡胶市场中，价格的波动关联性较强，但期货在天然橡胶定价机制中的作用明显，国内外期现货价格间存在空间引导性。上海期货交易所在全球天然橡胶定价中的作用不断加强，中国作为买方的力量得到强化。海南省具有原料优势，产业园区的建设能带动区域经济发展和要素聚集，促进经济势能转换。本章基于我国天然橡胶供应风险、定价机制以及产业园区集聚效应的分析，从创设期货品种、拓展指数类产品、发展总部经济、建设现代化园区和加强品牌培育五个层面，提出海南省提升国际影响力的海南方案。

24. 1　天然橡胶市场概况

24. 1. 1　全球天然橡胶市场基本呈现供需紧平衡特征

自 1900 年以来，除第二次世界大战严重影响天然橡胶生产外，全球天然橡胶产量和消费量基本保持增长趋势，2022 年全球天然橡胶产量 1460. 9 万吨，消费量 1421. 9 万吨。1990—2022 年间，天然橡胶生产和消费以年均 3. 3%的速度增长。2013—2022 年的 10 年间，除 2014 年、2016 年和 2021 年消费量超过产量外，其他大部分时间天然橡胶供给和需求基本呈现紧平衡特征，期间累计剩余 195. 1 万吨，如图 24-1 所示。

24. 1. 2　天然橡胶供需存在明显地域性特点

全球有 60 多个国家种植橡胶，但产量基本集中在亚洲，泰国、印度尼西亚、越南、科特迪瓦、印度、中国是全球前六大天然橡胶生产国，为全球提供了 83. 7%的天然橡胶。

而全球天然橡胶消费基本以中国、印度、欧盟、美国、泰国、日本为主导，2022 年六国消费量占全球总消费量的比重为 76. 1%。除泰国、越南等主产国的天然橡胶能够自给外，其他消费国基本依赖进口，其中欧盟、美国、

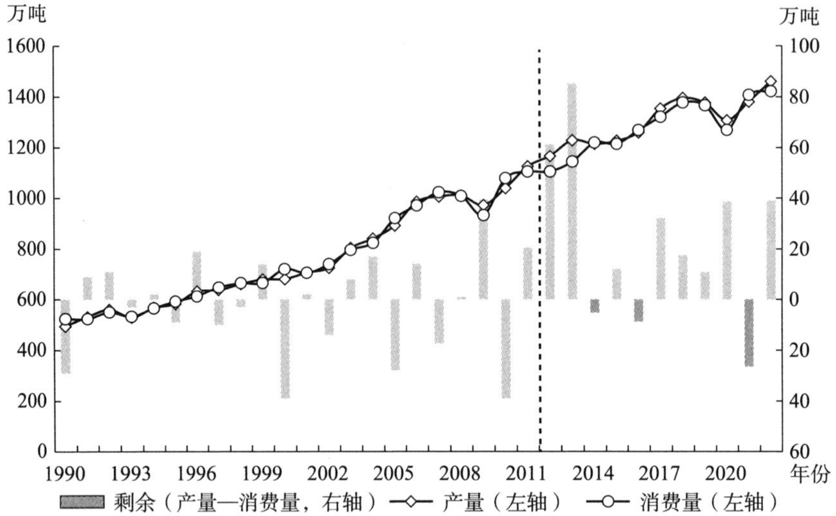

图 24-1　全球天然橡胶供需匹配状况（1990—2022 年）

数据来源：IRSG。

日本本土无法商业化种植三叶橡胶树。

24.1.3　天然橡胶价格波动具有周期性特点

天然橡胶名义价格波动剧烈，呈现明显的不规则周期性变化。第二次世界大战至 2000 年期间，全球天然橡胶名义价格均未超过每吨 2000 美元，亦无明显的持续上涨或下跌态势。但 2001 年以后，在中国天然橡胶强劲需求驱动下，全球天然橡胶价格进入了长达 12 年的曲折上涨周期，带动全球橡胶种植面积扩张。2014 年以来，随着新增或更新种植面积的逐步释放，全球天然橡胶供应持续增长，价格进入持续低迷的下跌周期，期间有连续 8 年低于成本价运行。如图 24-2 所示。

24.2　我国天然橡胶贸易情况

24.2.1　进口量大、份额高

自 2003 年开始，中国成为世界最大天然橡胶进口国，进口量从 2000 年的 92.51 万吨增长到 2022 年的 606 万吨（天然胶乳未去水分），进口份额也相应地从不足 20%增长到 41.5%。分品种看，2022 年天然橡胶（税则号 4001）进口量 263.6 万吨，混合橡胶（税则号 400280）336.0 万吨，复合橡胶（税则号 4005）6.4 万吨。如图 24-3 所示。

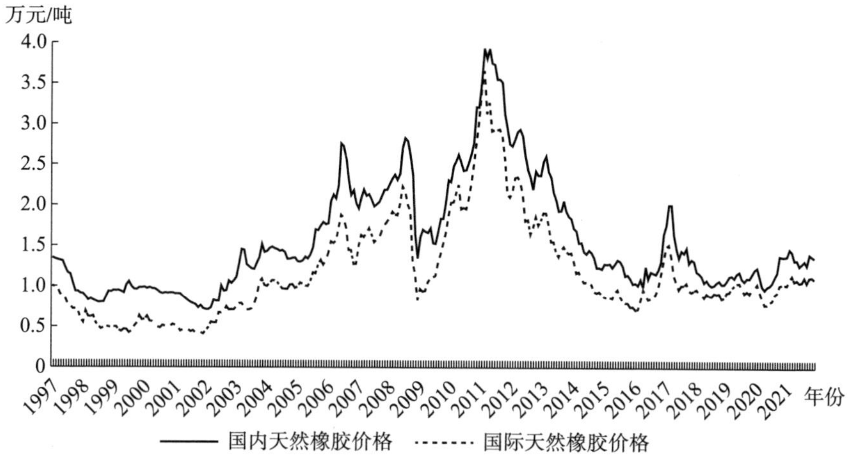

图 24-2　国内外天然橡胶市场销区年平均名义价格波动趋势

数据来源：青岛橡胶贸易信息网、马来西亚橡胶局、中国人民银行，作者计算。

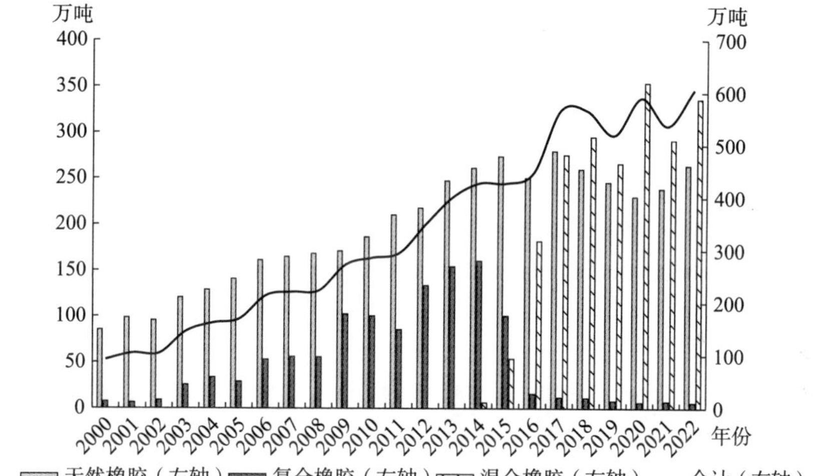

图 24-3　中国天然橡胶进口的商品结构（2000—2022 年）

数据来源：中国海关。

24. 2. 2　进口产品结构以技术分类橡胶、天然橡胶乳为主

随着轮胎产业快速发展以及公共卫生事业的推进，我国橡胶进口产品结构发生了较大变化。2000—2011 年，技术分类橡胶进口比例从 37. 61%增至 75. 60%，烟胶片则从 45. 78%降至 10. 19%。2012—2022 年，天然橡胶乳进口占比呈增加趋势，技术分类橡胶进口比重不断减少。2022 年，天然橡胶乳和技术分类橡胶进口占比分别为 24. 97%和 51. 54%，烟胶片占比 8. 28%，其他初级形状的天然橡胶占比 15. 21%。如图 24-4 所示。

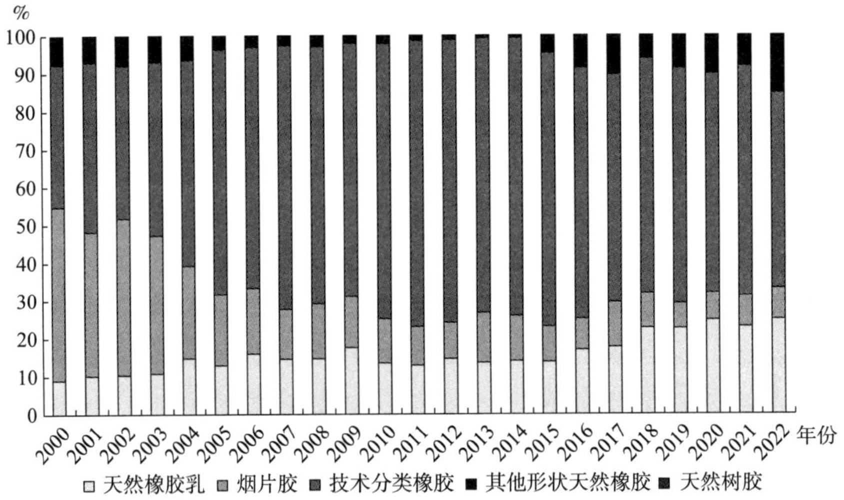

图 24-4 中国天然橡胶进口品种结构（2000—2022 年）

数据来源：中国海关。

24.2.3 进口贸易方式以一般贸易、加工贸易为主

自 2015 年起，一般贸易进口比重呈逐年增加趋势，加工贸易、保税监管场所和海关特殊监管区域物流货物进口比重波动下降。2015—2022 年，一般贸易进口比重从 23.63%增至 44.99%，加工贸易则从 52.86%降至 32.23%，保税监管场所和海关特殊监管区域物流货物进口比重从 22.22%降至 22.05%，如图 24-5 所示。

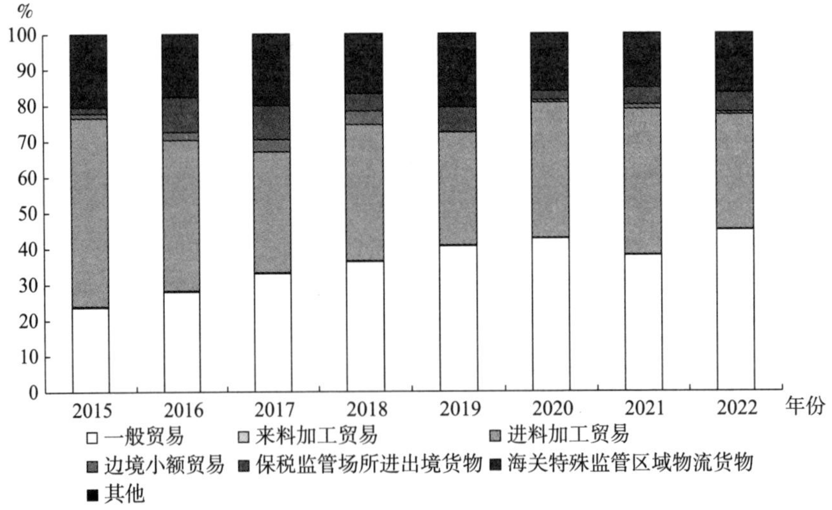

图 24-5 中国天然橡胶进口贸易方式（2015—2022 年）

数据来源：中国海关。

24.2.4　进口收货地集中在山东等地，海南进口量很小

受我国橡胶制品企业分布的影响，天然橡胶进口收货地主要集中在山东、浙江、江苏、上海等地。2022 年，山东、浙江、湖南和江苏四省进口天然橡胶的比重分别为 40.71%、17.33%、7.26%和 6.12%，合计占比 71.42%。海南省天然橡胶进口量很小，2022 年天然橡胶进口量 2.86 万吨，仅占我国天然橡胶进口总量的 0.47%，其中天然橡胶（税号 4001）1.32 万吨，混合橡胶（税号 400280）1.54 万吨。如表 24-1 所示。

表 24-1　2015—2022 年海南省天然橡胶进口量及占全国比重

年份	天然橡胶		混合橡胶		复合橡胶		全部天然橡胶合计		天然橡胶乳	
	进口量（万吨）	占比（%）	进口量（万吨）	占比（%）	进口量（万吨）	占比（%）	进口量（万吨）	占比（%）	进口量（万吨）	占比（%）
2015	1.99	0.73	0	0	0.006	0.01	1.99	0.47	0.62	1.65
2016	1.34	0.53	0	0	0	0	1.34	0.30	0.94	2.21
2017	0.93	0.33	0.36	0.13	0	0	1.29	0.23	0.71	1.44
2018	1.83	0.70	1.47	0.50	0	0	3.31	0.58	1.81	3.06
2019	1.41	0.57	1.92	0.72	0	0	3.33	0.64	1.38	2.49
2020	2.11	0.92	2.21	0.62	0	0	4.32	0.73	2.08	3.65
2021	0.71	0.30	0.97	0.33	0	0	1.68	0.31	0.46	0.85
2022	1.32	0.50	1.54	0.46	0	0	2.86	0.47	0.75	1.14

数据来源：中国海关。天然橡胶乳是天然橡胶中的一种产品。

24.3　天然橡胶供应风险分析

24.3.1　我国天然橡胶进口依赖性大

受消费快速增长的影响，国内天然橡胶产量占消费量的比重不断下降，由 2001 年的 35.09%降到 2022 年的 14.57%，国内产量占表观消费量的比重不足 13%。消费量主要由进口来满足，进口依存度高，自给率低。

24.3.2　进口来源地多元化难度大

2017 年以前，我国 94%以上的天然橡胶进口来源于泰国、马来西亚、印度尼西亚和越南；从 2018 年开始，我国从老挝、缅甸、科特迪瓦等国进口的

比重不断增加，2022 年进口份额分别增至 5.26%、5.23%、4.47%，但占比总体偏小。受橡胶种植面积和国际政治经济局势的影响，预期 2035 年以前全球生产格局不会发生显著变化，泰国仍是我国相对可靠的进口来源渠道。受马来西亚天然橡胶贸易方式由出口向进口转变以及印度尼西亚、越南排华因素的不确定性影响，三国对我国进口天然橡胶的保障作用可能会减弱。

24.3.3 国内生产对关键领域的保障能力不足

受气候等条件制约，我国种植区域北移可能性小，产量增长空间有限。胶园种植和更新速度放缓，老旧低产胶园占比较高，单产水平下降，预计我国天然橡胶生产潜力在 2024 年后开始下降。天然橡胶产品以标准胶和浓缩胶乳为主，可满足中低端制品，而航空轮胎、重型运输轮胎及核心部件等高端制品用胶几乎全部依赖进口，尤其是航空轮胎专用天然橡胶进口率达 100%，国内生产对关键领域的保障能力不足。

24.3.4 贸易禁运的风险无法完全消除

目前我国与东盟国家关系相对稳定，中非关系进一步加强，国内橡胶种植企业、轮胎等橡胶制品企业积极在全球范围内布局，天然橡胶进口供应风险较小。但贸易保护主义仍有抬头趋势，贸易摩擦增多，南海问题、中印边境矛盾等不确定性因素增加，我国天然橡胶进口有局部受限的风险，进口贸易成本可能上升。若极端事件发生，外部势力可能会进行全面封锁，我国仍面临禁运风险。美国《国际紧急状态经济权力法案》授权总统可在宣布“全国紧急状态”下允许美国政府采取阻止国际交易或扣押外国资产等行为，以应对“不寻常的国际威胁”。20 世纪 90 年代，美国在南海扣押中国运输船“银河号”，阻止其他国家与朝鲜、伊朗、土耳其等国家开展贸易往来等事件说明，美国仍有可能对我国的战略物资实施封锁和禁运，历史上的禁运事件仍可能重现。

24.4 天然橡胶价格形成机制分析

24.4.1 天然橡胶价格形成是一个复杂的系统

价格影响因素众多，而天然橡胶价格主要受供求关系的影响。供应端，劳动力、农资等生产要素价格与区域性灾害或重大社会事件均会对市场造成冲击，但由于天然橡胶生产调节相对滞后，以买方市场为主，供应端对价格影响相对较小。需求端，天然橡胶大宗商品属性使其与石油等商品市场具有较强的关联性；天然橡胶与合成橡胶在轿车轮胎等领域的有限替代性，对市场价格有驱动作用；轮胎用胶需求尤其是载重卡车等大型轮胎用胶需求较大，使得天然橡胶价格的波动与经济活动紧密相关，且传递渠道存在不确定性。

市场间关联度存在差异。相关研究结果表明，产销区价格相互传导，但产区价格影响的持续性更长。国际价格对国内产销区价格有较强冲击，国内价格对国际价格的冲击则较弱。国内产区价格对销区价格和进口价格、销区价格对进口价格及进口价格对销区价格均具有引导作用，但进口价格对产区价格缺乏引导。而天然橡胶国际价格（以人民币计价）对国内天然橡胶和合成橡胶价格、国内合成橡胶价格对天然橡胶价格均有较强的预测力。

24.4.2　销区定价逻辑和期现货价格共同推动价格形成

国内外期现货市场间的价格传递存在引导性。根据相关研究，国内外期现货市场存在长期稳定的协整关系。在传导路径上，形成了“上海期货交易所—海南现货市场—国际期货市场”的空间传导路径；在传导周期上，中国市场呈现期货对现货的单方向引导，国际市场则呈现现货对期货的中长期单方向引导。

买方市场和期现货市场共同推动价格形成。从全球定价中心的形成及变迁来看，买方势力对定价机制有一定的影响。英国、日本曾是橡胶消费大国，均推出天然橡胶期货，其中东京工业品交易所（TOCOM）3 号烟胶片期货在 20 世纪 80 年代橡胶期货品种市场中的贸易规模优势明显，成为亚洲最早的天然橡胶定价中心。20 世纪 90 年代，新加坡商品交易所（SICOM）推出 20 号胶期货，吸引国际领先轮胎企业设立天然橡胶采购总部。中国成为全球最大的天然橡胶消费国和进口国后，上海期货交易所（SHFE）的影响力提升，定价中心呈现大阪证券交易所（OSE）、新加坡商品交易所、上海期货交易所三足鼎立的格局。

期货价格是国内现货市场定价的主要参考基准。上海期货交易所天然橡胶期货、20 号胶期货与国内现货市场价格相关系数在 0.9 以上，已成为国内现货市场交易的主要定价参考基准。海南省原料市场与期货市场联系紧密。初加工工厂每日报价主要参照期货价格，兼顾往期价格、当地港口报价、竞争对手的原料收购价、初加工产品产地价格等信息。2017 年上海期货交易所试点“保险+期货”金融产品，采用了“价格保险+场内期货+场外期权”模式，种植主体的保险理赔依赖于现货价格与期货价格的差额，进一步提升了期现货市场的关联性。

24.4.3 “上海价格”的国际影响力逐步提升

自2006年起，上海期货交易所天然橡胶期货市场规模全面超越世界同类品种。2022年，上海期货交易所天然橡胶期货累计成交7963.94万手，成交金额10.44万亿元，日均持仓量30.98万手，在国际期货业协会（FIA）统计的全球农产品衍生品合约中排名第10位，持续居全球天然橡胶衍生品市场首位。其中20号胶期货已全面超越新加坡商品交易所和东京工业品交易所同类品种，2022年成交吨数、日均持仓吨数分别是新加坡交易所的14倍和4倍。上海期货交易所20号胶已成为全球天然橡胶市场的重要定价基准，与上海期货交易所天然橡胶期货、青岛保税区现货、新加坡商品交易所20号胶期货价格相关系数依次为0.98、0.76和0.94。

总体来看，不同地区之间的波动关联性强，全球市场整合程度高，买方市场力量作用强，国内期货市场在国际定价中的影响力不断提升。

24.5 橡胶产业园的集聚效应分析

根据马来西亚、泰国等天然橡胶主产国产业园的发展经验，集聚化发展不仅能够带动区域经济发展、促进原料优势向经济优势转换，而且能够推动要素市场提质增效，考虑到篇幅问题，本节不再赘述。本书第22章第22.3节对主产国天然橡胶产业发展的经验做法做了系统的分析。

24.6 对策建议

一是研究创设期货品种，打造区域性定价中心。把握《区域全面经济伙伴关系协定》（RCEP）发展机遇，加强海南热带农产品期货交易市场的顶层设计，以天然橡胶期货交易为试点，探索浓缩胶乳、橡胶园碳汇期货等交割品种的可行性，挖掘胡椒、香蕉、杧果等热带特色农产品开发潜力，确立相关行业标准，创新交易、交割、定价、结算、风控等一站式服务，加强期货市场运作体系建设，逐步创建面向东南亚、覆盖热带农产品种类的期货现货交易所，打造区域性天然橡胶交易与定价中心。

二是拓展市场指数类产品，打造区域市场的风向标。以中国经济信息社与海南省农垦投资控股集团等相关单位共同编制的中国天然橡胶市场信心指数、天然橡胶系列价格指数为基础，面向东盟天然橡胶主产区，扩大样本区域和橡胶产品品种，研发区域性天然橡胶市场指数体系，充分发挥指数类产品市场“晴雨表”和产业“扬声器”作用，为海南天然橡胶期货品种的创设提供价格参考。适度拓展指数衍生品，探讨橡胶园碳汇指数等指数型农业保险产品，推动橡胶产业保险体系“扩面、增品、提标”。

三是积极发展总部经济，打造更高能级的开放型经济。借鉴新加坡自贸港和全球橡胶定价中心的成功经验，根据销区定价的基本逻辑，依托中国洋浦港的港口便利性、RCEP 原产地积累规则、橡胶延迟中转业务以及加工增值30%免税等政策红利，发展天然橡胶、橡胶制品、木材等大宗商品离岸交易和保税交割、物流仓储、“大数据”信息以及检验检测认证等业务，适度开展转口和加工贸易，构建天然橡胶国际贸易网络。利用节点优势，研究设立天然橡胶区域总部，引外聚内，以总部经济之能推动产业高质量发展之势。

四是推动产业高端要素集聚，打造现代化园区。参考马来西亚、泰国等园区建设经验，立足国家战略保障，聚焦高端用胶需求，按照“高端切入、错位发展、一群多链、聚链成群”的思路，采取政企合作模式，在儋州选址建设橡胶工业园。以清洁能源、低碳技术集成、工业互联网融合改造为主导，引进一批智能化生产装备，试点建设橡胶产业低碳园区、零碳园区和智能工厂，实现从橡胶新材料、制造过程到销售过程全产业链的智能化运作，做大海南省天然橡胶流量，做强橡胶产品质量。

五是开展高附加值品牌培育行动，提升国际影响力。品牌建设是耐存储农产品期货合约履约交割的重要条件。应充分发挥省内龙头企业的带动作用，紧抓海南天然橡胶产业集团股份有限公司和合盛农业集团有限公司的战略联姻，整合本地“宝岛”牌、“美联”牌、“五指山”牌等上海期货交易所天然橡胶期货交割品牌以及合盛农业集团“Heveapro”“Tecrum”等上海期货交易所能源 20 号胶交割品牌，积极推进海南省天然橡胶期货保税交割业务，提升地方品牌的影响力。

第 25 章

天然橡胶税收政策及海南自贸港封关运作的影响分析

天然橡胶在种植环节没有税收，在加工环节按照规定缴纳增值税、所得税等，其中，对于天然橡胶生产企业自产的天然橡胶产品免征增值税，而收购胶乳进行初加工的天然橡胶生产企业则不具备免税条件。在企业所得税方面，天然橡胶生产企业可能适用的减免政策主要包括：国有农口企事业单位从事天然橡胶种植及初加工取得的所得暂免征收企业所得税；符合条件的国家重点农业产业化龙头企业暂免征收企业所得税；西部地区经认定属于国家鼓励类产业且其主营业务占企业总收入70%以上的企业减按15%缴纳企业所得税（傅新，2010）。在天然橡胶进口环节则涉及关税和增值税，争议和影响较大的是进口关税。中国与印度、越南等国家对进口天然橡胶征收关税。我国实际征收关税的进口天然橡胶占比不超过20%，大部分天然橡胶以混合橡胶等形式“零关税”进口，但关税对国内产业仍有保护作用，尤其是对海南销售鲜胶乳的生产经营主体而言。封关运作后，省内胶农收入可能受到一定的冲击，但可能有利于提升初加工产能利用率，促进产业向下游延伸。

25.1 进口关税及国际比较

1999年之前，国家对天然橡胶进口实行绝对配额管理；在2000—2001年加入WTO过渡期实行配额关税管理，配额内进口关税税率为12%，配额外税率为125%，最惠国税率为90%；2002年起，对配额内天然橡胶采用20%的进口关税。加入WTO后我国天然橡胶消费快速增长，为降低我国橡胶工业的原料成本，增强橡胶制品业的国际竞争力，2004年我国提前取消关税配额管理，全部按最惠国税率20%征收关税。2007年开始采用暂定税率的征税方式，对技术分类橡胶和烟片胶按20%或2600元/吨的税率从低征税，对天然胶乳按10%或750元/吨从低征税，此后一直沿用至今，但从价税率和从量税额多次调整（农业部农垦局热带作物处，2013）。目前，技术分类橡胶和烟片胶、天然胶乳的从价税率分别为20%和10%，从量税额降至每吨1500元、每吨900元；混合橡胶的最惠国关税税率为7.5%，东盟协定关税税率为0。

从全球看，主要经济体中中国和印度对进口天然橡胶征收进口关税。2022 年印度消费天然橡胶 133 万吨，国内产量 84.3 万吨，是净进口国，印度对天然乳胶征收 70%的关税；对烟片胶、技术分类天然橡胶及其他初级形状的天然橡胶按 25%或 30 卢比/千克（约合 2500 元/吨）的税率，从低征收；巴拉塔胶等及类似的天然树胶关税税率为 10%。斯里兰卡对进口天然橡胶征收 20%的进口关税，此外还征收 10%的港口机场税、15%的增值税。越南对天然橡胶进口也征收关税，普通税率为 4%，最惠国税率为 3%，还征收 4.5%的增值税。巴西对进口天然橡胶征收 3.6%的关税，17%～19%不等的州销售税、联邦税，还有仓储费、空气处理费、机场费、报关费等。欧美国家以及日韩等消费国无橡胶种植业，不征收关税。东南亚泰国等主产国对天然橡胶征收出口关税。

25.2 关税征收中存在的问题

我国进口天然橡胶中实际征收的不足 20%关税主要来自一般贸易方式。2015 年 7 月 1 日前，天然橡胶含量达 98%以上的复合橡胶大量以协定税率零关税进口，之后受复合橡胶标准出台的影响，通过类似的混合橡胶形式零关税进口。实际上，橡胶制品企业出口部分的制品使用 4001 税则号下的天然橡胶，海关可核销关税，关税核销后，橡胶制品可公平参与国际市场竞争。国内销售部分，国际品牌轮胎企业在华工厂实际使用缴纳关税的天然橡胶，而绝大部分国内轮胎企业则使用零关税进口的混合胶，以避免缴纳关税。假定所有厂商都严格按章缴纳进口环节关税，国内市场竞争也是公平的。

虽然有大量天然橡胶以混合胶方式零关税进口，但关税对国内天然橡胶产业的保护依然有效，企业更倾向于使用天然橡胶，而不是混合橡胶。混合橡胶中所含的成分可能并不是下游制品企业所需要的，或许会对产品质量产生影响。海南省是天然橡胶关税保护的主要受益方之一，全省天然橡胶产量中 70%以上是浓缩胶乳，而进口浓缩胶乳基本都征收了进口关税。海南浓缩胶乳价格比广东从泰国进口且含关税的浓缩胶乳价格低，进口产品暂不具备竞争优势，若没有每吨 900 元的关税保护，海南省天然橡胶产业预计将面临巨大的冲击。站在海南省的角度，即使在全岛封关运作后，仍应支持在全国层面保留天然橡胶进口关税，强化海关监管，但征收政策可进一步优化。

25.3 封关运作对产业的影响

封关运作是海南省天然橡胶产业面临的发展趋势，封关运作后岛外天然橡胶进入海南岛预计将是零关税，同时进口环节的增值税也可能改革，对海南橡胶产业的影响有利有弊。

25.3.1 不利的方面

一是省内橡胶种植户可能受损。海南产区浓缩胶乳比泰国泰华、黄春发等品牌浓缩胶乳在广东、上海、山东销售价格每吨低约 2000 元（桶装价）、1200 元（散装价），与此同时，泰国、马来西亚的新鲜胶乳收购价格（折合人民币）比海南产区每千克低 2 元，缅甸、老挝、科特迪瓦等低收入产胶国低得更多，每千克价差可达 4 元左右。海南省 70%以上原料加工成浓缩乳胶，浓缩胶乳价格折干胶价格比 10 号标胶、20 号标胶每吨高 1500 元左右，农户销售鲜胶乳价格比西双版纳每千克高 0.5~1 元。海南岛作为境内关外，可从科特迪瓦、缅甸、柬埔寨等加工行业发展滞后的国家进口低价原料，在省内进行加工，这会加剧省内原料市场竞争，可能降低农户的原料销售价格。但又考虑到海南天然橡胶生产经营主体以销售鲜胶乳为主，其干胶含量仅约 33%，鲜胶乳运到海南加工成浓缩胶乳，经济上并不划算。以泰国等国家的收购价进口原料，可能难以满足增加 30%免关税的要求。因此，总体来看，在全国维持原有关税的情况下，原料进口这一渠道对销售鲜胶乳的胶农收入影响可能不大，出售胶块、生胶片等其他形式原料的农户收入可能下降。

二是天然橡胶生产保护区管护压力加大。封关运作后，在零关税、低税率、简税制、贸易便利化、人员往来便利等多重因素驱动下，将会有更多企业来琼投资兴业，土地、劳动力等要素供给偏紧。不仅橡胶产业发展对土地的需求量增加，其他高效农业的发展也将提高土地这一生产要素的价格，增加天然橡胶生产保护区土地的机会成本和影子价格，尤其是近城郊区域和水源条件良好的平地胶园。从劳动力的角度看，割胶劳动力占天然橡胶直接生产成本的 70%，割胶机械化、自动化技术一直没有突破性进展，无法降低割胶生产对劳动力的依赖，而劳动力价格持续上涨的趋势难以扭转，可能导致胶园面积萎缩。海南省种植规模比柬埔寨、菲律宾、老挝、斯里兰卡等要大，产量略低于柬埔寨，略高于缅甸，横向比较看，规模也不小。从马来西亚的发展历程看，该国 20 世纪 80 年代年产量接近 180 万吨，此后大量胶园被改种油棕，如今橡胶种植面积 1700 多万亩，产量不足 40 万吨。其他农作物的发展规律也是如此，以棉花为例，新疆棉花播种面积占比从 2010 年的 35.3%提高至 2021 年的 82.8%，华北平原、长江中下游地区几乎退出了棉花种植，这一变化的核心在于机械化，这些地区棉花成熟期不一致，无法使用机械采收。若无法有效实现机械化，海南稳定橡胶种植面积的难度加大，成本更高。

25.3.2　有利的方面

一是初加工产能利用率提高。全省正常运转的天然橡胶初加工工厂 52 座（部分加工厂既生产浓缩胶也生产标准胶），年设计生产能力 100 万吨，其中海胶集团 10 座、产能 40 万吨，民营企业 42 座、产能 60 万吨。浓缩乳胶工厂 32 座、产能 47 万吨（折合干胶，下同），其中海胶集团 7 座、产能 19 万吨，民营企业 25 座、产能 28 万吨；标准胶工厂 33 座、产能 53 万吨，其中海胶集团 10 座、产能 21 万吨，民营企业 23 座、产能 32 万吨。近年产量不足 35 万吨，产能利用率低。封关运作后，可适当进口初加工原料，在海南加工成初级产品后，再销往内陆地区。马来西亚和越南充分采取此策略，促进初加工产业发展。但海南省可能受到产能结构的影响，浓缩胶乳的产能将难以通过进口鲜胶乳来满足。2022 年马来西亚天然橡胶产量 37.7 万吨，但其进口量 116.55 万吨，出口量 102.66 万吨，从科特迪瓦、缅甸等国进口原料加工，缓解了国内产量不足而导致加工产能利用不充分的问题。越南的情况类似，出口量达 203.11 万吨，进口量 122.57 万吨，而其国内产量 129.2 万吨，消费量 46.3 万吨，大量地从柬埔寨、老挝等国购买胶块、生胶片等原料，在国内工厂加工成标准胶等再出口，创造税收和就业机会。

二是推动产业向制造业和生产性服务业发展。封关运作为发展下游产业提供了更加优越的条件。海南自由贸易港零关税政策下进口设备关税减免，据估算，天然橡胶加工企业采购单套初加工设备可降低约 18.48 万元成本，具有明显的经济性经营优势。进口一台密炼机（税号 84778000）的到岸价 CIF 约 300 万元，需缴纳关税 15 万元（300 万元×15%），增值税为 40.95 万元［（300 万元+15 万元）×15%］，合计为 55.95 万元。进口零关税和简税制下，海南自贸港内符合规定的企业，可节省 55.95 万元。在海南建设混炼胶生产线、橡胶制品车间，可充分利用原辅料零关税的优惠政策，同时加工环节不涉及增值税。双 15%所得税优惠政策，有助于吸引全球天然橡胶下游企业和人才在海南聚集，假设 A 公司年度汇算清缴应纳税所得额为 1 亿元，在海南可享受企业所得税减免 1000 万元。

三是促进后端产业向儋州集群发展。除了税收等制度环节外，中国洋浦港船籍港、儋洋一体化、石化行业等也有助于推动天然橡胶下游产业发展。

天然橡胶及各类原料免征进口关税，增值税改消费税，可明显降低企业运营环节的资金成本。儋州有9家橡胶初加工工厂，以天然橡胶为主要原料，产业基础良好。2023年，中国石化海南炼化公司年产100万吨乙烯项目建成投产，中国石化海南巴陵化工新材料有限公司年产17万吨苯乙烯类热塑性弹性体（SBCs）项目一次投产成功，可通过港城园联动加快产业链延伸。儋州市可依托中国洋浦港船籍港等优势，加快推进建设现代化橡胶产业园，制定完善的支持政策，尽快在下游产业端取得突破性进展。

25.4 建议

一是把天然橡胶全面纳入国内农业支持政策体系，建立起能够弥补客观条件给生产者造成损失的补贴制度。严格限制混合橡胶进口，将中国天然橡胶协会和中国合成橡胶协会联合发布的《混合橡胶通用技术自律规范》上升为国家强制执行标准，确保混合橡胶中天然橡胶的质量分数不高于88%。敦促下游企业自觉缴纳天然橡胶进口关税，简化优化橡胶制品出口退税手续，确保企业在国内和国际两个市场都公平参与竞争，并建立贸易损失评估和应对机制。

二是构建天然橡胶产业发展基金体系。充分发挥政府财政资金的引导放大作用和市场的资源配置作用，引导和撬动金融资本和社会资本以市场化的运作模式出资设立海南自由贸易港建设投资基金子基金——海南天然橡胶产业基金，带动金融资本和社会资本，为天然橡胶产业发展壮大增加资金来源。重点向省内龙头企业、适度规模化生产经营者以及中小社会化服务组织等主体倾斜，破解天然橡胶产业生产服务主体融资难问题，推动产业提质增效、转型升级，实现高质量发展。

参考文献

[1] AHMED R. Price support versus fertilizer subsidy for increasing rice production in Bangladesh[J]. The Bangladesh Development Studies, 1978, 6(2): 119-138.

[2] ANDERSON K. Policy reforms affecting agricultural incentives: much achieved, much still needed[J]. The World Bank Research Observer, 2010, 25(1): 21-55.

[3] BARNETT B. J., K. H. COBLE. Understanding regional differences in farm policy preferences[J]. American Journal of Agricultural Economics, 2012, 94(2): 528-534.

[4] CHèZE B., M. DAVID, V. MARTINET. Understanding farmers' reluctance to reduce pesticide use: a choice experiment[J]. Ecological Economics, 2020(167): 106349.

[5] DIONNE K. Y., J. HOROWITZ. The political effects of agricultural subsidies in Africa: evidence from Malawi[J]. World Development, 2016(87): 215-226.

[6] EUROPEAN COMMISSION. Study on the EU's list of critical raw materials-final report (2020)[R]. Brussels: European Commission, 2022.

[7] FIELDS G. S., E. A. OK. Measuring movement of incomes[J]. Economica, 1999, 66(264): 455-471.

[8] IMBENS K. Optimal bandwidth choice for the regression discontinuity estimator[J]. The Review of Economic Studies, 2012, 79(3): 933-959.

[9] JIAO X., N. MONGOL, F. ZHANG. The transformation of agriculture in China: looking back and looking forward[J]. Journal of Integrative Agriculture, 2018, 17(4): 755-764.

[10] KAINE G., J. YOUNG, R. LOUREY, et al. Policy choice framework: guiding policy makers in changing farmer behavior[J]. Ecology and Society, 2017,

22(2): artile2.

[11]LAMéRIS G., JONG-A.-PIN. Political ideology and the intragenerational prospect of upward mobility[J]. European Journal of Political Economy, 2020 (62): 101854.

[12] MARLEY A. A. J., T. N. FLYNN. Best worst scaling: theory and practice, in international encyclopedia of the social & behavioral sciences (Second Edition), Wright J D, Oxford: Elsevier, 2015: 548-552.

[13]MARLEY A. A. J., T. ISLAM, G. E. HAWKINS. A formal and empirical comparison of two score measures for best-worst scaling[J]. Journal of Choice Modelling, 2016(21): 15-24.

[14]MARLEY A. A. J., J. J. LOUVIERE. Some probabilistic models of best, worst, and best-worst choices[J]. Journal of Mathematical Psychology, 2005, 49 (6): 464-480.

[15]MERENER S. Output value risk for commodity producers: the uncertain benefits of diversification[J]. World Development, 2018(101): 322-333.

[16]MITCHELL P. D., R. M. REJESUS, K. H. COBLE, et al. Analyzing farmer participation intentions and county enrollment rates for the average crop revenue election program[J]. Applied Economic Perspectives and Policy, 2012, 34(4): 615-636.

[17]NGANJE W., R. HEARNE, C. GUSTAFSON, et al. Farmers' preferences for alternative crop and health insurance subsidy[J]. Review of Agricultural Economics, 2008, 30(2): 333-351.

[18]NICHOLS R. D. Stata module for regression discontinuity estimation[R]. Boston: 2016.

[19]ORAZEM P. F., D. M. OTTO, M. A. EDELMAN. An analysis of farmers' agricultural policy preferences[J]. American Journal of Agricultural Economics, 1989, 74(4): 837-846.

[20]VALDéS A. Measures of agricultural support policies in transition economies: 1994-1997[J]. The American Economic Review, 1999(89): 265-270.

[21]WAUGH F. V. Third award paper: a price policy for agriculture, consistent with economic progress, that will promote adequate and more stable income from farming[J]. Journal of Farm Economics, 1945, 27(4): 773-784.

[22] WOLF C. A., G. T. TONSOR. Dairy farmer policy preferences[J]. Journal of Agricultural and Resource Economics, 2013, 38(2): 220-234.

[23]《中国橡胶》编辑部．金进尧：呼吁建设大型橡胶混炼中心和柔性化

绿色成型中心[J]. 中国橡胶，2021，37(4)：10-11.

[24][印度]阿比吉特·班纳吉，[法]埃斯特·迪弗洛. 贫穷的本质：我们为什么摆脱不了贫穷[M]. 景芳，译. 北京：中信出版社，2018.

[25][西]曼纽尔·阿雷拉诺. 面板数据计量经济学[M]. 朱平芳，徐伟民，译. 上海：上海财经大学出版社，2008.

[26]白岩. 东北玉米国家临时收储政策实效浅析——以 2008/09 年度为例[J]. 农业经济，2009(10)：42-43.

[27]柏正杰. 农业保险补贴的理论支持：一个政治经济学分析[J]. 兰州大学学报(社会科学版)，2012(4)：151-154.

[28]卜民. 农村人口迁移与代际收入流动[J]. 当代经济，2018(23)：108-111.

[29]曹海燕. 橡胶栽培因子对制胶工艺和产品质量的影响[J]. 世界热带农业信息，2014(2)：1-5.

[30]曹建华，张以山，王玲玲，等. 天然橡胶便携式采胶机械研究[J]. 中国农机化学报，2020，41(8)：20-27.

[31]曹钟瑜. 战时农业及农业金融[J]. 四川农业，1937(2)：25-29.

[32]曾霞，刘锐金. 中国天然橡胶产业发展和技术展望(2021—2025)[M]. 北京：中国农业出版社，2021.

[33]曾珍香，闫永平，苑敬云. 市场经济条件下粮价保护政策执行效果实证研究[J]. 中国人口·资源与环境，2017，27(S2)：235-238.

[34]陈鹏. 人工智能对公共政策议程的影响[J]. 山东行政学院学报，2018(6)：16-21.

[35]陈强. 高级计量经济学及 Stata 应用(第二版)[M]. 北京：高等教育出版社，2014.

[36]陈书伟. 我国农户家庭收入流动性实证分析——基于 CHNS 农村样本数据的发现[J]. 经济经纬，2017，34(3)：31-36.

[37]陈双飞. 乡村振兴视域下民族地区林下经济发展思考——以威宁县林菌模式为例[J]. 经济研究导刊，2022(32)：7-10.

[38]陈艳君. 菜籽(油)临时收储政策对市场运行影响[J]. 粮食与油脂，2013，26(12)：40-42.

[39]陈元荣. 新形势下轮胎工厂提高能效技术的新思考[J]. 橡塑技术与装备，2022，48(9)：1-6.

[40]陈宗胜，杨希雷. 中国居民收入流动性的新趋向研究[J]. 中国人口科学，2023，37(4)：19-34.

[41]程国强，刘合光．多哈农业谈判：取消出口补贴的影响分析[J]．管理世界，2006(7)：61-67.

[42]程国强．我国粮价政策改革的逻辑与思路[J]．农业经济问题，2016，37(2)：4-9.

[43]崔美龄，傅国华．世界天然橡胶主产国产业扶持政策比较研究[J]．中国热带农业，2015(6)：12-15.

[44]邓大松，杨晶，孙飞．收入流动、社会资本与农村居民收入不平等——来自中国家庭追踪调查(CFPS)的证据[J]．武汉大学学报(哲学社会科学版)，2020，73(3)：103-114.

[45]邓静飞，汪秀华．海南天然橡胶林下经济发展模式及对策研究[J]．中国热带农业，2013(5)：28-31.

[46]丁丽，李艺璇，黄红海，等．国内外浓缩乳胶质量对比研究[C]．第十四届中国橡胶基础研究研讨会会议摘要集，2018.

[47]董豪，茶正早，张翔，等．连续多代次种植橡胶树对土壤团聚体及土壤有机碳的影响[J]．热带作物学报，2021，42(12)：3664-3670.

[48]杜平，麻宝斌．中国城镇居民住房政策偏好的影响因素分析[J]．经济与管理研究，2018，39(6)：88-99.

[49]樊琦，祁迪，李霜．玉米临时收储制度的改革与转型研究[J]．农业经济问题，2016，37(8)：74-81.

[50]范丹，廖小雪，廖双泉，等．不同割龄 RRIM600 橡胶树胶乳组分及性能的研究[J]．橡胶工业，2015，62(12)：735-738.

[51]范欣欣，田懿行．中国棉花进口滑准税政策及其效果分析[J]．世界农业，2013(5)：60-64.

[52]方鸿．非农就业对农户农业生产性投资的影响[J]．云南财经大学学报，2013，29(1)：77-83.

[53]方燕，杨茂青．我国不同区域玉米供给对价格的反应研究[J]．价格理论与实践，2016(5)：119-122.

[54]冯海发．对建立我国粮食目标价格制度的思考[J]．农业经济问题，2014，35(8)：4-6.

[55]付超．公共政策精准性的影响要素与提升对策[J]．领导科学，2018(21)：16-18.

[56]傅国华，许海平．世界主要产胶国发展橡胶产业的政策比较[J]．中国橡胶，2007，23(9)：4-6.

[57]傅新．促进我国天然橡胶产业发展的税收政策探讨[J]．财经问题研

究，2010(7)：44-48.

[58]高鸣，寇光涛，何在中．中国稻谷收储制度改革研究：新挑战与新思路[J]．南京农业大学学报(社会科学版)，2018，18(5)：131-137.

[59]高培勇．论完善税收制度的新阶段[J]．经济研究，2015，50(2)：4-15.

[60]高杨，赵端阳，于丽丽．家庭农场绿色防控技术政策偏好与补偿意愿[J]．资源科学，2019，41(10)：1837-1848.

[61]顾莉丽，郭庆海．玉米收储政策改革及其效应分析[J]．农业经济问题，2017，38(7)：72-79.

[62]郭科．对取消玉米临储政策的一点思考[J]．中国粮食经济，2016(10)：31-33.

[63]郭又新．20世纪90年代以来越南天然橡胶产业政策探析[J]．东南亚研究，2011(3)：33-38，78.

[64]郭振宁．浅析玉米临时收储政策效果及建议[J]．黑龙江粮食，2009(1)：25-26.

[65]国家发改委学术委员会办公室课题组．新形势下我国棉花价格问题研究[J]．经济研究参考，2013(39)：3-38.

[66]韩慧，李德新，聂万江，等．海南天然橡胶在全钢越野子午线轮胎胎面胶中的应用[J]．轮胎工业，2017，37(1)：24-28.

[67]韩金，沈洁强．2014年度临时收储政策的思考暨建立商业周转储备的操作建议[J]．中国棉花加工，2013(4)：36-37.

[68]韩啸，孙玲琍．临时收储政策改革对农产品市场化影响实证分析[J]．云南农业大学学报(社会科学版)，2018，12(4)：64-71.

[69]何安华，孔祥智．中国城镇化进程中的地价“剪刀差”成因及测算(2002—2012年)[J]．河北学刊，2015(1)：117-123.

[70]何蒲明，魏君英，贺亚亚．粮食安全视阈下地力保护补贴问题研究[J]．农村经济，2018(9)：49-54.

[71]何小伟，庹国柱，谢远涛．农业保险保费补贴的央地责任分担：基于区域公平的视角[J]．保险研究，2019(4)：3-14.

[72]何长辉，刘锐金．橡胶主产区自然灾害情况及农户应对措施——基于云南、海南入户调查数据的分析[J]．热带农业科学，2015，35(5)：82-87.

[73]洪小东．事权与支出责任：概念及关系辨析——一个语境化的视角[J]．时代法学，2018，16(5)：42-49.

［74］胡冰川．中国农产品市场分析与政策评价［J］．中国农村经济，2015（4）：4-13.

［75］胡咏梅，唐一鹏．公共政策或项目的因果效应评估方法及其应用［J］．华中师范大学学报（人文社会科学版），2018，57（3）：168-181.

［76］黄汉权，蓝海涛，王为农，等．我国农业补贴政策改革思路研究［J］．宏观经济研究，2016（8）：3-11.

［77］黄汉权．农业补贴政策的反思和建议［J］．中国国情国力，2016（1）：1.

［78］黄宏伟，胡浩钰．人力资本投资与农村家庭收入流动性［J］．当代财经，2019（12）：17-26.

［79］黄季焜，王丹，胡继亮．对实施农产品目标价格政策的思考——基于新疆棉花目标价格改革试点的分析［J］．中国农村经济，2015（5）：10-18.

［80］黄季焜．农业供给侧结构性改革的关键问题：政府职能和市场作用［J］．中国农村经济，2018（2）：2-14.

［81］冀春花，王春燕，麦全法，等．橡胶林地养鸡技术研究［J］．当代畜牧，2012（11）：1-3.

［82］贾娟琪，孙致陆，李先德．粮食价格支持政策提高了我国粮食全要素生产率吗？——以小麦最低收购价政策为例［J］．农村经济，2019（1）：67-72.

［83］姜长云，杜志雄．关于推进农业供给侧结构性改革的思考［J］．南京农业大学学报（社会科学版），2017，17（1）：1-10.

［84］姜长云．关于解决当前粮食库存问题的思考［J］．中国发展观察，2016（14）：33-35.

［85］柯炳生．如何完善农业支持保护政策［J］．农村工作通讯，2017（24）：16-17.

［86］孔令伟．天然胶的理化性能及不同季节、不同产地的差异性研究［D］．青岛：青岛科技大学，2018.

［87］孔祥智．城乡差距是怎样形成的——改革开放以来农民对工业化、城镇化的贡献研究［J］．世界农业，2016（1）：222-226.

［88］［美］拉里·桑德斯，王宇．美国农业政策是如何制定的？［J］．金融发展研究，2019（5）：34-37.

［89］雷根珠，马明月，张志娥，等．国内外天然浓缩乳胶品质差异性分析［J］．高分子通报，2018（4）：79-87.

［90］冷博峰，李谷成，冯中朝．对国家油菜籽临时收储政策的几点思

考——效果、问题及其取消后的影响[J]. 农业现代化研究，2017，38(4)：632-639.

[91]黎青松，傅国华. 海南橡胶林间种模式及发展建议[J]. 中国热带农业，2013(4)：25-26.

[92]李陈华，李元申. 渠道博弈视角下粮食最低收购价政策的效果研究[J]. 南京审计大学学报，2017，14(6)：15-24.

[93]李飞，杨穗，汪三贵. 基于收入流动视角的贫困村互助资金运行绩效研究[J]. 财经理论与实践，2020，41(4)：94-100.

[94]李钢，叶欣. 新形势下中国关税水平和关税结构的合理性探讨[J]. 国际贸易问题，2017(7)：3-16.

[95]李国祥. 深化我国粮食政策性收储制度改革的思考[J]. 中州学刊，2017(7)：31-37.

[96]李国祥. 为什么要继续执行并完善最低收购价政策[J]. 农村经济，2016(4)：3-7.

[97]李金珊，徐越. 从农民增收视角探究农业补贴政策的效率损失[J]. 统计研究，2015，32(7)：57-63.

[98]李娟娟，沈淘淘. 玉米市场化改革下农户种植决策影响因素研究——基于吉林省农户对优化种植结构选择行为的分析[J]. 价格理论与实践，2018(3)：115-118.

[99]李明桥. 农业补贴政策与农村收入不平等——基于农村贫困地区住户调查的分析[J]. 宁夏社会科学，2013(3)：25-34.

[100]李明权. 日本FTA进程落后于韩国的原因探析：基于农业保护的政治经济学视角[J]. 日本学刊，2015(4)：117-137.

[101]李维锐，赵国祥，候丹. 云南天然橡胶产业高质量发展对策[J]. 热带农业科技，2022，45(3)：1-5，14.

[102]李卫静，李喜贵. 我国东北和华北地区玉米价差波动趋势[J]. 农业展望，2009，5(2)：10-14.

[103]李雪，韩一军，付文阁. 最低收购价政策对小麦市场价格波动影响的实证分析[J]. 华中农业大学学报(社会科学版)，2018(2)：1-7.

[104]李雪，袁青青，韩一军. 价格支持政策对粮食种植面积的影响机理分析——以小麦省级面板数据为例[J]. 中国农业资源与区划，2019，40(1)：89-96.

[105]李政，杨思莹. 财政分权、政府创新偏好与区域创新效率[J]. 管理世界，2018，34(12)：29-42.

[106]梁海兵. 农业补贴与城乡消费差距：一个政策模拟分析[J]. 西北农林科技大学学报(社会科学版)，2014，14(3)：91-99.

[107]廖进球，黄青青. 价格支持政策与粮食可持续发展能力：基于玉米临时收储政策的自然实验[J]. 改革，2019(4)：115-125.

[108]廖小雪，吴翠，廖双泉，等. 不同品系天然橡胶胶乳的性能研究[J]. 广东化工，2011，38(3)：45-46.

[109]林从神，许能锐. 海南农垦发展橡胶林下食用菌产业分析[J]. 广西热带农业，2010(2)：53-55.

[110]林运萍，陈兵，朱智强，等. 海南农垦发展林下经济的探索与思考[J]. 中国热带农业，2008(6)：13-15.

[111]刘滨，刘小红，肖小华，等. 资源禀赋异质性农户对农业补贴政策满意度比较研究——以江西省为例[J]. 调研世界，2017(3)：46-52.

[112]刘红岩. 农业政策过程检视：基本逻辑、运行偏差与优化策略(下)[J]. 中国发展观察，2018(22)：31-34.

[113]刘慧，秦富，赵一夫. 玉米收储制度改革背景下北方旱作区农户杂粮种植影响因素分析——基于内蒙古自治区、辽宁省411个农户的调查数据[J]. 中国农业资源与区划，2018，39(4)：1-6.

[114]刘林，黄浩. 中国居民家庭收入流动性结构与影响因素研究——加入心理因素的城乡比较分析[J]. 西部论坛，2018，28(6)：65-72.

[115]刘锐金，何长辉，伍薇. 海南省民营橡胶生产成本探析[J]. 中国物价，2018a，(9)：71-74.

[116]刘锐金，莫业勇，杨琳，等. 我国天然橡胶产业战略地位的再认识与发展建议[J]. 中国热带农业，2022a，(1)：13-18.

[117]刘锐金，魏宏杰，杨琳. 天然橡胶价格波动研究：规律发现、市场关联与形成机制[M]. 北京：中国经济出版社，2013.

[118]刘锐金，伍薇，何长辉. 橡胶种植户对价格低迷的反应——意愿表达与行为选择[J]. 林业经济问题，2018b，38(4)：55-63.

[119]刘锐金，伍薇，莫业勇. 国产天然橡胶的质量信号机制：一个分析框架[J]. 热带农业科学，2022b，42(10)：103-108.

[120]刘锐金. 中国天然橡胶产业的历史分析(1949—1979)[J]. 中国农垦，2016(7)：36-39.

[121]刘文霞，杜志雄，郜亮亮. 玉米收储制度改革对家庭农场加入合作社行为影响的实证研究——基于全国家庭农场监测数据[J]. 中国农村经济，2018(4)：13-27.

［122］刘笑然，张成彦，曹乐乐．2015 年全国粮食形势分析与 2016 年展望［J］．中国粮食经济，2016（3）：38－43.

［123］刘志辉，刘家新，马建国．国产天然橡胶在航空轮胎生产中的应用［J］．特种橡胶制品，2004（6）：17－20.

［124］楼继伟．深化事权与支出责任改革推进国家治理体系和治理能力现代化［J］．财政研究，2018（1）：2－9.

［125］卢琨，徐磊磊，金琰，等．国外橡胶补贴政策对海南天然橡胶产业发展的启示［J］．福建农业科技，2017（4）：61－65.

［126］卢琨．一带一路沿线国家天然橡胶补贴政策比较研究［J］．热带农业工程，2016，40（4）：49－52.

［127］罗超平，牛可，但斌．粮食价格、农业补贴与主产区农户福利效应［J］．宏观经济研究，2017（4）：122－135.

［128］罗锋，黄丽．我国农村家庭收入流动的影响因素分析：1989—2009［J］．农业技术经济，2013（8）：72－81.

［129］罗小娟，冯淑怡，Reidsma Pytrik，等．基于农户生物—经济模型的农业与环境政策响应模拟——以太湖流域为例［J］．中国农村经济，2013（11）：72－85.

［130］马晓河，蓝海涛，黄汉权．工业反哺农业的国际经验及我国的政策调整思路［J］．管理世界，2005（7）：55－63.

［131］马晓河．新时期我国需要新的粮食安全制度安排［J］．国家行政学院学报，2016（3）：76－80.

［132］毛学峰，杜锐，杨军．中国主要农产品进口政策偏好分析及政策启示［J］．农业技术经济，2019（10）：129－142.

［133］缪书超，钱龙，宋亮．收储制度市场化改革能够稳定玉米价格波动吗？——基于双重差分方法的分析［J］．商业研究，2019（9）：11－19.

［134］莫业勇．国外主要天然橡胶生产国产业发展策略［J］．中国橡胶，2013（3）：30－31.

［135］莫运书．对海南农垦发展蚯蚓（广地龙）产业的思考［J］．农场经济管理，2020（10）：50－52.

［136］农业部农垦局热带作物处．我国天然橡胶进口关税政策研究［J］．中国农垦，2013（12）：34－38.

［137］庞辉．农业补贴政策背景下农户农业生产经营效率研究——基于辽宁省农户调查［J］．农业经济，2017（11）：89－91.

［138］彭艳，李梓正，陈明文．天然橡胶良种补贴项目实施情况调研报告

[J]. 中国热带农业，2013(3)：9-10.

[139]彭乙申，易福金. 玉米临时收储改革的可能选项与影响分析[J]. 江苏农业科学，2017，45(16)：351-357.

[140]普蓂喆. 美国联邦作物保险发展中的若干问题及启示[J]. 农村工作通讯，2019(12)：58-59.

[141]钱伯章. 曙光院航空轮胎天然胶国产化项目通过鉴定[J]. 世界橡胶工业，2015，42(8)：33.

[142]瞿长福，乔金亮. 把饭碗牢牢端在自己手上——党的十八大以来全面实施国家粮食安全战略综述[N]. 人民日报，2016-03-01(6).

[143]任慧，林海. 美国诉中国农业国内支持案分析[J]. 国际经贸探索，2017(5)：83-94.

[144]尚强民. 价格调整与托市收购——对完善玉米临储政策的思考[J]. 中国粮食经济，2015(9)：35-36.

[145]申探明，苏琳，马小美. 我国棉花主产区棉农化肥施用行为分析——基于省级面板数据的实证研究[J]. 农村经济与科技，2014，25(5)：90-91.

[146]申云. 农户家庭收入流动水平的结构差异及其影响因素分析——基于“远亲”与“近邻”的视角[J]. 经济理论与经济管理，2016(6)：88-101.

[147]宋洪远. 中国“三农”重要政策执行情况及实施机制研究：第1版[M]. 北京：科学出版社，2016.

[148]宋建武，蒋菊生，刘志崴. 优化天然橡胶基地投资结构促进产业可持续发展[J]. 中国热带农业，2006(1)：11-14.

[149]宋丽颖，高旭，王孝杰. 地方政府竞争与产业政策偏好的实证检验[J]. 统计与决策，2017(17)：171-175.

[150]孙东华，张炼辉，赵立广，等. 不同采胶因素对天然橡胶性能的影响[J]. 热带农业科学，2021，41(10)：10-16.

[151]孙国华，李辉，李斌. 湿法混炼橡胶新材料工艺技术优势与研究进程[J]. 橡塑技术与装备，2017，43(6)：17-19.

[152]孙连荣. 林下规模化畜禽生态养殖模式的探究[J]. 畜牧业环境，2020(12)：32-33.

[153]孙泉，曹仁伟，韩冬礼，等. 橡胶湿法混炼技术研究进展[J]. 橡胶工业，2020，67(12)：942-948.

[154]孙玉栋，庞伟. 我国中央与地方事权与支出责任划分的再思考[J]. 财政监督，2017(9)：5-11.

[155]谭砚文，杨重玉，陈丁薇，等．中国粮食市场调控政策的实施绩效与评价[J]．农业经济问题，2014，35(5)：87-98.

[156]谭砚文，关建波．我国棉花储备调控政策的实施绩效与评价[J]．华南农业大学学报(社会科学版)，2014，13(2)：69-77.

[157]唐德祥，周雪晴．中国农业保险有效需求的影响因素研究——基于2007—2013年省际面板数据的实证检验[J]．南方金融，2015(6)：60-67.

[158]唐帆，聂卫云，路丽珠，等．橡胶混炼技术创新及产业化应用[J]．橡胶科技，2021，19(11)：525-533.

[159]童彤．美国：农业部收购过剩葡萄缓解销售压力[J]．中国果业信息，2014(3)：56.

[160]外贸部国际关系局．国际商品协定选集[M]．北京：中国财政经济出版社，1981.

[161]万树，程瑶．中国财政支农的福利绩效分析：2004—2016[J]．财经理论与实践，2018，39(1)：97-103.

[162]万相昱，石雪梅，唐亮．中国城镇居民家庭收入流动性研究[J]．劳动经济研究，2019，7(2)：42-59.

[163]王春城．公共政策客体层次论及其对政策绩效评估的规定[J]．江苏社会科学，2019(1)：104-113.

[164]王春城．政策精准性与精准性政策——“精准时代”的一个重要公共政策走向[J]．中国行政管理，2018(1)：51-57.

[165]王存，杨光穗，黄少华，等．海南省“林—花模式”林下经济发展现状调查及建议[J]．热带农业科学，2015(9)：83-87.

[166]王锋．建议通过贸易减税鼓励国内轮胎产业发展[J]．中国橡胶，2016，32(6)：4-7.

[167]王介勇，陈玉福，严茂超．我国精准扶贫政策及其创新路径研究[J]．中国科学院院刊，2016，31(3)：289-295.

[168]王军，林位夫，谢贵水，等．马来西亚小胶园扶持政策考察报告[J]．热带农业科学，2009，29(2)：17-20.

[169]王开典，杨春亮，吕明哲，等．不同品系天然橡胶性能的研究[J]．安徽农业科学，2013，41(11)：5029-5031.

[170]王力，孙鲁云．最低收购价政策能稳定粮食价格波动吗[J]．农业技术经济，2019(2)：111-121.

[171]王利荣，芮莉莉．目标价格补贴政策对棉花生产的影响分析——基于PSM-DID的实证研究[J]．中国农业资源与区划，2021，42(12)：228-236.

［172］王辽卫，胡文忠，高笑天．我国油菜籽临时收储政策改革评价及探索［J］．中国经贸导刊，2016（8）：38-39.

［173］王欧，杨进．农业补贴对中国农户粮食生产的影响［J］．中国农村经济，2014（5）：20-28.

［174］王士海，李先德．粮食最低收购价政策托市效应研究［J］．农业技术经济，2012（4）：105-111.

［175］王为农，何萍．完善粮食价格调控机制的政策建议［J］．宏观经济管理，2013（4）：37-39.

［176］王文涛，王富刚．贸易摩擦背景下玉米生产者补贴制度的经济效应及政策优化［J］．湘潭大学学报（哲学社会科学版），2018，42（6）：17-23.

［177］王霞，吕德宏．基于多分类有序 Logit 模型的农户信用等级影响因素［J］．中国农业大学学报，2013，18（3）：209-214.

［178］王小华．中国农民收入结构的演化逻辑及其增收效应测度［J］．西南大学学报（社会科学版），2019，45（5）：67-77.

［179］王禹，许世卫，李哲敏．美国农业部（USDA）组织架构和职能概况［J］．世界农业，2015（6）：145-149.

［180］韦立权．广西林下经济发展现状与对策分析［J］．广西林业科学，2012，41（3）：260-264.

［181］魏宏杰，杨琳，刘锐金．物元模型在胶园风害灾情评估中的应用［J］．广东农业科学，2011，38（3）：168-171.

［182］温子龙．多措并举保障钢铁原材料供应链安全与稳定［J］．冶金经济与管理，2024（1）：4-6.

［183］吴海霞，葛岩．粮食托市收购政策效应评估——以玉米临储政策为例［J］．华中农业大学学报（社会科学版），2016（6）：56-63.

［184］吴红萍，金映虹，陈喜蓉．海南发展橡胶林下经济的现状、问题与对策［J］．热带林业，2022（1）：10-14.

［185］吴其胜．国际商业利益与东道国生产商的外资政策偏好［J］．世界经济与政治，2016（5）：131-155.

［186］吴学兵，乔娟．临时收储政策对玉米产业的影响分析［J］．中国畜牧杂志，2016，52（6）：15-19.

［187］吴志祥，陈帮乾，杨川，等．海南岛橡胶林碳汇研究［Z］．中国知网科技成果库，2016.

［188］谢琳，钟文晶．村干部身份、环节特性与社会化生产服务获得——基于市场合约与配额合约的比较研究［J］．农业技术经济，2017（3）：99-108.

[189]辛翔飞，孙致陆，王济民，等．国内外粮价倒挂带来的挑战、机遇及对策建议[J]．农业经济问题，2018(3)：15-22.

[190]熊志刚，安秀梅．科学合理划分事权推进农业保险转型发展[J]．财政监督，2018(10)：75-79.

[191]熊志刚．分级保障农业保险事权划分的框架构想[J]．中国保险，2018(5)：36-40.

[192]徐文英．从根本上解决天然胶、复合胶、混合胶进口问题的探讨[J]．中国橡胶，2017，33(11)：4-8.

[193]徐志刚，习银生，张世煌．2008/2009 年度国家玉米临时收储政策实施状况分析[J]．农业经济问题，2010，31(3)：16-23.

[194]许能锐，张红，熊庆．泰国天然橡胶产业现状及扶持政策分析[J]．世界农业，2012(12)：97-99.

[195]许荣．农民对农业支持保护补贴政策的效果评价与期望——基于山东省试点县的农户问卷调查分析[J]．粮食经济研究，2018，4(2)：55-63.

[196]许体文，贾志欣，罗远芳，等．国产天然橡胶标准胶与进口天然橡胶的性能对比研究[J]．弹性体，2015，25(5)：5-11.

[197]许悦，许能锐，侯冰凌．世界天然橡胶主产国应对胶价下跌的政策及分析[J]．现代商业，2015(8)：287-288.

[198]杨春，高东阳，张荣华，等．高性能轮胎专用天然橡胶加工工艺探索[J]．热带农业科技，2019，42(3)：40-46.

[199]杨芳，张应良，刘魏．社会网络、土地规模与农户生产性投资[J]．改革，2019(1)：97-108.

[200]杨军，张铁亮．我国农业事权划分：一个总体框架[J]．改革，2017(7)：78-85.

[201]杨汝岱，刘伟．市场化与中国代际收入流动[J]．湘潭大学学报(哲学社会科学版)，2019，43(1)：112-118.

[202]杨穗，李实．转型时期中国居民家庭收入流动性的演变[J]．世界经济，2017，40(11)：3-22.

[203]杨穗．收入流动、益贫增长与不平等[J]．经济与管理研究，2018，39(11)：36-47.

[204]杨穗．中国农村家庭的收入流动与不平等[J]．中国农村经济，2016(2)：52-67.

[205]杨涛，李娜．国家政策对我国油菜籽产业的影响[J]．黑龙江粮食，2008(6)：35-37.

[206]姚昱．从殖民地经济到现代经济——战后马来西亚的橡胶政策及其影响[J]．东南亚研究，2008(4)：10-16.

[207]姚元园．马来西亚天然橡胶业的发展现状与趋势[J]．东南亚南亚研究，2012(3)：37-41.

[208]叶兴庆．我国农业支持政策转型：从增产导向到竞争力导向[J]．改革，2017(3)：19-34.

[209]应瑞瑶，何在中，周南，等．农地确权、产权状态与农业长期投资——基于新一轮确权改革的再检验[J]．中国农村观察，2018(3)：110-127.

[210]于林月，成盼盼．创业对农民家庭收入流动性的影响研究[J]．商业经济研究，2020(5)：112-115.

[211]于晓华，武宗励，周洁红．欧盟农业改革对中国的启示：国际粮食价格长期波动和国内农业补贴政策的关系[J]．中国农村经济，2017(2)：84-96.

[212]余东华，邱璞．产业政策偏好、社会责任属性与民营企业绩效[J]．财经问题研究，2017(7)：20-27.

[213]余蔚平．支持开放型经济高质量发展——加入世界贸易组织 20 年财政工作回顾[N]．中国财经报，2021-12-14(1).

[214]詹琳，蒋和平．粮食目标价格制度改革的困局与突破[J]．农业经济问题，2015，36(2)：14-20.

[215]张改清．粮食最低收购价政策下农户储售粮行为响应及其收入效应[J]．农业经济问题，2014，35(7)：86-93.

[216]张光利，刘小元．住房价格与居民风险偏好[J]．经济研究，2018，53(1)：110-123.

[217]张华林，贺军军，李文秀，等．我国胶园林下经济发展现状及对策建议[J]．南方农业，2019(21)：61-62.

[218]张辉．美国的农业保险[J]．中国保险，2005(12)：59-60.

[219]张俊峰，于冷．玉米临储政策冲击与猪周期——基于 MSVAR 模型的分析[J]．财经科学，2019(6)：95-105.

[220]张立杰，玛依拉·吐尔逊．棉花临时收储政策对稳定棉花价格保护棉农利益作用分析[J]．江苏农业科学，2015，43(10)：529-532.

[221]张世国，吴丹，徐磊．基于第三次国土调查成果城镇开发边界范围内底数分析[J]．国土资源导刊，2021，18(1)：80-85.

[222]张天佐，郭永田，杨洁梅．基于价格支持和补贴导向的农业支持保护制度改革回顾与展望[J]．农业经济问题，2018(11)：4-10.

[223]张铁亮，杨军，王敬．农业事权划分研究：国外经验与启示[J]．中国农业资源与区划，2017(5)：230-236.

[224]张雯丽．供给侧结构性改革背景下油菜产业发展路径选择[J]．农业经济问题，2017，38(10)：11-17.

[225]张晓山．推动乡村产业振兴的供给侧结构性改革研究[J]．财经问题研究，2019(1)：114-121.

[226]张玉环．美国、日本和加拿大农业保险项目比较分析[J]．中国农村经济，2016(11)：82-90.

[227]张玉梅，陈志钢．惠农政策对贫困地区农村居民收入流动的影响——基于贵州3个行政村农户的追踪调查分析[J]．中国农村经济，2015(7)：70-81.

[228]张跃强，陈池波，苏永伟．农业补贴政策传导的多维效应测度[J]．统计与决策，2017(11)：133-136.

[229]张志华，谢元．关于中央和地方财政支农事权与支出责任的几点思考[J]．当代农村财经，2015(8)：20-22.

[230]张志原，刘贤春，王亚华．富人治村、制度约束与公共物品供给——以农田水利灌溉为例[J]．中国农村观察，2019(1)：66-80.

[231]张治礼．海南自贸港建设背景下农业科技体制改革探索与展望[J]．今日海南，2020(8)：51-53.

[232]赵放，陈阵．美国粮食援助政策评析[J]．对外经贸实务，2009(4)：32-35.

[233]赵立广，郭建峰，李一民，等．海南浓缩乳胶与泰国浓缩乳胶性能对比研究[J]．热带作物学报，2017，38(9)：1736-1741.

[234]赵渺希，王慧芹，刘明欣．集体土地养老支持的区位差异及政策启示——基于广州和佛山地区的实证[J]．农业经济问题，2018(3)：134-143.

[235]赵文铖，张晓蕾，宋志杰，等．森林抚育补贴政策对国有林区职工家庭收入流动性的影响[J]．林业经济问题，2019，39(3)：280-285.

[236]赵轶阳，程黔．中国玉米临时收储政策研究[J]．农业展望，2015，11(11)：22-26.

[237]郑淑娟．2019年印度天然橡胶政策[J]．世界热带农业信息，2019(7)：7-11.

[238]郑文荣．我国天然橡胶产业发展机遇与挑战[J]．广东农工商职业技术学院学报，2016，32(4)，6-10.

[239]郑享清，范晨铭，程浩．基于动态综合评价模型的粮食最低收购价

政策效果研究[J]. 价格月刊，2018(1)：34-37.

[240]郑晓非，傅国华，郑素芳. 马来西亚天然橡胶小业主的政策及战略[J]. 中国热带农业，2009(3)：33-34.

[241]中国合成橡胶工业协会秘书处. 2022 年中国合成橡胶工业回顾及展望[J]. 合成橡胶工业，2023，46(3)：171-174.

[242]中国橡胶网. 从根本上解决天然橡胶、复合橡胶、混合橡胶进口问题的探讨[J]. 世界热带农业信息，2017(7)：1-4.

[243]钟春平，陈三攀，徐长生. 结构变迁、要素相对价格及农户行为——农业补贴的理论模型与微观经验证据[J]. 金融研究，2013(5)：167-180.

[244]钟甫宁，顾和军，纪月清. 农民角色分化与农业补贴政策的收入分配效应——江苏省农业税减免、粮食直补收入分配效应的实证研究[J]. 管理世界，2008(5)：65-70.

[245]周静，曾福生."变或不变"：粮食最低收购价下调对稻作大户种植结构调整行为研究[J]. 农业经济问题，2019(3)：27-36.

[246]周美荣，孙振江，申晓强. 蚯蚓粪的研究及应用[J]. 山西农业科学，2012(8)：921-924.

[247]周密，康壮. 村级公共产品筹资方式异质性：基于村干部人格特征的视角[J]. 中国农村观察，2019(2)：78-92.

[248]周旭旭，武舜臣，储怡菲. 玉米收储制度改革对期货投资者理性的影响——基于投资者羊群效应阶段性差异的分析[J]. 湖南农业大学学报(社会科学版)，2019，20(1)：49-55.

[249]周振，张琛，彭超，等. 农业机械化与农民收入：来自农机具购置补贴政策的证据[J]. 中国农村经济，2016(2)：68-82.

[250]周振，伍振军，孔祥智. 中国农村资金净流出的机理、规模与趋势：1978—2012 年[J]. 管理世界，2015(1)：63-74.

[251]朱海燕. 日本与北约的安全合作取得突破性进展[J]. 国际问题研究，2023(5)：117-121.

[252]朱满德，严西南. 最低收购价政策对小麦全要素生产率的影响——基于双重差分模型的实证[J]. 价格月刊，2023(10)：47-54.

[253]朱诗娥，杨汝岱，吴比. 中国农村家庭收入流动：1986—2017 年[J]. 管理世界，2018，34(10)：63-72.

[254]朱希刚. 提高农民收入的政策思考[J]. 农业技术经济，1993(4)：2-7.

[255]朱喜安，李良．粮食最低收购价格通知对粮食价格的影响——基于事件分析法的研究[J]．社会科学家，2016(5)：60-64.

[256]祝斌．国内橡胶混炼胶行业现状及发展前景[J]．中国橡胶，2021(4)：15-17.

[257]邹红，喻开志．退休与城镇家庭消费：基于断点回归设计的经验证据[J]．经济研究，2015，50(1)：124-139.